U1069658

中国围棋年鉴

（2003年版）

中国围棋协会 主编

成都时代出版社
（原蜀蓉棋艺出版社）

《中国围棋年鉴》编辑委员会

2002 年冠军头衔获得者

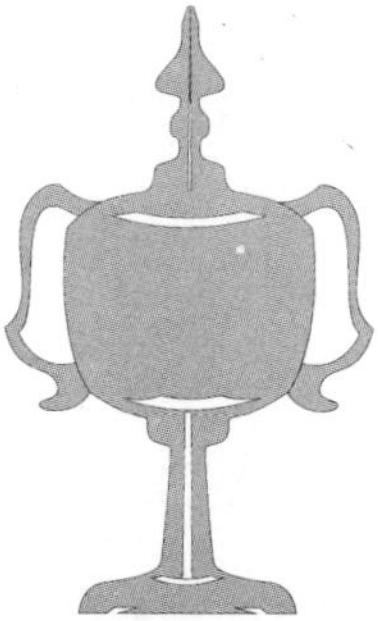

周鹤洋　九段
名人·华山杯冠军

黄奕中　六段
天元

常　昊　九段
乐百氏杯
王中王赛冠军
中韩超霸赛优胜
混双赛冠军

王　磊　八段
NEC 杯
甲A联赛胜率第一位

马晓春　九段
CCTV 杯

谢　赫　五段
全国个人赛男子冠军
雷诺杯霸王赛冠军

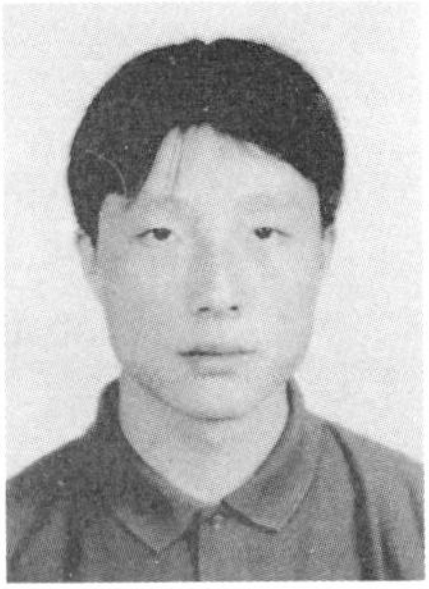

古　力　七段
全国体育大会围棋赛
男子冠军

俞　斌　九段
阿含·桐山杯
华润杯超霸赛冠军
（棋王保持者）

孔　杰　七段
理光杯冠军

彭　荃　五段
新人王

华学明　七段
蜻蜓文具杯冠军

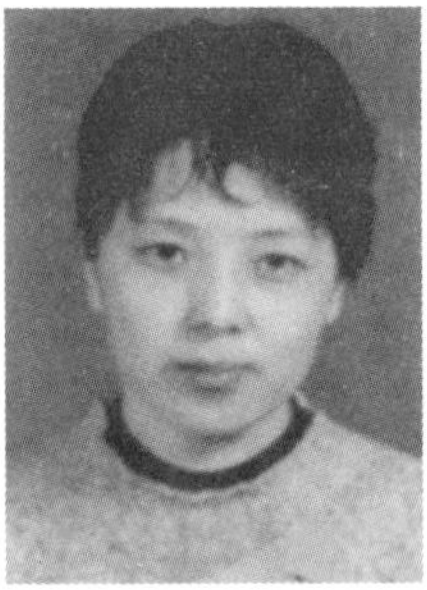

于梅玲　四段
女子名人战冠军

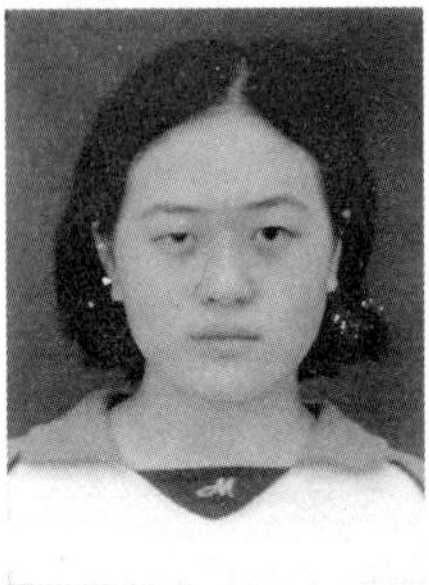

唐　盈　5段
全国个人赛女子冠军

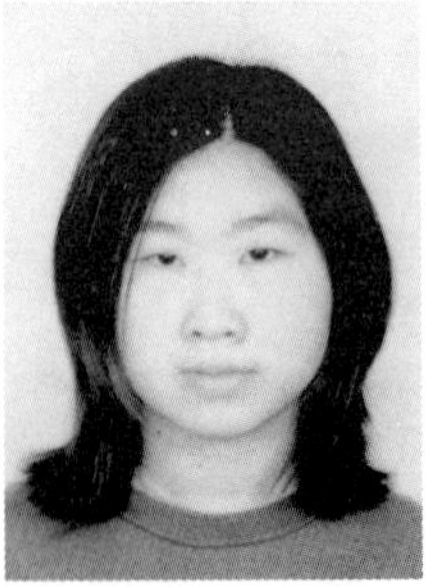

郑　岩　二段
全国体育大会围棋赛
女子冠军

张　璇　八段
混双赛冠军

马笑冰 二段

新秀赛冠军

李　康 四段

世界青少年赛青年组冠军

付　利 8段

世界业余赛冠军

(日本棋院授予8段)

李岱春 7段

晚报杯全国业余赛冠军

刘　钧 7段

全国体育大会围棋赛大众组(业余)冠军

黄河杯全国城市业余赛冠军

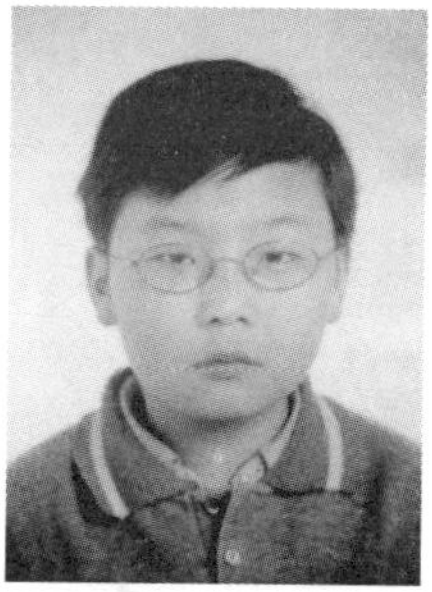

周睿羊 初段

世界青少年赛少年组冠军

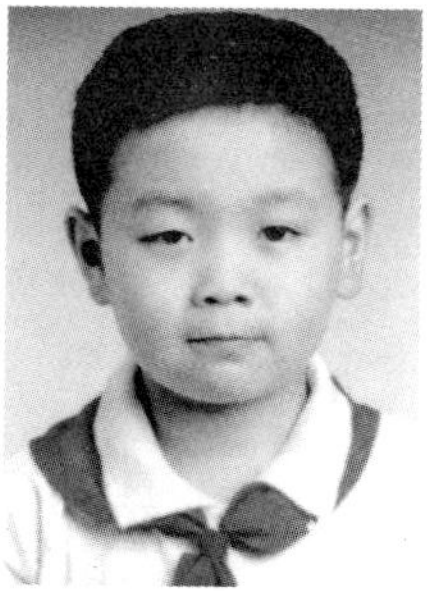

古灵益 初段

哈德门饭店杯全国业余大奖赛冠军

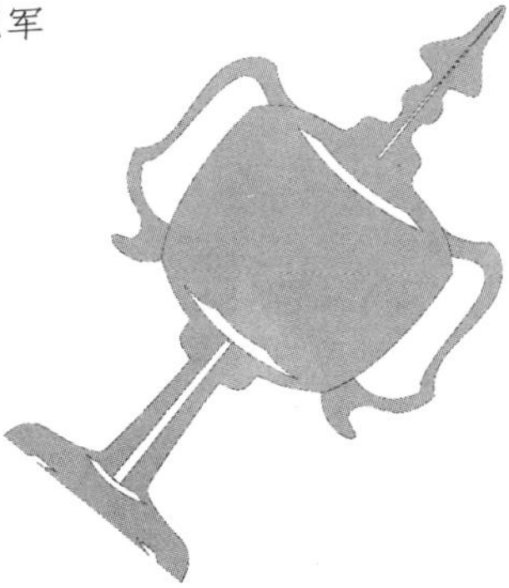

2002年新升五段棋手

徐　莹　五段
(根据新规定,成绩达到直升五段标准)

谢　赫　五段

彭　荃　五段

杨　一　五段

牛雨田　五段

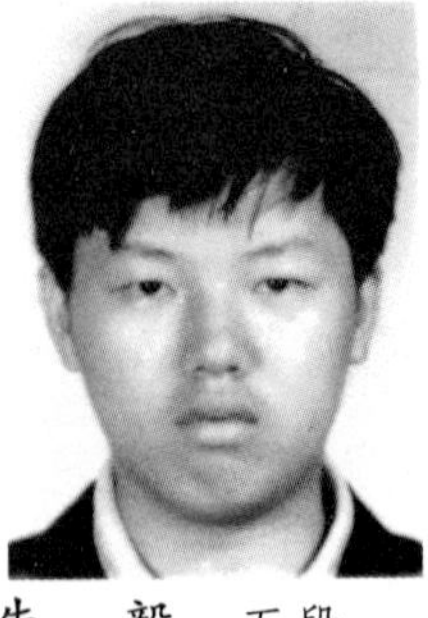

朱　毅　五段

褚　飞　五段

围甲四连冠——重庆“建设摩托”队全家福

“蜀蓉版”部分围棋书

中国职业棋手等级分排名表（全部）

（2002年12月31日止）

排位	棋手名	等级分	排位	棋手名	等级分	排位	棋手名	等级分
1	王　磊	2719	2	周鹤洋	2689	3	古　力	2678
4	常　昊	2670	5	俞　斌	2664	6	孔　杰	2650
7	胡耀宇	2643	8	马晓春	2624	9	彭　荃	2611
10	丁　伟	2601	11	罗洗河	2600	12	谢　赫	2599
13	董　彦	2585	14	刘小光	2584	15	黄奕中	2572
16	刘　菁	2567	17	邵炜刚	2565	18	邱　峻	2562
19	王煜辉	2558	20	王　檄	2553	21	杨　一	2548
22	聂卫平	2546	23	林朝华	2540	24	王　垚	2525
25	刘　星	2518	26	张　璇	2513	26	张文东	2513
28	吴淞笙	2506	28	邹俊杰	2506	30	曹大元	2500
30	刘世振	2500	32	余　平	2482	33	华以刚	2463
33	林　锋	2463	35	李　劼	2459	36	宋雪林	2458
37	杨士海	2457	38	牛雨田	2456	39	王亦民	2452
40	朱松力	2451	41	陈祖德	2448	42	王　雷	2446
43	方　捷	2433	44	张学斌	2426	45	华学明	2425
46	郑　弘	2417	46	朱　毅	2417	48	张英挺	2416
49	李　康	2413	50	王汝南	2411	51	汪　洋	2410
51	吴肇毅	2410	53	黎春华	2406	54	梁伟棠	2401
54	汪见虹	2401	56	段　嵘	2400	57	周　波	2397
58	阮云生	2396	59	鲁　健	2393	60	金渭斌	2388
61	吴新宇	2385	61	刘　熙	2385	63	赵　栋	2381
64	廖桂永	2379	65	刘　力	2377	66	王　群	2376
67	褚　飞	2374	68	王东亮	2373	69	徐　莹	2372
70	许书祥	2371	71	王剑坤	2370	72	王海军	2368
72	叶　桂	2368	74	朱燕铭	2367	75	容坚行	2366

排位	棋手名	等级分	排位	棋手名	等级分	排位	棋手名	等级分
76	王冠军	2365	77	李永刚	2361	77	罗建元	2361
79	罗建文	2360	80	赵守洵	2358	80	方天丰	2358
82	陈　瑞	2355	83	杭天鹏	2354	83	于梅玲	2354
85	阎　安	2353	86	岳　亮	2352	86	王　元	2352
86	张东岳	2352	89	邱继红	2351	90	李君凯	2350
90	吴玉林	2350	92	王洪军	2348	92	赵哲伦	2348
94	黄希文	2347	95	李　哲	2345	96	赵余宏	2342
97	李　海	2339	98	李华嵩	2337	98	杨　晖	2337
98	陈耀烨	2337	101	李豫川	2336	101	陆　军	2336
103	金茜倩	2335	104	李　亮	2334	104	郭北雅	2334
106	张　欣	2332	107	袁　曦	2331	108	庞　延	2329
109	李亚春	2319	109	张　伟	2319	111	祝励立	2317
112	潘　峰	2316	113	金生煜	2314	114	王昊洋	2313
115	李　魁	2311	115	孙　远	2311	117	张　蛟	2310
118	吴道明	2309	119	薛　磊	2306	120	冯　伟	2305
120	陈兆峰	2305	122	付　冲	2304	123	吴　锴	2303
124	龚世运	2302	125	马笑冰	2301	126	姚小敏	2298
127	崔　灿	2296	127	郑　岩	2296	129	孙梦厦	2293
130	王　隽	2292	131	梁雅娣	2291	132	周　逵	2289
133	回敬辰	2288	134	周振宇	2285	135	王一飞	2284
136	彭小峰	2282	137	姚　征	2281	137	丁　明	2281
139	朴文尧	2280	139	吴　麒	2280	141	谭炎午	2277
141	孟泰龄	2277	143	崔　宁	2276	143	赵兴华	2276
143	张　立	2276	146	唐　兢	2275	147	曹恒梃	2273
147	陶　忻	2273	149	尹　廓	2272	150	郑　策	2269
151	韩　晔	2268	151	陈慧芳	2268	153	古灵益	2266
154	孟昭玉	2264	154	岳　嵩	2264	156	史锦帛	2263
157	陈　佳	2262	157	张斐斐	2262	157	丁　烈	2262
160	施　洲	2261	161	杜宇峰	2260	162	荆　上	2257

排位	棋手名	等级分	排位	棋手名	等级分	排位	棋手名	等级分
162	郭天瑞	2257	164	孙湛博	2256	165	范蔚菁	2254
166	李云生	2249	167	李　莹	2247	168	孟繁雄	2246
169	张　维	2245	170	王　斌	2244	171	吴振宇	2243
172	刘　涛	2242	173	王伯刚	2240	173	毛睿龙	2240
173	柁佳希	2240	173	王幼侠	2240	173	张亚博	2240
173	许斐然	2240	173	涂　清	2240	173	贾小宇	2240
173	杨　冬	2240	173	庄　园	2240	173	黄　晨	2240
173	李嘉麒	2240	173	金　靖	2240	186	贾　倩	2239
186	唐　奕	2239	186	周睿羊	2239	186	孟　磊	2239
190	郭明鑫	2238	191	汪　慧	2237	192	杨　梓	2236
192	景　石	2236	194	田　舟	2235	195	朱剑舜	2233
195	李　铁	2233	197	孙明杰	2229	198	杨　潜	2223
199	王　蕊	2222	199	卢　笛	2222	201	王宏伟	2221
202	闵　娜	2218	202	刘　曦	2218	204	张　森	2217
204	潘文君	2217	206	张　瑞	2215	206	尹　航	2215
206	晏　宁	2215	209	陈　为	2214	210	李　凡	2213
211	甘思阳	2211	212	韩　钢	2210	213	曹　呈	2208
214	刘元博	2206	215	许　顿	2205	216	钟文靖	2204
216	王　昊	2204	218	王志国	2202	219	赵子骥	2201
219	许　鑫	2201	221	田　野	2199	222	陈潇南	2198
222	沈　静	2198	224	边志文	2197	225	李　昂	2196
226	黎　剑	2194	227	刘雅洁	2189	228	殷　鉴	2188
229	鲁　佳	2187	230	马媛媛	2185	231	王　骥	2184
231	梁博超	2181	233	仇丹云	2183	233	胡　磊	2183
235	张　玟	2181	236	苏　苏	2179	237	张　祺	2178
238	付斌芳	2172	239	唐　莉	2170	240	曹宏宇	2155
241	袁卫红	2151	242	黄　佳	2149	243	于　璇	2136
244	毛佳君	2129	245	刘禹欣	2124	246	唐锦潮	2097

注:不活跃棋手未列入正式名册。

2002年中国棋手排行榜（前十位）

（1月1日至12月31日）

胜率排行榜

1. 王　磊八段	48胜13负	78.69%
2. 周鹤洋九段	48胜18负	72.73%
3. 孔　杰七段	57胜25负	69.51%
3. 彭　荃五段	57胜25负	69.51%
5. 谢　赫五段	45胜20负	69.23%
6. 华学明七段	29胜13负	69.05%
7. 古　力七段	58胜27负	68.24%
8. 胡耀宇七段	58胜29负	66.67%
9. 俞　斌九段	47胜24负	66.20%
10. 黄奕中六段	45胜25负	64.29%
10. 马笑冰二段	27胜15负	64.29%

多胜排行榜

1. 古　力七段	58胜27负	2. 胡耀宇七段	58胜29负
3. 孔　杰七段	57胜25负	3. 彭　荃五段	57胜25负
5. 罗洗河九段	50胜28负	6. 王　磊八段	48胜13负
7. 周鹤洋九段	48胜18负	8. 俞　斌九段	47胜24负
9. 谢　赫五段	45胜20负	9. 黄奕中六段	45胜25负
9. 邱　峻六段	45胜30负		

对局数排行榜

1. 胡耀宇七段	87局	2. 古　力七段	85局
3. 孔　杰七段	82局	3. 彭　荃五段	82局
5. 罗洗河九段	78局	6. 邱　峻六段	75局
6. 丁　伟八段	75局	8. 俞　斌九段	71局
9. 黄奕中六段	70局	9. 董　彦七段	70局

连胜排行榜

1. 陈耀烨三段	13连胜	1. 马笑冰二段	13连胜
3. 古　力七段	12连胜	4. 王　磊八段	11连胜
5. 周鹤洋九段	9连胜	5. 李　康四段	9连胜
5. 周　逵二段	9连胜	5. 王昊洋二段	9连胜
9. 邹俊杰五段	8连胜	9. 罗洗河九段	8连胜
9. 黄奕中六段	8连胜		

目录

2002 年中国围棋大事记

2001 年 12 月 17 日～2002 年 4 月 23 日　2002 年“CCTV 杯”即“招商银行杯”中国围棋电视快棋赛先后在中央电视台和中国棋院举行。最后马晓春九段在决赛中战胜丁伟八段获得冠军。

1 月 13～18 日　第 15 届全国晚报杯业余围棋锦标赛在广州举行。上海新民晚报队和李岱春 7 段分别蝉联团体和个人冠军。

1 月 16 日　中国台北职业棋手抵制“丰田杯”赛，只派出 9 名业余棋手参加在泰国举行的亚洲区选拔赛。

1 月 19 日　职业·业余六强对抗赛(前 3 台让先，后 3 台让二子)在广州举行。结果业余队 5 比 1 获胜。

1 月 21 日～3 月 4 日　第 16 届中国围棋天元战先后在北京和江苏吴江同里镇举行。本届比赛率先试行最新围棋规则，实行大贴子。黄奕中五段击败王磊八段获得挑战权后，在决赛中超水平发挥，以 2 比 0 战胜常昊九段，首次登上“天元”位。

1 月 23 日　春兰—中国“围棋希望工程”在北京正式启动。

1 月 28 日～3 月 31 日　第 1 届“豪爵杯”世界女子围棋锦标赛在广东江门举行。中国女棋手表现不如人意，只有张璇一人进入半决赛。最后韩国尹映善二段夺得冠军。

2 月 1 日～5 月 3 日　首届京津鄂少年围棋对抗赛先后在北京、天津和武汉举行。

2 月 20 日～28 日　第 9 届中国围棋新人王赛在上海举行。

彭荃四段在决赛中以2比1战胜邱峻六段夺得冠军。

2月21日　中国围棋协会出台新举措：凡获得世界职业围棋锦标赛冠军者(含亚洲杯)，可晋升为九段。同时规定，根据不同成绩，可直接晋升相应的段位。

2月22~24日　第1届“华润饭店杯”围棋超霸赛在北京举行。俞斌九段在决赛中战胜聂卫平九段获得冠军。

3月5日~2003年1月18日　第8届“NEC杯”围棋赛先后在北京、南京、桂林、哈尔滨、青岛、厦门和昆明举行。最后王磊八段战胜周鹤洋九段获得冠军。

3月5日~2003年1月27日　第15届中国围棋名人战在北京中国棋院举行。周鹤洋九段先在挑战者决定赛中以2比0战胜俞斌九段夺得挑战权，接着又以3比1的比分击败上届名人马晓春九段，第一次戴上“名人”桂冠。

3月15日　中国棋院十周年庆典大会在北京华润饭店隆重举行。世界棋界名流应邀参加，国家体育总局副局长张发强和陈祖德院长发表讲话。中国棋院总建筑面积为9465平方米，下属围棋部、象棋部、国际象棋部、外事部、财务部、后勤部、办公室等职能部门，全方位地指导和策划全国各地的棋类活动。

3月15日　中央电视台举办的2002年度“兴创杯”全国业余围棋电视擂台赛在北京举行。

3月18日~2003年1月29日　第1届“丰田杯”世界围棋王座战在日本东京举行。中国棋手表现出色，有3人进入4强。但是在决赛中常昊九段不敌韩国李昌镐九段，与世界冠军失之交臂。

3月18~21日　“红塔杯”西南棋王赛在成都举行。聂卫平、宋雪林、丁伟、刘菁、古力、王煜辉等16名棋手参加了这次比赛。最后，四川娇子队杨一四段夺得冠军。

3月21~24日　第1届亚洲（四强）职业围棋团体赛在日本冲绳举行。韩国队十战全胜获得冠军。中国台北队、中国队、日本队分获2至4名。

3月28~29日　“龙泉杯”中国围棋8强邀请赛在成都龙泉驿区举行。王煜辉七段获得冠军。

4月1日　新《围棋竞赛规则》(2002)在全国正式实行。在此之前，第16届天元战已试行新规则。

4月4日~12月1日　2002年全国围棋男子团体甲级联赛分别在12支甲级队指定的主场举行。重庆建设摩托队获得四连冠，引人注目。王磊八段获胜率第一。云南、浙江、上海、北京、中信分获团体2至6名。深圳、平煤位居最后两位被降为乙级队。

4月9~13日　第8届杜鹃花节围棋赛在贵州毕节举行。

4月11~14日　第2届中国围棋女子名人战在济南举行。比赛邀请16名女棋手参加。于梅玲四段在最后的决赛中战胜孟昭玉二段获得“名人”头衔。

4月12日~8月3日　第15届“富士通杯”世界职业围棋锦标赛在日本东京、大阪及韩国济州岛举行。中国棋手表现欠佳，无人进入4强。最后，韩国李世石三段战胜李昌镐九段获得冠军。

4月17~25日　2002年全国围棋团体赛(男子乙级、女子团体)在辽宁省葫芦岛市举行。北京北新队和湖北《围棋报》队列男子乙级赛前两名，晋升围甲。北京北新女队夺得女子团体冠军。

4月19日　上海应昌期围棋教育基金会成立。

4月30日~2003年3月27日　第7届“LG杯”世界围棋棋王赛在韩国汉城、釜山和济州岛举行。中国棋手表现欠佳，只有周鹤洋九段一人进入8强。最后韩国李世石三段以3比1

战胜李昌镐九段获得冠军。

5月5~10日 “招商银行杯”第14届亚洲电视快棋赛在北京举行。马晓春九段、丁伟八段第1轮即遭淘汰。最后韩国李昌镐九段获得冠军。

5月5日~11月23日 第1届中国围棋王中王邀请赛在北京举行。在最后的决赛中，常昊九段战胜俞斌九段获得冠军。

5月5日 “北方建设杯”首届全国业余围棋棋圣战在辽宁阜新棋院结束。

5月18日~2003年3月18日 第4届“春兰杯”世界职业围棋锦标赛先后在北京、深圳和韩国汉城等地举行。中国棋手再度无缘春兰杯。最后，韩国李昌镐九段2比0战胜日本羽根直树九段获得冠军。

5月19日 围棋育苗工程“十佳围棋育苗基地”(第二批)及“十佳围棋园丁”、“十佳围棋教练员”评选在无锡揭晓。

5月23日~6月3日 2002年第2届全国体育大会围棋赛在四川绵阳举行。古力七段、周鹤洋九段、王磊八段、胡耀宇六段、马晓春九段、杨一四段获男子组前6名；郑岩二段、华学明七段、唐莉初段、徐莹五段、杨晖八段、崔宁初段获女子组前6名；刘钧7段、古灵益6段、刘轶一6段、李岱春7段、严剑刚6段、孙宜国7段列大众组(业余)前6名。

5月28日~6月3日 第15届中日围棋天元战在日本福冈举行。中国新天元黄奕中五段不敌日本新天元羽根直树九段，以0比2失利。

6月2~6日 第24届世界业余围棋锦杯赛在日本岐阜举行。参加本届比赛的国家和地区已发展到61个。中国付利获得冠军并被日本棋院授予业余8段称号。

6月9~10日 2002年“苗姑娘杯”中韩围棋超霸赛在贵阳举行。常昊九段击败李昌镐九段获得优胜。

6月15~16日　第6届“日立杯”中国职业围棋混双赛在上海举行。张璇八段/常昊九段在决赛中战胜杨晖八段/曹大元九段获得冠军。

6月23日~28日　第16届“龙丹·劲松杯”全国老同志围棋赛在哈尔滨举行。

6月30日~7月4日　第5届中韩围棋新人王对抗赛在汉城举行。韩国李世石三段以2比1战胜彭荃四段获得优胜。

7月1~2日　第2届“华山杯”围棋邀请赛在陕西华山举行。本届比赛邀请了7名职业高手，最后周鹤洋夺得冠军。

7月5日　首届“研祥杯”南北青年网络围棋对抗赛在哈尔滨、北京等地举行。

7月6日~10月27日　第4届“阿含·桐山杯”中国围棋快棋赛在北京、广东江门等地举行。结果，俞斌九段在最后的决赛中战胜黄奕中六段获得冠军。

7月11~25日　2002年全国围棋团体赛在杭州举行。本次比赛共有49人次升段，20人定为初段。罗洗河八段在本次比赛中升为九段。

7月12~17日　全国青少年棋院第3届围棋比赛在武汉青山区举行。

7月21日　2002年中日元老围棋对抗赛在广州举行。今年由团体对抗改为个人对抗，结果陈祖德九段战胜藤泽秀行九段获得优胜。

7月25日~2003年1月14日　第7届“三星火灾杯”世界围棋公开赛在韩国大田、蔚山及中国北京等地举行。中国棋手有3人进入4强，但冠军仍被韩国曹薰铉九段夺得。

7月27~28日　第2届“蜻蜓文具杯”中国女子职业围棋赛在北京举行。比赛邀请16名职业女棋手参加。华学明七段在决赛中战胜孟昭玉二段夺得冠军。

7月28日~8月1日　中国国家少年围棋队选拔赛在贵阳举行。

7月28日~8月2日　第5届全国“育苗(华源实业)杯”围棋赛在江苏无锡举行。

8月12~17日　第19届世界青少年围棋锦标赛在泰国普吉岛举行。中国李康四段、周睿羊初段分获青年组、少年组冠军。

8月17~23日　2002年全国少年儿童围棋锦标赛在南昌举行。获得各组冠军的是：陈耀烨三段(男子少年组)，金磊(男子儿童组)，范蔚菁初段(女子少年组)，谢少博(女子儿童组)。

8月17~21日　第12届全国大学生“应氏杯”暨名人教授围棋赛在武汉大学举行。复旦大学队、上海联队分获男女团体冠军；史金帛三段、孟昭玉二段分获男女个人冠军。

8月19~25日　第6届中韩围棋天元战在韩国汉城举行。中国新天元黄奕中六段以1比2负于韩国新天元朴永训四段。

8月24~29日　第15届黄河杯全国城市业余围棋锦标赛在济南举行。本项比赛从本届起取消了挑战赛制。最后，上海浦东仁恒队和刘钧7段获得团体和个人冠军。

8月24~30日　“红金龙杯”首届中国围棋新秀赛在武汉举行。马笑冰二段获得冠军。

8月29日　中国围棋新秀与湖北业余强豪对抗赛在武汉举行。结果新秀队以13比2获胜。

9月2~7日　2002年“双龙棋具杯”国家少年女子围棋选拔赛在中国棋院举行。

9月8~13日　中断14年之久的全国围棋国家级裁判员培训和考试在成都举行。全国共有25名资深的围棋工作者参加了这次培训和考试。

9月10日　为纪念中日邦交正常化30周年，中日围棋友谊赛在北京举行。结果中方以4比1获胜。

9月14~28日　2002年全国围棋个人赛在成都举行。谢赫五段、唐盈5段分别获得男、女冠军。彭荃五段、邹俊杰五段、古力七段、胡耀宇七段、张文东九段列男子2至6名；梁雅娣二段、叶桂五段、于梅玲四段、华学明七段、范蔚菁初段分获女子2至6名。

9月15日　全国围甲峰会在成都举行，棋手转会制及俱乐部改制成为最重要议题。

9月19~24日　全国首届梁子岛水上围棋赛在湖北鄂州梁子岛举行。

9月20日　中国围棋协会换届选举大会在宁波举行(详细名单见本书《名人录》)。

10月初　在辽宁阜新境内的关山东麓辽代墓葬群1号辽墓即肖德温墓墓道上，出土一幅高3.5米、宽3米的围棋壁画，十分珍贵。

10月3~5日　第7届中日韩青少年围棋对抗赛在韩国扶安郡举行。中国队再次捧杯。日本队、韩国A队、韩国B队分列2至4名。

10月19日~12月8日　第5届中国“乐百氏杯”围棋赛半决赛、决赛先后在北京和河北承德举行。结果俞斌九段夺得挑战权，但在决赛中不敌常昊九段以0比2失利。这样，常昊获得乐百氏杯赛五连霸。本届比赛后，乐百氏杯赛已成绝响。

10月19~20日　“天宇杯”国际电脑围棋赛在贵阳举行。广州陈志行的“弈侣”获得冠军。

10月20日　中国围棋协会公布新一届国家青少年围棋集训队名单。国家青少年集训队：古力七段、孔杰七段、胡耀宇七段、彭荃五段、黄奕中六段、董彦七段、王煜辉七段、邱峻六段、杨一五段、王檄四段、王垚五段、刘星六段、刘世振六段、谢赫五段、朱松力六段、李劼四段、牛雨田五段、张学斌四段、王雷三段、李康四段、张立二段、曹恒梃四段、景石二段、马笑冰二段、张维二段、郭明鑫初段、陈耀烨三段、李喆三段。国少女队：曹呈初段、叶畅、张瑞初段、唐奕初段、王雨荞、王倪乔、范蔚菁初段、贾倩初段。

10月22日~2003年1月23日　第4届“农心辛拉面杯”世界职业围棋团体赛先后在北京、釜山和上海举行。韩国队再次夺得冠军。中国、日本居2、3位。

10月24日　《围棋天地》杂志发行200期纪念活动在北京举行。

10月26~27日　“海天杯”第3届中韩元老围棋对抗赛在青岛举行。结果韩国队以5比3的总比分获胜。

10月27~29日　第1届“雷诺杯”中国围棋霸王赛在济南举行。谢赫五段在决赛中击败古力七段夺得冠军。

10月29日~11月10日　围棋大师吴清源九段在北京参加电视连续剧《棋圣吴清源》拍摄前的系列活动。

11月1~5日　第5届全国律师围棋比赛在厦门举行。北京刘睿获得冠军。

11月2日　陈祖德九段从上海转会至北京海淀北新队，成为明年围甲转会第一人。

11月7日~2003年3月9日　第1届“正官庄杯”世界女子职业围棋锦标赛先后在汉城、东京、北京等地举行。在决赛中，张璇八段以1比2负于旅韩棋手芮乃伟九段，与世界冠军擦肩而过。

11月10~13日　第13届国际业余围棋男女双人赛在日本东京举行。中国王倪乔/钱利平获得冠军。

11月13~15日　“炎黄杯”名人围棋邀请赛在重庆举行。来自世界各地的50多位华人名流参加比赛，以棋会友。

11月16日　首届“哈德门饭店杯”全国业余围棋大奖赛在北京收盘。成都小将古灵益获得冠军。

11月26日　上海市“聂卫平围棋学校”正式挂牌。

12月3日　中国围棋协会发布通报，对于在今年全国个人赛上无故弃权的李永刚、刘熙、孙明杰三人进行处罚。

12月5日　第4届“阿含·桐山杯”中日围棋对抗赛在日本东京举行。俞斌九段不敌赵治勋九段，中方再次失利。至此中方在本项赛事中已四连败。

12月13~14日　“仙女湖杯”围棋赛在江西新余举行。常昊九段获得冠军。

12月20日~2003年3月9日　第3届“理光杯”围棋国手邀请赛在北京举行。本届比赛规棋有所扩大，由上届的24人增加到48人。最后孔杰七段在决赛中战胜刘星六段夺得冠军。

12月29日　重庆建设摩托围棋队在重庆棋院举行庆动会，庆祝该队围甲四连冠。棋队获得了市体育局和建设集团共38万元的奖励。

12月31日　第2届“兴创杯”全国业余围棋电视擂台赛(预选赛)在中国棋院揭幕。共有298人报名参赛。

由《围棋报》和天津华源实业公司主办的“2002年中国围棋十大新闻”评选于2003年3月28日揭晓。共有10580人参加了这次评选活动。评选结果如下：一、新规则正式实行。二、棋协新规定：获世界冠军可直升九段。三、胡耀宇主演釜山擂台反击战。四、俞斌卫冕棋王头衔。五、春兰围棋希望工程基金启动。六、春兰杯再度为他人做嫁衣裳。七、常昊打入丰田杯决赛。八、王磊打入三星杯决赛。九、中国棋院隆重庆祝建院十周年。十、乐百氏杯常昊连霸，后无来者。

2002年中国围棋综述

杨志存

2002年，中国围棋在失意与希望中苦苦奋战。国内，龙兄虎哥争唱，豹弟猛擂边鼓，联赛大旗劲舞，绿林豪强欢跑龙套；国际，国手冲顶颗粒无收，“韩”风、烈“日”肆虐；业余围棋，享受欢乐，勤为围棋金字塔培基。

国内：群龙无首　三分天下

马年，以围甲联赛为龙头的内战此起彼伏，职业棋手四处出击，你方唱罢我登台，棋坛呈现热闹景象。

中国棋坛仍是小龙、小虎、老将三分天下的局面。第四股力量“小豹队”崭露头角，呈现令人耳目一新的风景线。

在9大传统头衔战中，小龙常昊蝉联乐百氏杯；虎弟中的古力获全国体育大会冠军，黄奕中荣登“天元”位，谢赫摘取全国个人赛桂冠，彭荃问鼎“新人王”；老将中的俞斌卫冕棋王，拥有阿含·桐山杯，马晓春成为中国电视围棋快棋赛霸主。三股势力中，小虎队风头正劲，大有盖过龙兄之势。

2002年，“中国围棋群龙无首，无人能傲视群雄”成为棋界共识。反映棋手即时实力的等级分显示，曾被寄予厚望的常昊未稳住“准帅位”，由上年度榜首跌至第4位，常昊滑落使中国围棋第一人位置出现真空。王磊夺得NEC杯取代常昊，等级分虽涨了71分，由第4位升至榜首，但因内、外战无骄人成绩不能服众，其实力难胜任中国围棋帅位。另一位曾被看好的主帅人选马晓春则更令人失望，等级分由第2下跌至第8位。马晓春今年屡失前蹄，威慑力已大大减弱，其输棋不再是新闻。但“瘦死的骆驼比马大”，马晓春仍是帅位最有力争夺者之一。2002年，在排名前20位的中国围棋一流棋手中，无人担当“王中王”。

马年，棋手等级分前20名中，小龙辈、小虎辈各占8席，老将占3席，小豹辈占1席。小龙辈中王磊、周鹤洋、董彦排名上升，常昊、丁伟、罗洗河、刘菁、邵炜刚下跌，其原因之一是小虎辈棋手大幅飚升，夺占其位。小虎辈中除孔杰、王煜辉排名略有下降外，古力、胡耀宇、彭荃、谢赫、黄奕中、邱峻均上扬。其中古力由第6升至第3位，成为“虎头”；谢赫猛增93分，由第30升至第12位；彭荃净长78分，由第25跃至第9位，十分抢眼。老将中，俞斌十分突出，长了69分，由第10升至第5位，为老同志保住些面子。

值得关注的是，20世纪80年代出生的“小豹辈”新锐王檄首次跻身20强，跨入一流棋士行列。在排名21至50位的棋手中，“小豹”占了7席，杨一、刘星、李劼、牛雨田、张学斌、王雷、李康等一批国少队“小豹”已对龙兄虎哥构成威胁。其中李康进步神速，增长了75分，排名由114跃升至第49位；王雷长了74分，由第85升至第42位，也分外醒目。在全国围棋个人赛中，“小豹”昂然向龙兄虎哥叫阵，参战的80名男棋手中，16岁以下者占四分之一强。战至第6轮，在第一集团10人中，“小豹”竟有李康、王雷、张立、张维4人。虽然“小豹”还欠成熟，但棋力已逼近小龙小虎，将龙兄虎哥放倒的战例屡见不鲜。

马年，中国棋坛主力军已形成年龄结构合理的层次，即：30岁以上老将，25岁左右“小龙”，20岁左右“小虎”，15

岁左右“小豹”。各梯层代表棋士有马晓春、俞斌、刘小光；常昊、王磊、周鹤洋；古力、孔杰、胡耀宇；王檄、李康、王雷。从发展趋势分析，老将淡出，小龙当打，小虎为主力，小豹则是中国围棋希望所在。

2002年，全国围甲联赛风起云涌，世界第一人李昌镐以及曹薰铉、林海峰等一批外援加盟，给联赛增光添彩；重庆建设摩托队夺得四连冠，显出王者之师风范；北京海淀北新队、湖北队入围围甲与平煤队、深圳队告别围甲形成鲜明对照。围甲已成为中国职业围棋头号大赛，并日益吸引世界职业棋手的眼球。

马年，中国女子围棋略有复苏，重新被关注。于梅玲夺得第2届女子名人战冠军，华学明摘取中国职业女子快棋赛桂冠，郑岩在全国体育大会上技压群芳登顶；令人意外的是，业余棋手唐盈挫败众多职业女杰，夺得全国个人赛女子冠军，此不知是悲是喜。按等级分排位，张璇、华学明、黎春华居女子前三位，女子围棋呈现群芳争艳的景观。

常昊和张璇获第6届“日立杯”中国职业围棋混双赛冠军，谢赫荣登“雷诺杯”首届全国围棋霸王赛“霸王”位，常昊成为首届永达杯中国围棋王中王赛“王中王”，点缀了缤纷的黑白世界。

中国棋院建院10周年，2002年新版《围棋竞赛规则》顺利实施，罗洗河成为中国第24位九段棋士，均为引人注目的事件。

国际：登顶未果　触底反弹

2002年，国手外战频频失手，不仅冲顶再度颗粒无收，在与韩、日双边较量中竟也处于下风，下半年偶尔出现几个亮点也被全年沉闷、压抑的气氛所淡化。

夺取世界冠军一直是国手梦寐以求的目标。然而，马年国手在夺冠征途上艰难跋涉，前赴后继，仍挥洒壮士泪，空手而归。

年初，在第3届“农心辛拉面杯”三国擂台赛决战中，周鹤洋终未能继续扮演李昌镐“克星”角色，中国队向韩军称臣。随后，在首届亚洲杯四强团体对抗赛上，我竟不敌中国台北队落得第3名，令人大跌眼镜。接着，在第14届亚洲杯电视快棋战中，马晓春、丁伟一盘不胜，早早打道回府。6月，在第15届“富士通杯”赛上，我惟一进入8强的孔杰被刘昌赫淘汰，国手无缘4强。下半年未能根本好转，10月，周鹤洋不敌元晟溱，被拒之第7届“LG杯”4强之外。12月，常昊、罗洗河分别败给李昌镐、羽根直树，国手无缘第4届“春兰杯”决赛。这种在当年世界大赛中，国手接二连三决赛都进不了的境况还从未有过。

幸而在马年末结束的三项世界大赛中，我强力反弹，出现闪光点。9月，在首届“丰田杯”世界围棋王座战第3轮中，常昊、俞斌、王磊3人跻身4强；10月，在第7届“三星杯”世界围棋公开赛中，王磊、胡耀宇、王煜辉3人闯进4强；11月，在第4届“农心辛拉面杯”三国擂台赛上，胡耀宇连克小林光一、金承俊、加藤正夫，使中国队扬眉吐气。然而，这些闪光之作未改变中国围棋马年坠入低谷的现状。

在往年中韩、中日双边较量中我大都占有优势，但2002年一反常态，在与日、韩双边6次交锋中，我1胜5负，惨不忍睹。年初，在第3届中日阿含·桐山杯上，刘菁速败于赵善津；年底，在第4届中日阿含·桐山杯对抗中，俞斌不敌赵治勋，我在此赛事上已4连败。5月，黄奕中0比2败给羽根直树，输掉了第15届中日天元对抗赛。近10年来，我对日作战从未如此之差。

马年，在3次中韩双边对抗中，我1胜2负。彭荃1比2输给李世石，在第5届中韩新人王对抗赛中向韩称臣；黄奕中1比2负于朴永训，在第6届中韩天元对抗中落败；好在常昊在中韩超霸赛上半目智取李昌镐，赢得惟一胜利。

令人难以接受的是，在首届“豪爵杯”世界女子围棋赛中，我5女将在第一阶段全军覆没，拱手将世界女子霸主地位让给韩国。

马年，中国围棋外战滑坡，引发棋界、新闻界大反思，各种分析见诸媒体，众说纷纷，认为有以下败因：中国顶尖棋手普遍早衰，缺乏精神力量；集体研究、技术创新不够；没有高人一等的统帅；棋士职业化欠深入；围甲联赛棋手疲于奔命，影响外战，等等。

国手们痛定思痛，锐气未减，雄心犹在，在摆正位置的同时奋起直追，期待羊年跃出谷底。

业余：享受围棋　享受欢乐

马年，不论中国职业围棋是酸、是甜、是苦、是辣，中国业余围棋一如既往笑傲黑白世界：各级赛事此起彼伏，业余培训班星罗棋布，业余高手雄居世界之巅。围棋，这株中华民族的奇葩在神州开放得格外艳丽。

中华业余围棋头号大赛——“晚报杯”业余围棋锦标赛越办越红火，对各地围棋水平是一次重要检阅。第15届“晚报杯”赛马年初在羊城广州举行，有33支劲派100名各路豪强参战。长沙队异军突起，前4轮11胜1负高居榜首，成为一大亮点。最终仍是老牌冠军上海队成功卫冕，南京李岱春7段10战全胜蝉联个人冠军。济南、宁波跻身团体6强，显示出新生力量在茁壮成长。

神州业余第2大传统赛事的"黄河杯"赛也走过了15年历程，这项由甘肃省棋协创办的业余盛会受到各地高手青睐。以往赛地均在甘肃省内，马年第15届移师济南仍在黄河域内城市，影响力比以往大，有34支队近100人参赛，上海仍显示出强大实力，浦东仁恒队夺得团体冠军，上海刘钧7段荣登个人榜首。从本届起，取消了挑战制，刘钧成为新杯主。"黄河杯"赛的改革使之生命力更强。

由中国围棋协会，CCTV《纹枰论道》栏目，《围棋报》共同创办的"兴创杯"全国业余围棋电视擂台赛破土而出，填补了"TCL杯"夭折后的空缺，成为引人注目的第3大业余赛事。规程规定所有业余围棋爱好者均可参加，其发展前景不可估量。赛制分为预选、挑战、总决赛，层层选拔，步步登高，很有吸引力。加上赛程长，对推动各地围棋活动起到良好作用。

令人欣喜的是，6月1日收兵的第2届全国体育大会给了业余高手展示技艺的舞台，在大众组(业余)拼杀中，上海悍将刘钧登顶，四川11岁小将古灵益荣获亚军成为"焦点人物"。

在业余三大赛事带动下，各具特色的比赛接二连三：第16届"劲松杯"全国老同志比赛在哈尔滨迎来了25省、市、自治区的153名老将。第12届全国大学生围棋赛在江城武汉大学鏖兵。全国围棋定段赛在杭州摆战场，竟有364人为拼抢20个定段名额杀得天昏地暗。不到二十分之一的定段指标大大低于高考录取率，从一个侧面表明围棋热度不减。不同年龄层次的全国围棋赛使得老、中、青、少、幼都有机会展示自我，参赛的年龄跨度为其他体育项目所不及。

在全国赛事推动下，各地围棋赛热火朝天：武汉、成都、长沙、上海、南京、贵阳、北京等市的围棋赛遥相呼应，四季不断。此外，贵阳毕节地区主办的“杜鹃花节”围棋赛已成传统；“京华杯”北京大学、清华大学棋牌对抗赛别具一格；湖北鄂州市梁子岛水上围棋赛别开生面，300余棋手在108条乌篷船上手谈，令人耳目一新。

国家教育部、国家体育总局关于“在学校开展三棋活动”的通知下发后，在各省、市、自治区引起强烈反响，各地争先恐后将围棋引入学校。北京市中关村三小是首都最大一所小学，在3000多学生中有2000多人会下围棋，全校一、二年级开设围棋课，每周两课时；三至六年级开设围棋特长班，每周半天训练。辽宁阜新高等专科学校开设围棋专业，今年秋季面向全国招生，学业三年，不仅有围棋教育理论课，还可选修日语或韩语，以培养对外交流人才为特色。南京医科大学将围棋列为选修课，共36课时，记2学分，150个名额10分钟即报满。有着“围棋之城”美誉的武汉100多所小学、幼儿园开设围棋班。上海、成都、长沙等市都有一批学校引入围棋，“围棋进校”正为越来越多城市所重视。

规模宏大的全国围棋育苗工程战果辉煌，至今年已有成员500多家，小棋手近10万人。8月，第5届“育苗杯”围棋赛在无锡市举行，74队405名棋童亮相，赛后，组建了全国育苗工程围棋代表队，拟启动甲、乙队赛制，准备出版育苗工程丛书。育苗工程吸引力愈来愈大，仅第6届“育苗杯”赛就有5家争办。

8月23日，全国少年儿童围棋赛在南昌收兵，上海体育俱乐部夺得团体冠军，2至6名依次是：浙江、吴肇毅围棋道场、北京大宝队、河南、广东。这次比赛检阅了各地业余训练水平，推动了业余训练工作发展。此外，在武汉举行的第3届全国青少年围棋赛有31队180人参加，是对各地少儿第二梯队水平的检阅。

随着业余棋手队伍的壮大，业余棋手水平也不断提高，令职业棋手不敢小视。在2002年的“晚报杯”业余6强与职业6强对抗赛中，职业高手以1比5惨败给业余高手，且前3名为职业让先。华以刚八段深有感慨道：“中国业余围棋在世界上绝对处于顶尖水平，世界上无人能让李岱春2子”。此话不假，第24届世界业余围棋锦标赛6月在日本结束，今年“晚报杯”亚军付利顶替冠军李岱春出征，付利8战全胜夺魁，被日本棋院授予业余8段。第13届国际业余围棋双人赛11月在东京举行，我国棋手钱列平和王倪乔(女)5战全胜夺冠。更令人惊喜的是，在今年9月举行的全国围棋个人赛中，广西业余女将唐盈7胜2负，压倒众多职业女将荣登冠军宝座，令职业棋手汗颜。

网络围棋以迅猛势头发展，使各地棋社、棋馆面临冲击，大批棋迷摇身变成网迷。网上对弈大受欢迎，网上赛事直接成为棋迷的美味大餐。每逢重要国际赛事，棋迷先睹为快，使得其他新闻媒体面临巨大挑战。老牌月刊《新民围棋》被迫停刊；《围棋天地》也改为半月刊以增强竞争力。电视台加大力度竞争，CCTV《纹枰论道》、贵州卫视《奕海方圆》都有新举措。由全国各家电视台合办的《围棋报道》在竞争中树立了良好品牌，每周一期，很受欢迎，站稳了脚跟。

棋迷在网上投票选出了20家最受欢迎的围棋网站，前10名中国占6席，表明中国围棋网站世界领先。

总之，马年中国职业围棋低谷反弹，中国业余围棋稳步前进。与职业围棋相比，业余围棋显得轻松、洒脱，业余围棋军团越来越壮大。可以预见，在羊年，不论棋坛如何风云变幻，被围棋固有魅力迷倒的围棋爱好者和职业棋士仍将乐此不疲，为围棋金字塔的基石增砖添瓦，为塔尖的光辉而奋勇登攀。

2002年中国围棋比赛冠军得主

第15届名人战冠军：**周鹤洋九段**

周鹤洋(挑战者)3比1胜马晓春(名人)

第16届天元战冠军：**黄奕中五段**

黄奕中(挑战者)2比0胜常昊(天元)

第5届乐百氏杯冠军：**常昊九段**

常昊(杯主)2比0胜俞斌(挑战者)

第8届NEC杯赛冠军：**王磊八段**

王磊八段1比0胜周鹤洋九段

2002年CCTV杯赛冠军：**马晓春九段**

马晓春九段1比0胜丁伟八段

第3届理光杯国手邀请赛冠军：**孔杰七段**

孔杰七段1比0胜刘星六段

第4届阿含·桐山杯赛冠军：**俞斌九段**

俞斌九段1比0胜黄奕中六段

第1届雷诺杯霸王赛冠军：**谢赫五段**

谢赫五段1比0胜古力七段

第1届王中王邀请赛冠军：**常昊九段**

常昊九段1比0胜俞斌九段

第9届新人王赛冠军：**彭荃四段**

彭荃四段2比1胜邱峻六段

2002年全国团体男子甲A联赛冠军：**重庆“建设摩托”队**
2002年全国团体男子乙级组冠军：**北京“北新”队**
2002年全国团体女子组冠军：**北京“北新”队**
2002年全国个人赛男子冠军：**谢赫五段**
2002年全国个人赛女子冠军：**唐盈5段**
2002年全国体育大会围棋赛男子冠军：**古力七段**
2002年全国体育大会围棋赛女子冠军：**郑岩二段**
2002年全国体育大会围棋赛大众组冠军：**刘钧7段**
第1届华润饭店杯超霸赛冠军：**俞斌九段**
　　俞斌九段1比0胜聂卫平九段
第2届华山杯邀请赛冠军：**周鹤洋九段**
　　周鹤洋九段1比0胜常昊九段
第6届日立杯职业混双赛冠军：**张璇八段/常昊九段**
　　张璇八段/常昊九段1比0胜杨晖八段/曹大元九段
第1届红金龙杯新秀赛冠军：**马笑冰二段**
第2届女子名人战冠军：**于梅玲四段**
　　于梅玲四段1比0胜孟昭玉二段
第2届蜻蜓文具杯女子职业赛冠军：**华学明七段**
　　华学明七段1比0胜孟昭玉二段
第15届晚报杯全国业余赛团体冠军：**新民晚报队**
第15届晚报杯全国业余赛个人冠军：**李岱春7段**
　　李岱春7段1比0胜付利6段
第15届黄河杯全国城市业余赛团体冠军：**上海“浦东仁恒”队**
第15届黄河杯全国城市业余赛个人冠军：**刘钧7段**
2002年全国少年儿童围棋锦标赛
　　团体冠军：**上海体育俱乐部队**
　　男子少年组冠军：**陈耀烨三段(北京)**
　　男子儿童组冠军：**金磊(杏泽)**

女子少年组冠军：范蔚菁初段(深圳)
女子儿童组冠军：谢少博(河南)
2002年龙泉杯八强赛冠军：王煜辉七段
第1届红塔杯西南王赛冠军：杨一五段
2002年双龙棋具杯女子赛冠军：曹呈初段
2002年哈德门饭店杯全国业余大奖赛冠军：古灵益6段
第12届应氏杯全国大学生围棋赛
男子团体冠军：复旦大学队
女子团体冠军：上海联队
男子个人冠军：史金帛三段
女子个人冠军：孟昭玉二段
2002年全国律师围棋赛冠军：刘睿

第15届中国围棋名人战

由中国围棋协会、人民日报社和北京电视台共同主办的“白加黑杯”第15届中国围棋名人战，于2002年3月5日至2003年1月27日在中国棋院举行。比赛形式仍沿用老办法。预选赛邀请64人参加，经过两轮淘汰后16人进入本赛。另加上16名种子选手，本赛共有32人参加，采用四轮淘汰。争夺挑战权赛为三番棋。本赛周鹤洋九段2比0战胜俞斌九段，夺得挑战权。周鹤洋在与13连霸马晓春名人的挑战决赛中，以总比分3比1击败马晓春获得名人桂冠。首局比赛马晓春因病弃权。

本届名人战的决赛正值2003年新年，马晓春因病弃权到失去名人桂冠，引起了新闻媒体的关注。名人是马晓春最后一个头衔，尽管名人战冠军奖金不高，但影响力很大。有众多媒体把马晓春失去名人看作是马晓春时代的终结。从某种意义上说，对曾经是一个时期的代表人物马晓春九段也许是一个刺激，应该更能够激发他对围棋的激情。我们希望马晓春九段能够重新崛起，再创辉煌。

第15届中国围棋名人战本赛成绩表

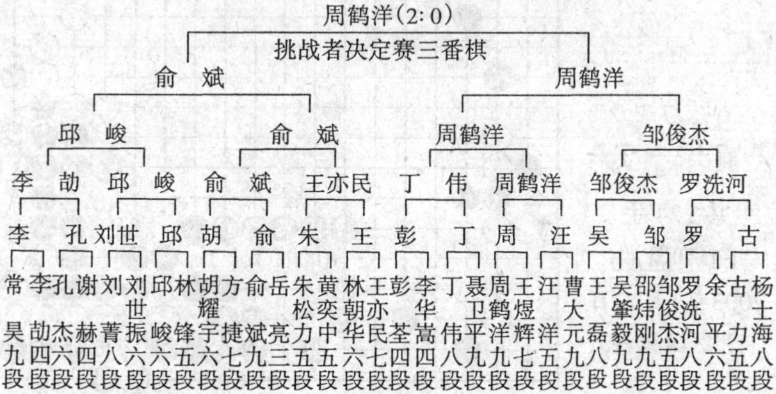

名人战决赛第2局

●黑 马晓春 名人

○白 周鹤洋 挑战者

68＝54　71＝61

注：本届名人战决赛第1局，马晓春名人因病弃权，无棋谱。

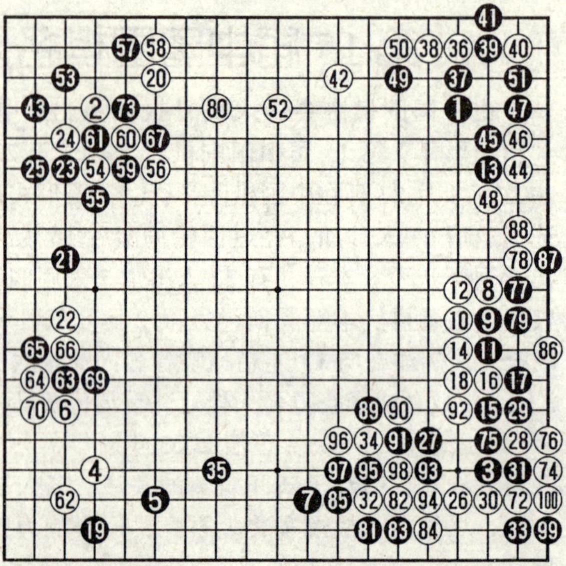

▲第一谱(1－100)　▼第二谱(101－124)

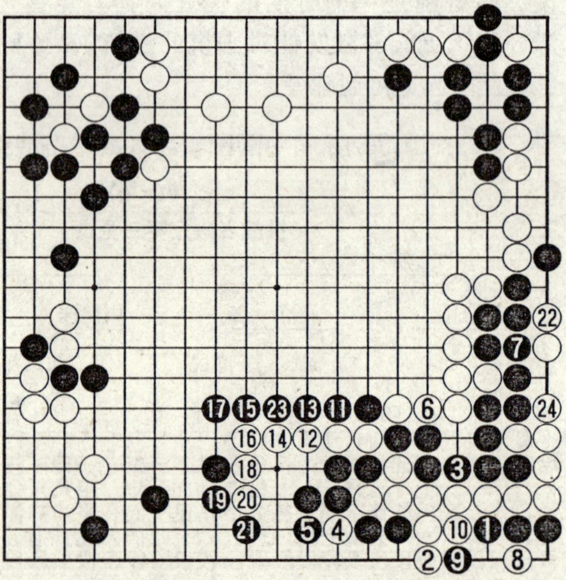

黑出$3\frac{3}{4}$子

共124手

白中盘胜

2003年1月22日

于中国棋院

名人战决赛第3局

●黑　周鹤洋　挑战者

○白　马晓春　名人

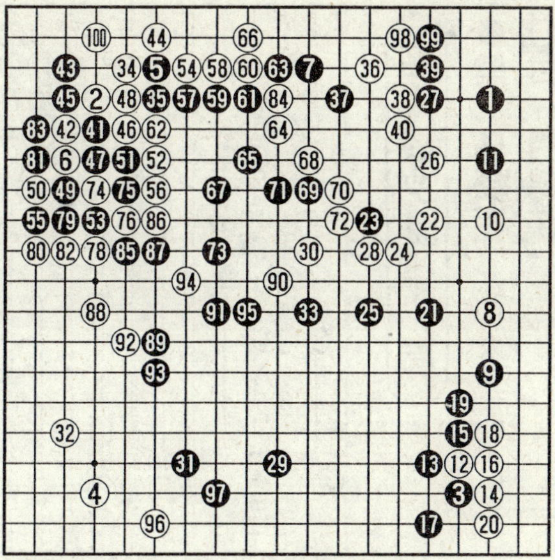

77＝74

▲第一谱(1－100)　▼第二谱(101－228)

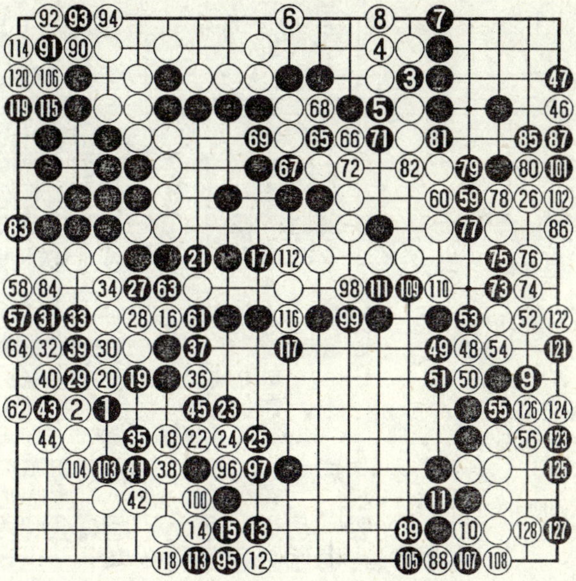

70＝65

黑出$3\frac{3}{4}$子

共228手

白中盘胜

2003年1月25日

于中国棋院

名人战决赛第4局

● 黑　马晓春　名人

○ 白　周鹤洋　挑战者

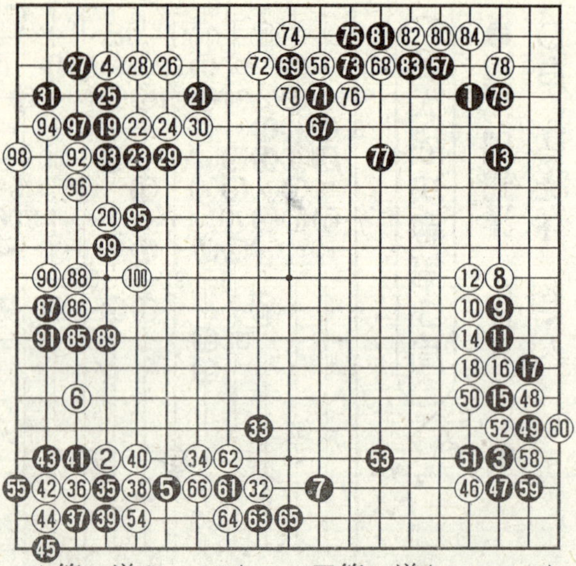

▲第一谱(1－100)

▼第二谱(101－266)

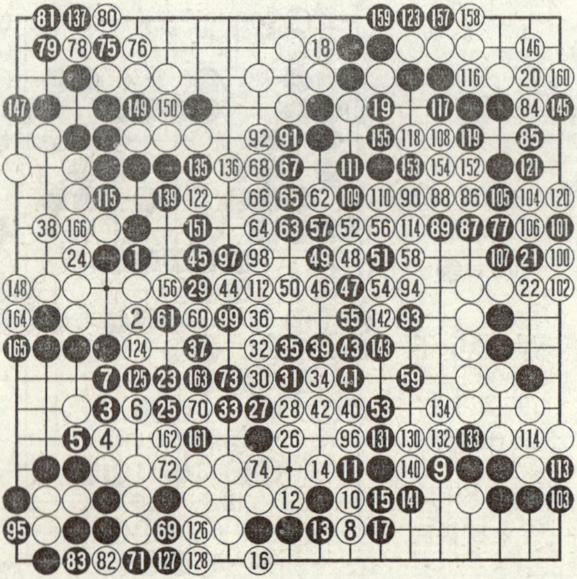

129＝82　138＝75

黑出3$\frac{3}{4}$子

共266手

白胜1$\frac{1}{4}$子

2003年1月27日

于中国棋院

名人战本赛决赛第1局

●黑 周鹤洋 九段

○白 俞斌 九段

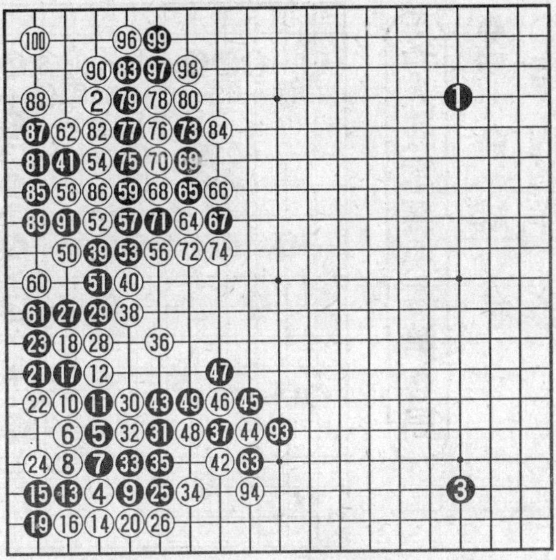

55 95 = 37

92 = 46

▲第一谱(1－100)

▼第二谱(101－291)

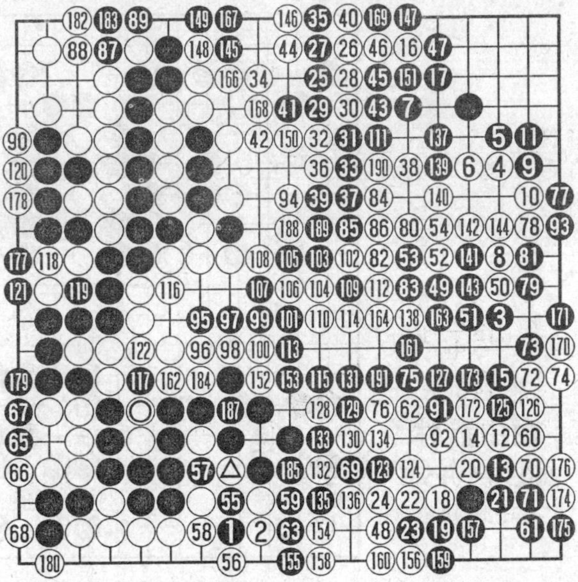

64 = △　165 = ◎

181 = 55　186 = 69

黑出$3\frac{3}{4}$子

共291手

黑胜$4\frac{3}{4}$子

2003年1月3日

于中国棋院

名人战本赛决赛第2局

●黑 俞斌 九段

○白 周鹤洋 九段

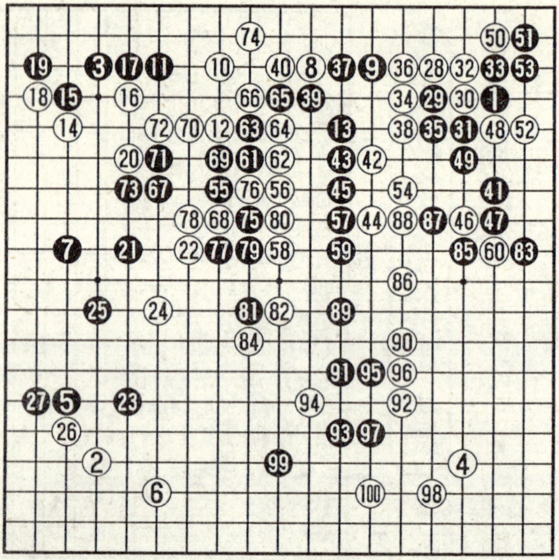

▲第一谱(1－100)　　▼第二谱(101－146)

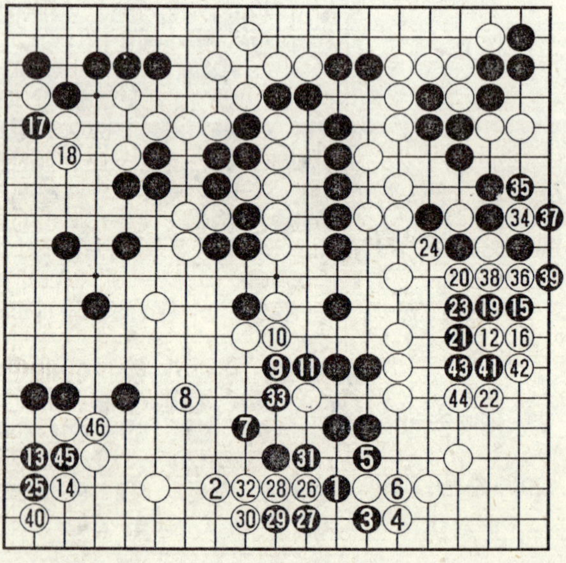

黑出$3\frac{3}{4}$子

共146手

白中盘胜

2003年1月5日

于中国棋院

名人战本赛半决赛

●黑　邹俊杰　五段

○白　周鹤洋　九段

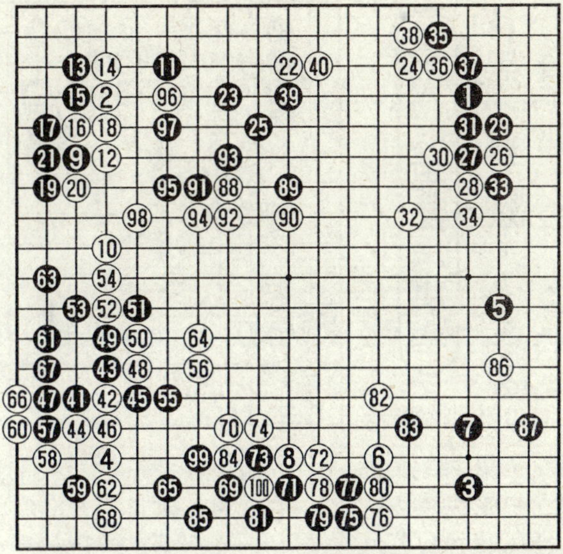

▲第一谱(1－100)　　▼第二谱(101－226)

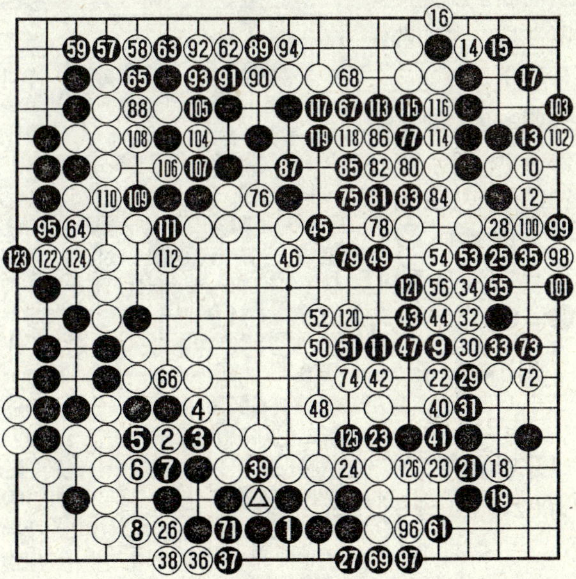

⑥⓪＝△　⑦⓪＝②

黑出3$\frac{3}{4}$子

共226手

白中盘胜

2002年3月15日

于中国棋院

名人战本赛半决赛

● 黑 俞斌 九段

○ 白 邱峻 六段

82 = 47

棋局进行至第2谱黑153提劫时，已形成两处连环劫，规则判为四劫局面。根据淘汰赛性质，需加赛区分胜负。

10 109 = △　13 = 1

49 = 46　72 = 67

94 149 = 50　97 = 43

145 = 15　147 = 121

148 = 122　151 = 41

153 = 59

黑出$3\frac{3}{4}$子

共254手

四劫无胜负

2002年3月15日

于中国棋院

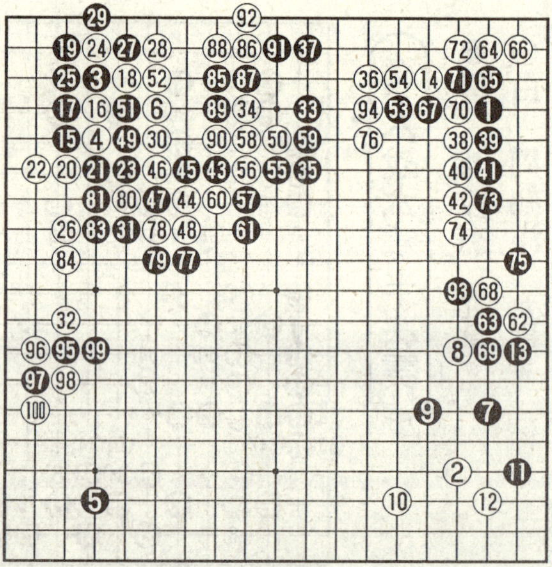

▲第一谱(1－100)

▼第二谱(101－254)

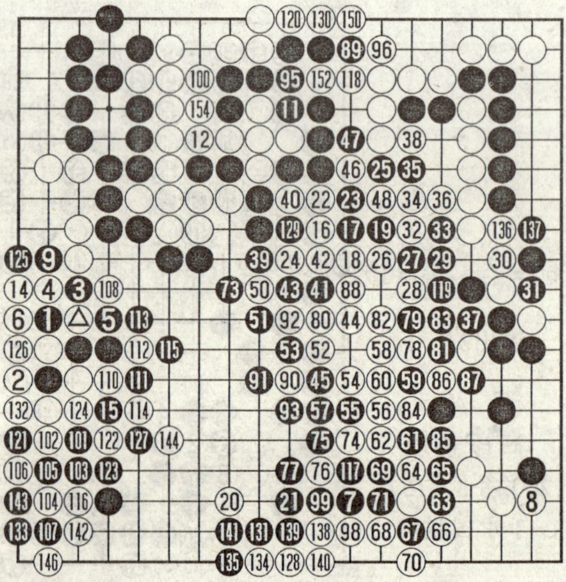

名人战本赛半决赛加赛局

● 黑 俞斌 九段

○ 白 邱峻 六段

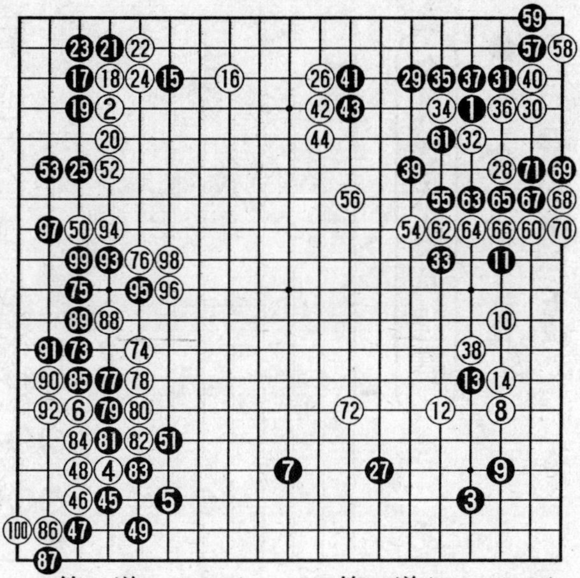

▲第一谱(1－100)

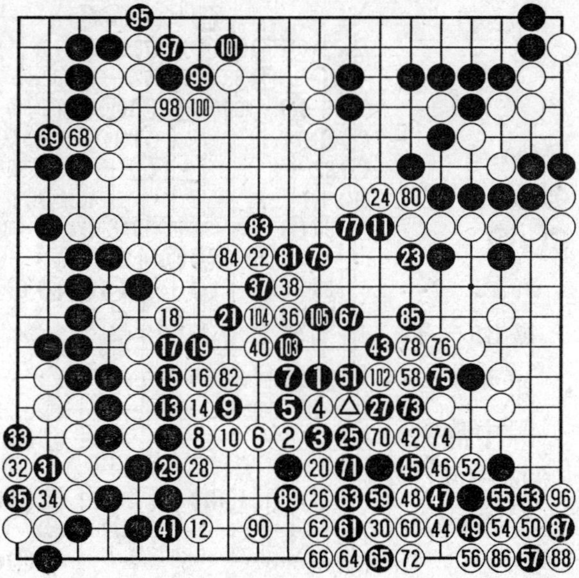

▼第二谱(101－205)

判四劫无胜负后，即加赛。加赛规定每手棋为 60 秒，无保留时间。

结果俞斌获胜，进入挑战者决定赛。

❸❾＝㉜　❾❶＝❺❼

⑨②＝△　❾❸＝④

⑨④＝⑧⑧

黑出$3\frac{3}{4}$子

共 205 手

黑中盘胜

2002年3月15日

于中国棋院

名人战本赛八强赛

●黑 俞斌 九段

○白 王亦民 七段

100＝96

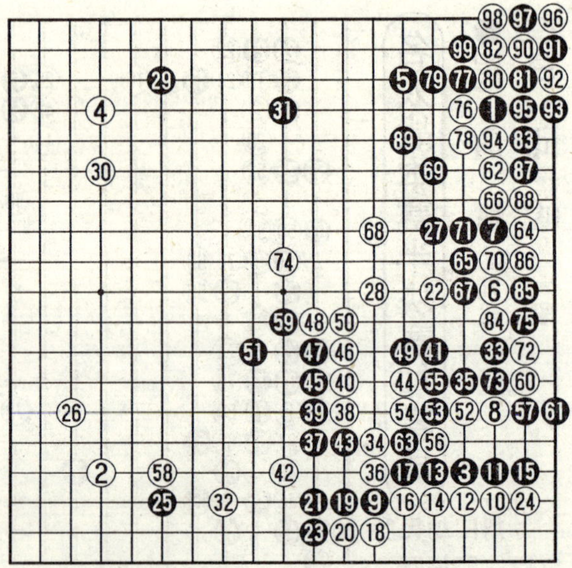

▲第一谱(1－100)

▼第二谱(101－217)

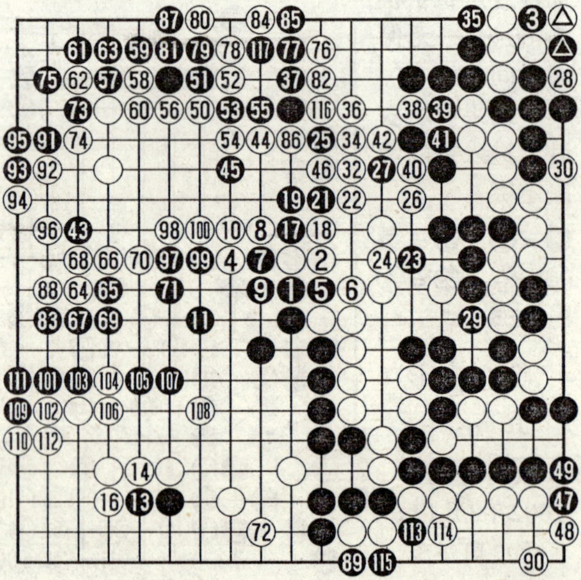

12 20＝△

15 33＝3

31＝△

黑出3$\frac{3}{4}$子

共217手

黑中盘胜

2002年3月13日

于中国棋院

名人战本赛八强赛

●黑 邱峻 六段

○白 李劫 四段

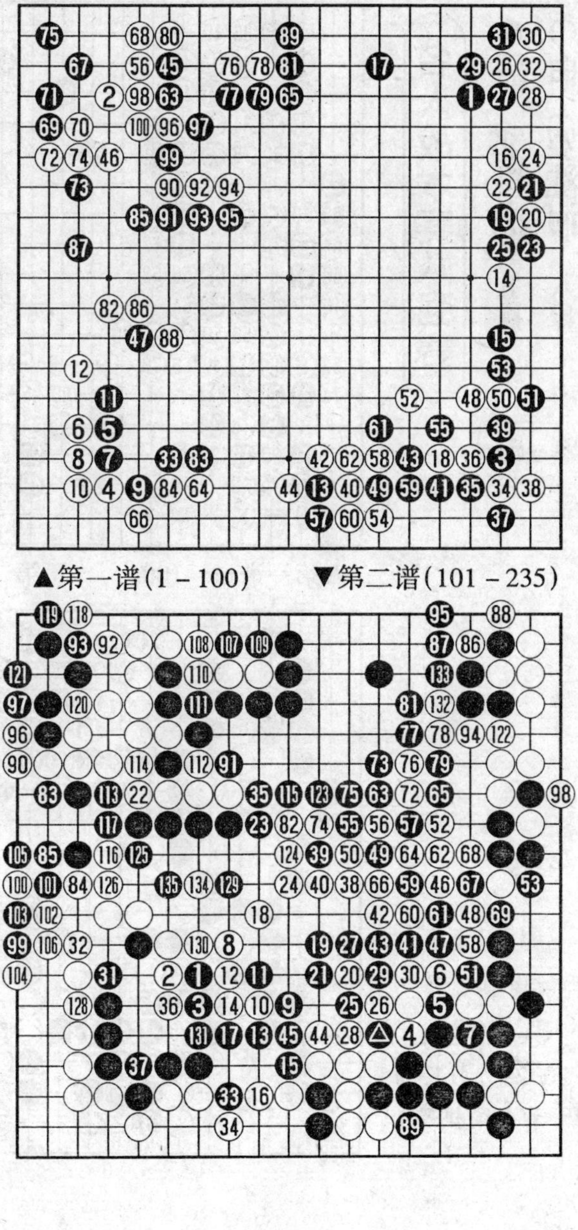

▲第一谱(1－100) ▼第二谱(101－235)

54＝△ 70＝56

71＝67 80＝57

127＝100

黑出$3\frac{3}{4}$子

共235手

黑中盘胜

2002年3月13日

于中国棋院

名人战本赛八强赛

●黑 邹俊杰 五段

○白 罗洗河 八段

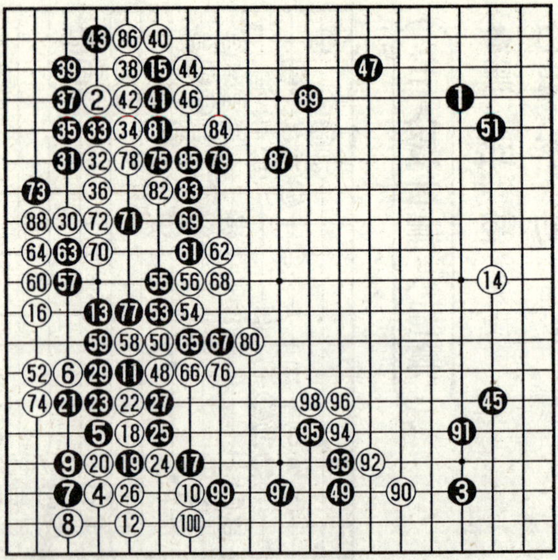

㉘＝⓳

▲第一谱(1－100)

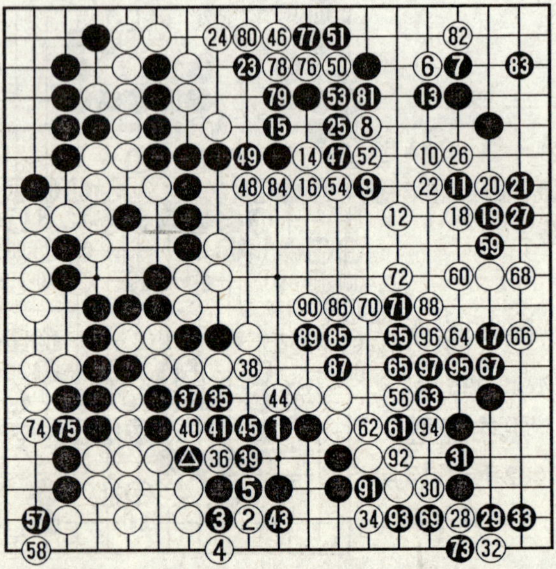

▼第二谱(101－197)

㊷＝△

黑出3$\frac{3}{4}$子

共197手

黑中盘胜

2002年3月13日

于中国棋院

名人战本赛八强赛

●黑 丁伟 八段

○白 周鹤洋 九段

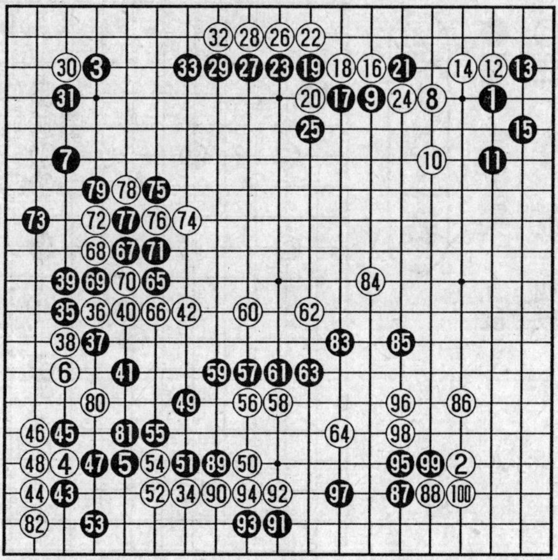

▲第一谱(1－100)　▼第二谱(101－126)

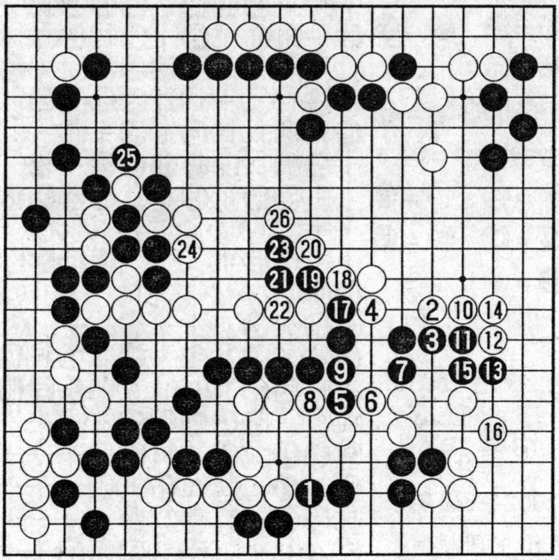

黑出$3\frac{3}{4}$子

共126手

白中盘胜

2002年3月13日

于中国棋院

名人战本赛

●黑　常昊　九段

○白　李劫　四段

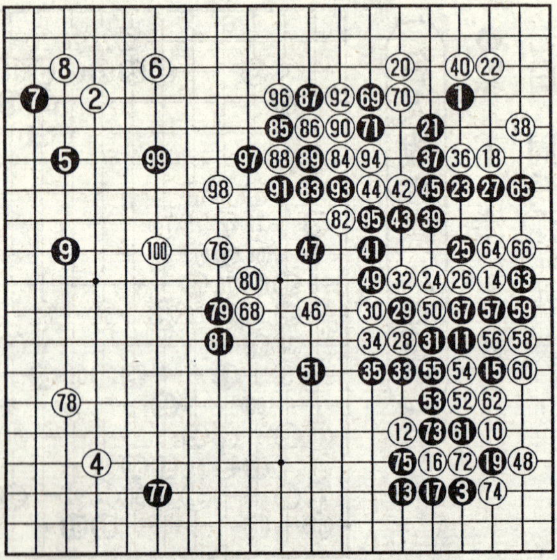

▲第一谱(1－100)　▼第二谱(101－296)

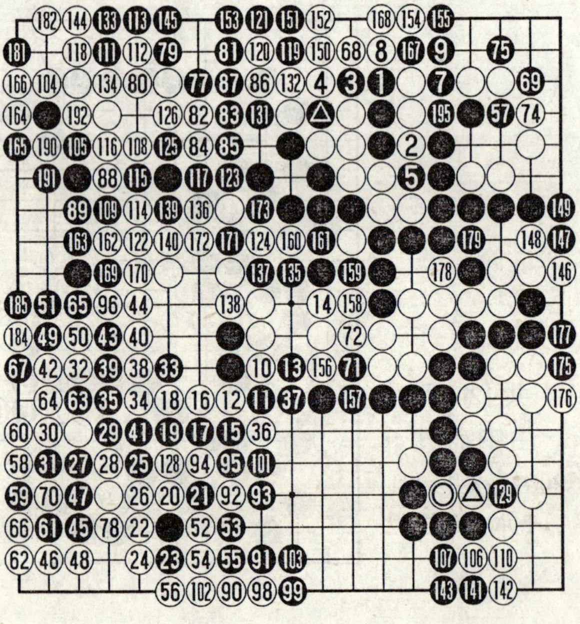

⑥＝▲　73＝59

76＝70

97 127 183 189 196＝21

100 180 186 194＝92

130＝△　174＝171

187＝◎　188＝129

193＝190

黑出$3\frac{3}{4}$子

共296手

白胜$\frac{1}{4}$子

2002年3月9日

于中国棋院

名人战本赛

●黑　朱松力　五段

○白　王亦民　七段

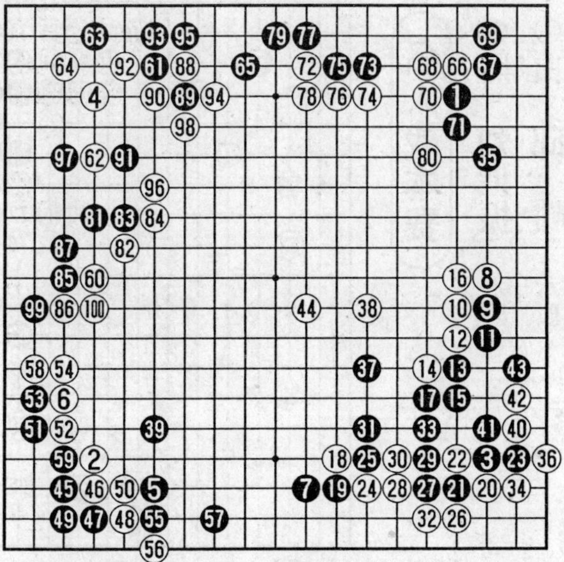

▲第一谱(1－100)　　▼第二谱(101－158)

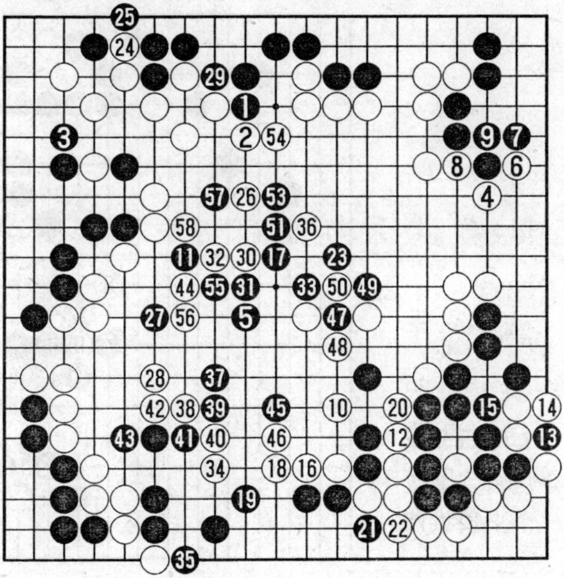

52 = 47

黑出$3\frac{3}{4}$子

共158手

白中盘胜

2002年3月11日

于中国棋院

名人战本赛

● 黑　刘世振　六段

○ 白　邱峻　六段

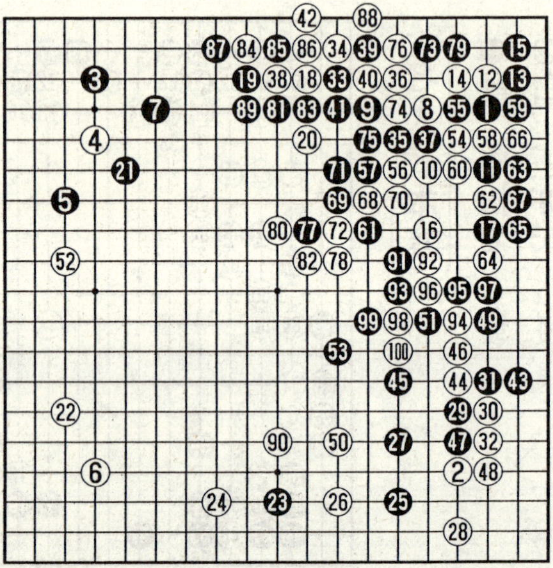

▲第一谱(1－100)

▼第二谱(101－134)

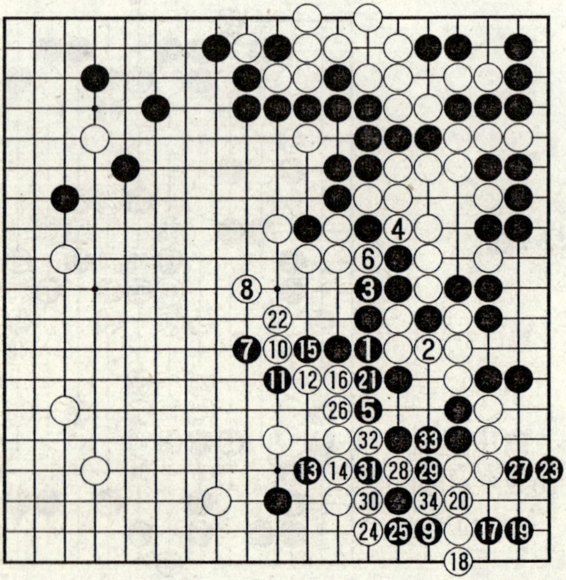

黑出$3\frac{3}{4}$子

共134手

白中盘胜

2002年3月11日

于中国棋院

第 16 届中国围棋天元战

由中国围棋协会与上海文汇新民报业集团共同主办、新民晚报和江苏吴江市同里镇共同承办的第 16 届“同里杯”中国围棋天元战，于 2002 年 1 月 21 日至 3 月 4 日先后在中国棋院与江苏吴江市同里镇举行。比赛办法依然沿袭传统，因新规则即将公布，在贴子上试行了新规则黑方贴$3\frac{3}{4}$子的规定。

本届比赛采用新规则贴子办法，湖南籍小将黄奕中五段是最大的受益者，最后以 7 战全胜(包括挑战决赛)，荣登天元宝座，实在出人意料之外。目前等级分仍居国内第一的常昊九段已五连霸天元位，按理黄奕中实力稍逊，常昊却以 0 比 2 负于黄奕中可见不在状态。

本届挑战赛决赛首局，公开在千年古镇的世界文化遗产退思园内举行。两位棋手身着唐装对弈，引起游人的特别关注，也开辟了围棋比赛适应群众需要的新模式。

第 16 届中国围棋天元战本赛成绩表

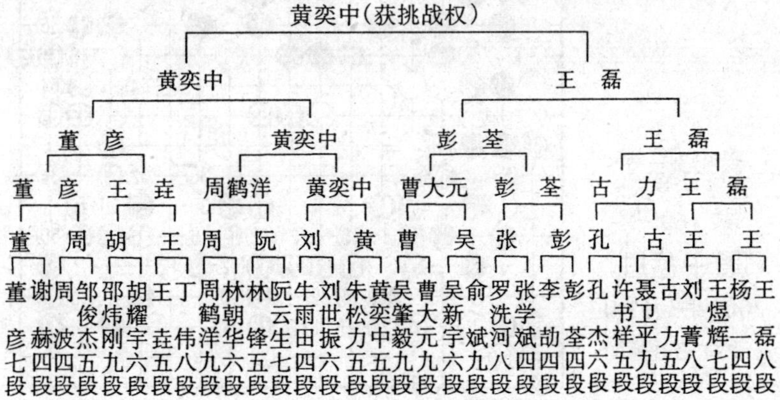

天元战决赛第1局

●黑 黄奕中 挑战者

○白 常昊 天元

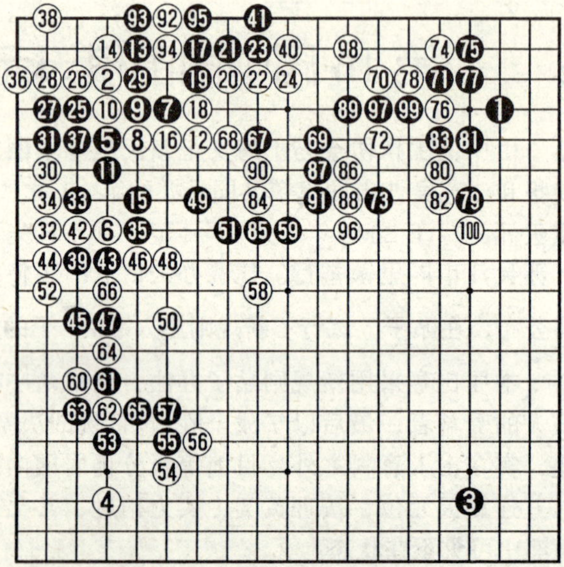

▲第一谱（1－100）　▼第二谱（101－169）

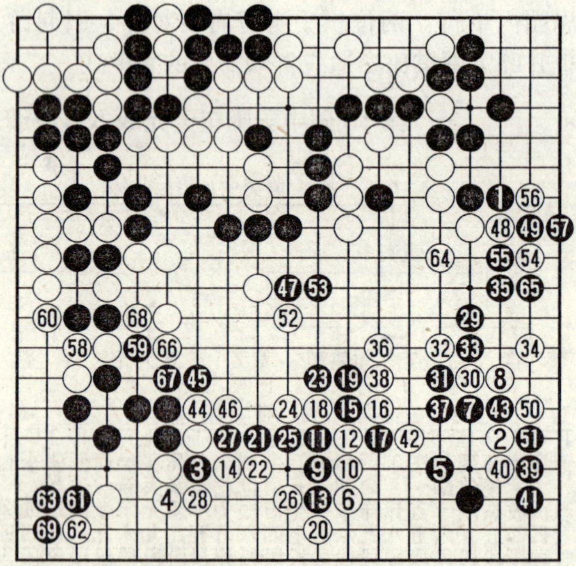

黑出$3\frac{3}{4}$子

共169手

黑中盘胜

2002年3月1日

于江苏吴江

天元战决赛第2局

● 黑 常昊 天元

○ 白 黄奕中 挑战者

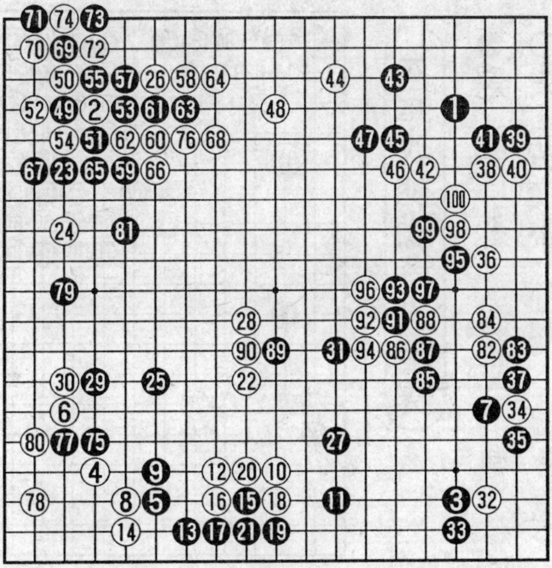

▲第一谱(1－100)　　▼第二谱(101－196)

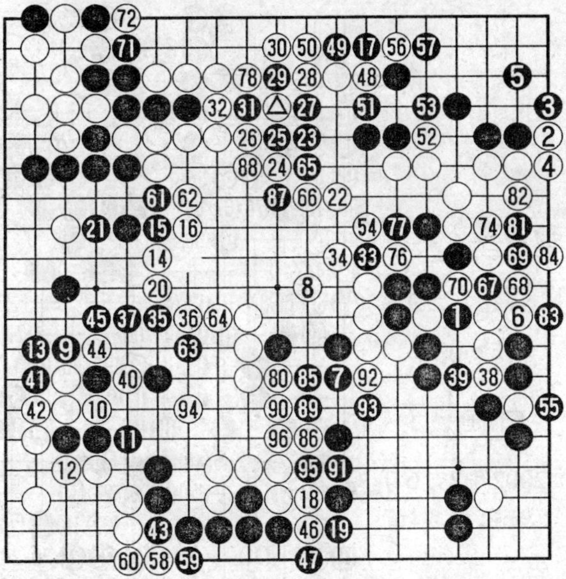

黑出$3\frac{3}{4}$子

共196手

白中盘胜

2002年3月3日

于江苏吴江

天元战挑战者决定赛

●黑　王　磊　八段

○白　黄奕中　五段

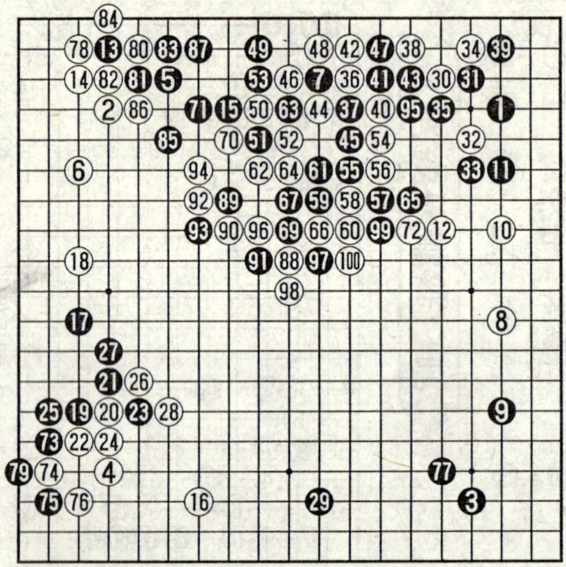

▲第一谱(1－100)

68＝50

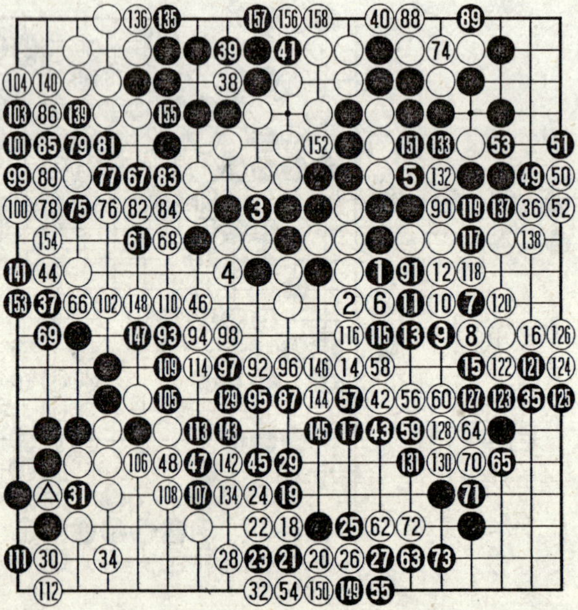

▼第二谱(101－258)

33＝△

黑出3$\frac{3}{4}$子

共258手

白胜$\frac{1}{4}$子

2002年2月6日

于江苏吴江

天元战本赛半决赛

● 黑 王磊 八段

○ 白 彭荃 四段

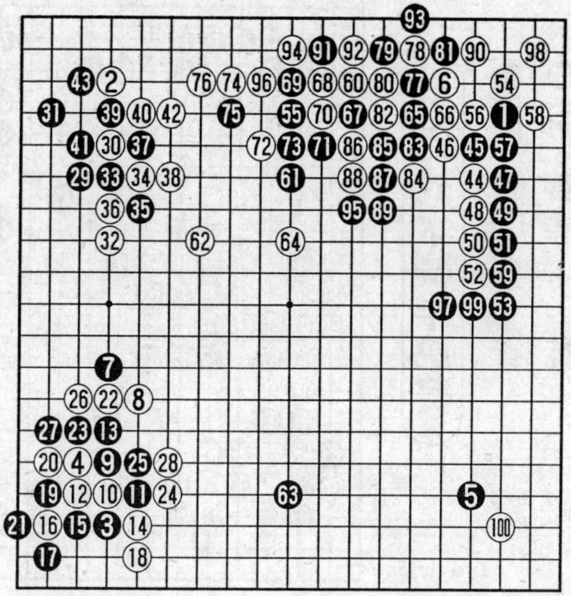

▲第一谱(1－100)　　▼第二谱(101－183)

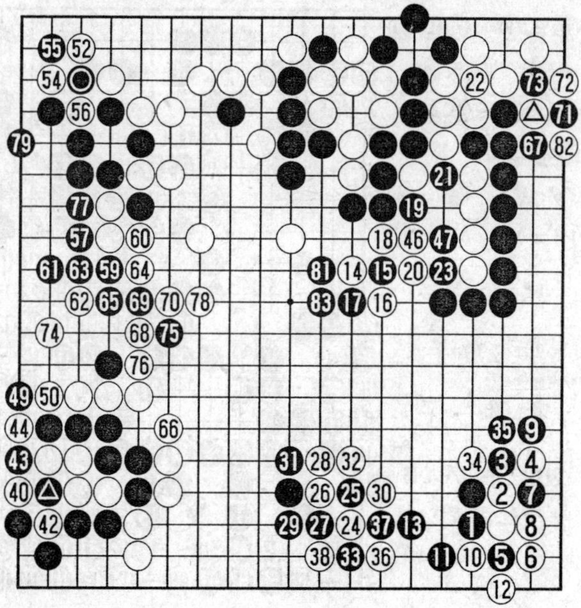

39 = 25　41 = 24

45 53 = △

48 = 42　51 = 43

58 = ◎　80 = △

黑出3$\frac{3}{4}$子

共183手

黑中盘胜

2002年2月4日

于江苏吴江

天元战本赛半决赛

● 黑 董彦 七段

○ 白 黄奕中 五段

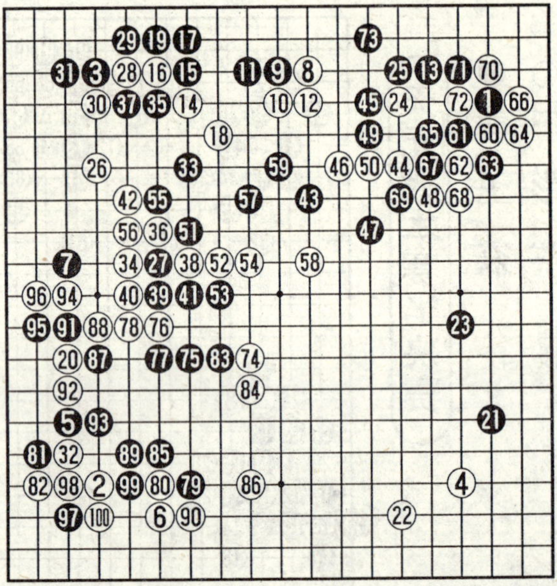

▲第一谱(1－100)

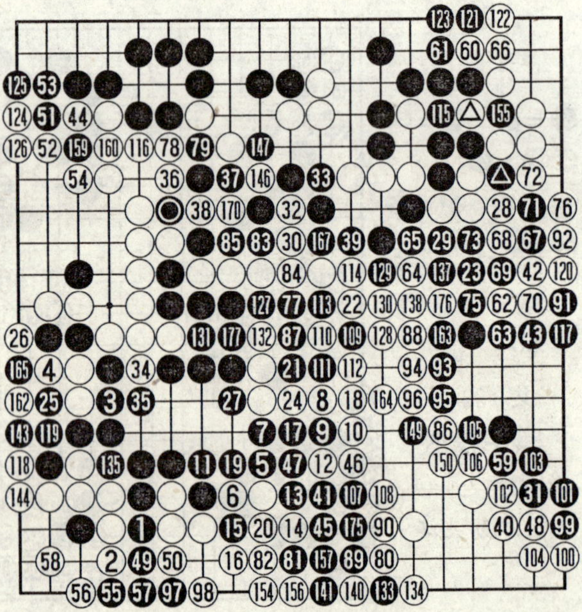

▼第二谱(101－277)

74 = △　　136 142 148

153 = 110　　139 145 151

= 109　　152 = 133

158 166 173 = △

161 171 = 155

168 = ◎　　169 = 146

172 = 162　　174 = 165

黑出$3\frac{3}{4}$子

共277手

白胜$\frac{1}{4}$子

2002年2月4日

于江苏吴江

天元战本赛八强赛

●黑　黄奕中　五段

○白　周鹤洋　九段

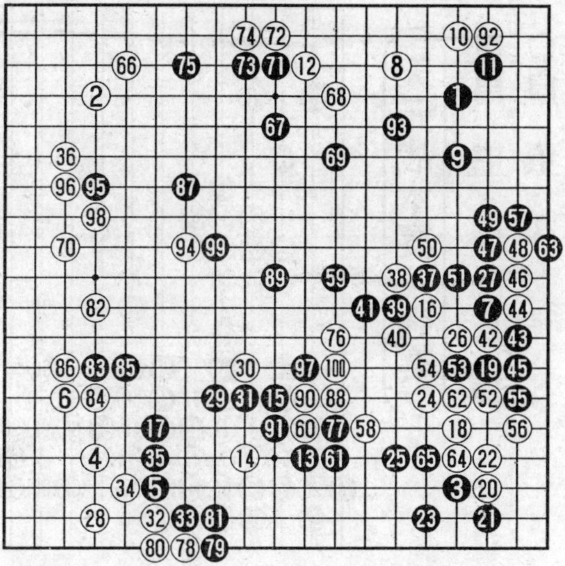

▲第一谱(1－100)　▼第二谱(101－209)

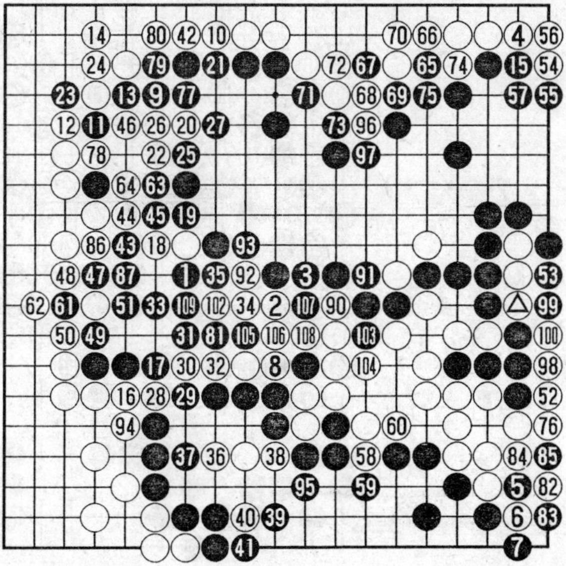

88＝82　89＝⑥

101＝△

黑出$3\frac{3}{4}$子

共209手

黑胜$1\frac{3}{4}$子

2002年1月26日

于中国棋院

天元战本赛八强赛

●黑 王垚 五段

○白 董彦 七段

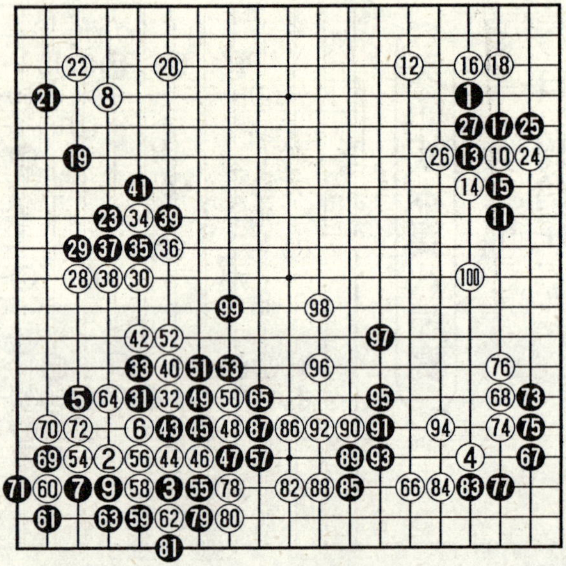

▲第一谱(1－100)

▼第二谱(101－239)

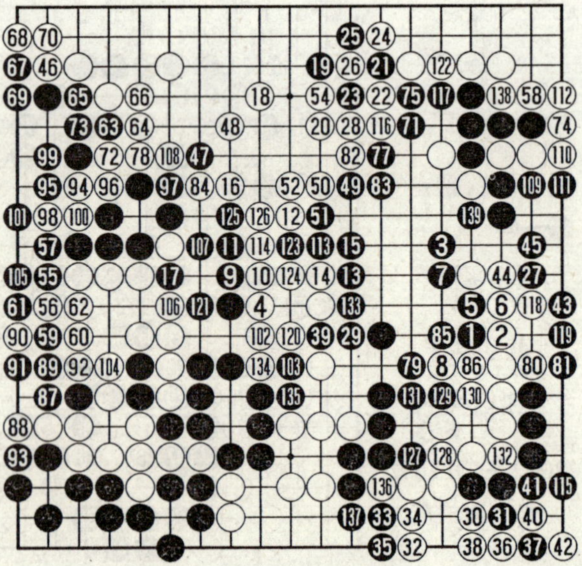

(53)=(21)　(76)=(26)

黑出$3\frac{3}{4}$子

共239手

白胜$\frac{1}{4}$子

2002年1月26日

于中国棋院

天元战本赛八强赛

● 黑 曹大元 九段

○ 白 彭荃 四段

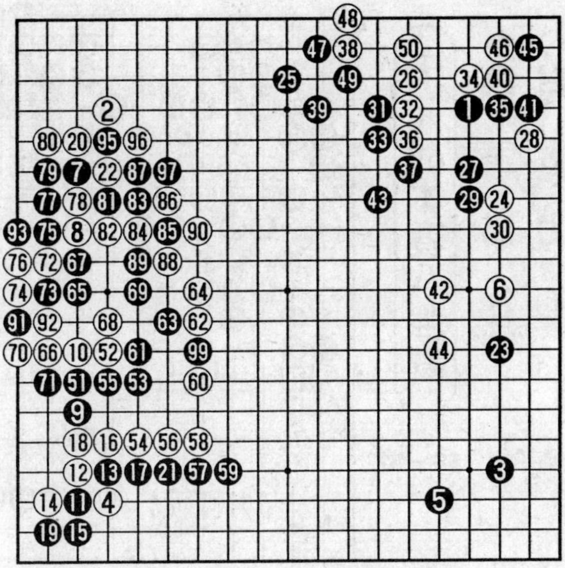

94 = 91　98 = 22

100 = 95

▲第一谱(1－100)　▼第二谱(101－182)

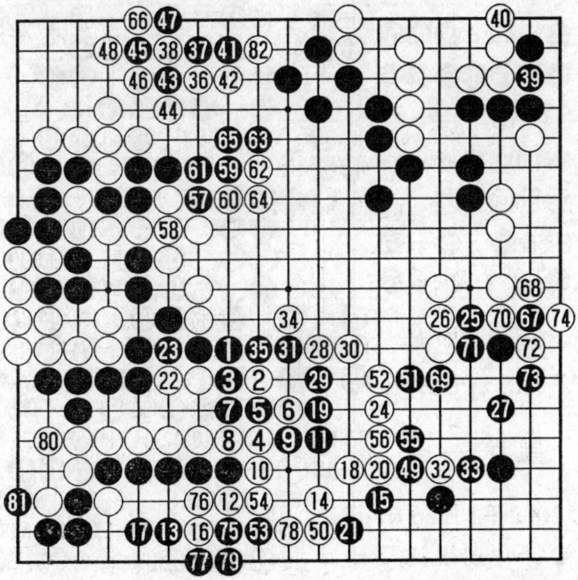

黑出$3\frac{3}{4}$子

共182手

白中盘胜

2002年1月26日

于中国棋院

天元战本赛八强赛

● 黑　王磊　八段

○ 白　古力　五段

44 = 36　58 = 52

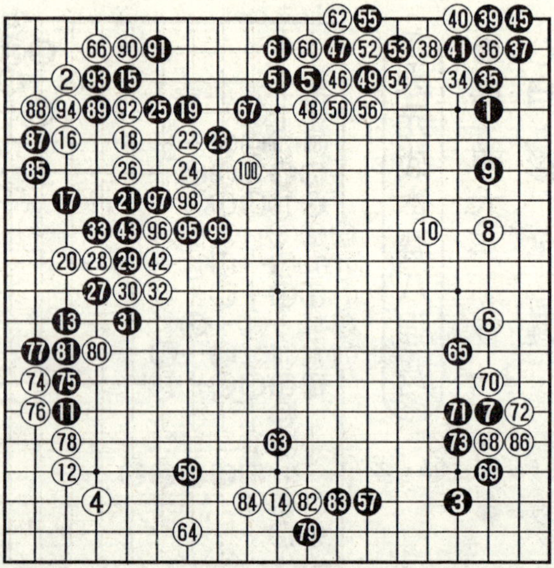

▲第一谱(1－100)

▼第二谱(101－312)

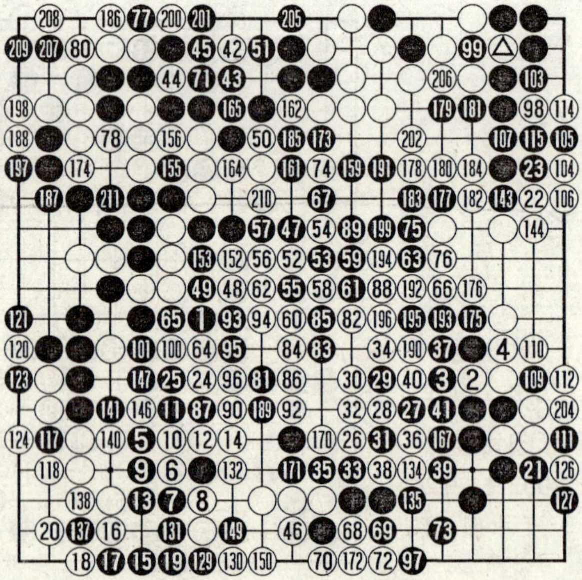

79 = 44　91 113 119 125 133 139 145 151 157 163

168 = 55　102 = △

108 116 122 128 136 142 148 154 160 166 = 58

158 = 99　169 = 31

203 = 126　212 = 77

黑出$3\frac{3}{4}$子

共312手

黑胜$1\frac{3}{4}$子

2002年1月26日

于中国棋院

天元战本赛

● 黑 张学斌 四段

○ 白 罗洗河 八段

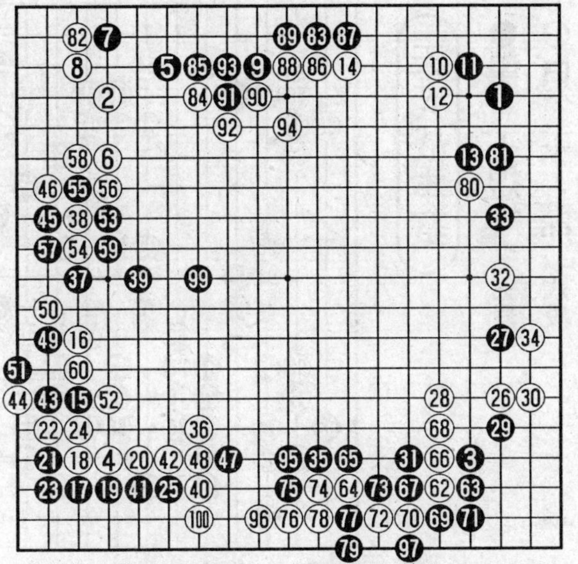

61 = 55　98 = 38

▲第一谱(1－100)

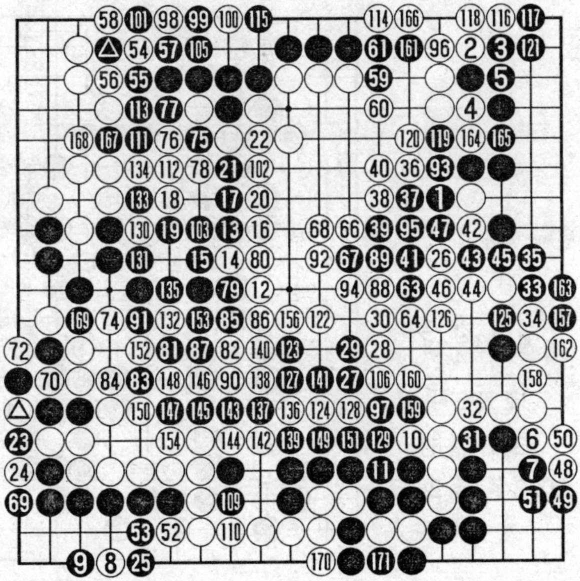

▼第二谱(101－271)

62 71 = △

65 = 23

73 = 24　104 = 98

107 = 101　108 = △

155 = 136

黑出$3\frac{3}{4}$子

共271手

黑胜$\frac{3}{4}$子

2002年1月22日

于中国棋院

天元战本赛

●黑　王煜辉　七段

○白　王　磊　八段

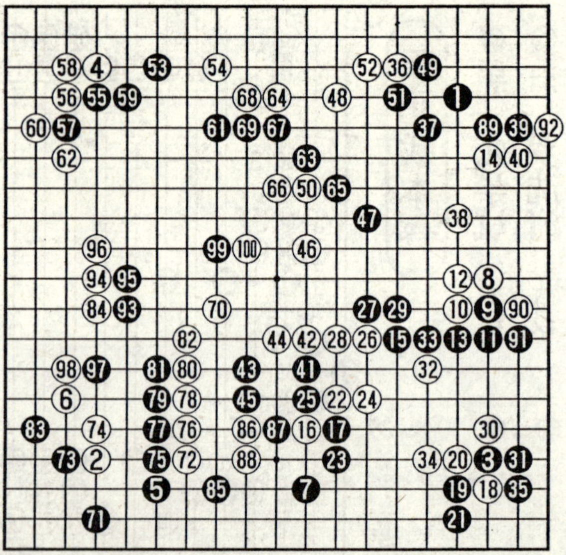

▲第一谱(1－100)　　▼第二谱(101－190)

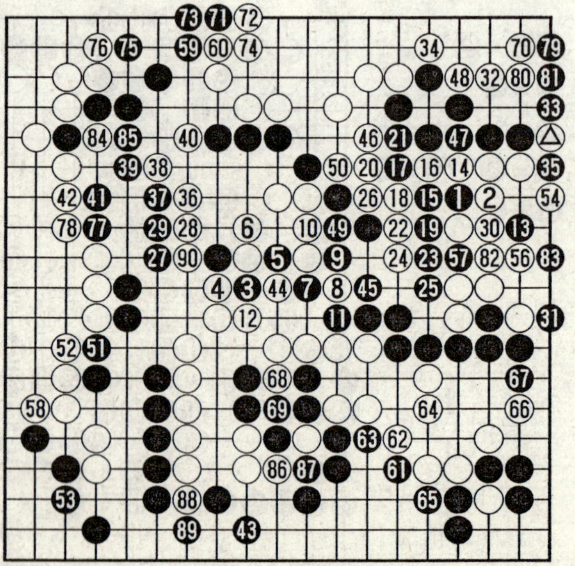

55＝△

黑出$3\frac{3}{4}$子

共190手

白中盘胜

2002年1月24日

于中国棋院

天元战本赛

●黑 王垚 五段

○白 胡耀宇 六段

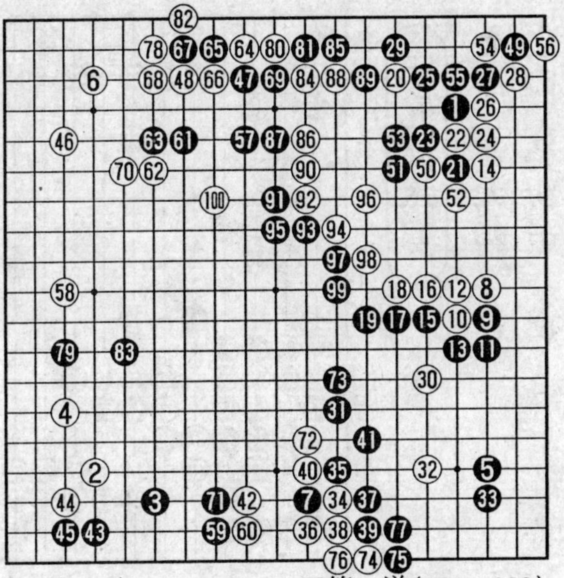

▲第一谱(1－100)

▼第二谱(101－233)

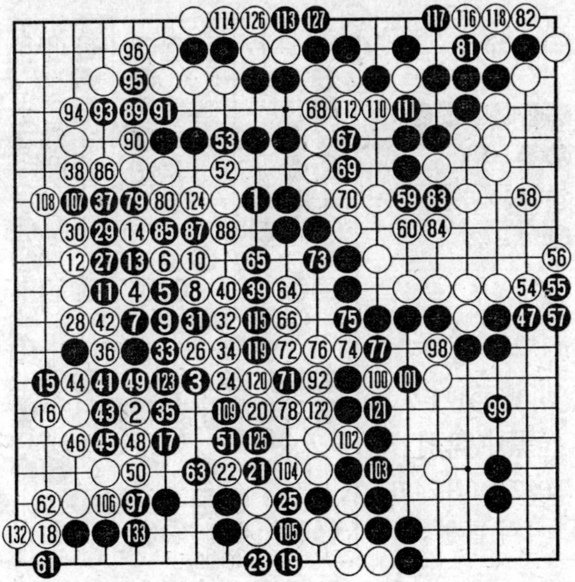

128＝14　129＝85

130＝87　131＝4

黑出$3\frac{3}{4}$子

共233手

黑胜$1\frac{3}{4}$子

2002年1月24日

于中国棋院

天元战本赛

●黑　曹大元　九段

○白　吴新宇　六段

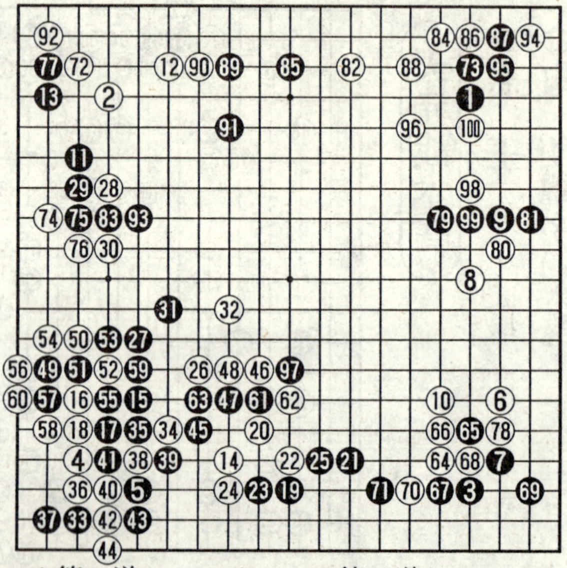

▲第一谱（1－100）　　▼第二谱（101－231）

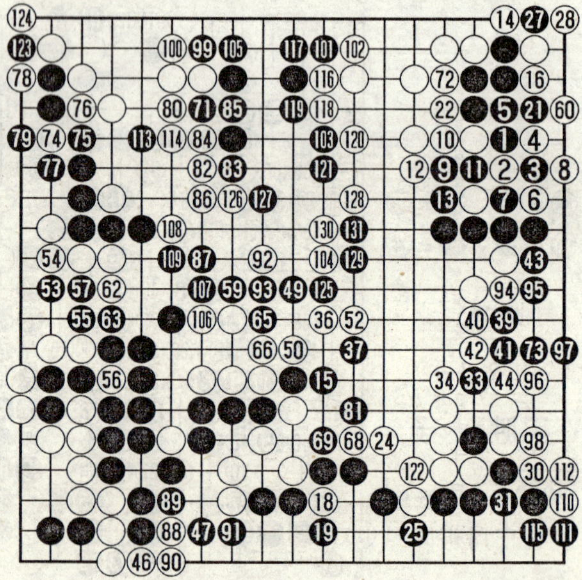

❶❼❷❸❷❾❸❺❹❺❺❶❻❶❻❼＝❸

⑳㉖㉜㊳㊽㊿58 64 70＝②

黑出$3\frac{3}{4}$子

共231手

黑中盘胜

2002年1月24日

于中国棋院

天元战本赛

● 黑 刘世振 六段

○ 白 黄奕中 五段

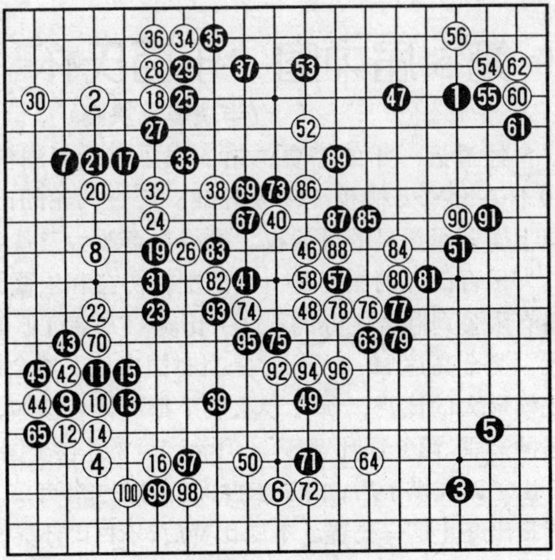

59 68 = 9

66 = 42

▲第一谱(1－100)　▼第二谱(101－213)

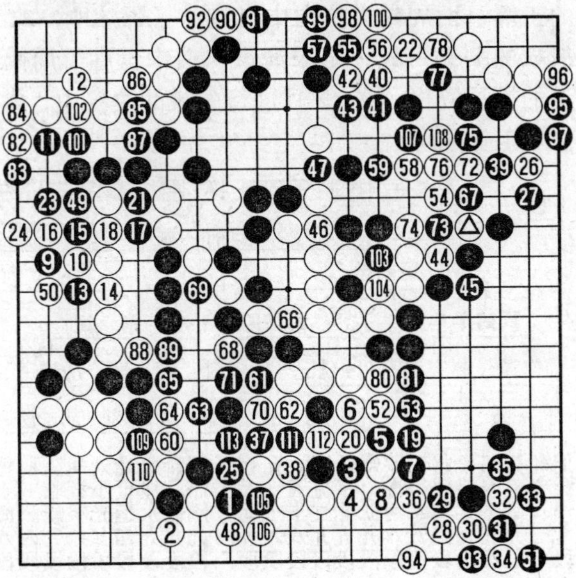

79 = △

黑出$3\frac{3}{4}$子

共213手

白胜$\frac{1}{4}$子

2002年1月24日

于中国棋院

第5届中国“乐百氏杯”围棋赛

（半决赛、决赛）

经过近一年的停赛，第5届乐百氏杯围棋赛2002年10月19日在北京万柳棋苑重新开战。经过两轮的比赛，俞斌取得了向上届冠军常昊的挑战权。挑战决赛改为三番胜负。

乐百氏杯围棋赛是由中国围棋协会和乐百氏（广东）食品饮料有限公司联合主办的，这一比赛双方签订了10届比赛的协议，冠军奖金高达12.8万元，是当时国内比赛奖金最高的赛事，也是规模最大的比赛，所有专业棋手都可报名参加，常昊获得了前4届的冠军。第5届比赛于2001年7~8月在全国6个地方进行，在打出了四强棋手后，由于乐百氏公司在去年年底上层的更替，该公司提出终止这一比赛。本届比赛后，乐百氏杯赛便成绝响。

19日进行的四强赛俞斌执黑以四分之三子战胜了风头正劲的王磊，而周鹤洋执白中盘淘汰了邵炜刚。21日进行了争夺挑战权的关键一战，结果俞斌执白中盘胜了周鹤洋，获得了向常昊的挑战资格。在12月进行的挑战决赛中，常昊以2比0战胜俞斌卫冕成功。

第5届中国“乐百氏杯”围棋赛第三阶段成绩表

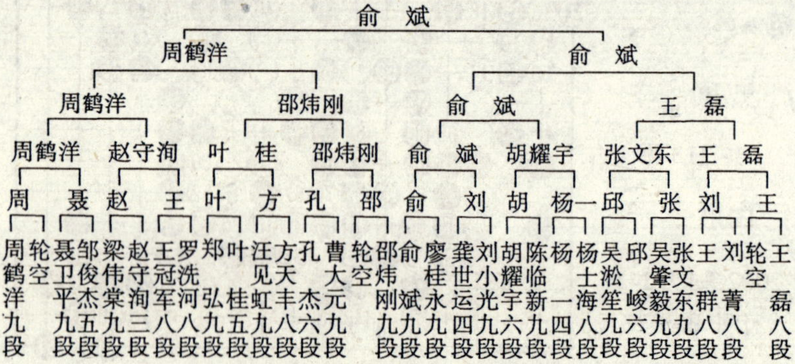

乐百氏杯决赛第1局

● 黑 俞斌 挑战者

○ 白 常昊 杯主

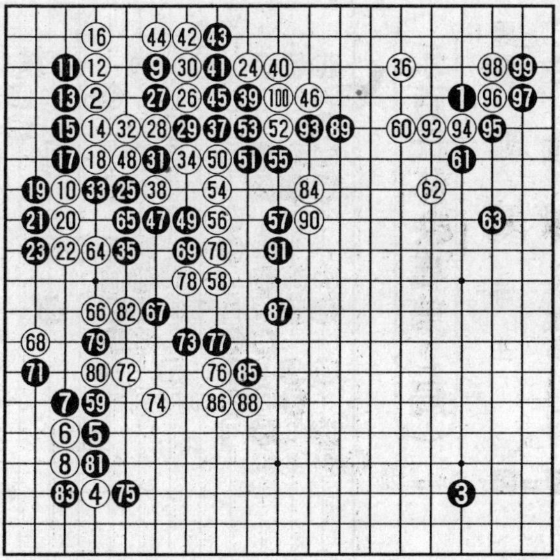

▲第一谱(1－100)　▼第二谱(101－279)

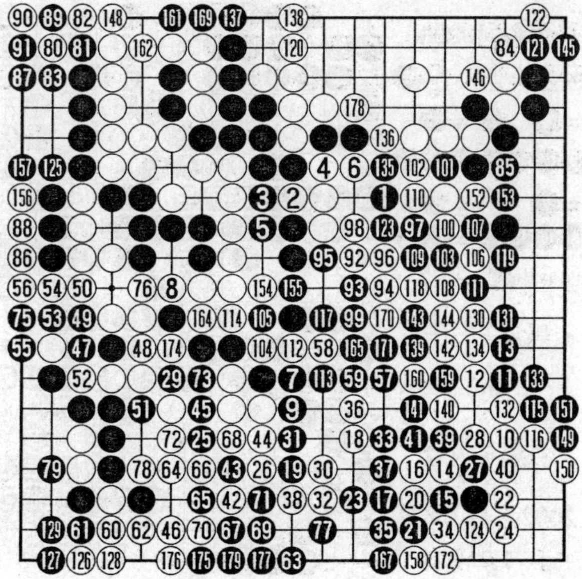

74＝43　147＝89

163 168＝159

166＝160　173＝104

黑出$3\frac{3}{4}$子

共279手

白胜$2\frac{1}{4}$子

2002年11月18日

于中国棋院

乐百氏杯决赛第2局

● 黑 常昊 杯主

○ 白 俞斌 挑战者

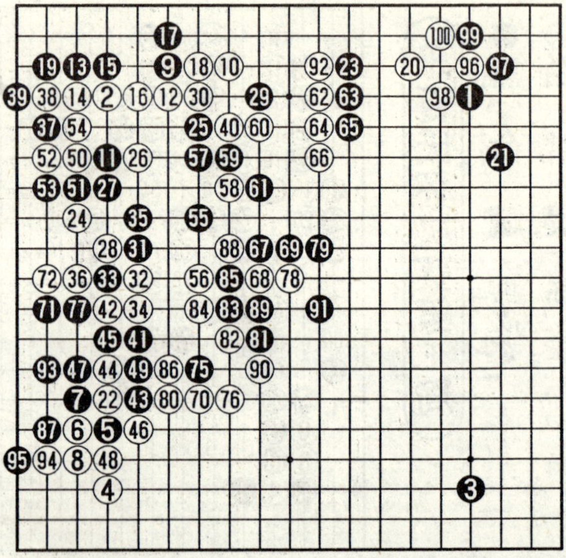

73 = 5　74 = 22

▲第一谱(1－100)

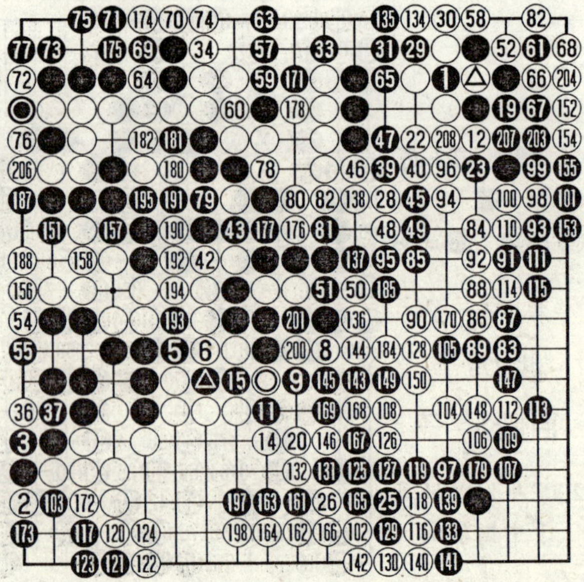

▼第二谱(101－309)

4 10 18 24 32 38 44 56 = △　16 159 = ◎　17 = 15　7 13 21 27 35 41 53 = 1　160 = △　183 189 199 205 = ◎　186 196 202 209 = 72

黑出$3\frac{3}{4}$子

共309手

黑胜$2\frac{3}{4}$子

2002年12月8日

于河北承德

乐百氏杯挑战者决定赛

● 黑 周鹤洋 九段

○ 白 俞 斌 九段

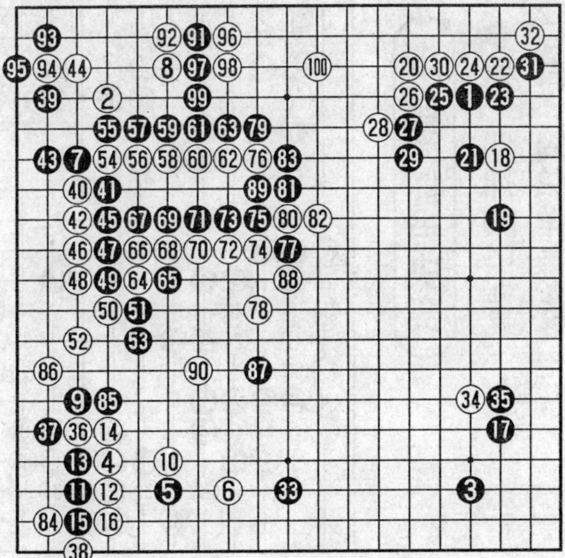

▲第一谱(1－100)　　▼第二谱(101－250)

16 21 ＝ 10

19 ＝ 3　　96 ＝ 53

108 ＝ 27　　112 ＝ 109

114 ＝ 13

131 137 ＝ 87

134 ＝ 128

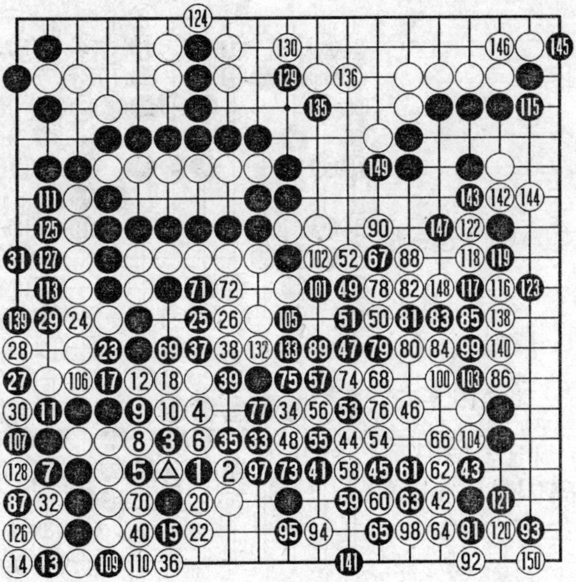

黑出$3\frac{3}{4}$子

共250手

白中盘胜

2002年10月21日

于北京

乐百氏杯半决赛

●黑　邵炜刚　九段

○白　周鹤洋　九段

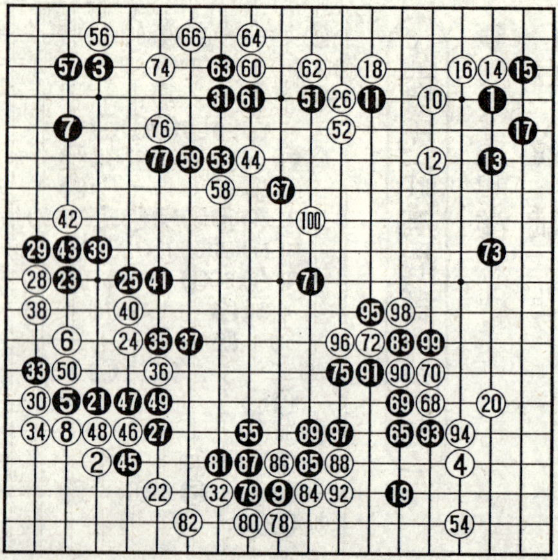

▲第一谱(1－100)　▼第二谱(101－210)

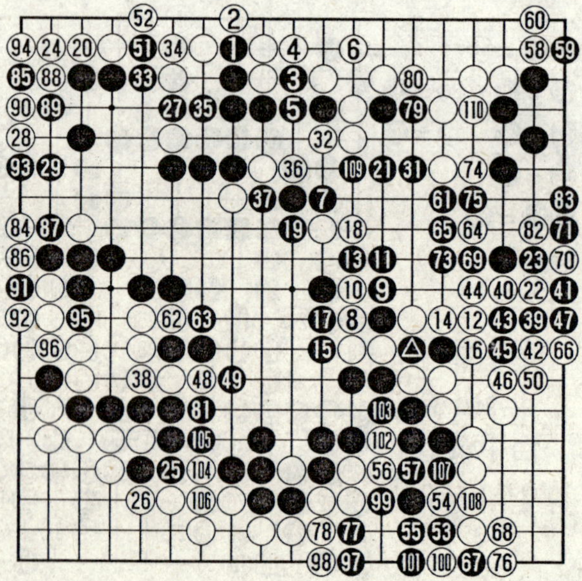

30＝△　72＝41

黑出$3\frac{3}{4}$子

共210手

白中盘胜

2002年10月19日

于北京

乐百氏杯半决赛

●黑 俞斌 九段

○白 王磊 八段

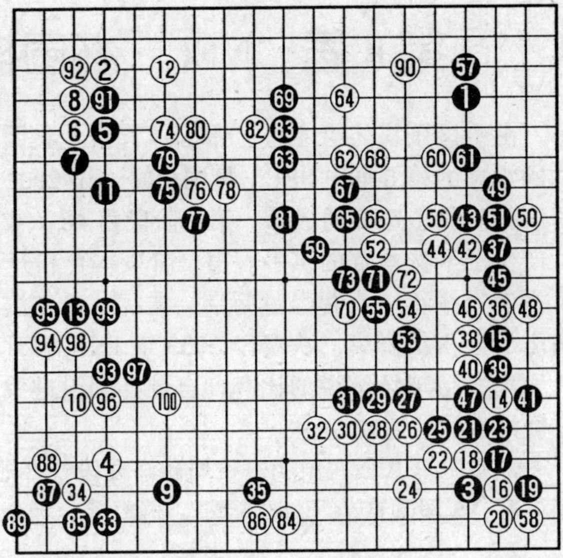

▲第一谱(1－100)　▼第二谱(101－235)

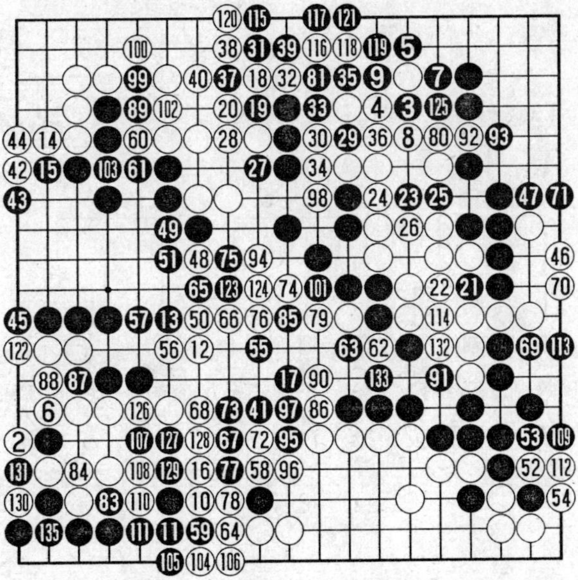

82＝37　134＝130

黑出3$\frac{3}{4}$子

235 手后略

黑胜$\frac{3}{4}$子

2002年10月19日

于北京

第 8 届“NEC”杯围棋赛

由中国围棋协会主办、中国体育报业集团和日本电通公司共同承办的第 8 届“NEC”杯围棋赛，于 2002 年 3 月 5 日拉开了第一阶段预选赛的战幕。第一阶段由 48 人参加，经过三轮淘汰产生了入选本赛的棋手。第二阶段本赛和开幕仪式于 4 月 26 日在南京举行。本赛经过南京、桂林、哈尔滨、青岛和厦门五站之后产生决赛者。决赛于 2003 年 1 月 18 日在昆明举行。这一剧场式带现场解说的比赛，自创办到引进我国以来，受到围棋爱好者的普遍欢迎。

最后王磊八段在昆明击败周鹤洋九段获得冠军。“NEC”杯围棋赛，8 届共产生了 7 位冠军，冠军奖金为 20 万元人民币。

第 8 届“NEC”杯围棋赛成绩表

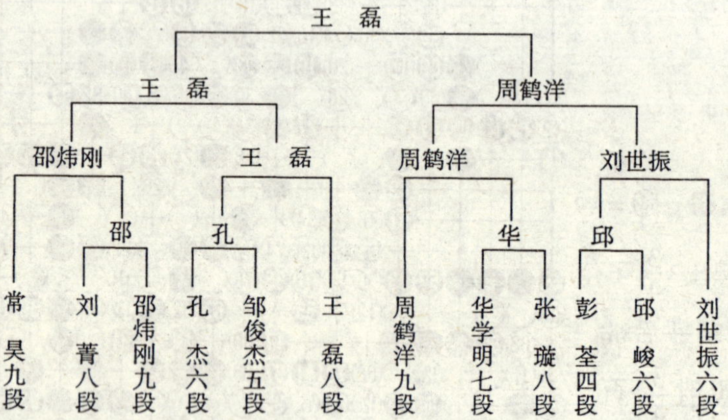

NEC杯决赛

●黑　王　磊　八段
○白　周鹤洋　九段

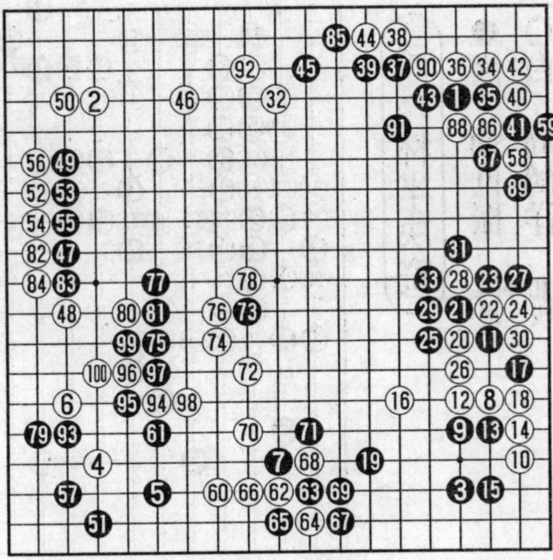

▲第一谱(1－100)　▼第二谱(101－267)

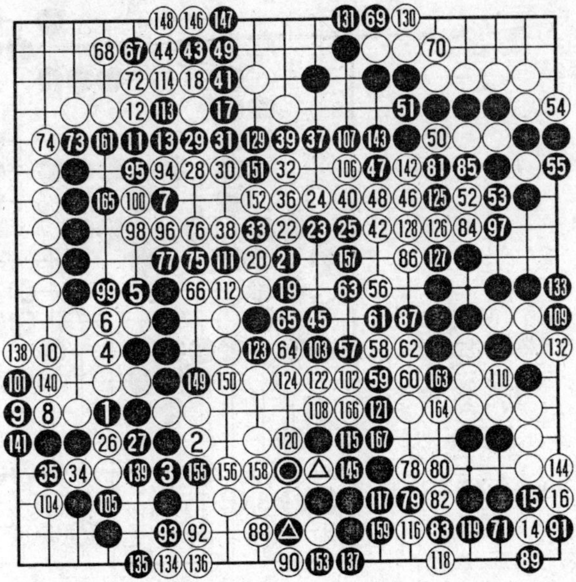

154＝▲　160＝△
162＝◎

黑出$3\frac{3}{4}$子
共267手
黑胜$\frac{3}{4}$子
2003年1月18日
于昆明

NEC杯半决赛

●黑 刘世振 六段

○白 周鹤洋 九段

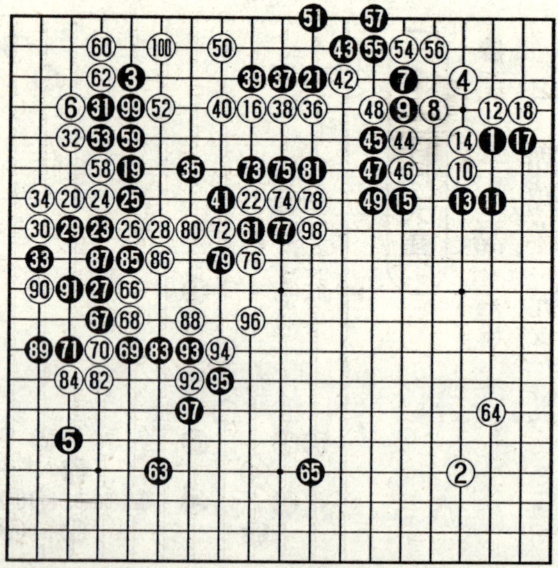

▲第一谱（1－100）

▼第二谱（101－172）

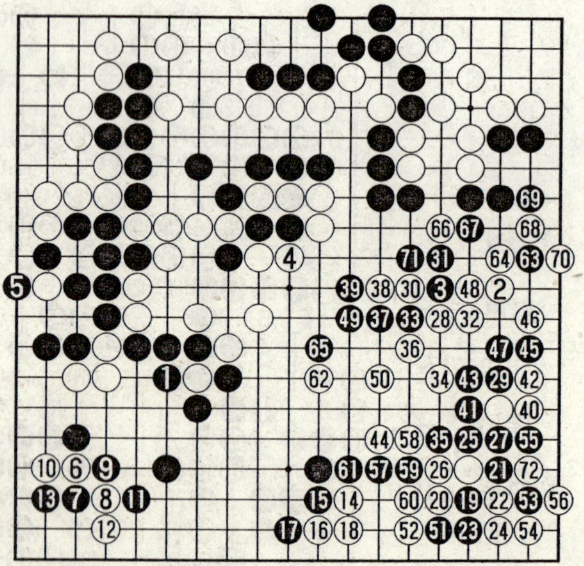

黑出$3\frac{3}{4}$子

共172手

白中盘胜

2002年12月14日

于厦门

NEC杯半决赛

●黑　王磊　八段

○白　邵炜刚　九段

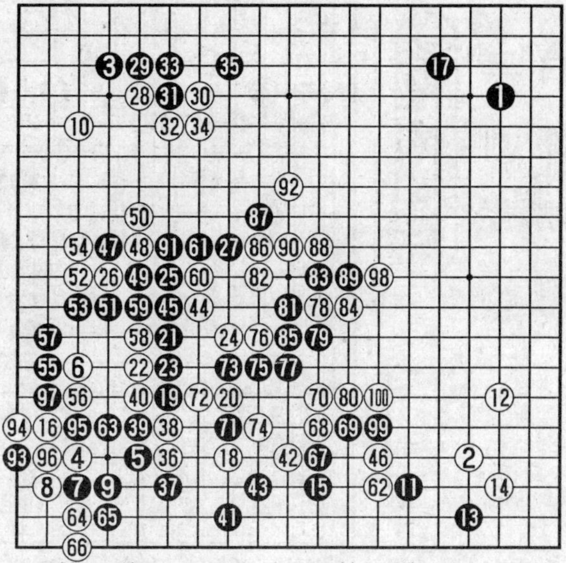

▲第一谱(1－100)　　▼第二谱(101－145)

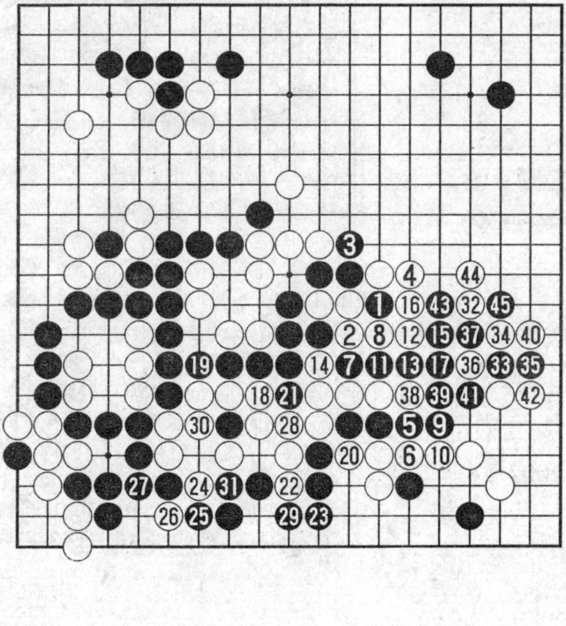

黑出3$\frac{3}{4}$子

共145手

黑中盘胜

2002年12月14日

于厦门

NEC杯本赛

●黑 刘 菁 八段

○白 邵炜刚 九段

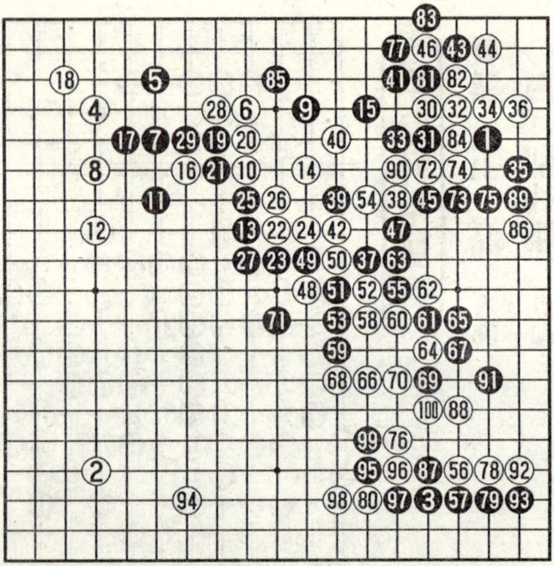

▲第一谱(1－100)　▼第二谱(101－254)

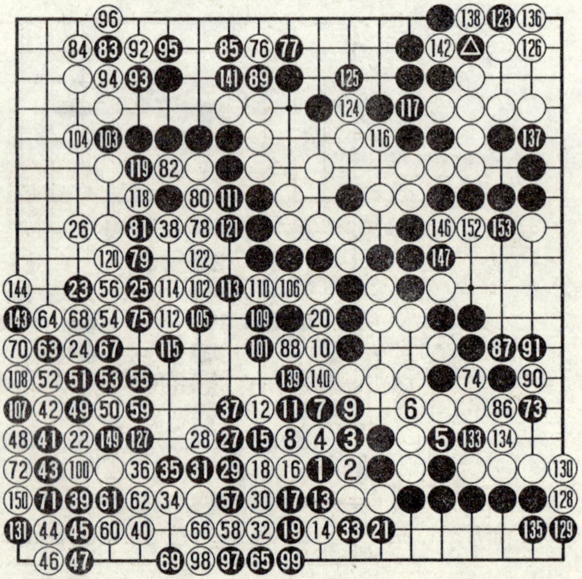

(132)＝(107)

(145)(151)＝(△)

(148)(154)＝(142)

黑出$3\frac{3}{4}$子

共254手

白中盘胜

2002年4月27日

于南京

NEC杯本赛

●黑 邱峻 六段

○白 彭荃 四段

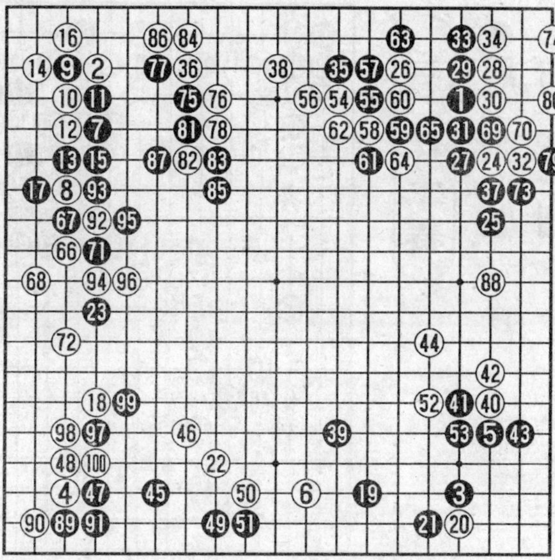

▲第一谱(1－100)

▼第二谱(101－213)

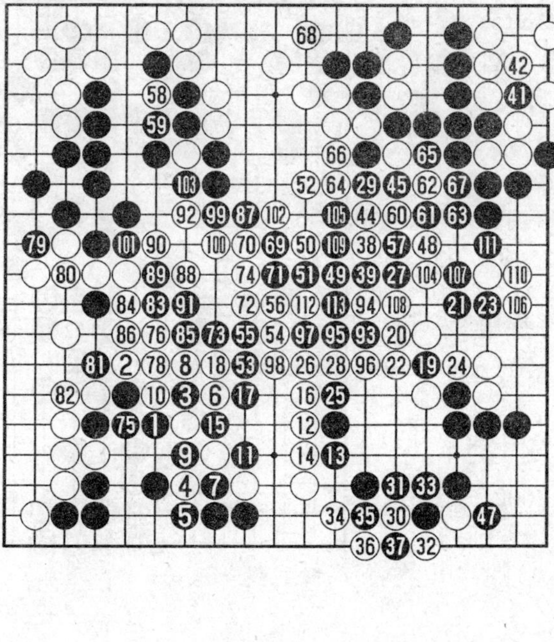

㊵㊻＝㉚

❹❸＝❸❼

❼❼＝❸

黑出$3\frac{3}{4}$子

共213手

黑中盘胜

2002年4月27日

于南京

NEC杯本赛

●黑 张旋 八段

○白 华学明 七段

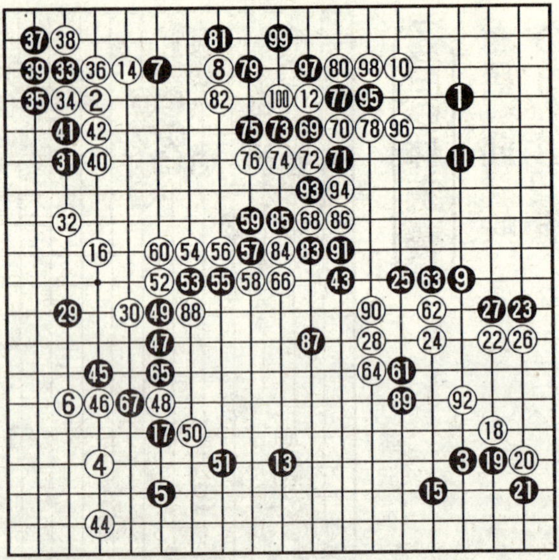

▲第一谱（1－100）

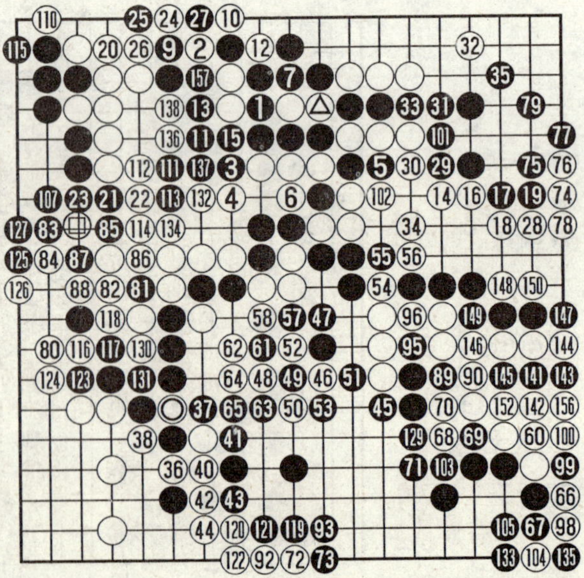

▼第二谱（101－257）

8＝△　39＝◎

59＝49　91＝24

94 106＝□　97 128＝87

108 153＝52

139 154＝99

109＝46　151＝61

140＝66　155＝98

黑出$3\frac{3}{4}$子

共257手

白胜$\frac{1}{4}$子

2002年6月8日

于桂林

NEC杯本赛

●黑 邹俊杰 五段

○白 孔 杰 六段

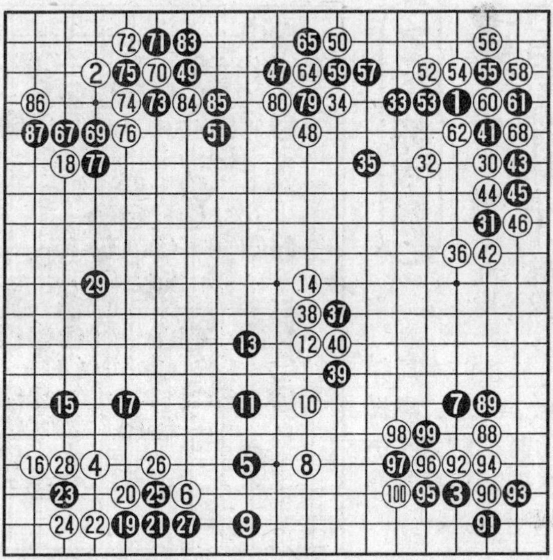

❻❸=❺❺ ⑥⑥=⑥⓪

⑦⑧=⑦⓪ ❽❶=⑥④

⑧②=❼❺

▲第一谱(1－100)　▼第二谱(101－192)

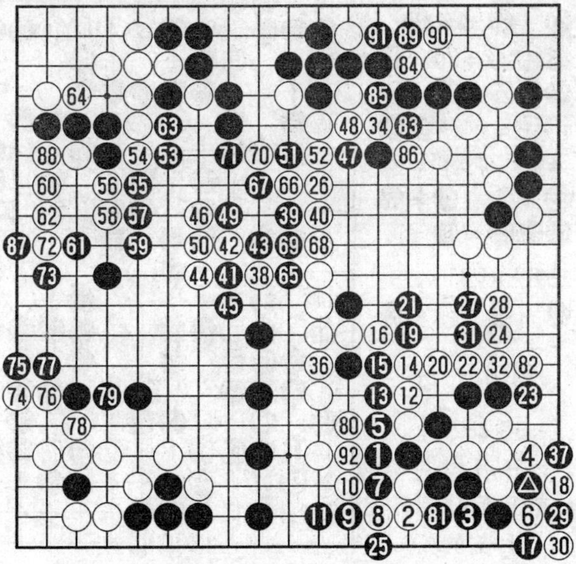

❸❸=❷❾ ❸❺=△

黑出3$\frac{3}{4}$子

共192手

白中盘胜

2002年6月8日

于桂林

NEC杯本赛

●黑 常昊 九段

○白 邵炜刚 九段

注：本局弈至243手，黑提劫时，白244手立即复劫被判弃权一次。

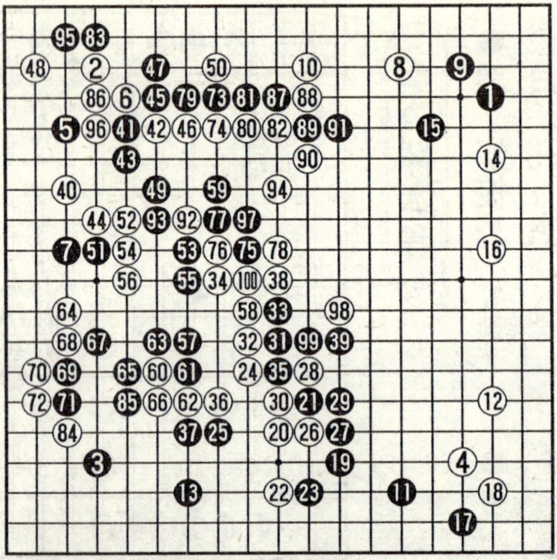

▲第一谱（1－100）

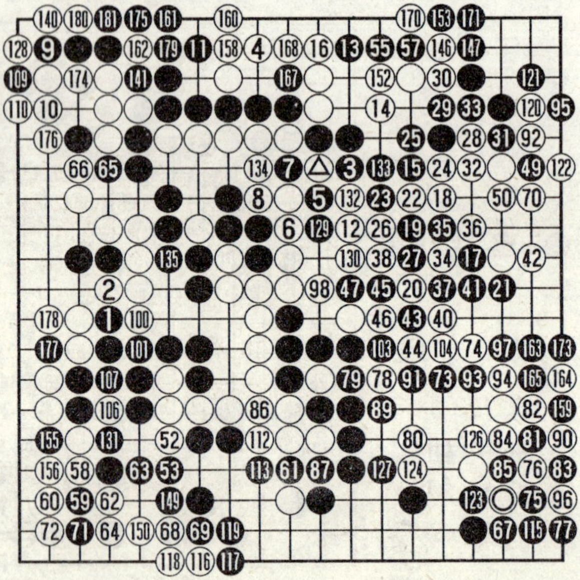

▼第二谱（101－282）

39 = 34　48 54 =
20　51 56 = 43
88 148 154 = 76　99
105 111 137 = 83　102
108 114 = 96　125 143
= 85　136 142 = △
138 = ◎　139 = 7
145 151 157 = 81
166 172 = 90
169 = 159　182 = 109

黑出$3\frac{3}{4}$子

共282手

白中盘胜

2002年8月3日

于哈尔滨

NEC杯本赛

● 黑 王磊 八段
○ 白 孔杰 七段

58 64 70 94 = 50
61 67 73 = 55
90 96 = 78
93 99 = 87

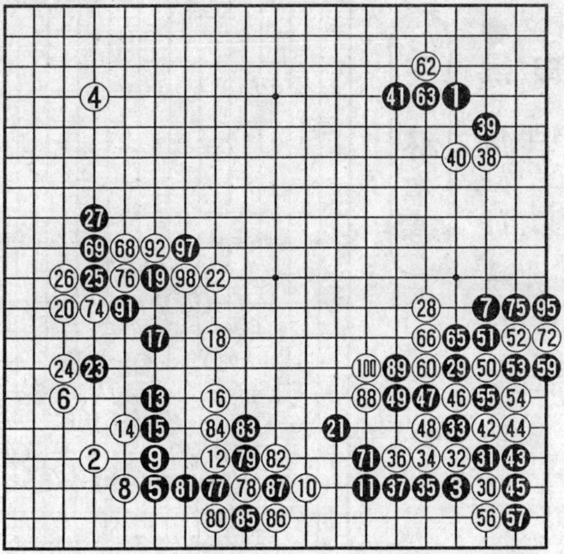

▲第一谱(1－100)　▼第二谱(101－227)

5 11 17 = △
8 14 19 = 2
79 = 62
81 = 66
115 121 127 = 27
118 124 = 112

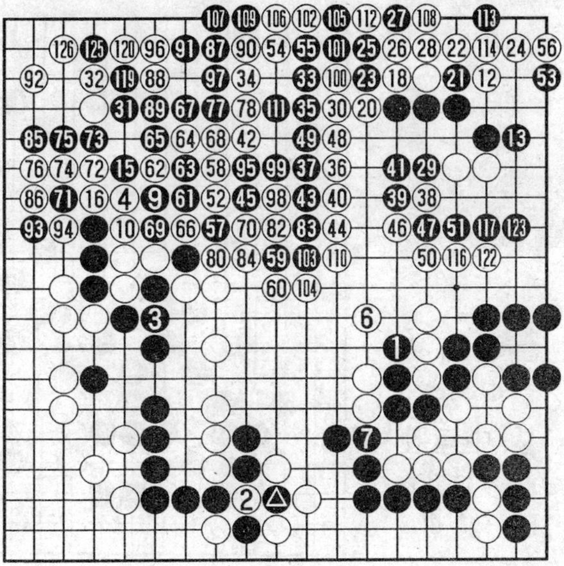

黑出3 $\frac{3}{4}$ 子
共227手
黑中盘胜
2002年8月3日
于哈尔滨

NEC杯本赛

●黑 周鹤洋 九段

○白 华学明 七段

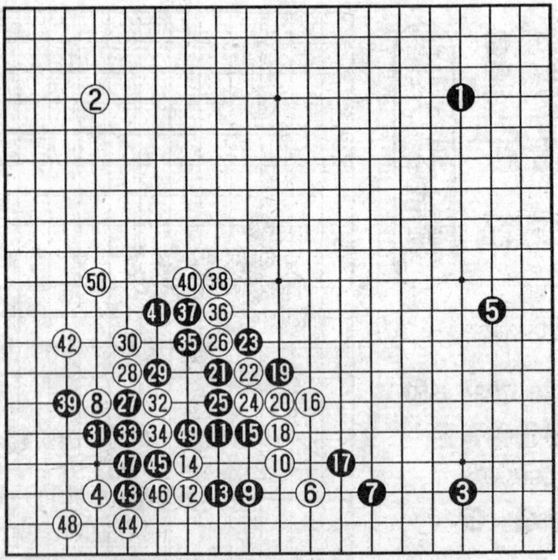

▲第一谱(1－50)

▼第二谱(51－99)

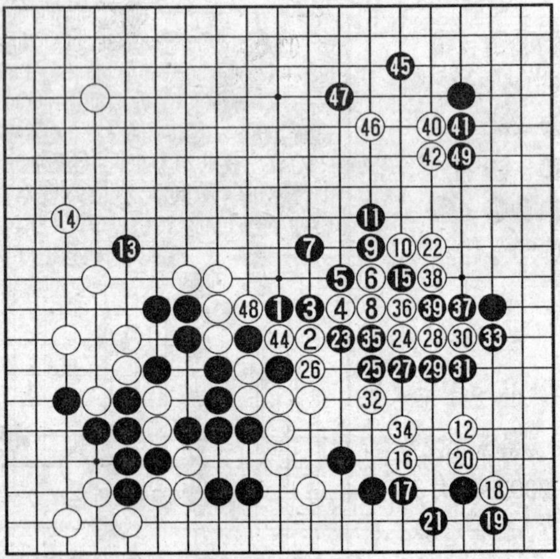

❹❸＝⓯

黑出$3\frac{3}{4}$子

共99手

黑中盘胜

2002年11月16日

于青岛

NEC杯本赛

● 黑 邱峻 六段

○ 白 刘世振 六段

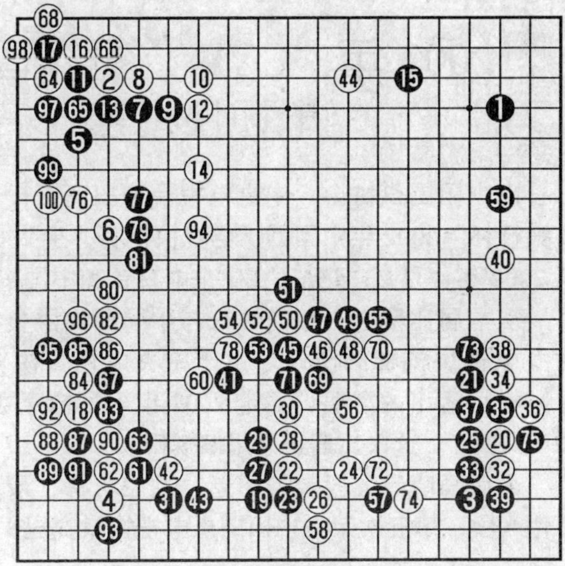

▲第一谱(1－100)　　▼第二谱(101－220)

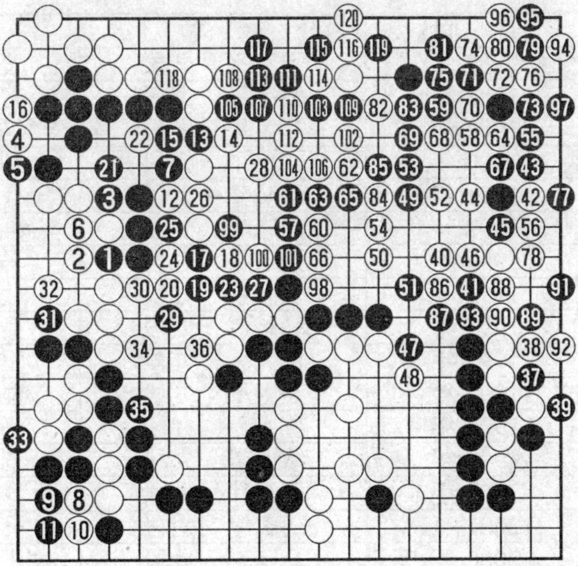

黑出$3\frac{3}{4}$子

共220手

白中盘胜

2002年11月16日

于青岛

2002年"CCTV"杯中国围棋电视快棋赛

由中国围棋协会、中央电视台和招商银行共同主办的"招商银行杯"2002年中国围棋电视快棋赛，于2001年12月17日至2002年4月23日先后在中央电视台和中国棋院举行。

从本届比赛起，招商银行与中国围棋协会签订了3年加盟主办电视快棋赛的协议。由于中央电视台体育频道《纹枰论道》栏目播出的需要，原定2002年1月初开赛提前至2001年12月17日。这次比赛仍采用旧规则。

最后马晓春九段宝刀不老，过关斩将，最后在决赛中击败丁伟八段，第五次荣登中国围棋电视快棋赛冠军宝座。

历年CCTV杯中国围棋电视快棋赛冠亚军得主

时 间	冠 军	亚 军
1987年	聂卫平 九段	曹大元 九段
1988年	钱宇平 九段	曹大元 九段
1989年	聂卫平 九段	马晓春 九段
1990年	钱宇平 九段	刘小光 九段
1991年	马晓春 九段	曹大元 九段
1992年	马晓春 九段	聂卫平 九段
1993年	聂卫平 九段	马晓春 九段
1994年	马晓春 九段	钱宇平 九段
1995年	马晓春 九段	聂卫平 九段
1996年	曹大元 九段	王 磊 六段
1997年	聂卫平 九段	俞 斌 九段
1998年	曹大元 九段	马晓春 九段
1999年	常 昊 九段	刘 菁 八段
2000年	丁 伟 七段	罗洗河 八段
2001年	胡耀宇 六段	马晓春 九段
2002年	马晓春 九段	丁 伟 八段

2002年"CCTV"杯中国围棋电视快棋赛成绩表

参赛棋手（上半区）： 古力五段、徐莹三段、吴淞笙九段、郑弘九段、许书祥五段、杭天鹏四段、王雷二段、邱峻六段、邵炜刚九段、林朝华六段、吴肇毅九段、杨士海八段、朱毅四段、朱松力五段、曹大元九段、周鹤洋九段、王磊八段、王东亮五段、彭荃四段、王煜辉七段、陈祖德九段、刘星六段、汪洋五段、刘菁八段、丁伟八段、廖桂永九段、李劼四段、邹俊杰五段、汪见虹九段、余平六段、聂卫平九段、胡耀宇六段

第一轮： 古（古力—徐莹）、郑（吴淞笙—郑弘）、许（许书祥—杭天鹏）、邱（王雷—邱峻）、林（邵炜刚—林朝华）、吴（吴肇毅—杨士海）、朱松（朱毅—朱松力）、曹（曹大元—周鹤洋）、王磊（王磊—王东亮）、彭（彭荃—王煜辉）、刘（陈祖德—刘星）、刘（汪洋—刘菁）、丁（丁伟—廖桂永）、李（李劼—邹俊杰）、余（汪见虹—余平）、胡（聂卫平—胡耀宇）

第二轮： 古力、许书祥、林朝华、曹大元、彭荃、刘菁、丁伟、胡耀宇

第三轮： 古力、曹大元、刘菁、丁伟

第四轮： 古力、丁伟

上半区决赛： 丁伟

参赛棋手（下半区）： 常昊九段、王冠军八段、杨晖八段、方天丰八段、周波四段、梁伟棠九段、吴新宇六段、张文东九段、刘小光九段、叶桂五段、牛雨田四段、杨一四段、林锋五段、刘世振六段、华学明七段、孔杰六段、罗洗河八段、张漩八段、陈临新九段、王檄四段、张学斌四段、阮云生七段、王垚五段、黄奕中五段、俞斌九段、吴玉林六段、王群八段、段嵘七段、谭炎午七段、谢赫四段、董彦七段、马晓春九段

第一轮： 王（常昊—王冠军）、杨（杨晖—方天丰）、周（周波—梁伟棠）、吴（吴新宇—张文东）、刘（刘小光—叶桂）、杨（牛雨田—杨一）、林（林锋—刘世振）、孔（华学明—孔杰）、罗（罗洗河—张漩）、王（陈临新—王檄）、阮（张学斌—阮云生）、王（王垚—黄奕中）、俞（俞斌—吴玉林）、段（王群—段嵘）、谢（谭炎午—谢赫）、马（董彦—马晓春）

第二轮： 王冠军、吴新宇、刘小光、孔　杰、罗洗河、阮云生、俞　斌、马晓春

第三轮： 吴新宇、孔　杰、罗洗河、马晓春

第四轮： 孔　杰、马晓春

下半区决赛： 马晓春

决赛： 丁　伟—马晓春

冠军： 马晓春

CCTV杯决赛

●黑 马晓春 九段

○白 丁伟 八段

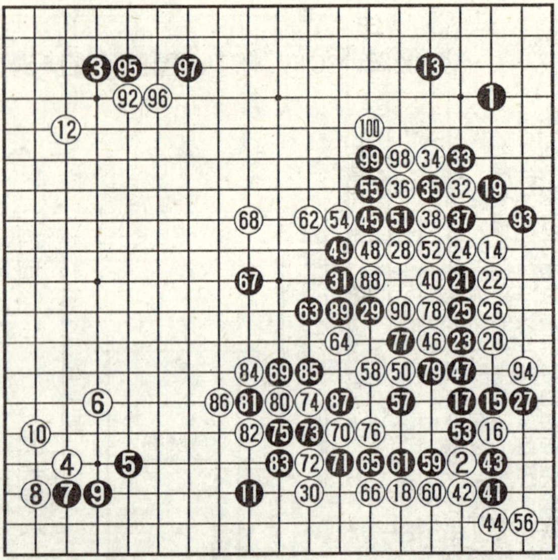

▲第一谱(1－100)

❸❾＝㉜ ❾❶＝㉛

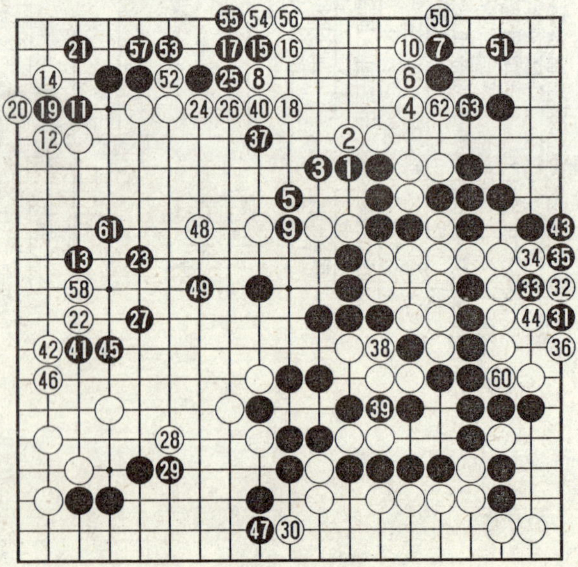

▼第二谱(101－163)

❺❾＝㉜

黑出$2\frac{3}{4}$子

共163手

黑中盘胜

2002年4月23日

于中央电视台

CCTV杯半决赛

● 黑 古力 七段

○ 白 丁伟 八段

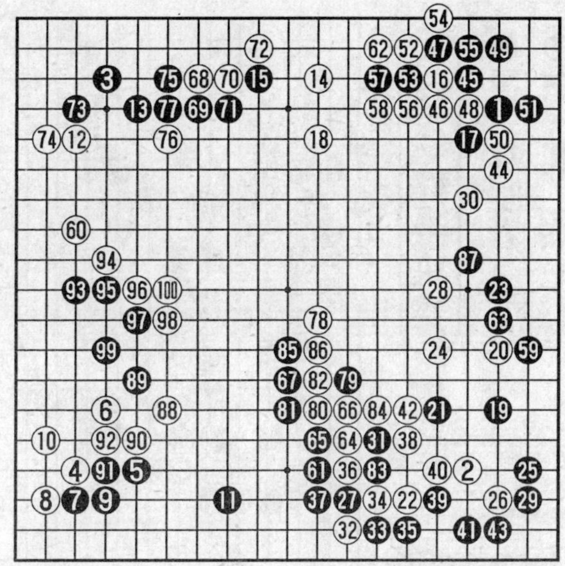

▲第一谱(1－100)　　▼第二谱(101－184)

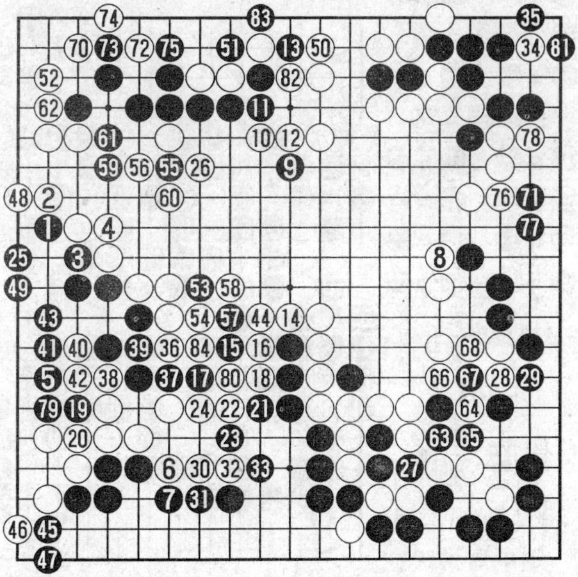

69 = 64

黑出$2\frac{3}{4}$子

共184手

白中盘胜

2002年4月22日

于中央电视台

CCTV杯半决赛

● 黑 马晓春 九段

○ 白 孔 杰 六段

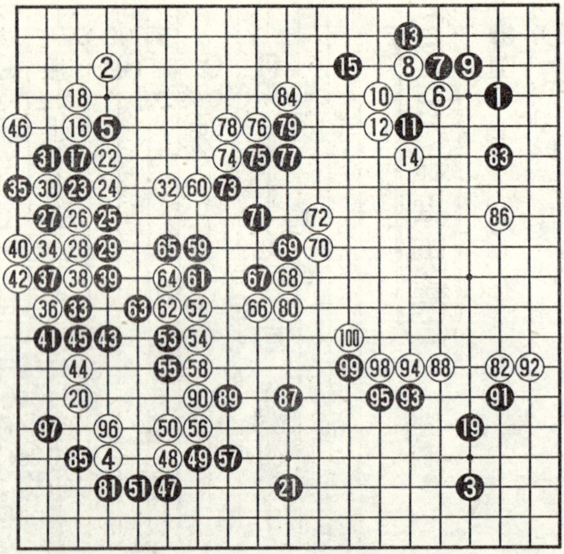

▲第一谱(1－100)

48 64 70 76 82 88 94

99＝34　51 67 73

79 85 91 97＝33

55＝23　58＝42

110 116 122 128＝74

112＝49　113 119 125

152＝21　127＝△

150＝31　154＝75

157＝◎　158＝1

黑出2$\frac{3}{4}$子

共262手

黑胜2$\frac{3}{4}$子

2002年4月22日

于中国棋院

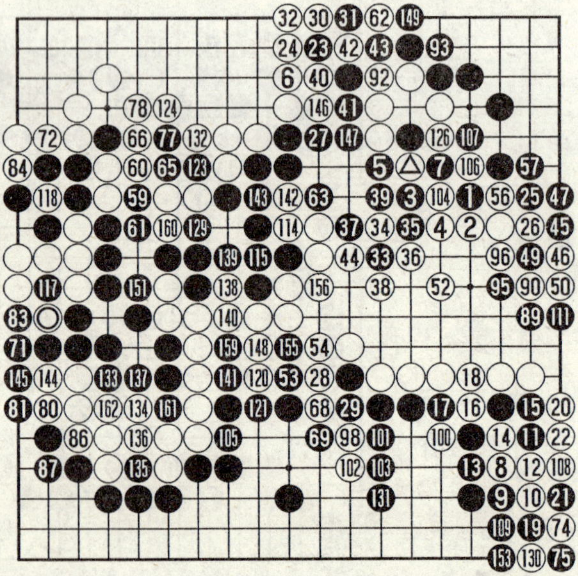

▼第二谱(101－262)

CCTV杯八强赛

●黑 罗洗河 八段

○白 马晓春 九段

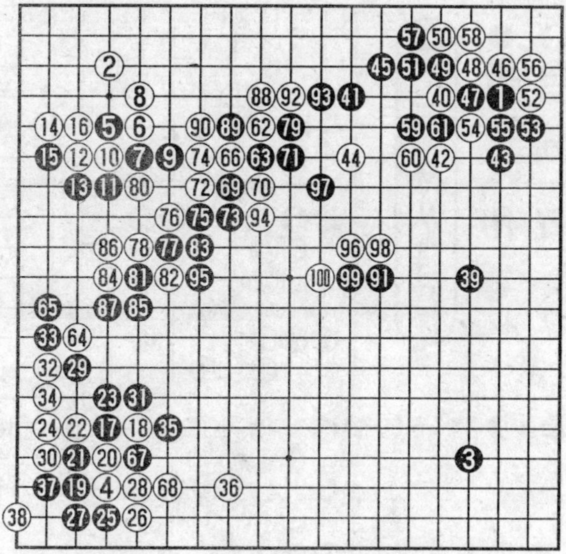

▲第一谱(1－100)　　▼第二谱(101－204)

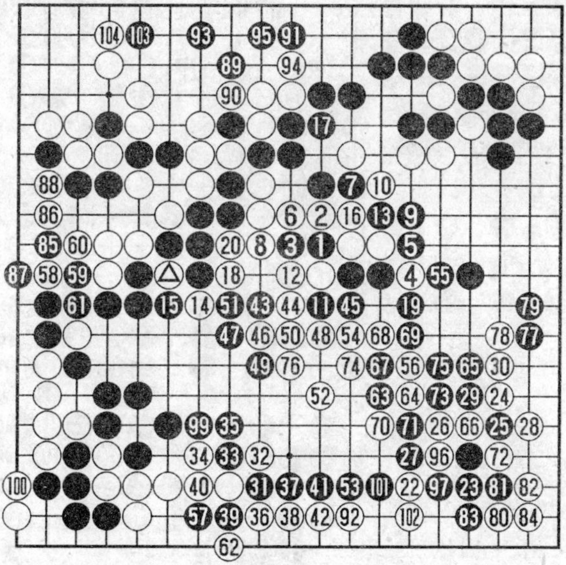

21＝△　98＝25

黑出$2\frac{3}{4}$子

共204手

白中盘胜

2002年4月20日

于中国棋院

CCTV杯八强赛

●黑 丁伟 八段

○白 刘菁 八段

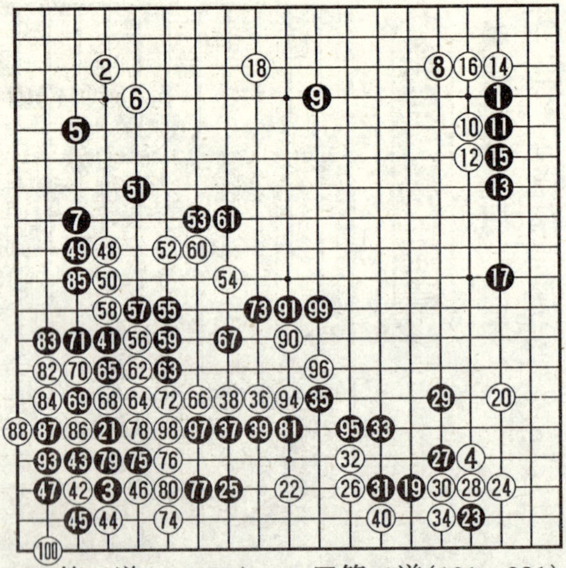

89 = 69　92 = 86

▲第一谱(1－100)

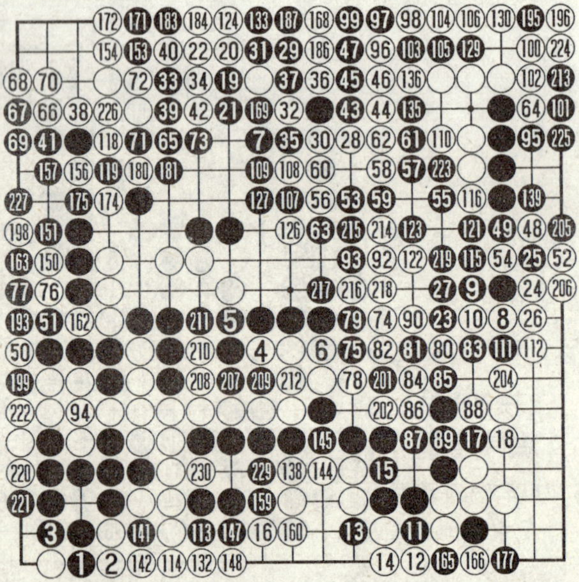

▼第二谱(101－331)

91 = 80　117 125 131 137 143 149 155 161 167 173 179 185 191 197 203 = 25

120 128 134 140 146 152 158 164 170 176 182 188 194 200 = 54

178 = 165　189 = 153

190 = 171　192 = 76

228 = 201　231 = 50

黑出$2\frac{3}{4}$子

共331手

黑中盘胜

2002年4月21日

于中国棋院

CCTV杯八强赛

●黑 古力 七段

○白 曹大元 九段

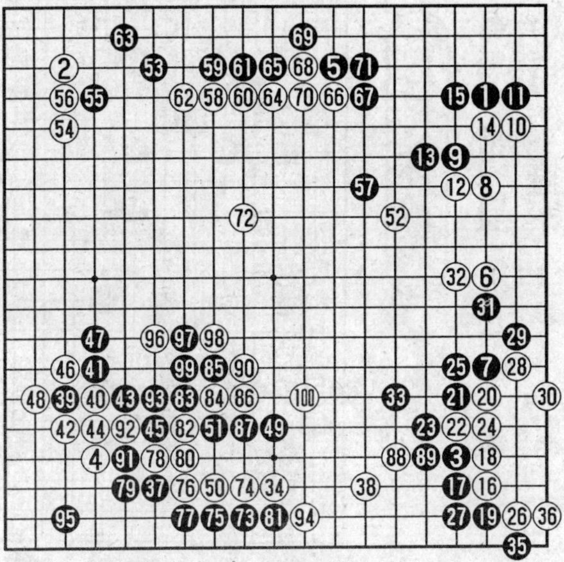

▲第一谱(1－100)　▼第二谱(101－183)

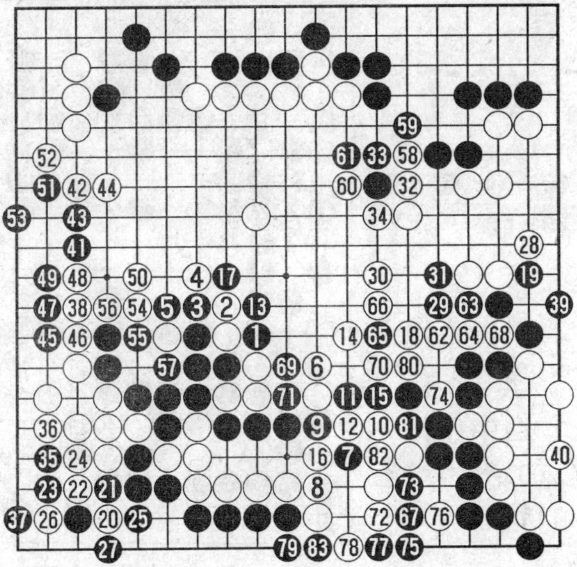

黑出$2\frac{3}{4}$子

共183手

黑中盘胜

2002年4月21日

于中国棋院

CCTV杯预赛

● 黑 常昊 九段

○ 白 王冠军 八段

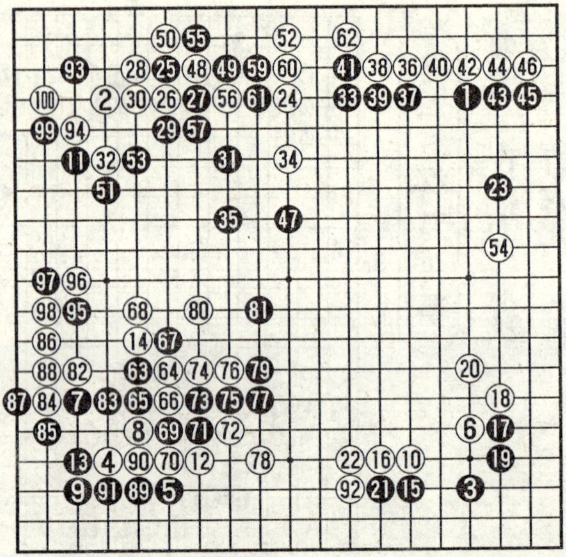

58 = 25

▲第一谱(1－100)　▼第二谱(101－226)

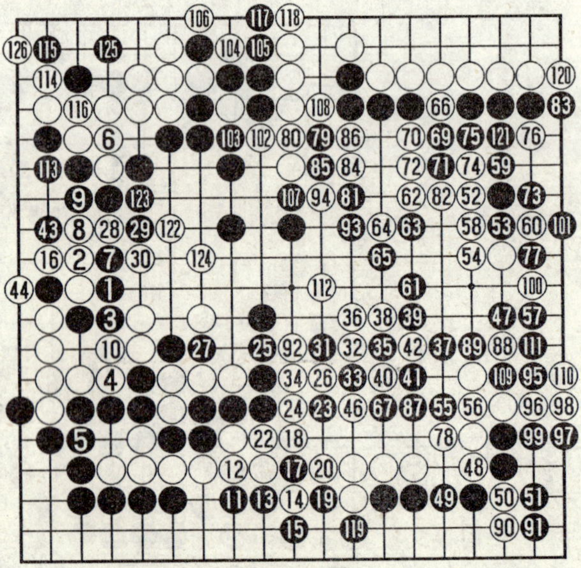

21 = 14　45 = 35

68 = 33

黑出$2\frac{3}{4}$子

共226手

白中盘胜

2002年1月27日

于中国棋院

CCTV杯预赛

●黑 俞斌 九段

○白 马晓春 九段

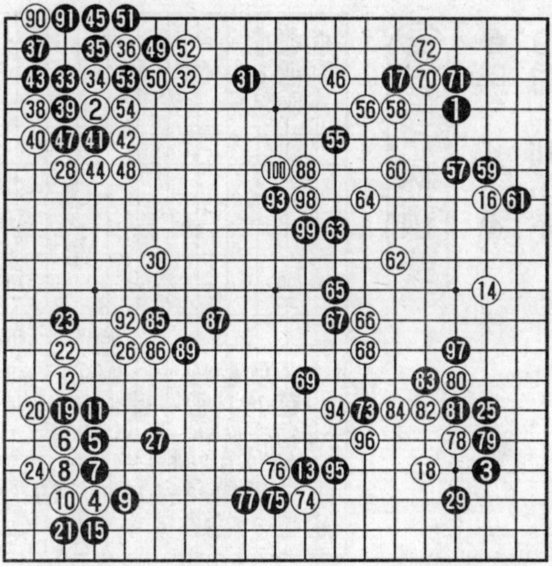

▲第一谱(1－100)

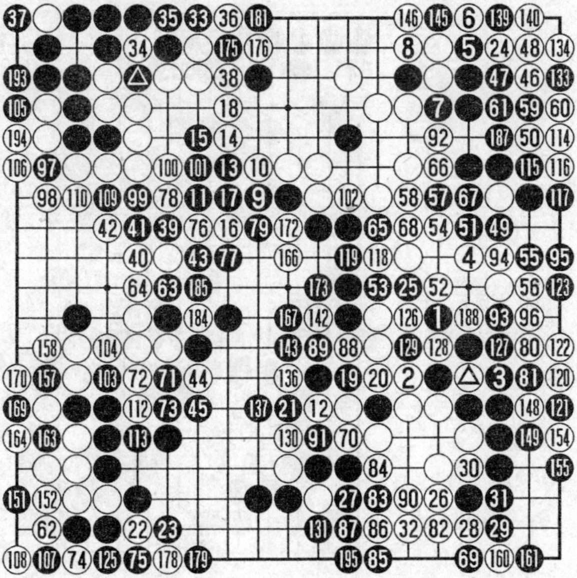

▼第二谱(101－297)

111＝76　124＝107

132 138 144 150 156 162 168 174 180 186＝128

135 141 147 153 159 165 171 177 183＝129　182＝175

189 196＝133

190＝60　191＝114

192＝△　197＝△

黑出$2\frac{3}{4}$子

共297手

白胜$1\frac{1}{4}$子

2002年2月25日

于中央电视台

CCTV杯预赛

● 黑 孔杰 六段

○ 白 刘小光 九段

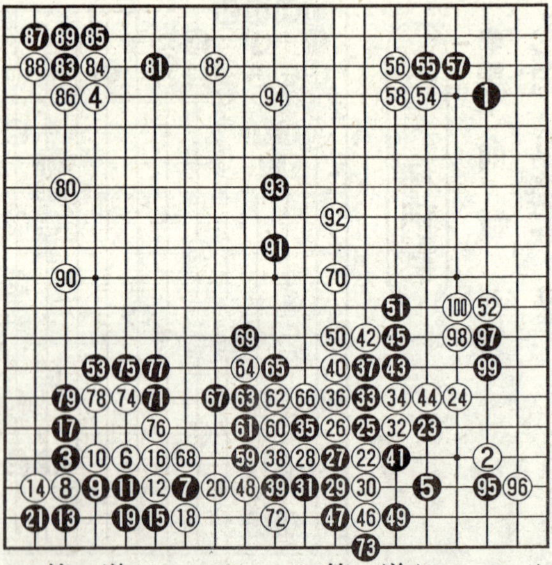

▲第一谱(1－100)　▼第二谱(101－224)

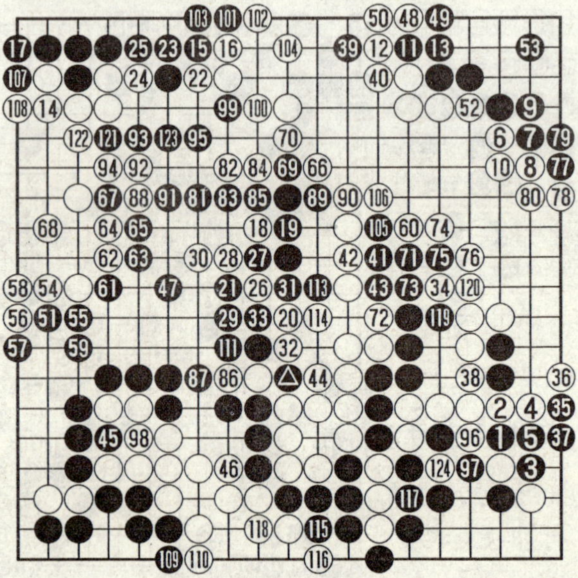

112 ＝ △

黑出$2\frac{3}{4}$子

共224手

黑胜$2\frac{3}{4}$子

2002年2月28日

于中国棋院

CCTV杯预赛

●黑 彭荃 四段

○白 王磊 八段

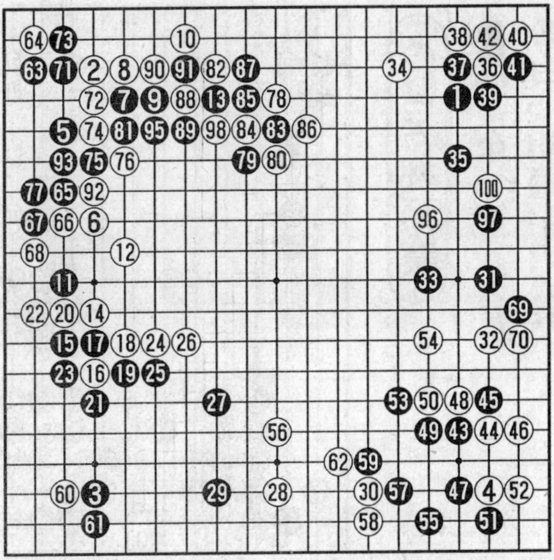

⑭=⑧⑧ ❾❾=❾❶

▲第一谱(1－100)

▼第二谱(101－151)

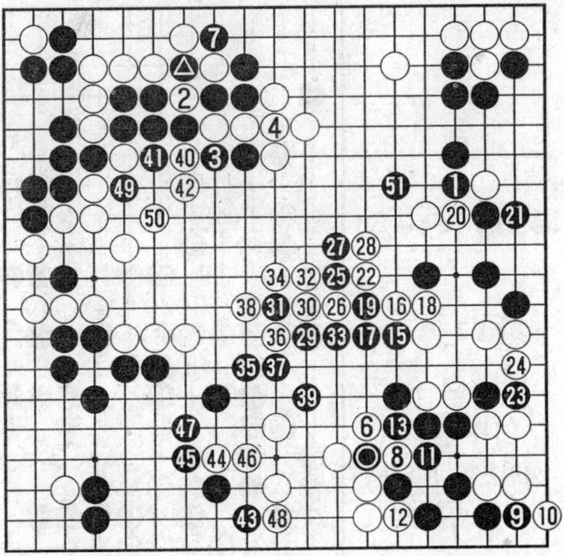

❺=▲ ⑭=◎

黑出$2\frac{3}{4}$子

共151手

黑中盘胜

2002年4月1日

于中国棋院

CCTV杯预赛

●黑 余平 六段

○白 胡耀宇 六段

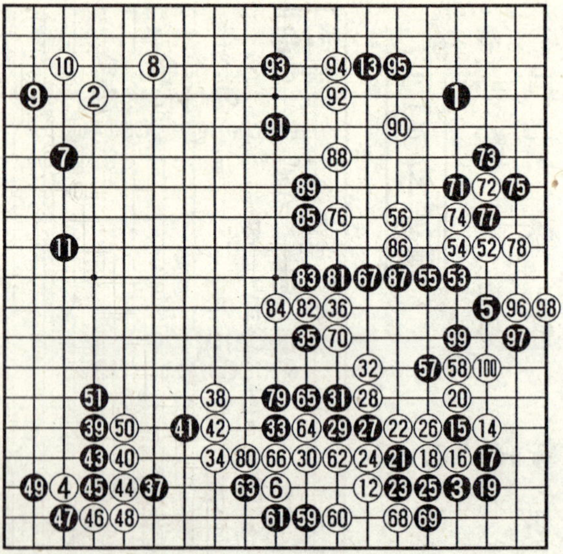

▲第一谱（1－100） ▼第二谱（101－164）

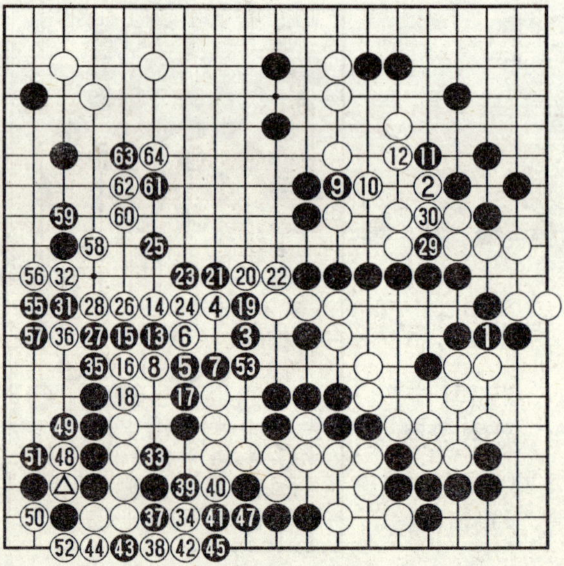

⑯＝㊸ ㊴＝△

黑出2$\frac{3}{4}$子

共164手

白中盘胜

2002年4月1日

于中国棋院

CCTV杯预赛

● 黑 林朝华 六段

○ 白 曹大元 九段

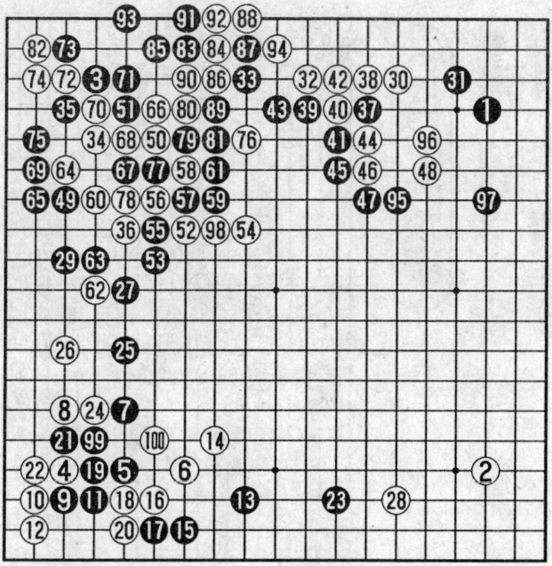

▲第一谱(1－100)

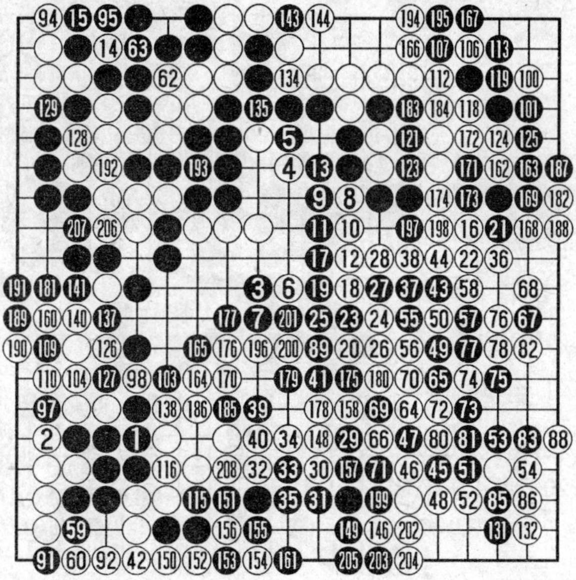

▼第二谱(101－308)

61＝50　79＝74

84 90 96 102 108 114 120 ＝66　87 93 99 105

111 117 122＝47

130 136 142 147＝98

133 139 145＝127

159＝153

黑出$2\frac{3}{4}$子

共308手

白胜$5\frac{1}{4}$子

2002年4月2日

于中国棋院

CCTV杯预赛

● 黑 胡耀宇 六段

○ 白 丁伟 八段

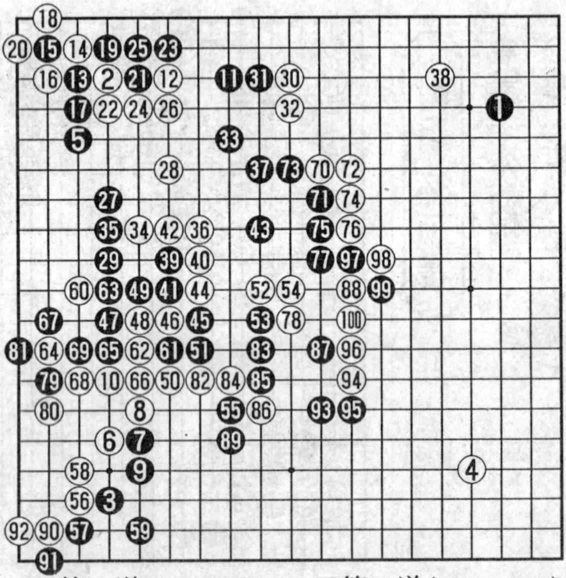

▲第一谱(1－100)　　▼第二谱(101－252)

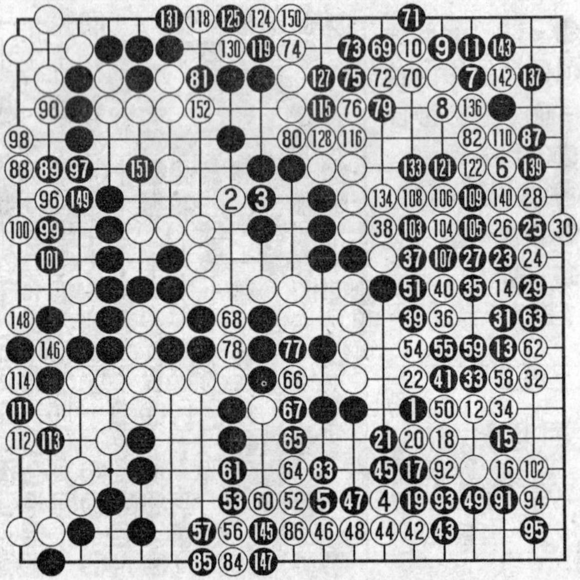

117 123 129 135 141 ＝ 111

120 126 132 138 144 ＝ 114

黑出$2\frac{3}{4}$子

共252手

白中盘胜

2002年4月10日

于中国棋院

CCTV杯预赛

●黑 刘菁 八段

○白 彭荃 四段

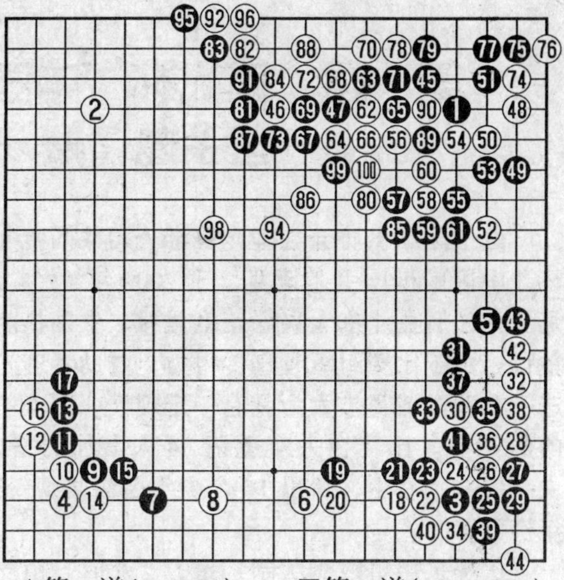

93 = 89　97 = 90

▲第一谱（1－100）　▼第二谱（101－321）

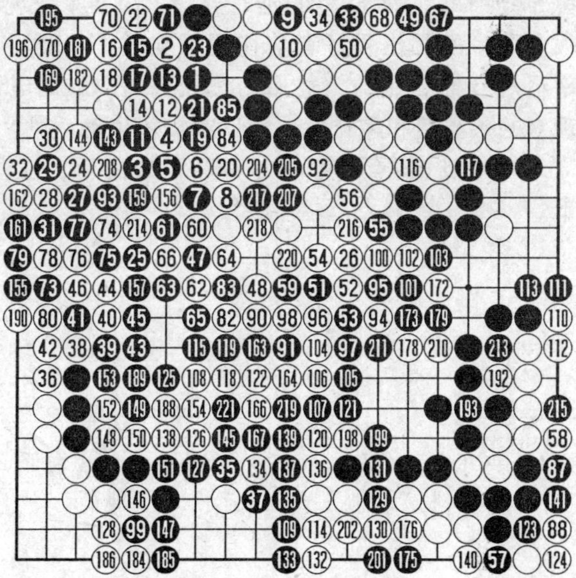

69 81 = 47

72 = 66　86 160 168 = 89

174 180 187 = 62

165 171 177 183 = 83

142 = 124　158 = 41

191 197 203 209 = 7

194 200 206 212 = 156

黑出$2\frac{3}{4}$子

共321手

黑胜$2\frac{3}{4}$子

2002年4月10日

于中国棋院

第3届“理光杯“中国围棋国手邀请赛

由中国围棋协会与理光香港公司共同主办的第3届“理光杯”中国围棋国手邀请赛，于2002年12月20日至2003年3月9日先后在北京大兴绿荫度假村、中国棋院和北京昆仑饭店举行。由于比赛组织者宣传得力，赞助者理光香港公司有意将这一小型邀请赛扩大为具有一定规模、列入中国围棋协会计划内的比赛。比赛在去年邀请24人参加的基础上，扩大到48人。为鼓励后生，留出16个少年名额奖励新秀赛的前16名少年棋手参加。

比赛采用单败淘汰制，每方2小时自由支配时间，之后保留5分钟每手棋30秒的延时办法。决赛采取现场讲棋，吸引了很多北京的围棋爱好者前往现场观看。在现场，理光公司还设幸运观众抽奖活动，奖品为理光公司的日用电器产品，增强了观众的参与性和趣味性，使比赛搞得生动活泼、红红火火。

本项比赛冠军奖金为8万元人民币，亚军为3万元人民币。

第3届理光杯中国围棋国手邀请赛成绩表

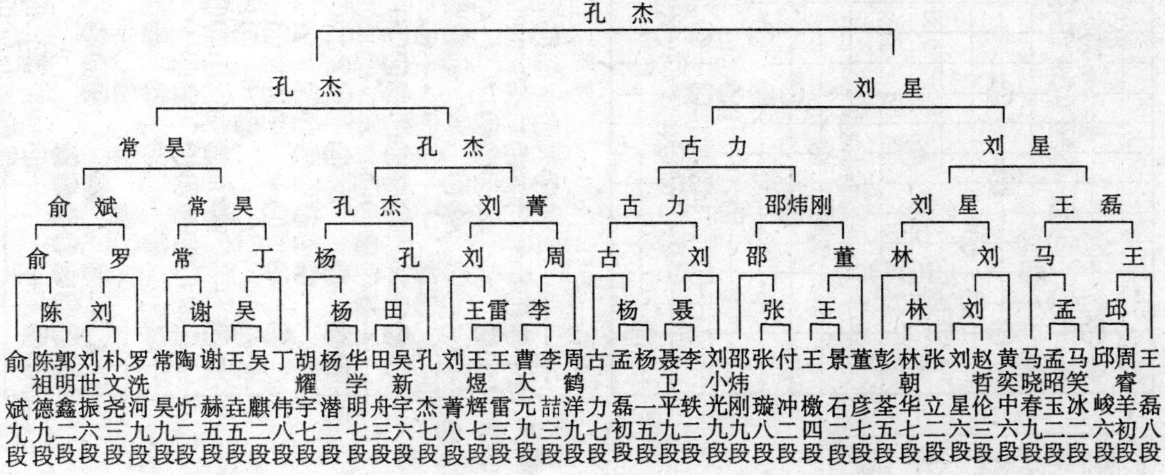

理光杯决赛

● 黑 刘星 六段

○ 白 孔杰 七段

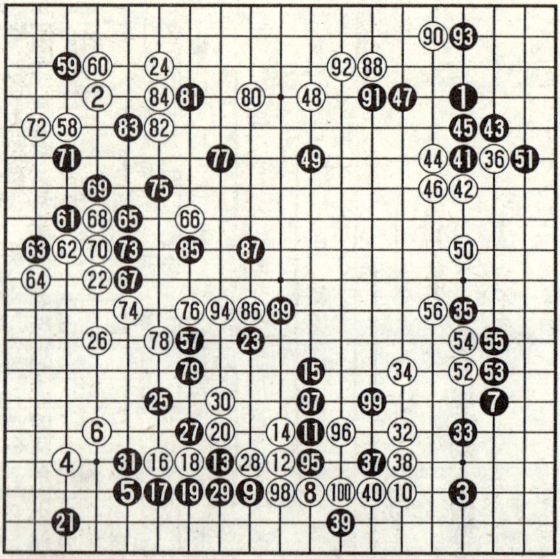

▲第一谱(1－100)　　▼第二谱(101－307)

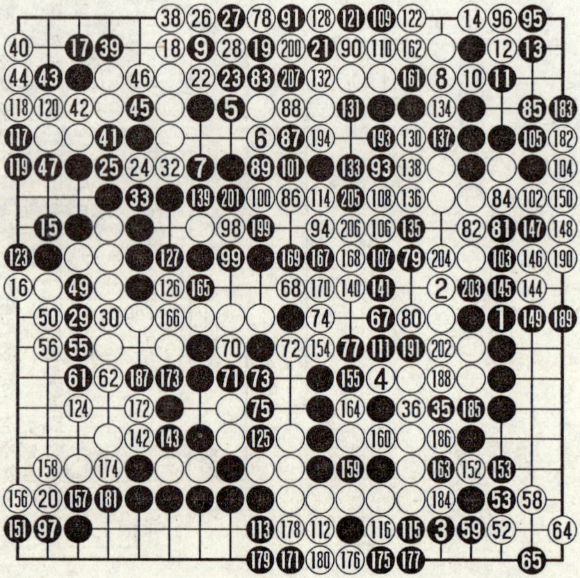

31 37 51 57 63 69 =
9　34 48 54 60 66
76 = 28　92 = 27
129 = 121　192 197 =
152　195 = 163
196 = 109　198 = 128

黑出$3\frac{3}{4}$子

共307手

白胜$\frac{1}{4}$子

2003年3月9日

于北京

理光杯半决赛

●黑 孔杰 七段

○白 常昊 九段

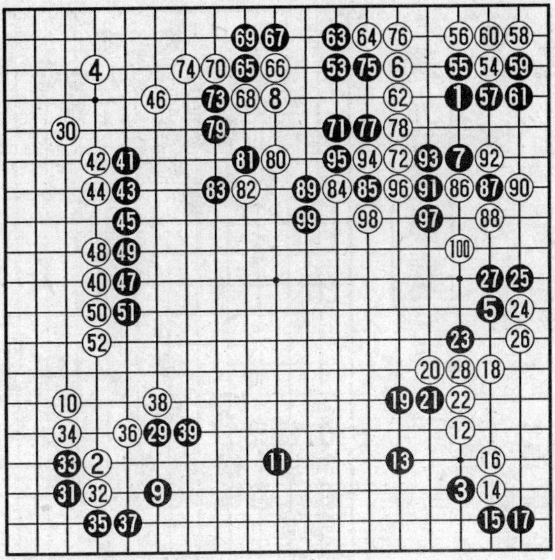

▲第一谱(1－100)　▼第二谱(101－137)

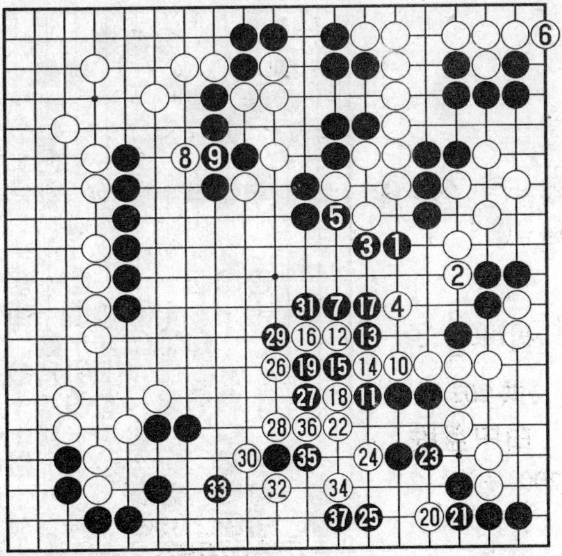

黑出3$\frac{3}{4}$子

共137手

黑中盘胜

2003年2月12日

于中国棋院

理光杯半决赛

● 黑 古力 七段

○ 白 刘星 六段

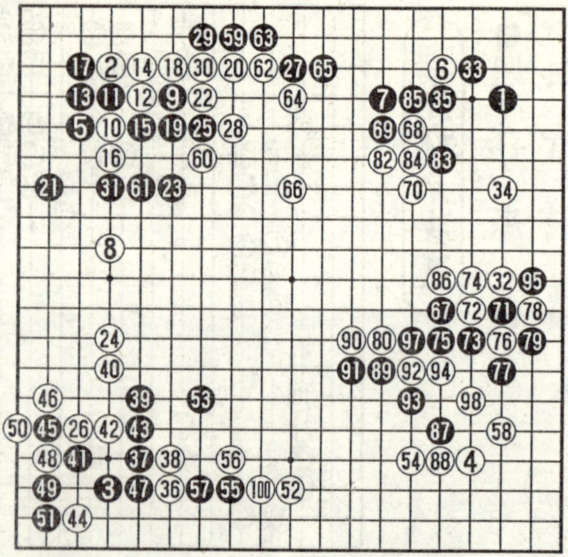

⑧①⑨⑨＝⑦①

⑨⑥＝⑦⑥

▲第一谱（1－100）　▼第二谱（101－202）

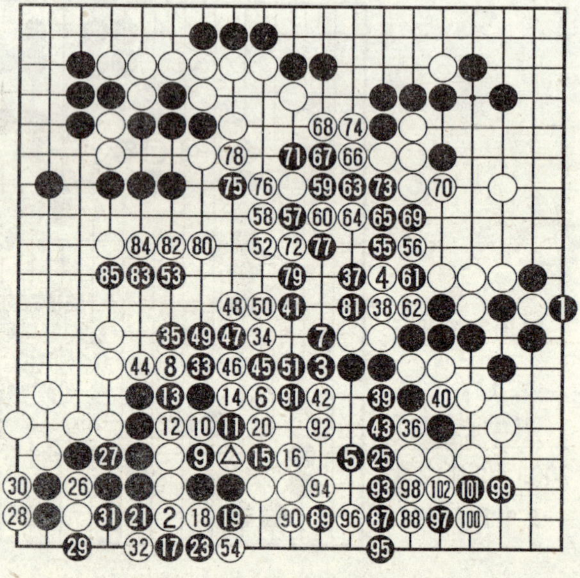

②②＝△　②④＝①①

⑧⑥＝⑥①

黑出3$\frac{3}{4}$子

共202手

白中盘胜

2003年2月12日

于中国棋院

理光杯八强赛

● 黑 刘星 六段

○ 白 王磊 八段

64=55

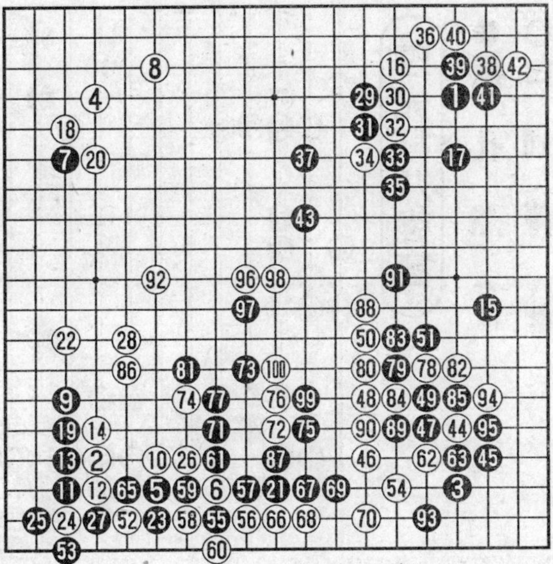

▲第一谱(1－100)

23=△　57 63 69=▲　60 66 72=54　78=◉　81 87=61　83=76　84 90=8　178=145　179=18　183 189 195 201 207 213=141　186 192 198 204 210 215=180　203=196　205=7　206=□

黑出$3\frac{3}{4}$子

共316手

黑胜$3\frac{3}{4}$子

2003年1月4日

于中国棋院

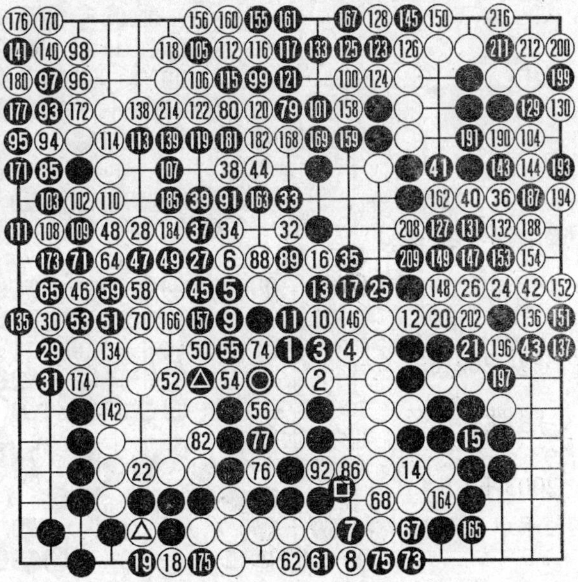

▼第二谱(101－316)

理光杯八强赛

●黑　孔杰　七段

○白　刘菁　八段

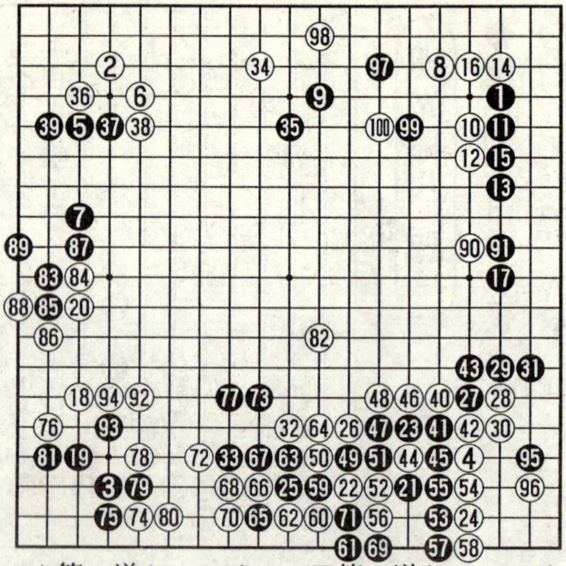

▲第一谱(1－100)　▼第二谱(101－262)

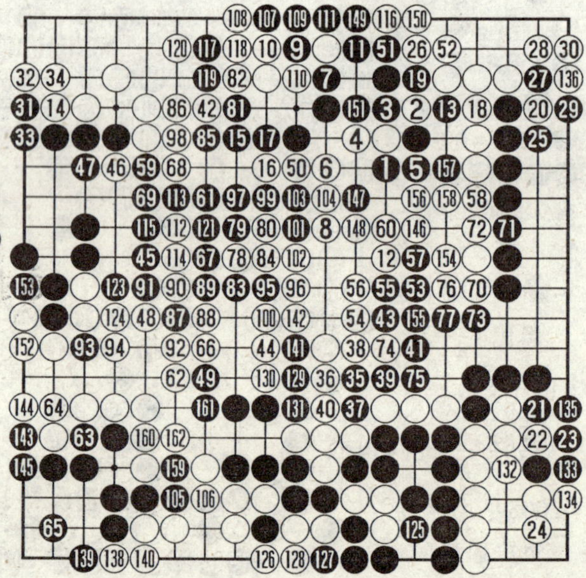

122＝87　137＝20

黑出$3\frac{3}{4}$子

共262手

黑胜$1\frac{3}{4}$子

2003年1月4日

于中国棋院

理光杯八强赛

●黑 古力 七段

○白 邵炜刚 九段

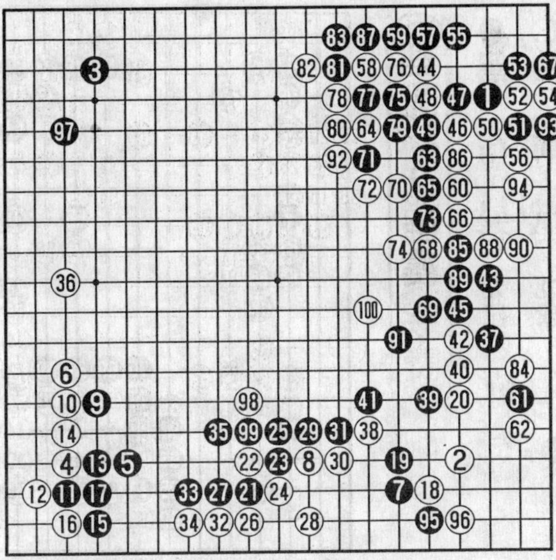

▲第一谱（1－100）

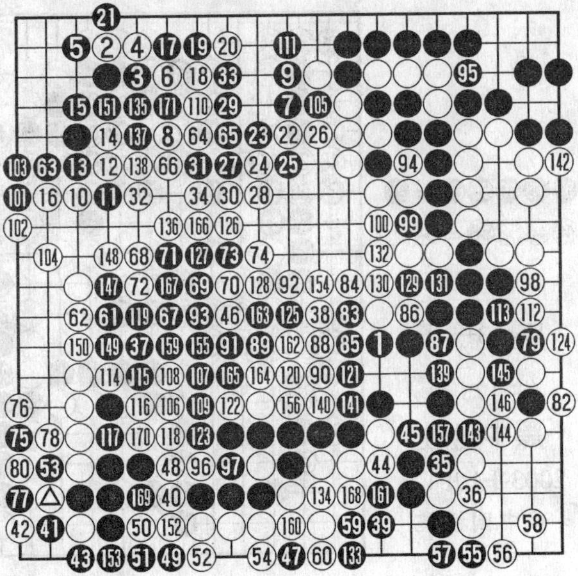

▼第二谱（101－271）

81＝△　158＝175

黑出$3\frac{3}{4}$子

共271手

黑胜$1\frac{3}{4}$子

2003年1月4日

于中国棋院

理光杯八强赛

● 黑 常昊 九段

○ 白 俞斌 九段

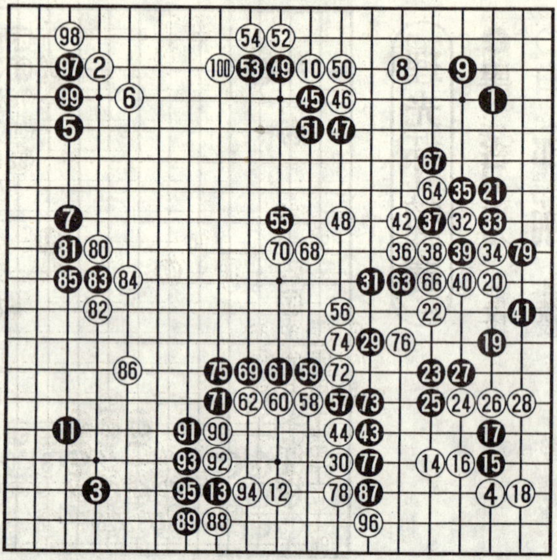

65 = 32

▲第一谱(1－100)

▼第二谱(101－173)

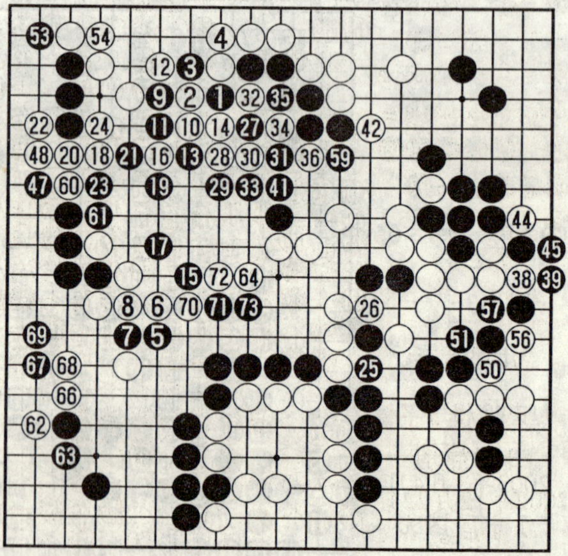

37 43 49 55 65 = 27

40 46 52 58 = 34

黑出$3\frac{3}{4}$子

共173手

黑中盘胜

2003年1月4日

于中国棋院

理光杯预赛

● 黑 聂卫平 九段

○ 白 刘小光 九段

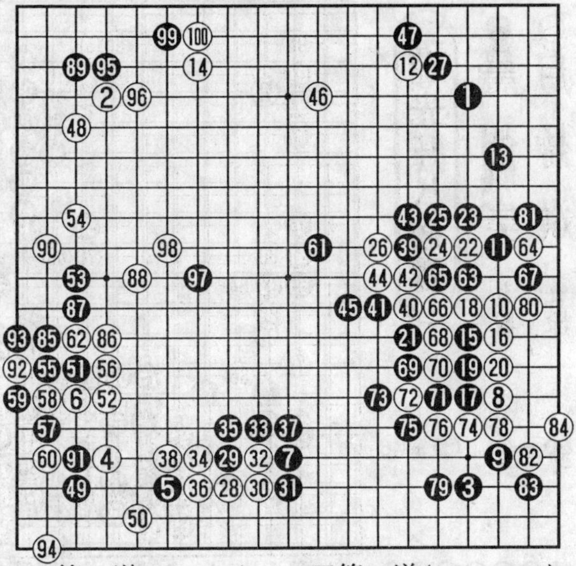

77 = 72

▲第一谱(1－100)

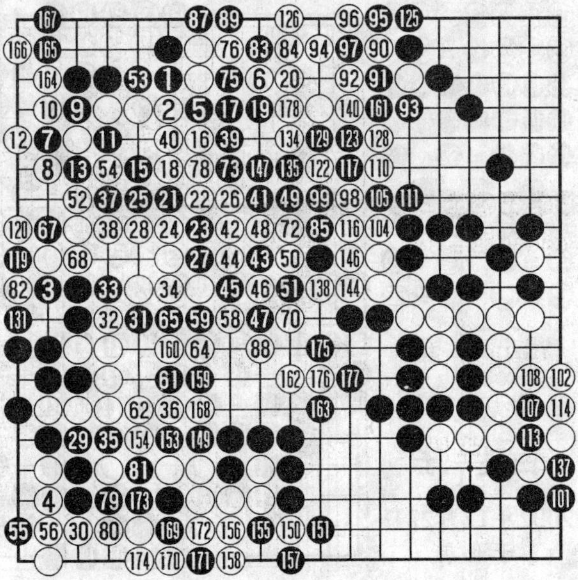

▼第二谱(101－278)

14 = 7　57 63 69
77 = 13　60 66 74
= 54　71 = 43
86 = 46　100 106 112
118 124 130 136 142 148 =
90　103 109 115 121 127
133 139 145 152 = 97
132 = 119　141 =
122　143 = 113

黑出$3\frac{3}{4}$子

共278手

白中盘胜

2002年12月22日

于北京

理光杯预赛

● 黑 胡耀宇 七段

○ 白 杨潜 二段

36＝28　67＝46

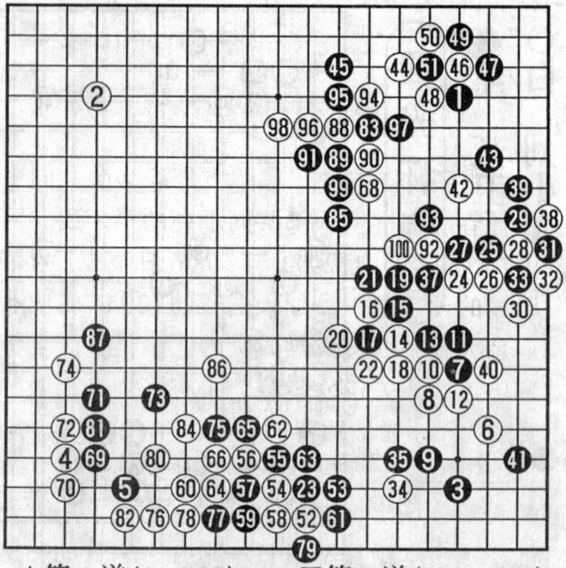

▲第一谱(1－100)

92 98 104 110 116 122 128 134 140 152 164 170 176 182 188 194 200 205 ＝△

95 101 107 113 119 125 131 137 143 155 167 173 179 185 191 197 203 ＝89

149＝17　154＝129

186＝3　187＝148

195＝▲　196＝◉

204＝◎　207＝□

黑出$3\frac{3}{4}$子

共307手

白胜$\frac{1}{4}$子

2002年12月22日

于北京

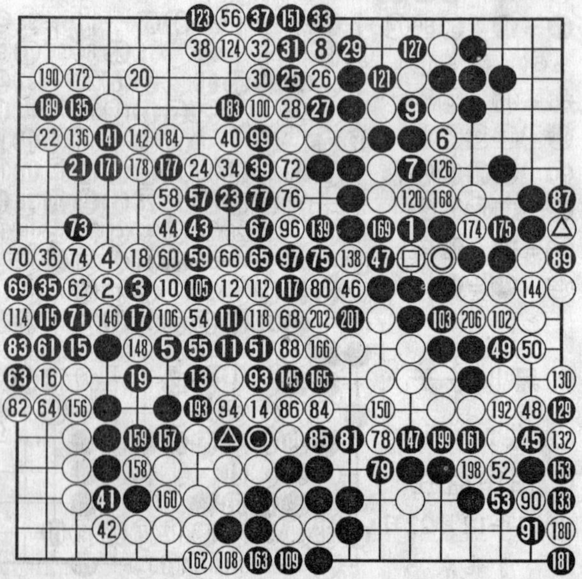

▼第二谱(101－307)

第4届“阿含·桐山杯”中国围棋快棋赛

由中国棋院与中国国际友好联络会共同主办、中央电视台和纹枰春晓围棋俱乐部共同承办的第4届“阿含·桐山杯”中国围棋快棋赛，于2002年7月6日至8日在中国棋院举行了第一阶段的预选赛。参加预选赛的有144名职业棋手和8名在全国业余大赛中取得优异成绩的业余棋手。老将聂卫平九段在预选赛中连闯四关进入本赛，小将陈耀烨三段和赵守洵三段杀入本赛成为第一阶段比赛的亮点。

由于中央电视台体育频道“纹枰论道”节目参与承办，本赛的大部分场次由电视台直播，满足了广大爱好者观看现场比赛的要求。本项比赛由日本阿含·宗赞助，比赛的冠军将与日本的冠军相互对抗。本项比赛冠军奖金为人民币15万元，亚军5万元。最后，俞斌九段杀入决赛并获得冠军，这是他夺得“棋圣”、“棋王”之后拿到的第三个大赛冠军头衔。

第4届“阿含·桐山杯”中国围棋快棋赛本赛成绩表

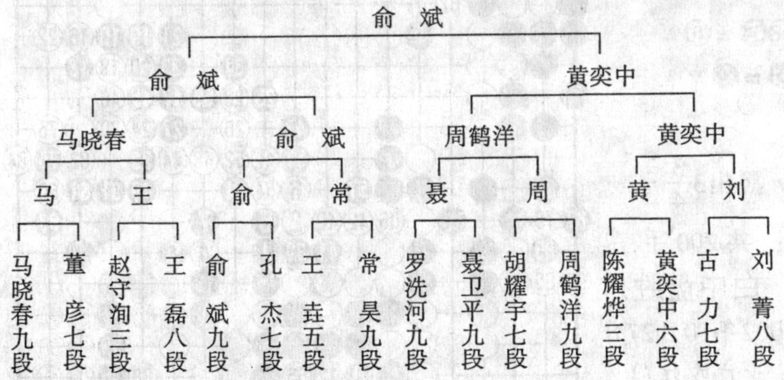

阿含·桐山杯决赛

●黑 黄奕中 六段

○白 俞斌 九段

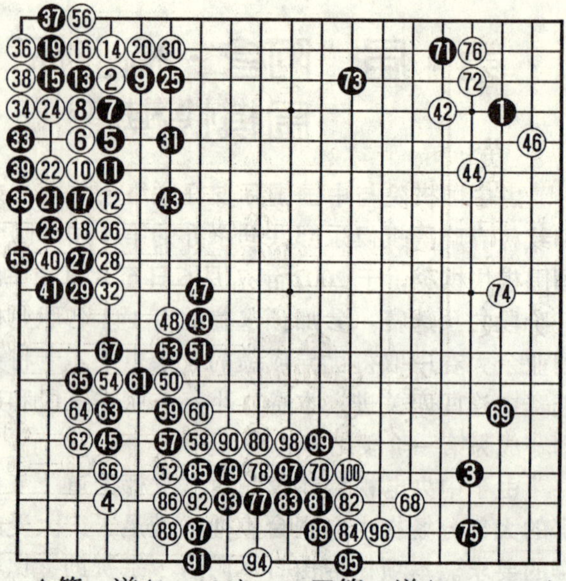

▲第一谱(1－100)

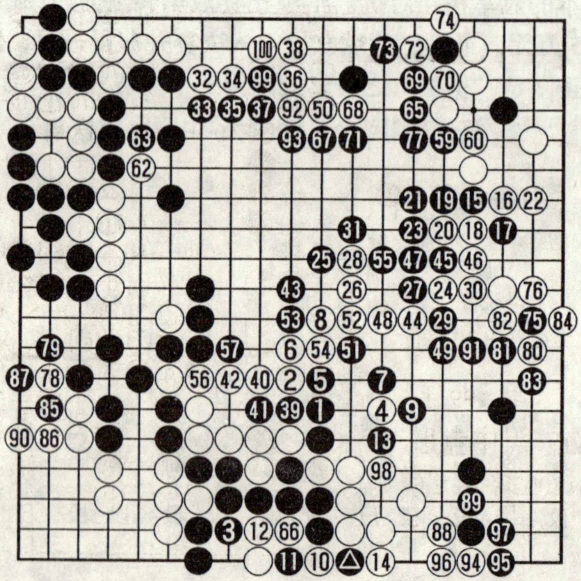

▼第二谱(101－200)

58 64＝10

61＝△

黑出3$\frac{3}{4}$子

共200手

白中盘胜

2002年10月27日

于广东江门

阿含·桐山杯半决赛

●黑　黄奕中　六段
○白　周鹤洋　九段

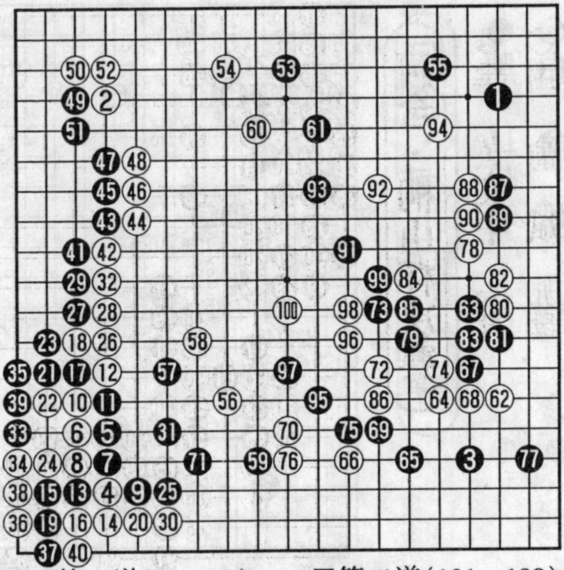

▲第一谱(1－100)　　▼第二谱(101－199)

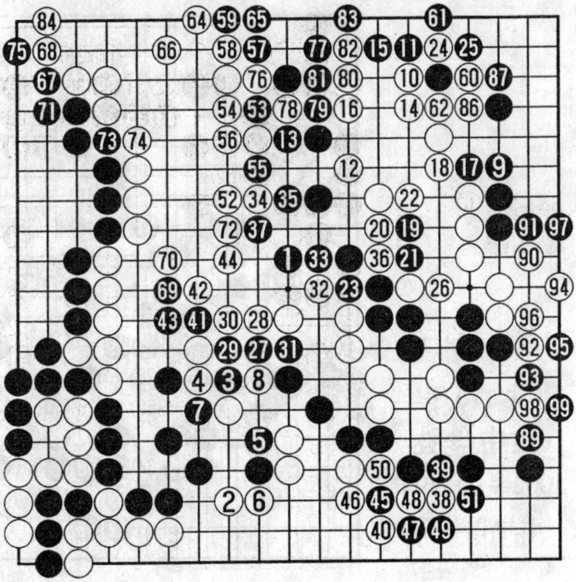

63＝24　85＝45
88＝48

黑出$3\frac{3}{4}$子
共199手
黑中盘胜
2002年10月14日
于中国棋院

阿含·桐山杯半决赛

●黑 马晓春 九段

○白 俞斌 九段

❼❾=㊸

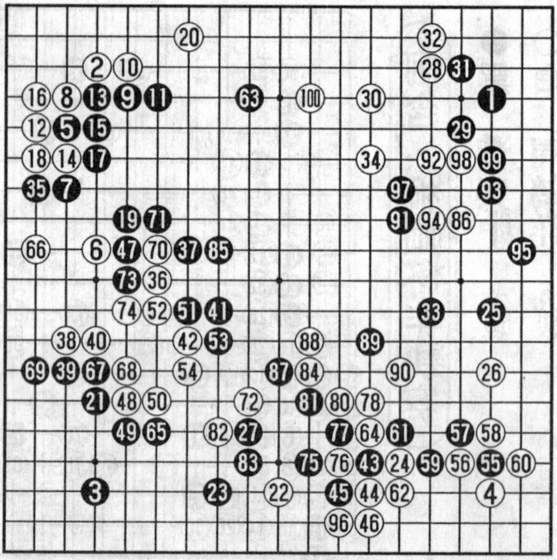

▲第一谱(1－100)　▼第二谱(101－170)

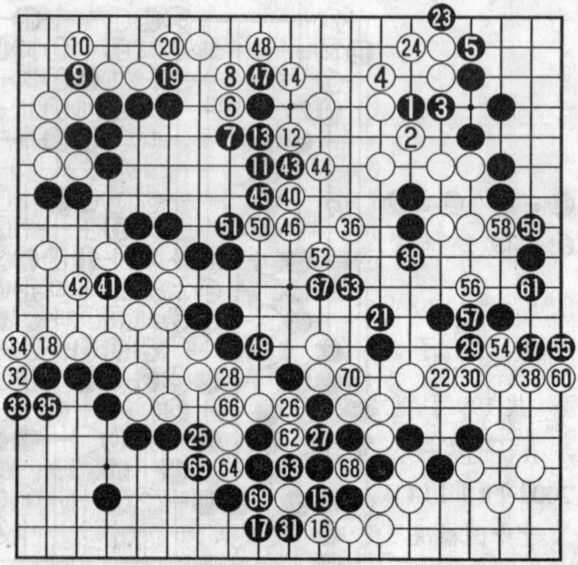

黑出$3\frac{3}{4}$子

共170手

白中盘胜

2002年9月29日

于中国棋院

阿含·桐山杯本赛

●黑 刘 菁 八段

○白 黄奕中 六段

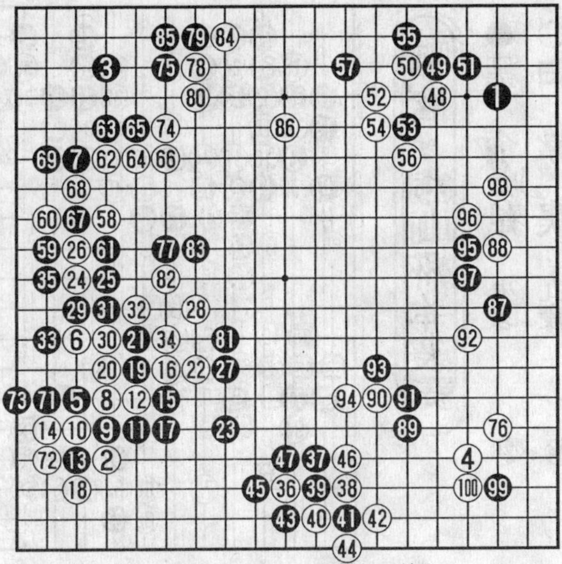

▲第一谱(1－100)

▼第二谱(101－287)

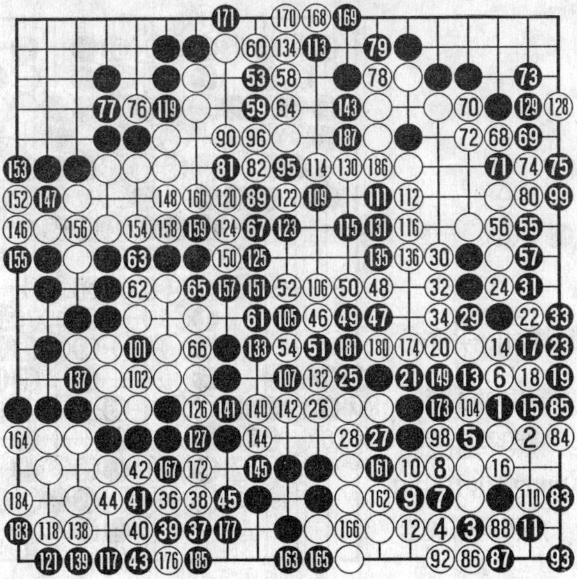

35＝22

91 97 103＝3

94 100 108＝88

175＝5　178＝104

179＝54　182＝95

黑出$3\frac{3}{4}$子

共287手

白胜$3\frac{1}{4}$子

2002年8月12日

于中央电视台

○白 常昊 九段
●黑 俞斌 九段

阿含·桐山杯本赛

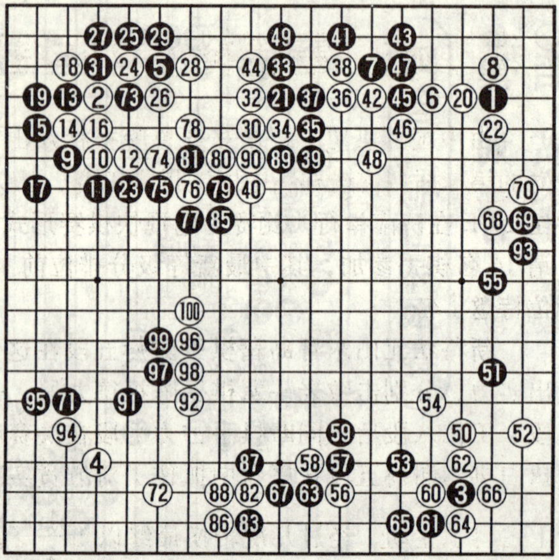

⑧④=⑦⑥

▲第一谱(1－100)　▼第二谱(101－213)

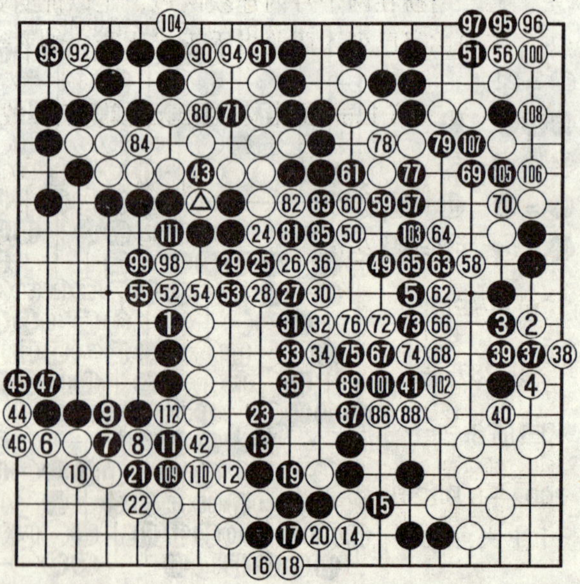

④⑧=△
❶❶❸=⑧

黑出$3\frac{3}{4}$子
共213手
黑中盘胜
2002年8月12日
于中央电视台

第1届“雷诺杯”中国围棋霸王赛

由中国围棋协会、山东齐鲁晚报社及山东岱银集团共同主办的第1届“雷诺杯”中国围棋霸王赛，于2002年10月27日至29日在济南举行。比赛为电视快棋赛形式，单败淘汰。共邀请16名棋手参加，其中最新等级分排位前12名，外加主办单位特邀4名。

新科状元山东青岛藉棋手谢赫五段在这一比赛中再次显示出实力，分别击败老一辈棋手陈祖德九段，七小龙中的刘菁八段、丁伟八段后与同辈棋手古力七段在决赛中会师。决赛中，执白棋的谢赫五段在序盘中抓住了对方贪实地的弱点，在大局上占得了主动，经过几次转换最终以$1\frac{1}{4}$子战胜古力而加冕霸王桂冠。谢赫在两个月内连获两冠，足以证明其实力。

本项比赛已列入职业棋手正式比赛，纳入等级分系列。

第1届“雷诺杯”中国围棋霸王赛成绩表

谢赫

古力　谢赫

王煜辉　古力　丁伟　谢赫

王　常　古　董　丁　聂　刘　谢

王煜辉七段　崔灿二段　常昊九段　刘小光九段　古力七段　罗洗河九段　邵炜刚九段　董彦七段　丁伟八段　王磊八段　孔杰七段　聂卫平九段　刘菁八段　胡耀宇七段　谢赫五段　陈祖德九段

霸王赛决赛

●黑 古力 七段

○白 谢赫 五段

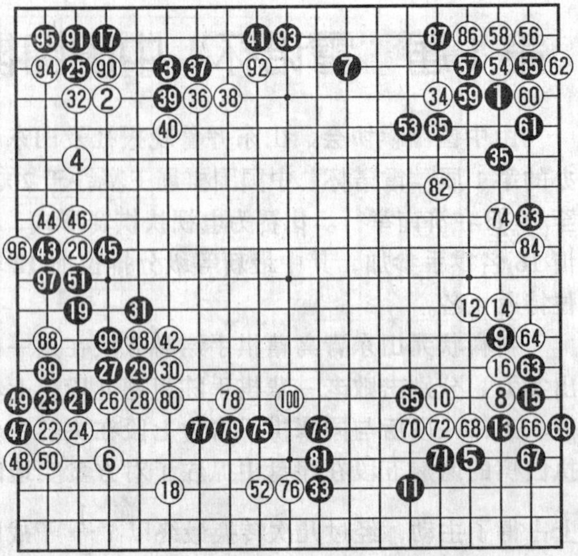

▲第一谱(1－100)　▼第二谱(101－252)

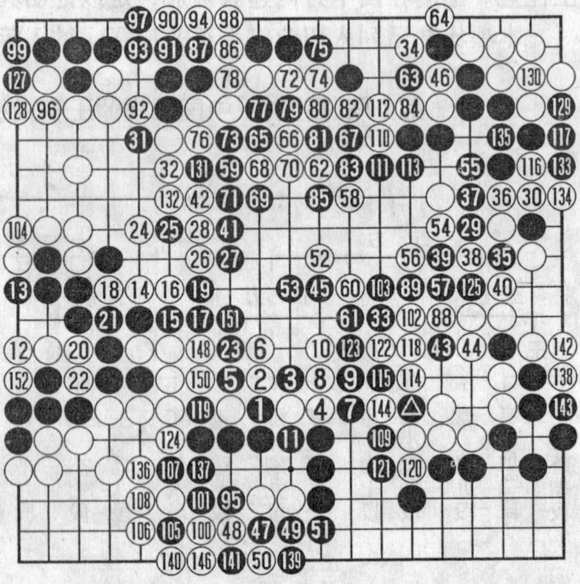

126＝35　145＝50

147＝△　149＝144

黑出$3\frac{3}{4}$子

共252手

白胜$1\frac{1}{4}$子

2002年10月29日

于济南

霸王赛半决赛

● 黑 王煜辉 七段

○ 白 古力 七段

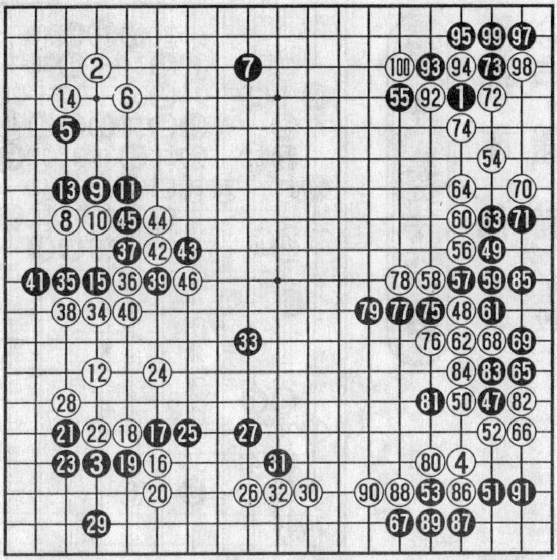

▲第一谱(1－100)

▼第二谱(101－188)

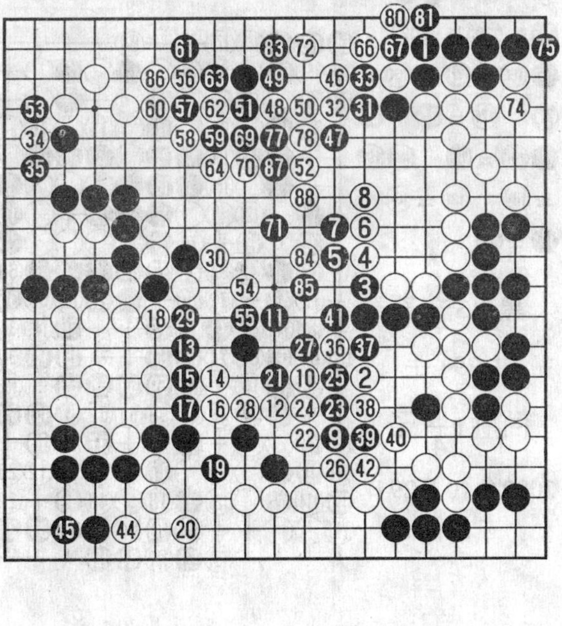

黑出3$\frac{3}{4}$子

共188手

白中盘胜

2002年10月29日

于济南

霸王赛半决赛

●黑 丁伟 八段

○白 谢赫 五段

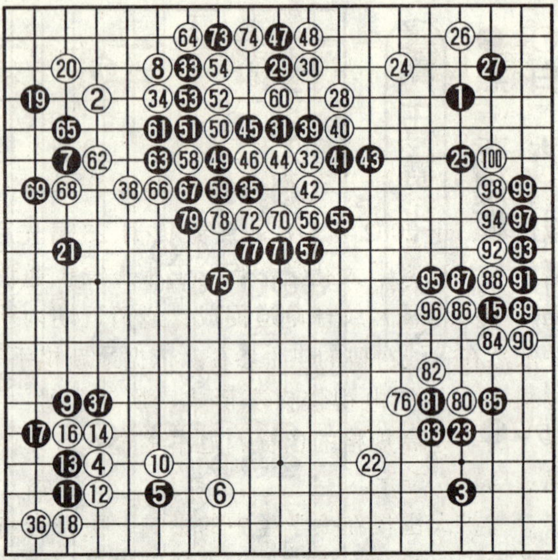

▲第一谱(1－100)　▼第二谱(101－294)

120＝△　125 131＝79　128 134＝122　157 162＝71　160＝70　176＝35　181 189 194＝95　184 192＝144　190＝164　191＝166

黑出$3\frac{3}{4}$子

共294手

白胜$1\frac{1}{4}$子

2002年10月29日

于济南

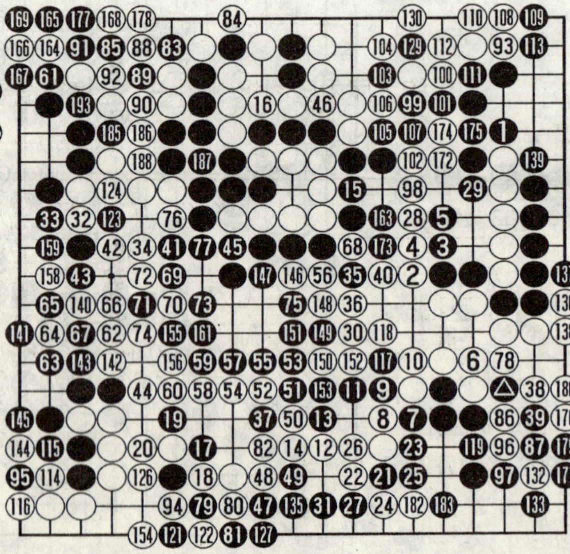

第 1 届中国围棋“王中王”邀请赛

由中国围棋协会与永达投资有限公司共同主办、中央电视台《纹枰论道》专栏协办的第 1 届永达杯中国围棋“王中王”邀请赛，于 2002 年 5 月 5 日至 11 月 23 日先后在中央电视台演播厅和北京大学大礼堂举行。王中王围棋邀请赛经永达公司策划，中央电视台纹枰论道促成，邀请近期内获得大赛冠军头衔并依然在一线拼搏的棋手参赛。依据最新棋手等级分，共邀请 8 位棋手，按照电视快棋赛形式，属于“短、平、快”的淘汰赛。由于是高规格的比赛，冠军奖金 6 万元，亚军 3 万元，每局对局费 6 千元。

为扩大围棋在大学生中的影响，主办者将决赛安排在北京大学进行，受到在京大学生中的围棋爱好者的欢迎。决赛在常昊九段和俞斌九段之间进行，最后常昊战胜俞斌获得冠军。

第 1 届中国围棋“王中王”邀请赛成绩表

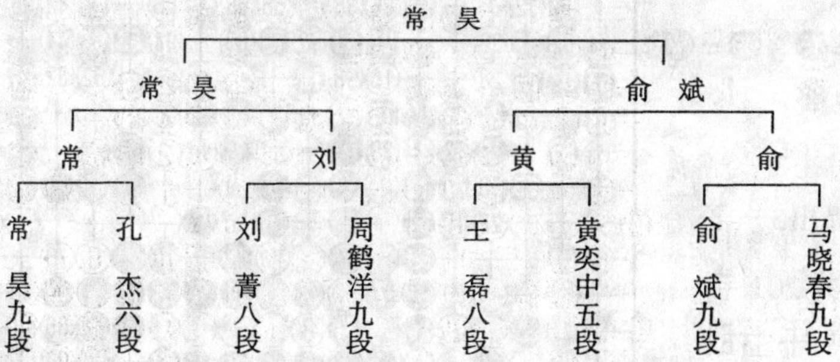

王中王决赛

● 黑　常昊　九段

○ 白　俞斌　九段

36 43 = 24

39 = 31

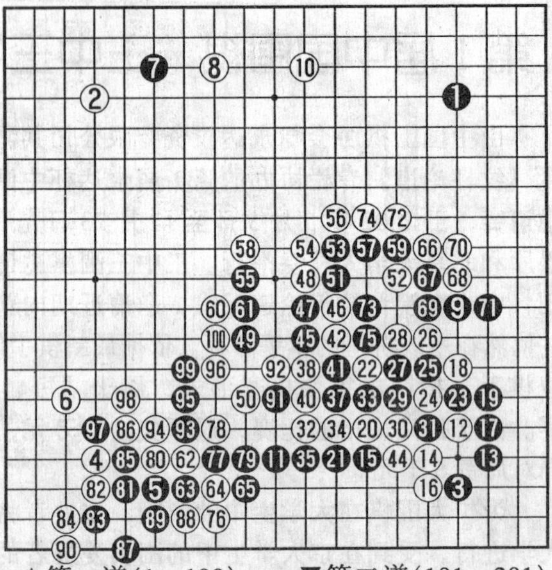

▲第一谱(1－100)　　▼第二谱(101－201)

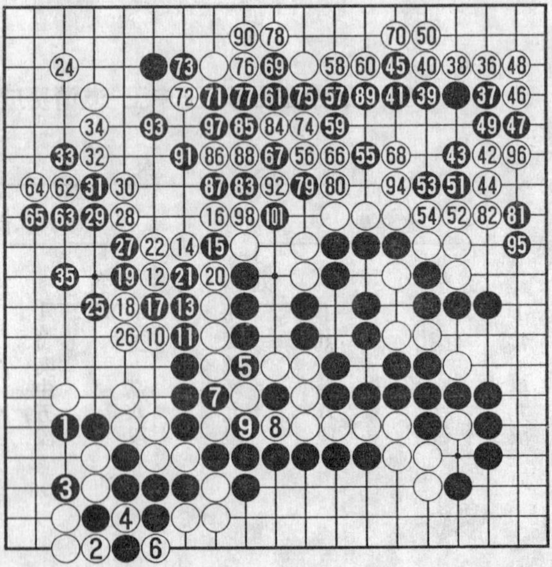

23 = 15　99 = 67

100 = 88

黑出$3\frac{3}{4}$子

共201手

黑中盘胜

2002年11月23日

于北京大学

王中王半决赛

●黑 刘菁 八段

○白 常昊 九段

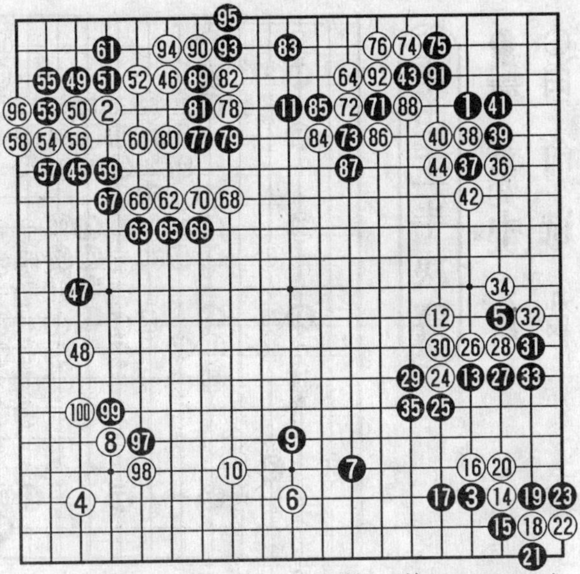

▲第一谱(1－100)　▼第二谱(101－258)

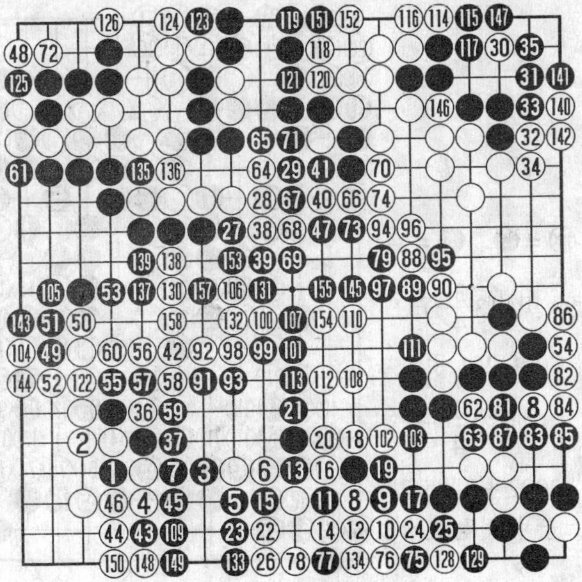

127＝36　156＝75

黑出$3\frac{3}{4}$子

共258手

白中盘胜

2002年7月15日

于中央电视台

王中王半决赛

●黑 黄奕中 六段

○白 俞斌 九段

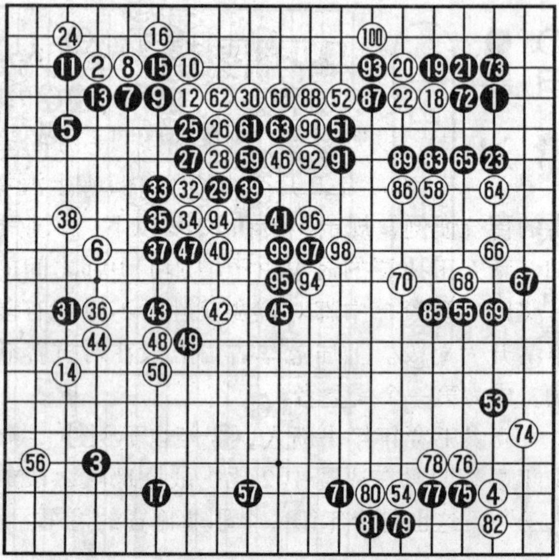

▲第一谱(1－100)

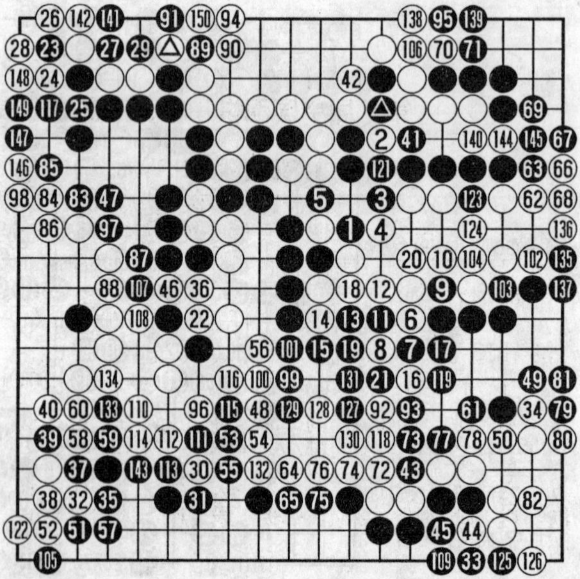

▼第二谱(101－251)

120=▲ 151=△

黑出$3\frac{3}{4}$子

共251手

白胜$2\frac{1}{4}$子

2002年8月5日

于中央电视台

第9届中国围棋“新人王”赛

由中国围棋协会与上海棋院共同主办的第9届中国围棋新人王赛，于2002年2月20日至28日在上海举行。按照新人王赛的传统惯例，规定年龄在27岁以下，职业七段以下的棋手参加。新人王比赛的冠军由于增加了中韩之间的对抗赛、协会出台奖励新政策，中韩对抗赛获胜者不论现有段位高低，可直接申请升为七段。上届冠军古力五段在对抗赛获胜享受了这个奖励，成为第一个受益者。

新人王赛年年出新人，今年也不例外。本届比赛贵州17岁少年彭荃四段在决赛中2比1战胜邱峻六段成为新一届的“新人王”。这也是今年第一个职业比赛的冠军。

第9届中国围棋“新人王”赛成绩表

彭　荃(2:1)

三番胜负

邱　峻　　彭　荃

刘　钧　　邱　峻　　彭　荃　　孔　杰

古　刘　周　邱　邹　彭　孔　王

古力五段　刘星六段　刘钧7段　董彦七段　周俊勋九段　刘世振六段　邱峻六段　林朝华六段　王垚五段　邹俊杰五段　彭荃四段　杨一四段　孔杰六段　黄奕中五段　王煜辉七段　胡耀宇六段

新人王决赛第1局

○黑 彭荃 四段

●白 邱峻 六段

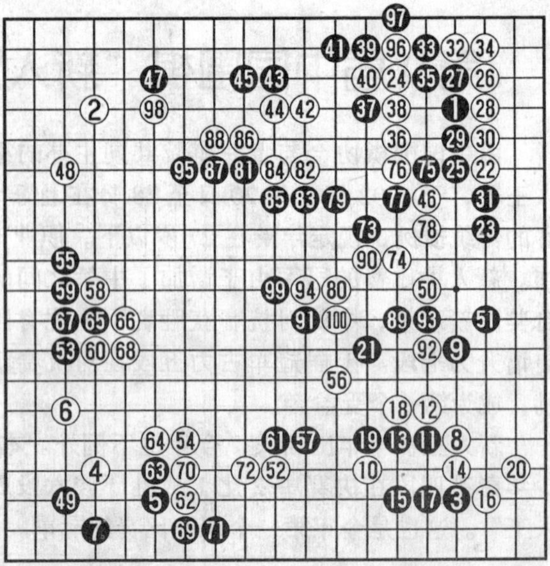

▲第一谱(1－100)　　▼第二谱(101－184)

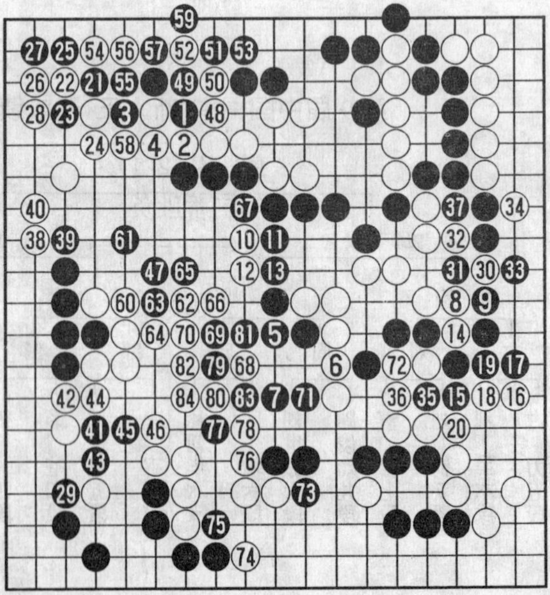

黑出$2\frac{3}{4}$子

共184手

白中盘胜

2002年2月24日

于上海

新人王决赛第2局

○黑 邱峻 六段
●白 彭荃 四段

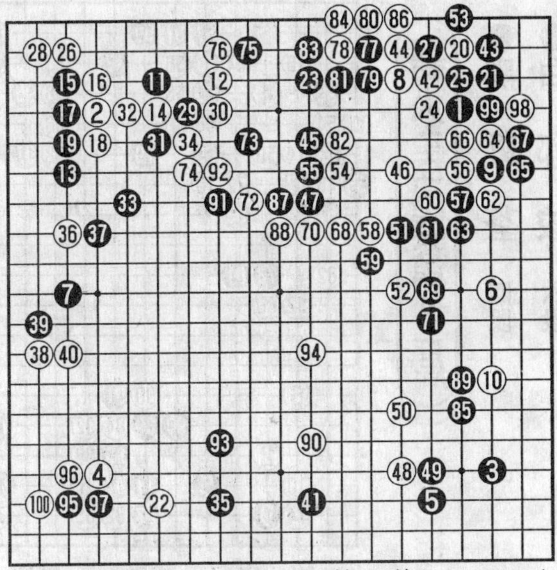

▲第一谱(1－100)　▼第二谱(101－224)

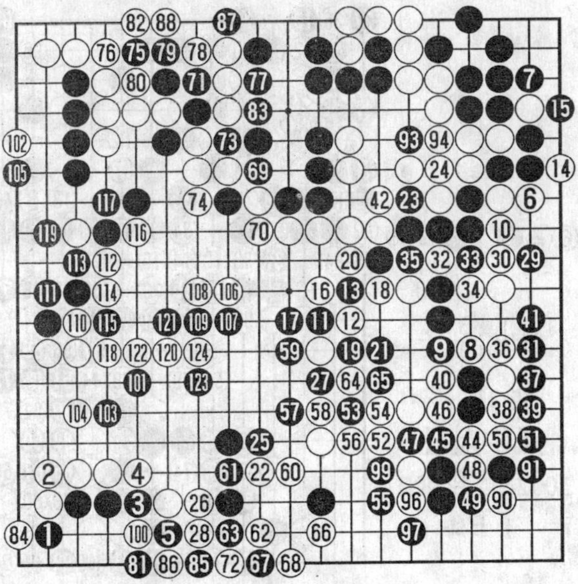

43＝32
89 95＝85
92 98＝86

黑出$2\frac{3}{4}$子
共224手
白中盘胜
2002年2月26日
于上海

新人王决赛第3局

● 黑 彭荃 四段

○ 白 邱峻 六段

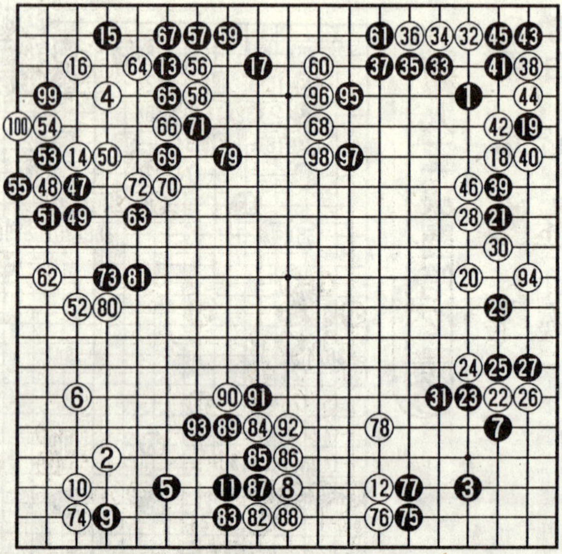

▲第一谱（1－100）

▼第二谱（101－213）

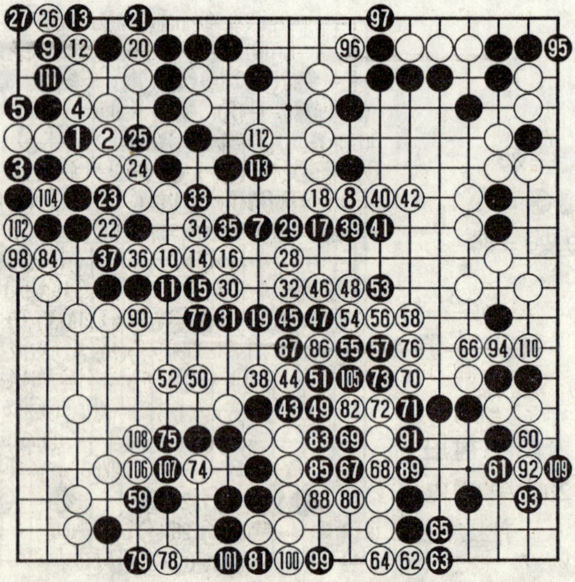

⑥＝❶　⓫⓪⓷＝⑧⑥

黑出$2\frac{3}{4}$子

共213手

黑中盘胜

2002年2月28日

于上海

新人王半决赛

● 黑　彭荃　四段

○ 白　孔杰　六段

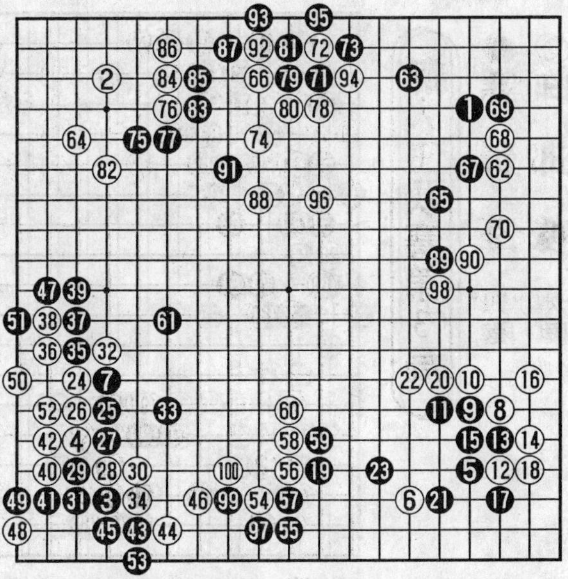

▲第一谱(1－100)　▼第二谱(101－242)

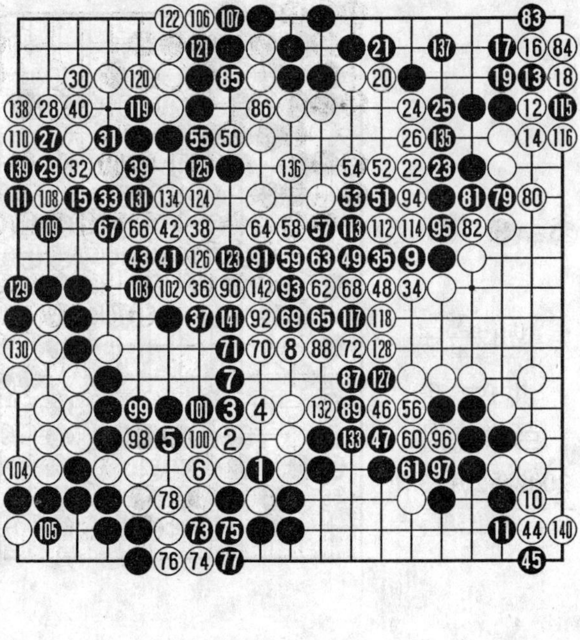

黑出$2\frac{3}{4}$子

共242手

黑胜$\frac{3}{4}$子

2002年2月23日

于上海

新人王半决赛

● 黑 刘钧 7段

○ 白 邱峻 六段

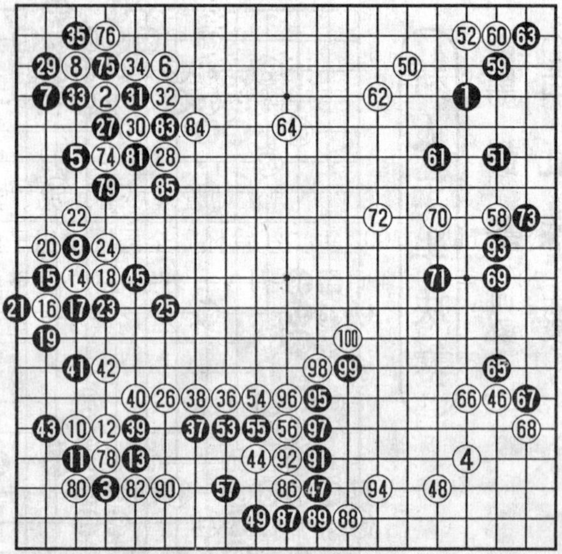

❼❼＝❸❶

▲第一谱(1－100)　▼第二谱(101－192)

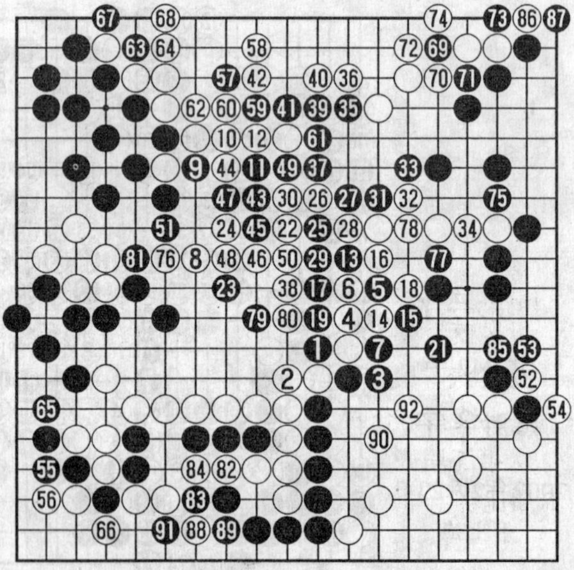

⑳＝❺

黑出$2\frac{3}{4}$子

共192手

白中盘胜

2002年2月23日

于上海

2002年全国围棋男子团体甲级联赛

由国家体育总局棋牌运动管理中心主办、江铃汽车股份有限公司赞助的2002年“江铃杯”全国围棋男子团体甲级联赛，于2002年4月4日至12月1日分别在12支甲级队指定的主场进行。历时8个多月经过双循环22场共528局的激烈争夺，重庆建设摩托队以13胜6平3负、积分32分、胜60局的成绩第四次蝉联冠军。重庆队开场打得不好，前三轮时竟排在最后一名。第一循环结束时，浙江新湖队处在稍优地位。进入第二循环，重庆队连战连胜直至第20轮时已基本提前夺冠。有世界围棋第一人李昌镐加盟的浙江新湖队，应该是最具实力，由于老将马晓春九段中间连战连败，最终只取得第三名。云南印象酒业队最后一轮战胜重庆队，获得第二名。上海移动通讯队、北京大宝队和中信大三元队分获四至六名。云南队王磊八段以20战17胜，胜率85%获得胜率第一位开走奖励的陆风车。深圳喜悦洋参队和平煤集团队，列最后两名被降级。

今年围甲联赛的热点继海外及境外棋手加盟外，又允许世界顶尖级棋手作为特邀的海外及境外棋手参加。特邀的海外棋手只能下四场，不占本队外援名额。李昌镐加盟了浙江新湖队，曹薰铉加盟了深圳喜悦洋参队，林海峰则被贵州卫视队所请。世界顶尖棋手的加盟给我国年轻棋手增加了学习的机会。

江铃汽车股份有限公司鉴于合同期满，本年度围甲结束之后将不再续签新合同。

从第5届开始，信联股份有限公司入主围甲，承办赛事。第5届比赛由宝鸡好猫集团提供赞助，冠名“好猫杯”。

2002年围甲联赛龙虎榜

名次	队名	胜	平	负	胜局	负局	积分
1	重庆	13	6	3	60	28	32
2	云南	10	9	3	56	32	29
3	浙江	12	5	5	52	36	29
4	上海	9	10	3	52	36	28
5	北京	7	11	4	47	41	25
6	中信	7	7	8	43	45	21
7	四川	5	9	8	39	49	19
8	贵州	6	6	10	37	51	18
9	福建	4	9	9	37	51	17
10	河北	3	10	9	37	51	16
11	深圳	3	10	9	35	53	16
12	平煤	5	4	13	33	55	14

2002年围甲联赛胜率排行榜

名次	姓　名	对局数	胜局数	胜率
1	王　磊	20	17	85%
2	孔　杰	21	17	81%
2	周鹤洋	21	17	81%
2	俞　斌	21	17	81%
5	谢　赫	22	17	77.3%
6	董　彦	21	16	76.2%
7	古　力	22	16	72.7%
8	睦镇硕	18	13	72.2%
9	常　昊	20	14	70%
10	丁　伟	22	15	68.2%

（注：比赛18盘以上者）

全国团体甲级联赛

● 黑 李 劼 四段（四川）

○ 白 睦镇硕 六段（重庆）

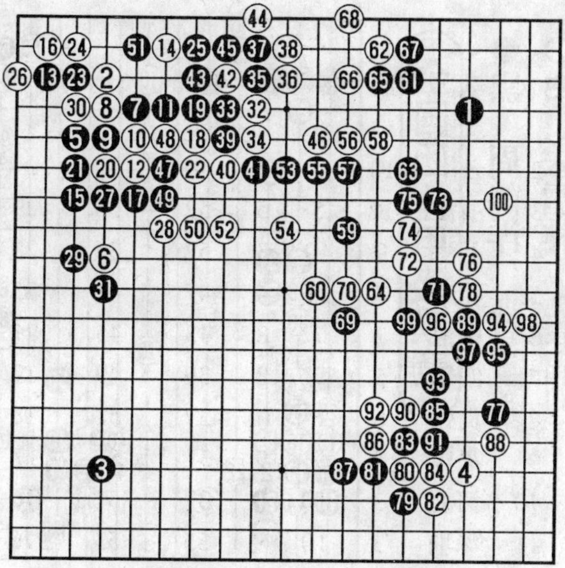

▲第一谱（1－100）

▼第二谱（101－281）

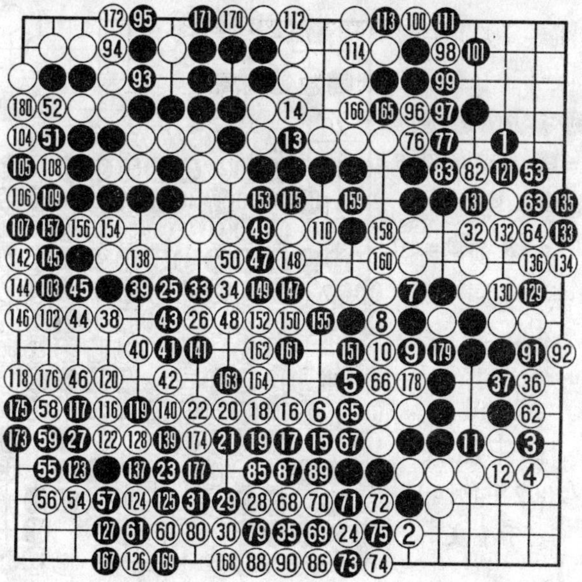

⑦⑧④＝㉔

❽❶＝❼❺

❶❹❸＝❶❵❺　❶❽❶＝⑩⓪

黑出$3\frac{3}{4}$子

共281手

黑胜$1\frac{3}{4}$子

2002年4月4日

于重庆

全国团体甲级联赛

● 黑　周鹤洋　九段（重庆）

○ 白　宋雪林　九段（四川）

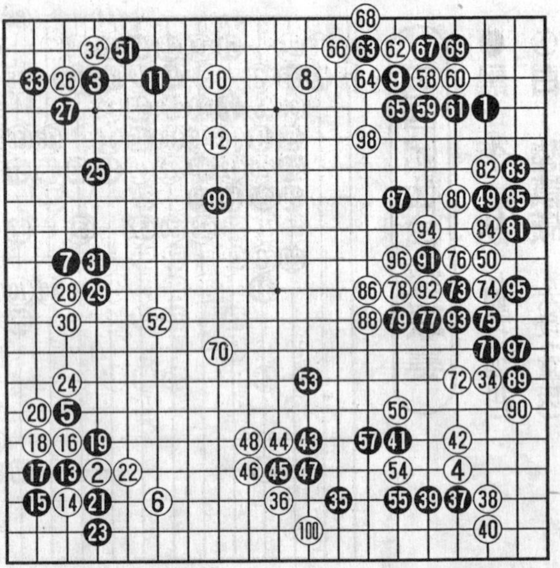

▲第一谱（1－100）　▼第二谱（101－289）

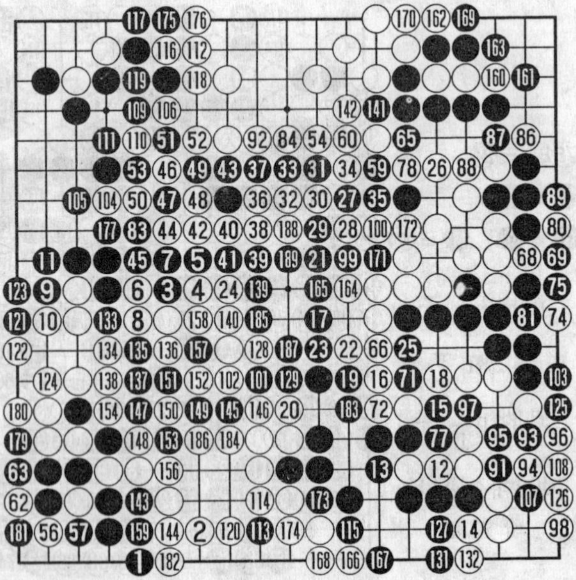

55 61 67 73 79 85 178 ＝ 47　58 64 70 76 82 90 ＝ 46

130 ＝ 51　155 ＝ 150

黑出3$\frac{3}{4}$子

共289手

白中盘胜

2002年4月4日

于重庆

全国团体甲级联赛

●黑　阮云生　七段（深圳）

○白　林海峰　九段（贵视）

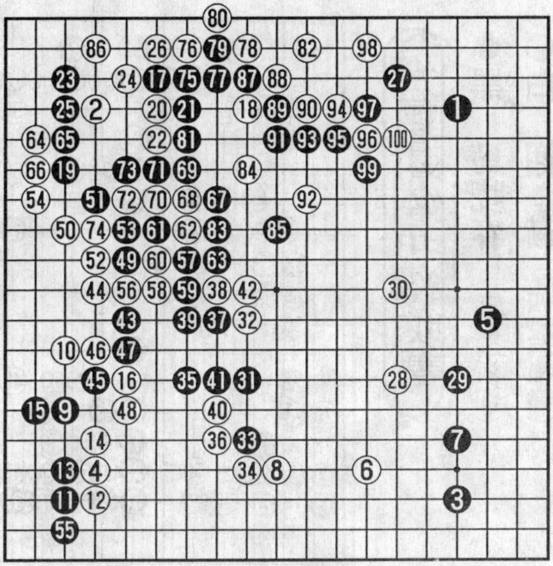

▲第一谱（1－100）

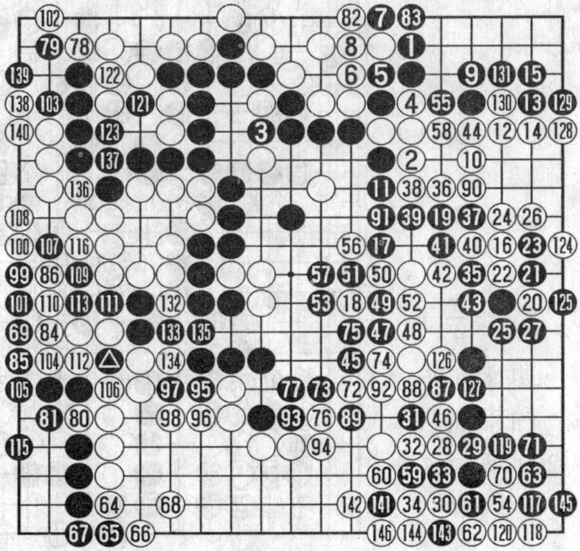

▼第二谱（101－246）

114＝△

黑出3$\frac{3}{4}$子

共246手

黑胜3$\frac{3}{4}$子

2002年4月4日

于深圳

全国团体甲级联赛

● 黑 马晓春 九段（浙江）
○ 白 谢 赫 四段（福建）

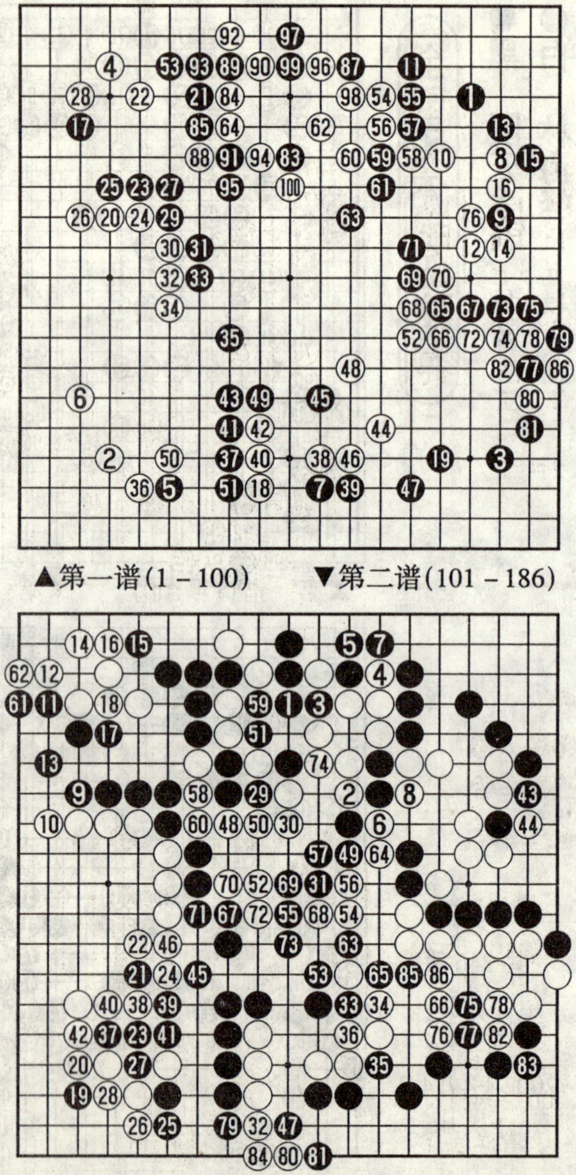

▲第一谱（1－100） ▼第二谱（101－186）

黑出$3\frac{3}{4}$子

共186手

白中盘胜

2002年4月4日

于福州

全国团体甲级联赛

●黑 李昌镐 九段（浙江）

○白 胡耀宇 六段（上海）

⑩⓪=⑨④

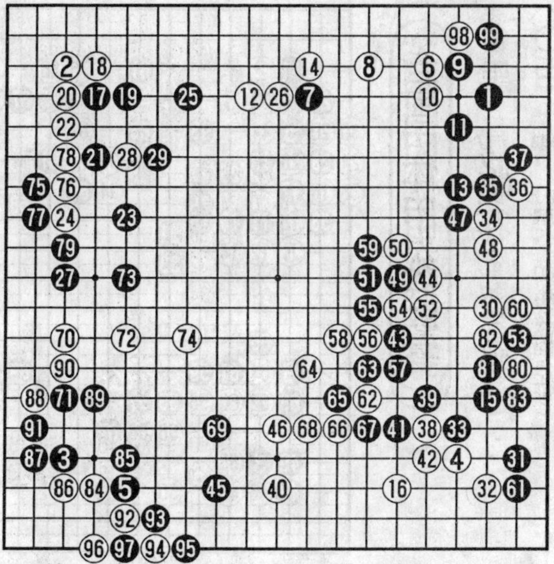

▲第一谱（1－100）

▼第二谱（101－138）

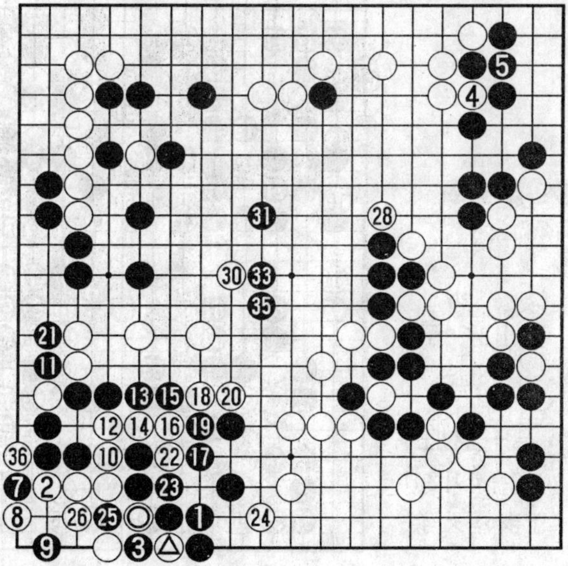

⑥㉞=△

㉗㊲=❸

㉙㊳=㉕

㉜=◎

黑出$3\frac{3}{4}$子

共138手

白中盘胜

2002年4月8日

于浙江大学

全国团体甲级联赛

● 黑 马晓春 九段（浙江）

○ 白 常昊 九段（上海）

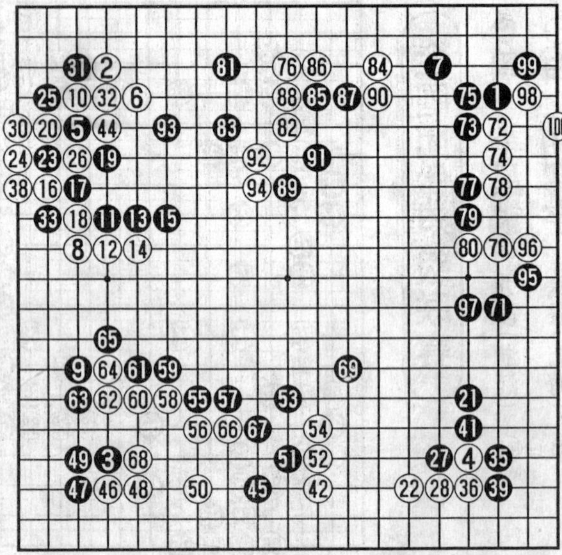

▲第一谱（1－100）　　▼第二谱（101－197）

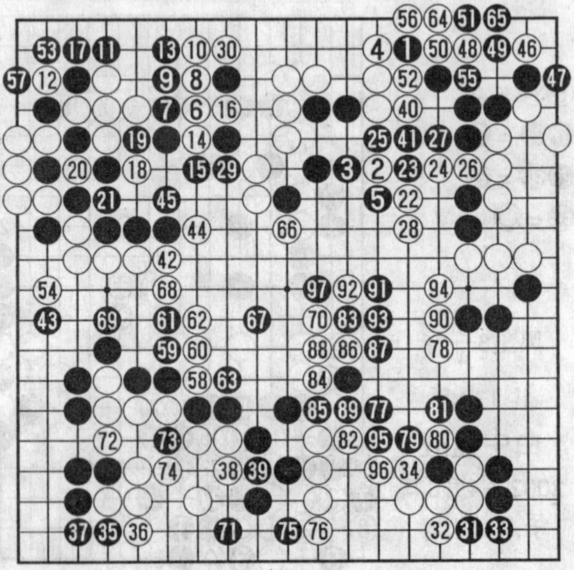

❷❾❸❼❹❸＝❷❸

㉞㊵＝㉖

黑出$3\frac{3}{4}$子

共197手

黑中盘胜

2002年4月8日

于浙江大学

全国团体甲级联赛

●黑 朱毅 四段（煤矿）

○白 睦镇硕 六段（重庆）

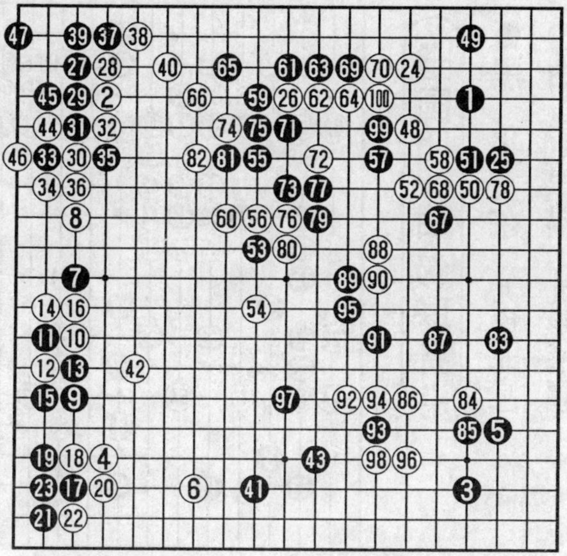

▲第一谱（1－100）　▼第二谱（101－177）

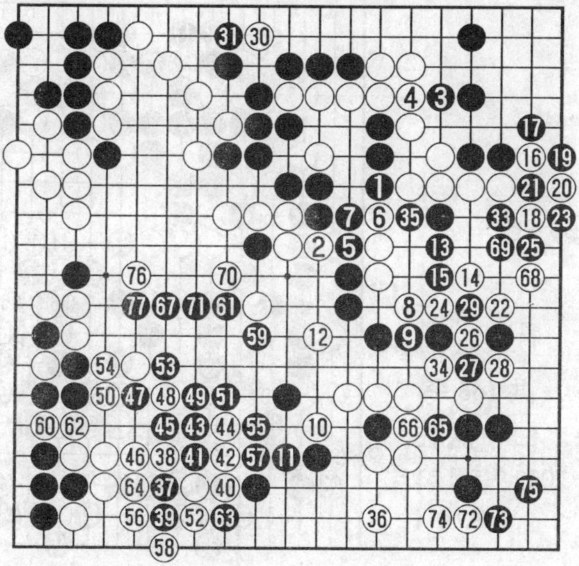

㉜＝㉖

黑出$3\frac{3}{4}$子

共177手

黑中盘胜

2002年4月8日

于北京

全国团体甲级联赛

●黑 张文东 九段(北京)

○白 刘昌赫 九段(云南)

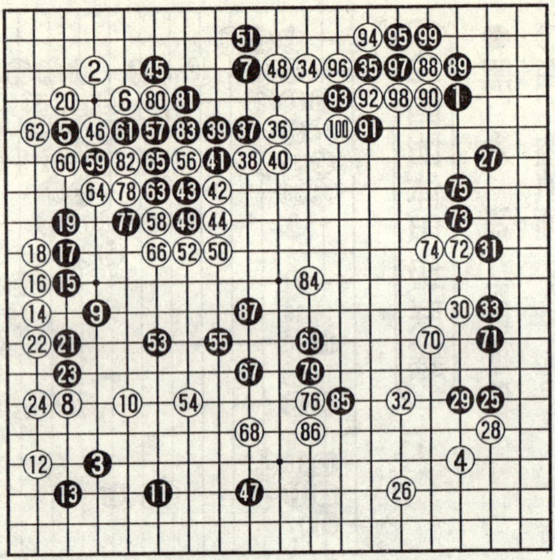

▲第一谱(1－100)

▼第二谱(101－166)

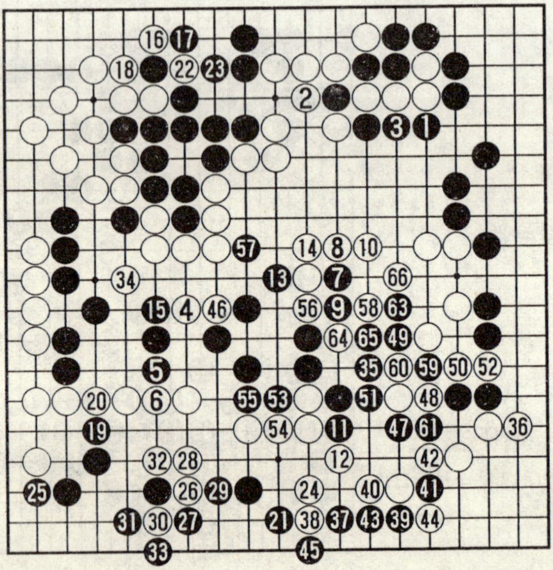

62=59

黑出$3\frac{3}{4}$子

共166手

白中盘胜

2002年5月23日

于昆明

全国团体甲级联赛

●黑 俞斌 九段(浙江)

○白 刘昌赫 九段(云南)

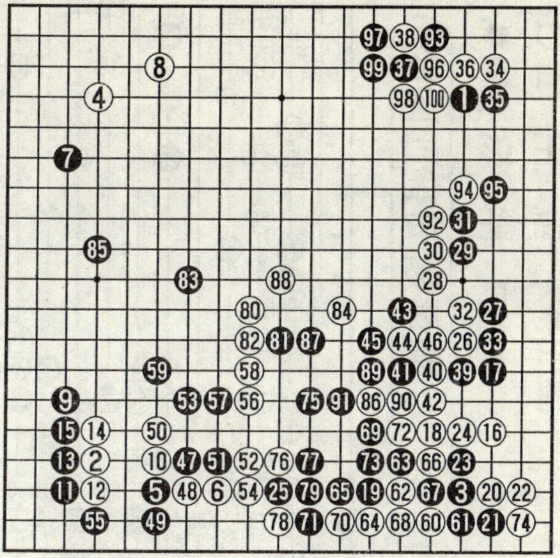

▲第一谱(1－100)　▼第二谱(101－226)

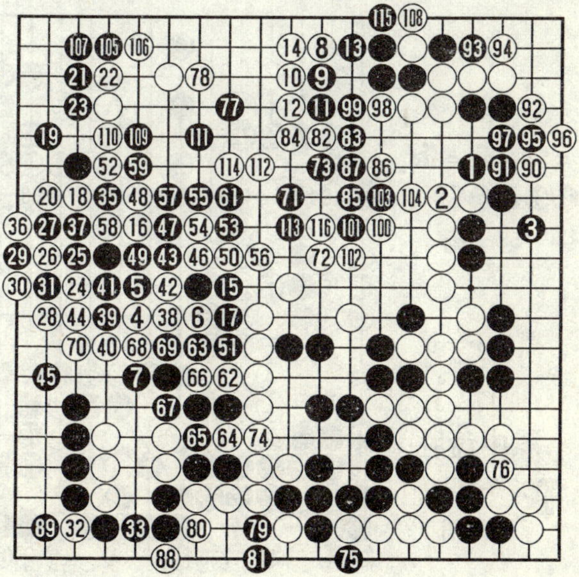

㉞＝㉖　㊵＝㉟

黑出$3\frac{3}{4}$子

共216手

白中盘胜

2002年5月9日

于昆明

全国团体甲级联赛

●黑 彭荃 四段（浙江）

○白 王磊 八段（云南）

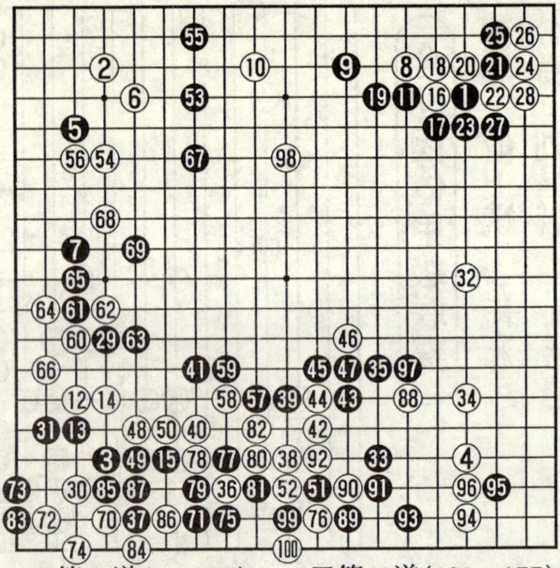

▲第一谱（1－100）

▼第二谱（101－177）

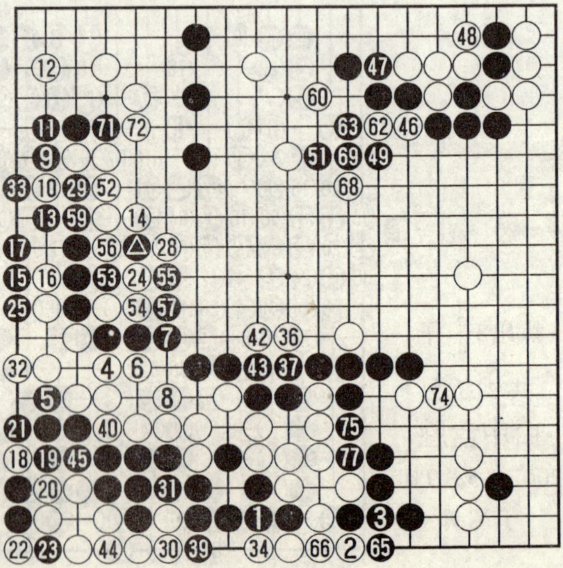

26 38 50 64 70 76 = 22　27 = 18

35 41 61 67 73 = 23　58 = △

黑出$3\frac{3}{4}$子

共177手

黑中盘胜

2002年5月9日

于昆明

全国团体甲级联赛

●黑 聂卫平 九段（贵视）

○白 罗洗河 八段（中信）

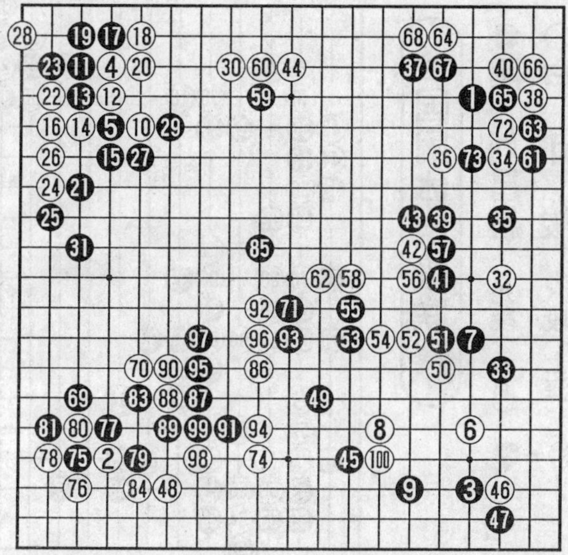

82 = 75

▲第一谱（1－100）

▼第二谱（101－199）

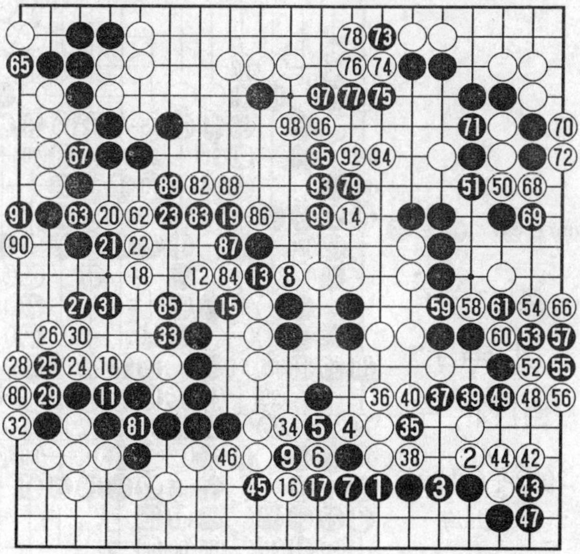

41 = 6　64 = 60

黑出$3\frac{3}{4}$子

共199手

黑中盘胜

2002年6月20日

于北京

全国团体甲级联赛

● 黑　刘昌赫　九段（云南）

○ 白　邱　峻　六段（上海）

㉞＝㉕

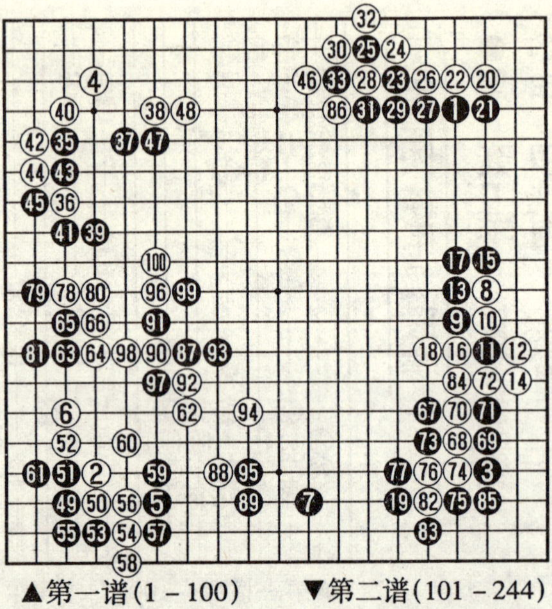

▲第一谱（1－100）

▼第二谱（101－244）

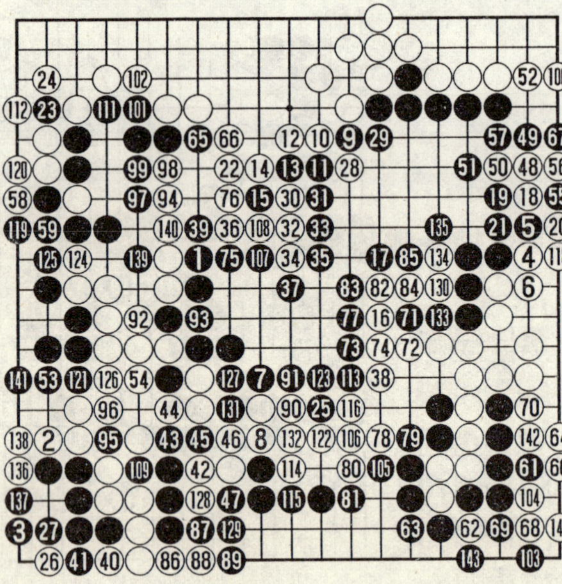

⑪⓪＝㊎95　⑪⑦＝55

(110)＝95　(117)＝55

黑出$3\frac{3}{4}$子

共244手

白胜$4\frac{1}{4}$子

2002年6月20日

于上海

全国团体甲级联赛

●黑　常昊　九段（上海）

○白　王磊　八段（云南）

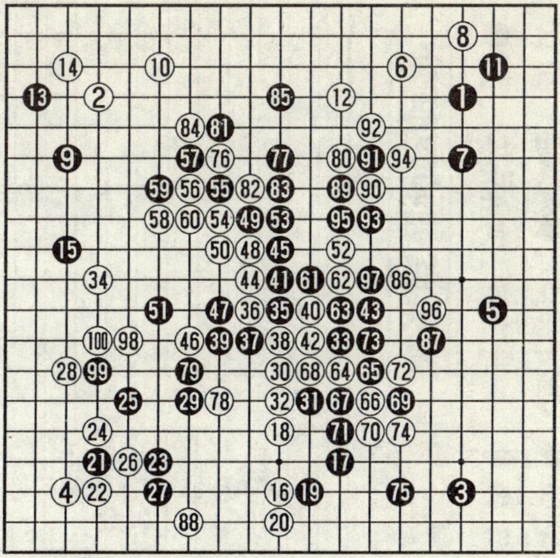

▲第一谱（1－100）　　▼第二谱（101－190）

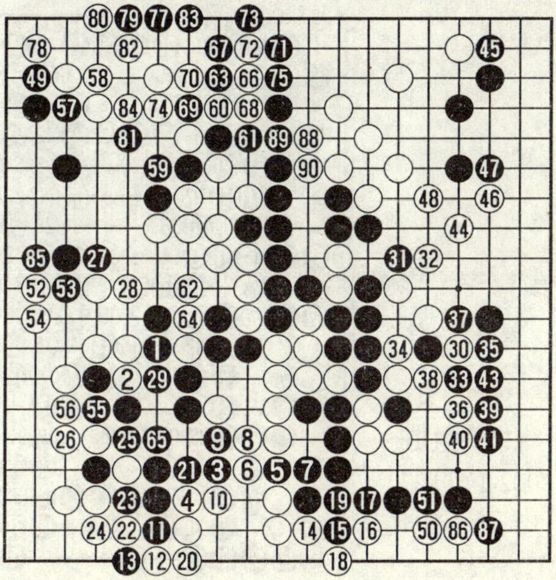

42＝30　76＝69

黑出$3\frac{3}{4}$子

共190手

白中盘胜

2002年6月20日

于上海

全国团体甲级联赛

●黑 马晓春 九段（浙江）

○白 曹薰铉 九段（深圳）

79＝37　81＝40

89＝49　92＝54

94＝84　95＝64

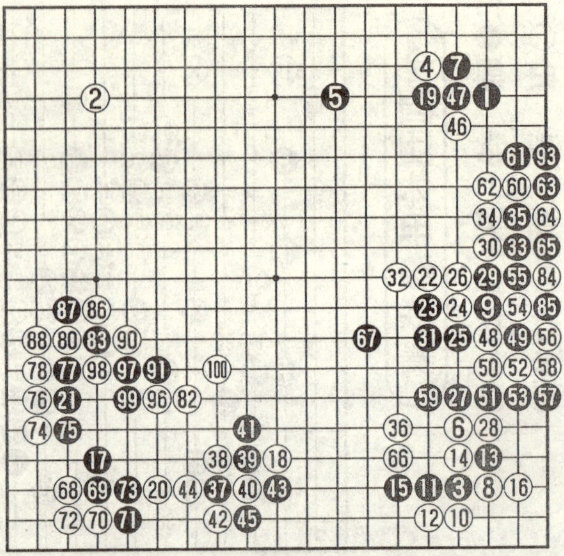

▲第一谱（1－100）

▼第二谱（101－270）

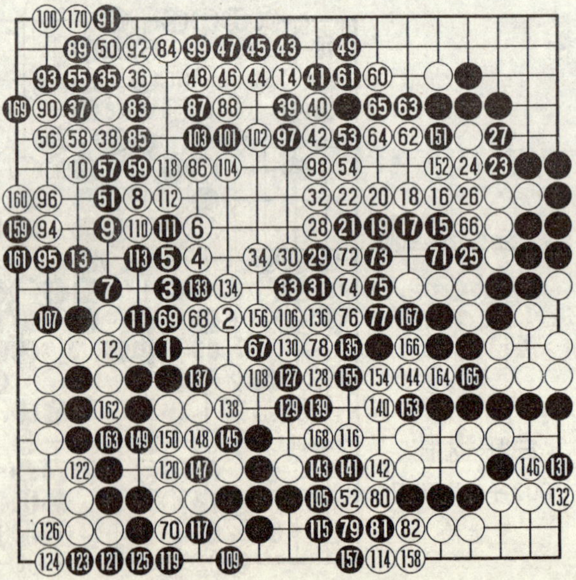

黑出$3\frac{3}{4}$子

共270手

白中盘胜

2002年6月27日

于浙江温州

全国团体甲级联赛

● 黑 常昊 九段（上海）

○ 白 李昌镐 九段（浙江）

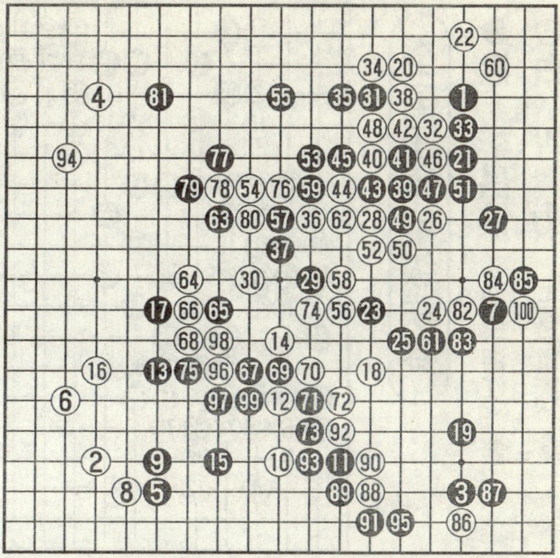

▲第一谱（1－100）

▼第二谱（101－212）

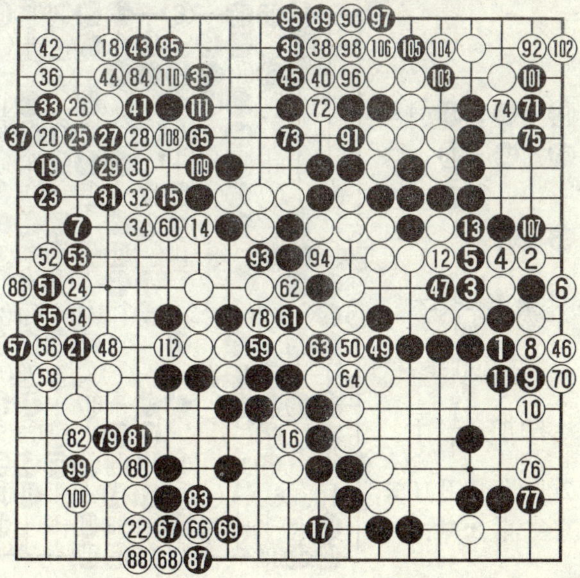

黑出$3\frac{3}{4}$子

共212手

白中盘胜

2002年9月12日

于上海

全国团体甲级联赛

● 黑 李昌镐 九段（浙江）

○ 白 古力 七段（重庆）

78 = 69

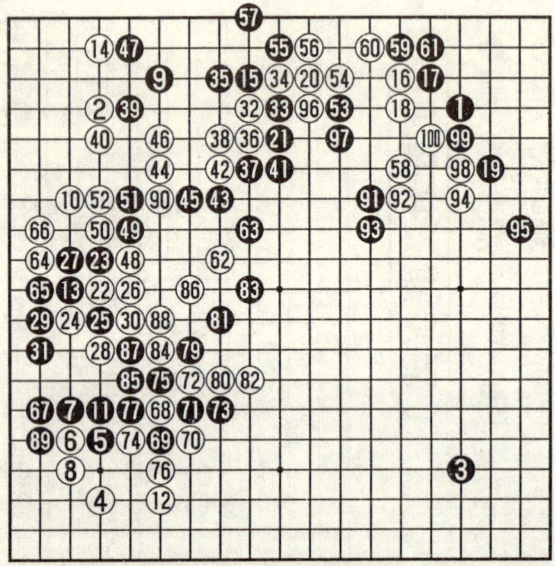

▲第一谱(1－100)

▼第二谱(101－290)

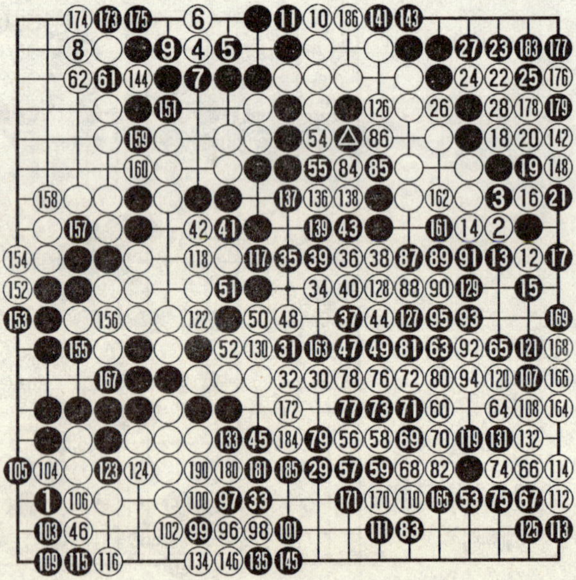

140 = △ 147 188 = 61 149 = 16 150 = 144 182 189 = 176 187 = 179

黑出$3\frac{3}{4}$子

共290手

白胜$2\frac{1}{4}$子

2002年10月10日

于浙江嵊州

全国团体甲级联赛

● 黑 古力 七段(重庆)

○ 白 孔杰 七段(北京)

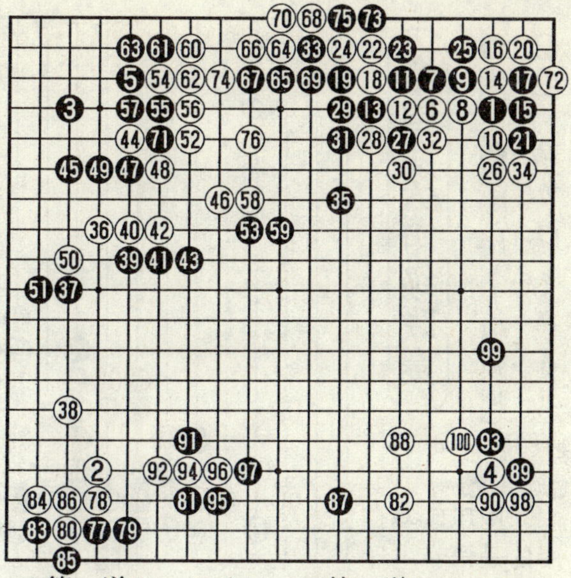

▲第一谱(1－100)　　▼第二谱(101－252)

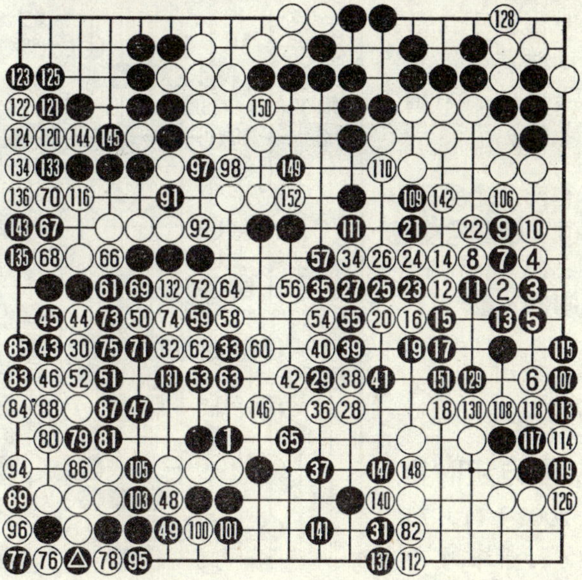

⑨⓪⑩④＝⑦⑥　❾❸＝▲△　❾❾＝❽❾　⑩②＝⑨⑥　⓫㉗＝⑪④　⑬⑧＝②　⓭㊴＝❼

黑出$3\frac{3}{4}$子

共252手

白中盘胜

2002年10月24日

于北京

全国团体甲级联赛

●黑 曹薰铉 九段（深圳）

○白 董彦 七段（河北）

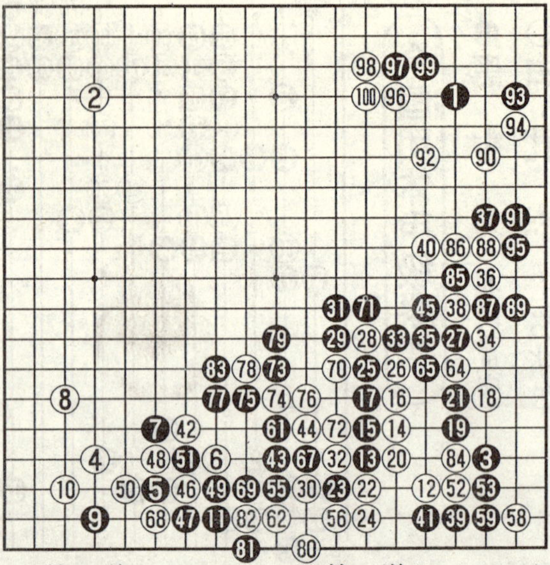

▲第一谱（1－100） ▼第二谱（101－223）

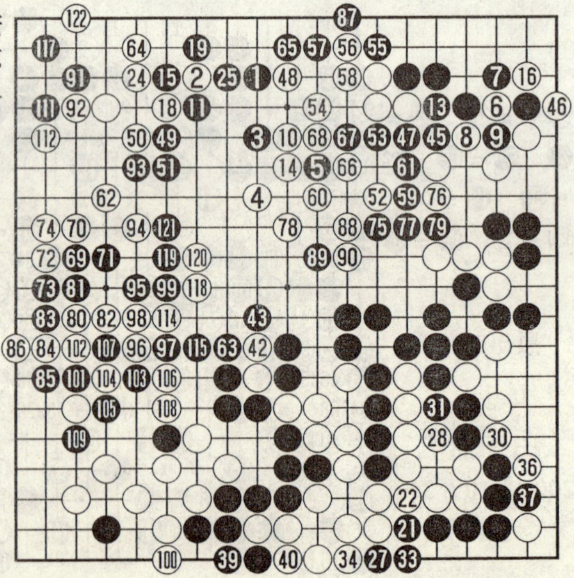

54 60 66 = 46

57 63 = 51

围甲联赛使用的是语音电子读秒计时器，同时由棋手自己按计时器，这对不习惯的棋手是个考验。

112 120 126 132 138 144 = 106　117 123 129 135 141 = 109　110 116 = 104　113 123 = 107

黑出 $3\frac{3}{4}$ 子

共223手

黑方超时负

2002年11月7日

于深圳

2002 年全国围棋团体赛

(男子乙级、女子团体)

由国家体育总局主办的 2002 年全国围棋团体赛(男子乙级、女子团体),于 2002 年 4 月 17 日至 25 日在辽宁省葫芦岛市举行。比赛由辽宁省体育局棋牌管理中心与葫芦岛市政府承办,冠名为“葫芦岛市龙港杯”。

近两年围甲联赛日益火爆,带动了围乙比赛的升温。参加今年男子乙级比赛的代表队,由去年的 17 支增加至 23 支;女队由去年的 20 支,猛增至 31 支。这给比赛的承办者和对 7 月举行的全国段位赛定段组比赛的名额,都带来新的压力。女子组比赛不得不由原来传统的一个组分为两个组,然后再同名次决赛产生今年女子团体优胜名次。男子组由于参赛队增加,七轮积分编排制比赛显得轮次偏少。

这次比赛全面使用 2002 年围棋竞赛规则。积分编排制比赛计算名次时,采用“B 款”以场分决定名次。

男子组比赛最为抢眼,北京北新围棋队以 6 胜 1 平积 13 分夺得第 1 名晋升甲 A。在争夺另一个甲 A 名额中,湖北《围棋报》队以积 10 分成为 2003 年的甲 A 新贵。

女子团体北新队也是一枝独秀。以张璇八段和叶桂五段组成的北新队首次夺得女子团体冠军。以崔宁初段、杜宇峰三段组成的山西金广厦队获得团体亚军。北京世界公园队、辽宁大化队、河南莲花队和广东迈特队分获团体 3 至 6 名。另外,陕西佳林汉唐队、深圳喜悦洋参队、洛阳棋院队和贵州卫视队也获得本年度甲级队称号。

全国团体赛（男子乙级）

● 黑　芮乃伟　九段（北新）

○ 白　李　魁　二段（山西）

注：芮乃伟报名参加男子组。

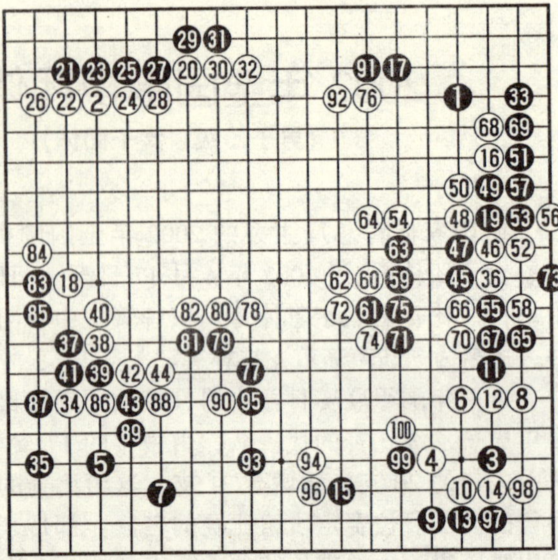

▲第一谱（1－100）　　▼第二谱（101－203）

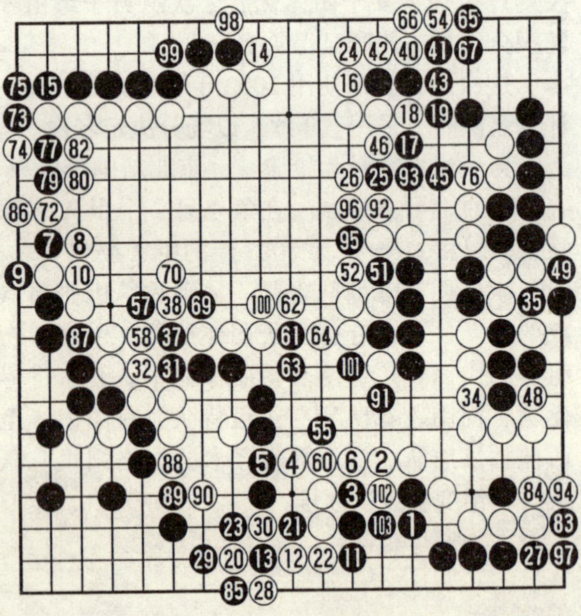

33 39 47 53 59 71 81 ＝ 13　36 44 50 56 68 78 ＝ 30

黑出3$\frac{3}{4}$子

共203手

白胜$\frac{1}{4}$子

2002年4月17日

于辽宁葫芦岛

全国团体赛(男子乙级)

●黑　杨士海　八段(香港)

○白　马笑冰　二段(河南)

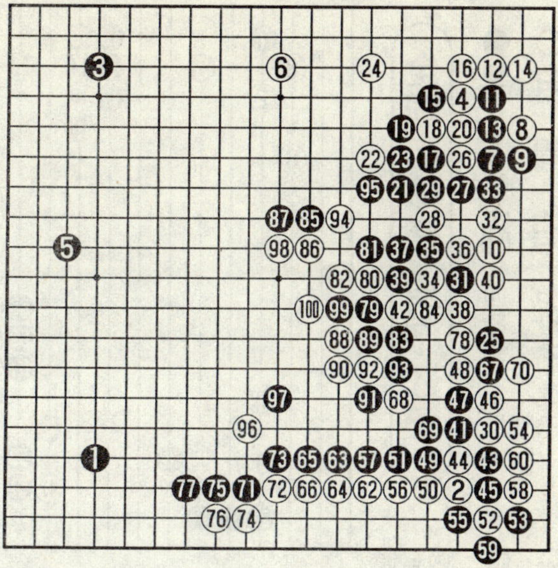

▲第一谱(1－100)

61=52

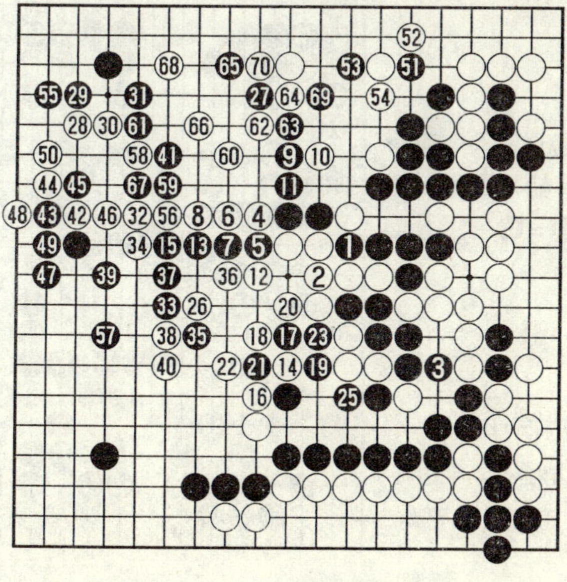

▼第二谱(101－170)

24=14

黑出3$\frac{3}{4}$子

共170手

白中盘胜

2002年4月19日

于辽宁葫芦岛

全国团体赛（男子乙级）

●黑 李华嵩 四段（广东）

○白 周逵 初段（湖北）

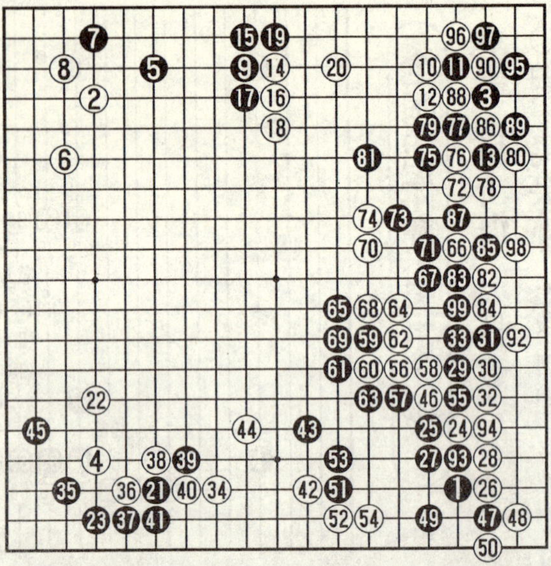

91＝13 100＝86

▲第一谱（1－100） ▼第二谱（101－204）

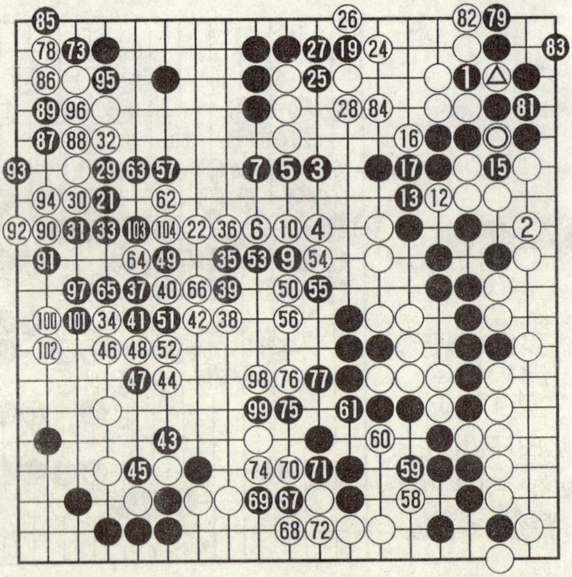

8 14＝△ 11 18＝1 20 80＝◎

23＝15

黑出$3\frac{3}{4}$子

共204手

白中盘胜

2002年4月25日

于辽宁葫芦岛

全国团体赛(男子乙级)

● 黑 林朝华 六段(广东)

○ 白 张欣 五段(湖北)

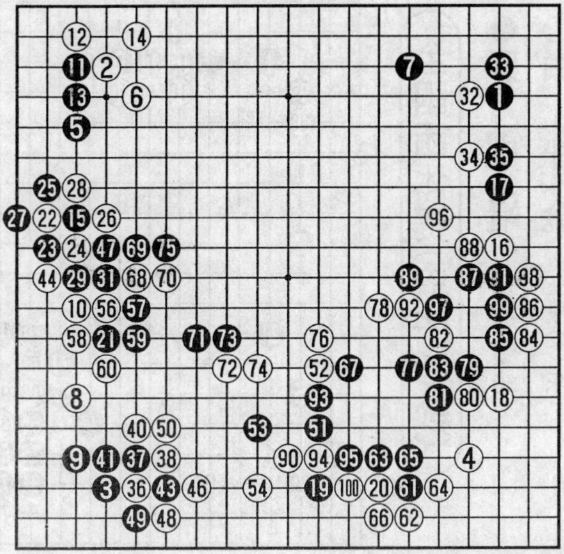

30 42 = 22　39 45 = 15　55 = 43

▲第一谱(1－100)　▼第二谱(101－239)

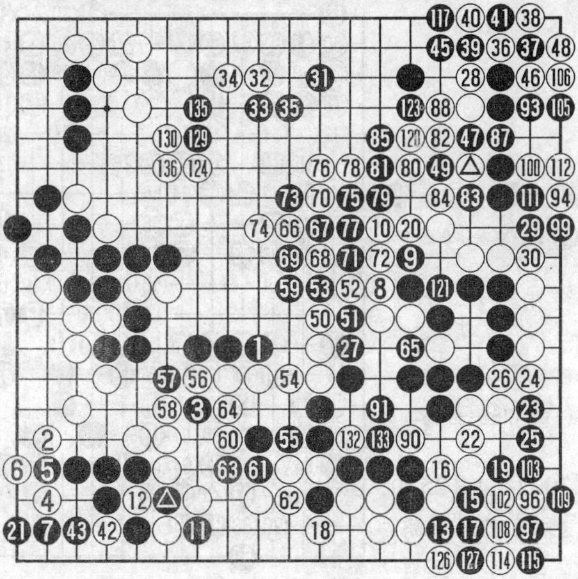

14 = ▲　44 = 36

86 92 98 104 110 116 122 128 134 138 = △　89 95 101 107 113 119 125 131 137 139 = 49

118 = 41

黑出$3\frac{3}{4}$子

共 239 手

黑中盘胜

2002年4月25日

于辽宁葫芦岛

全国团体赛(男子乙级)

●黑　钟文靖　初段(湖北)

○白　张伟金　三段(广东)

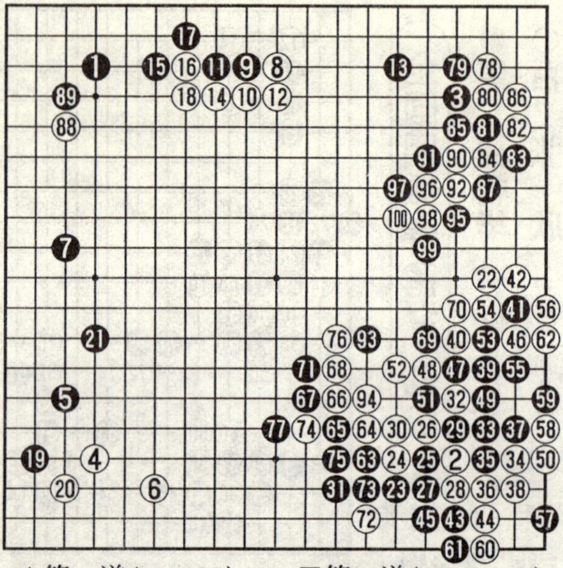

▲第一谱(1－100)

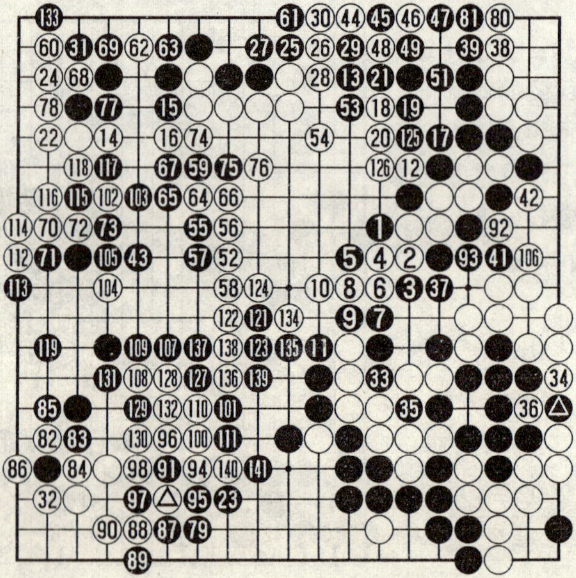

▼第二谱(101－241)

40＝45▲　50＝45

99＝△　120＝102

黑出$3\frac{3}{4}$子

共241手

黑胜$3\frac{3}{4}$子

2002年4月25日

于辽宁葫芦岛

全国团体赛(女子团体)

● 黑 华学明 七段(北京)
○ 白 张璇 八段(北新)

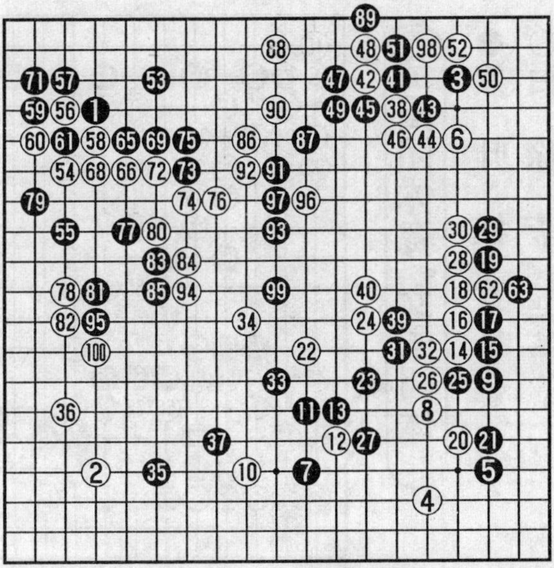

▲第一谱(1－100)

64 70 ＝ 56
67 ＝ 61

▼第二谱(101－204)

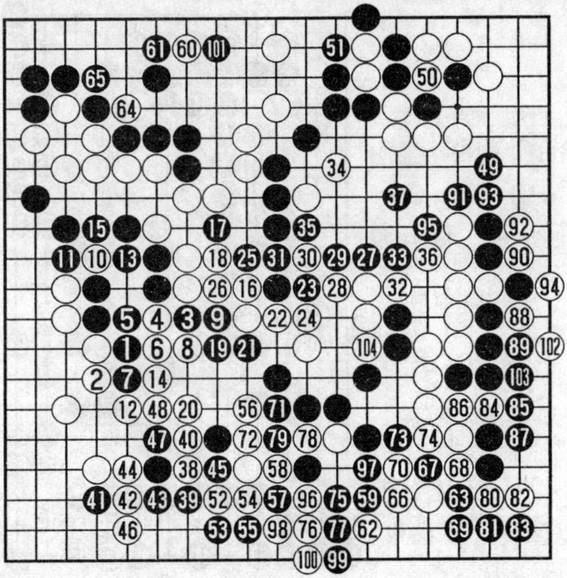

黑出$3\frac{3}{4}$子
共204手
白中盘胜
2002年4月19日
于辽宁葫芦岛

全国团体赛(女子团体)

●黑 叶桂 五段(北新)

○白 徐莹 五段(北京)

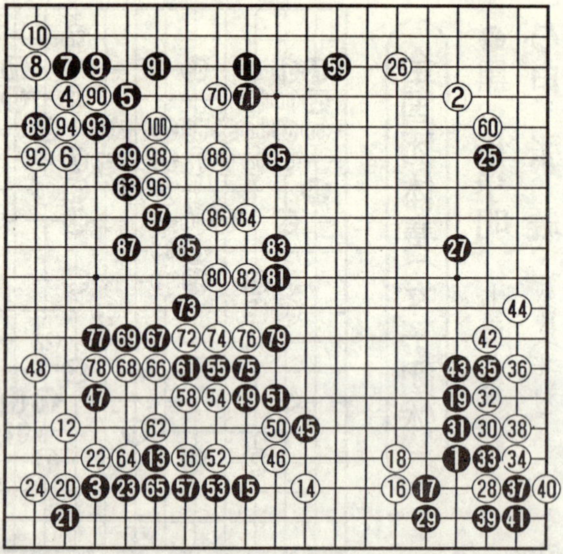

▲第一谱(1－100)

▼第二谱(101－264)

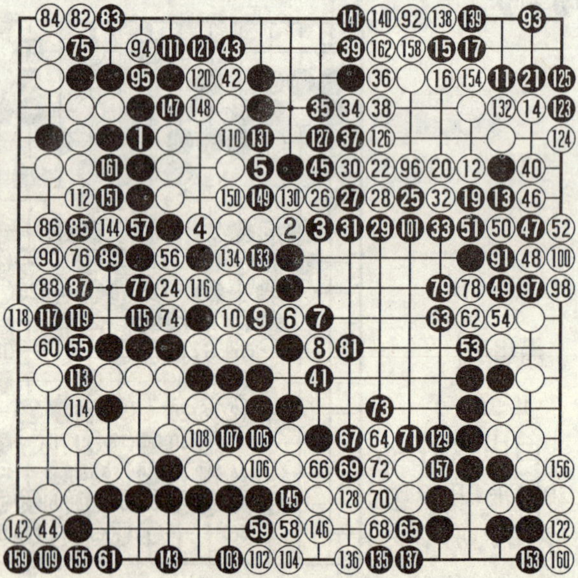

⑱⑧⓪＝⑥　㉓⑯④＝⑨　⑨⑨＝㊼　⑮②＝⑧⑤　⑯③＝⑤⓪

黑出$3\frac{3}{4}$子

共264手

黑胜$\frac{3}{4}$子

2002年4月19日

于辽宁葫芦岛

全国团体赛(女子同名次决赛)

● 黑 张旋 八段(北新)

○ 白 崔宁 初段(山西)

48=34
51=41
78=70
94=4

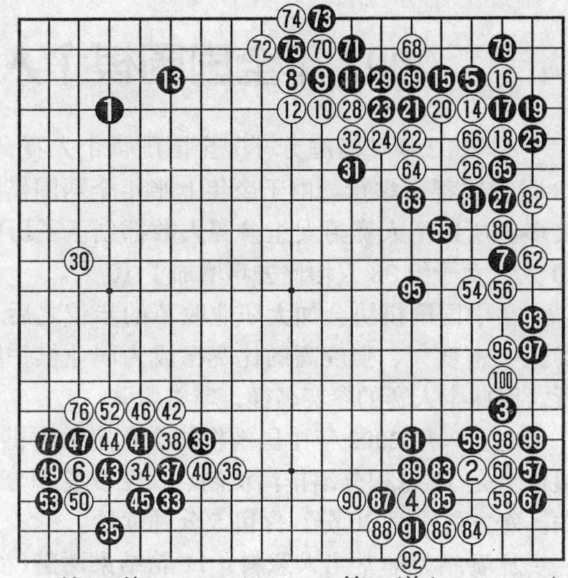

▲第一谱(1－100)

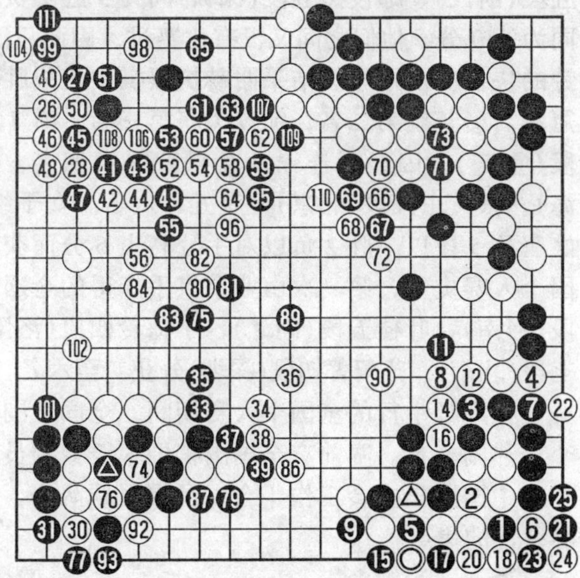

▼第二谱(101－226)

10=△ 13=5
19=◎ 29 85 91
97 103=23 32 88
94 100=24 78=
△ 105=1

黑出$3\frac{3}{4}$子

共211手

黑中盘胜

2002年4月25日

于辽宁葫芦岛

2002 年全国围棋个人赛

2002 年“满庭芳杯”全国围棋个人赛，于 9 月 14 日至 28 日在成都市举行。由于今年上半年全国围棋团体赛新增的队较多，所以个人赛男女组参赛人数都创下了历史新高。男子组 80 人，女子组 38 人均比去年增加了 10 人。

在中国围棋协会加大职业改革的步伐之后，全国围棋个人赛这一密度大、强度高的比赛已成为职业棋手练兵最理想的场所。因此个人赛的参赛名额，非常紧张。

比赛采用 2002 年中国围棋协会审定的围棋竞赛规则。男子组依然是 11 轮积分编排淘汰制、女子 9 轮积分编排制的比赛办法。每方 2 小时 30 分，保留 5 分钟读秒。

比赛结果非常出人意料：11 轮结束谢赫(福建)五段与彭荃五段(浙江)、邹俊杰五段(深圳)同为 9 胜 2 负，谢、彭对手分同为 150 分，他们之间又没有比赛过，因此只能加赛每方 30 分钟的快棋决出冠军。结果谢赫执黑棋中盘战胜彭荃，首次获得冠军。彭荃获第二名，邹俊杰获第三名。前 7 轮连胜的古力七段(重庆)，因最后连输两盘只获得第四名。胡耀宇七段(上海)，张文东九段(北京)分获五、六名。女子组，广西 20 岁姑娘唐盈 5 段以 7 胜 2 负以对手分高出 6 分而获得冠军。这是我国个人赛史上，第一次由业余棋手夺得的全国冠军。梁雅娣二段(河南)、叶桂五段(湖北)、于梅玲四段(洛阳棋院)、华学明七段(北京)、范蔚菁初段(深圳)分获二至六名。

在成都举行的全国个人赛期间，全国性围棋活动一个接一个，热闹非凡。赛前有全国围棋国家级裁判员培训和考试，赛中有中国围棋协会工作年会以及围甲领队会，成都一时成为棋界关注的焦点。

全国个人赛（男子）

●黑　黄奕中　六段（中信）

○白　董彦　七段（河北）

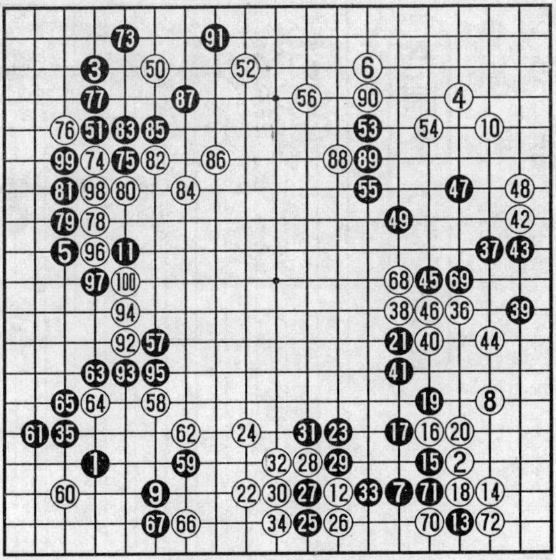

▲第一谱（1－100）　▼第二谱（101－238）

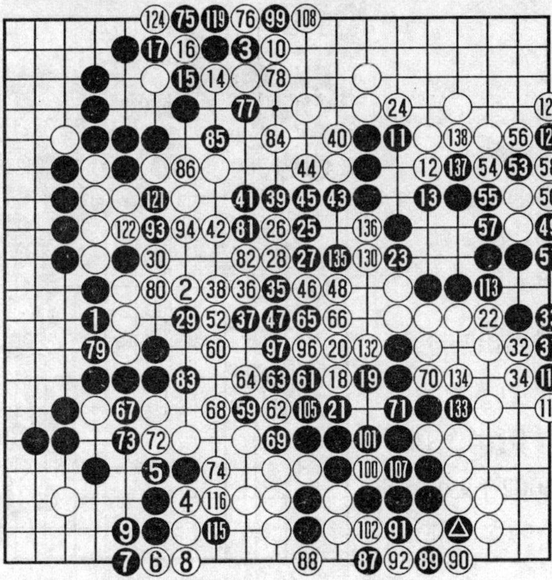

95 103 109 117 123 129 =
89　98 106 114 120 126

131 = 92　104 = 59

110 = △　118 = 99

125 = 16

黑出$3\frac{3}{4}$子

共238手

白胜$\frac{1}{4}$子

2002年9月14日

于成都

全国个人赛(男子)

●黑 孔杰 七段(北京)

○白 邱峻 六段(上海)

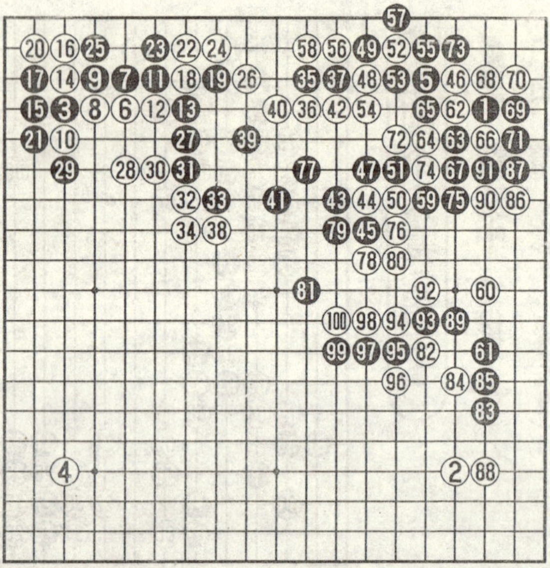

▲第一谱(1－100)　▼第二谱(101－205)

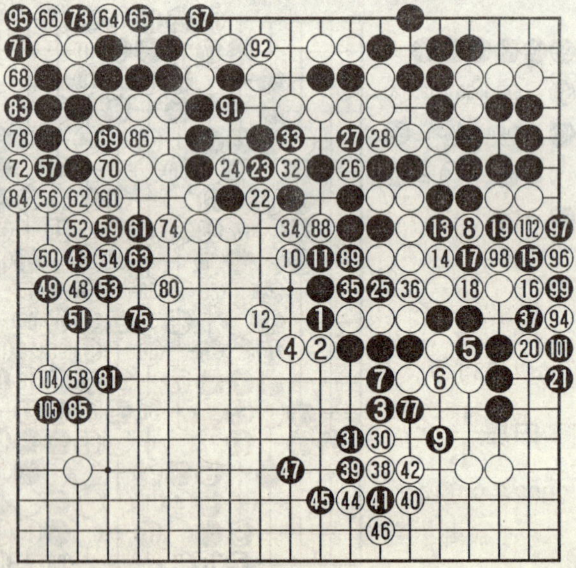

29 = 26　55 = 48

76 82 90 = 64　79

87 93 = 73　100 =

8　103 = 96

黑出$3\frac{3}{4}$子

共205手

黑中盘胜

2002年9月15日

于成都

全国个人赛（男子）

●黑　古灵益　初段（四川）

○白　王煜辉　七段（贵视）

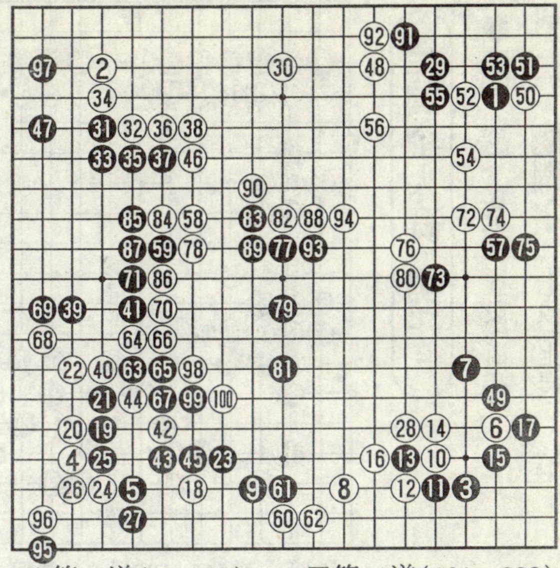

▲第一谱(1－100)

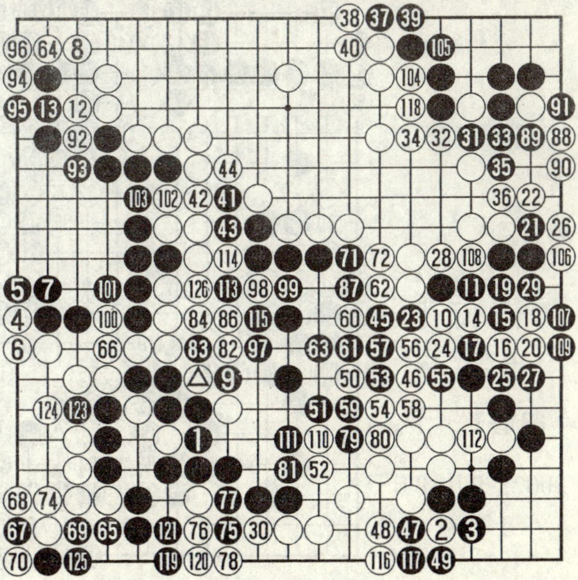

▼第二谱(101－228)

73 128 ＝ 67

85 ＝ △

122 ＝ 70

127 ＝ 98

黑出3$\frac{3}{4}$子

共228手

黑胜$\frac{3}{4}$子

2002年9月15日

于成都

全国个人赛（男子）

●黑 彭 荃 五段（浙江）

○白 胡耀宇 七段（上海）

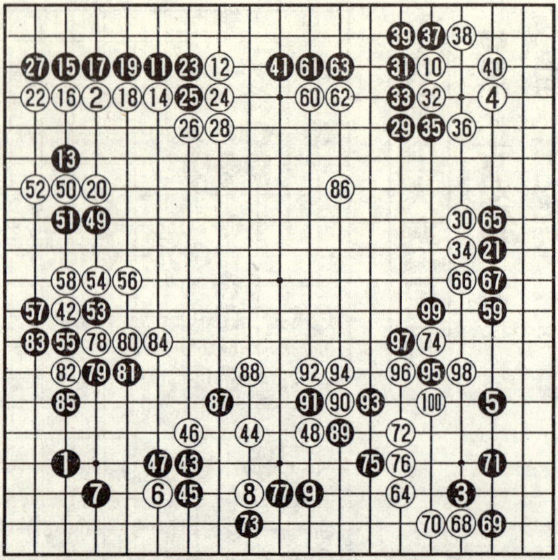

▲第一谱（1－100）

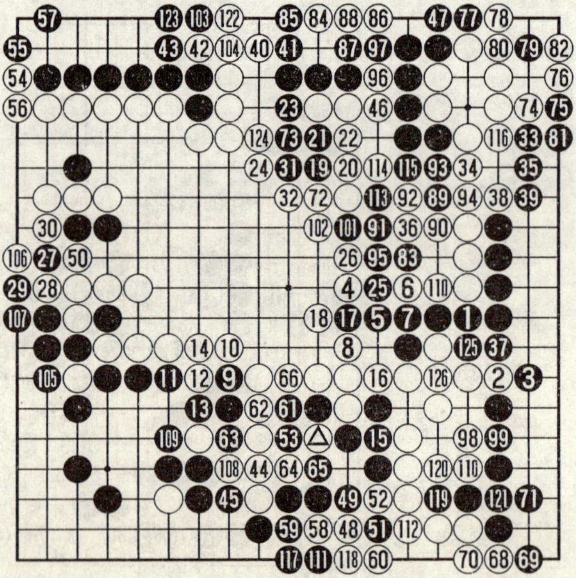

▼第二谱（101－226）

67＝△

黑出$3\frac{3}{4}$子

共226手

白胜$1\frac{1}{4}$子

2002年9月18日

于成都

全国个人赛（男子）

●黑 张文东 九段（北京）

○白 古力 七段（重庆）

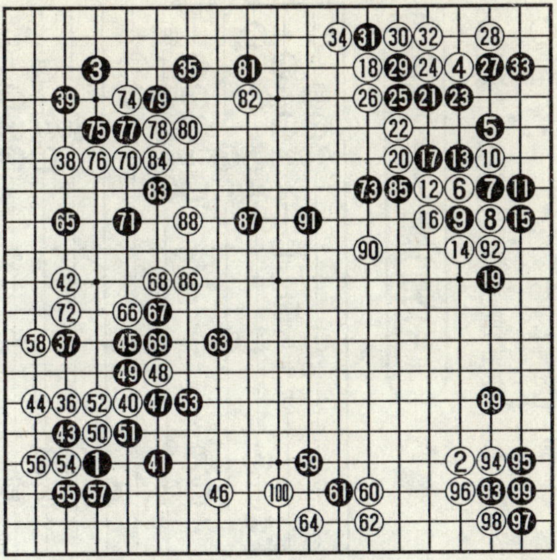

▲第一谱（1－100）

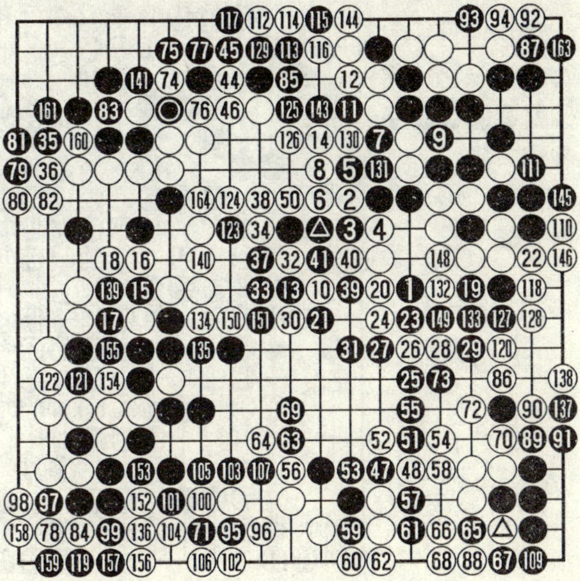

▼第二谱（101－264）

42＝10　43＝41

49＝△　108＝△

142＝◎　147＝114

162＝65

黑出$3\frac{3}{4}$子

共264手

白胜$2\frac{1}{4}$子

2002年9月19日

于成都

全国个人赛(男子)

●黑 黄奕中 六段(中信)

○白 古力 七段(重庆)

73＝16

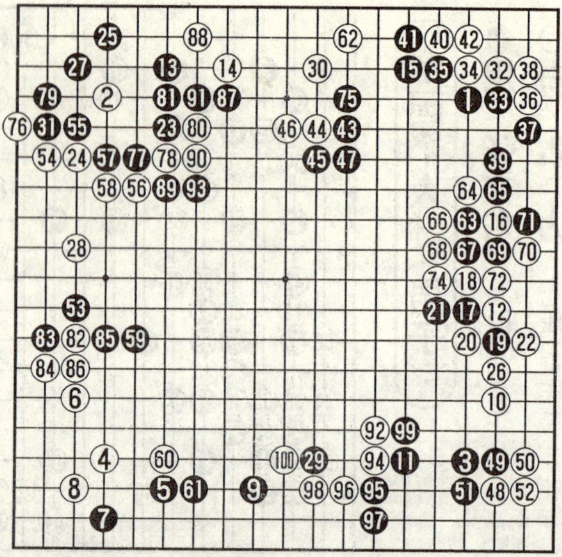

▲第一谱(1－100)

24＝14　26＝18

126 132 138 144 152 158 164 170 176 182＝106　129 135 141 149 155 161 167 173 179 186＝123

165＝133　116＝139

188＝△　189＝22

黑出$3\frac{3}{4}$子

共297手

黑胜$3\frac{3}{4}$子

2002年9月23日

于成都

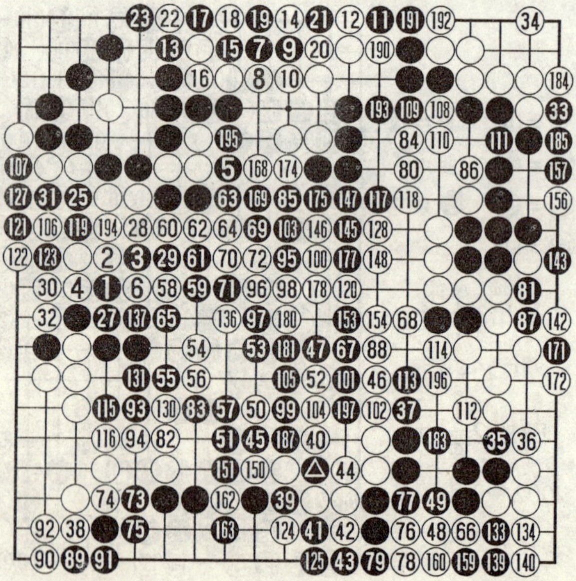

▼第二谱(101－297)

全国个人赛(男子)

●黑 古力 七段(重庆)

○白 胡耀宇 七段(上海)

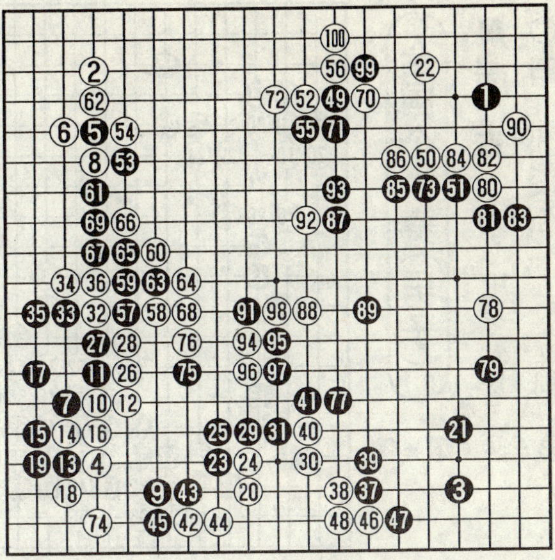

▲第一谱(1－100)

▼第二谱(101－235)

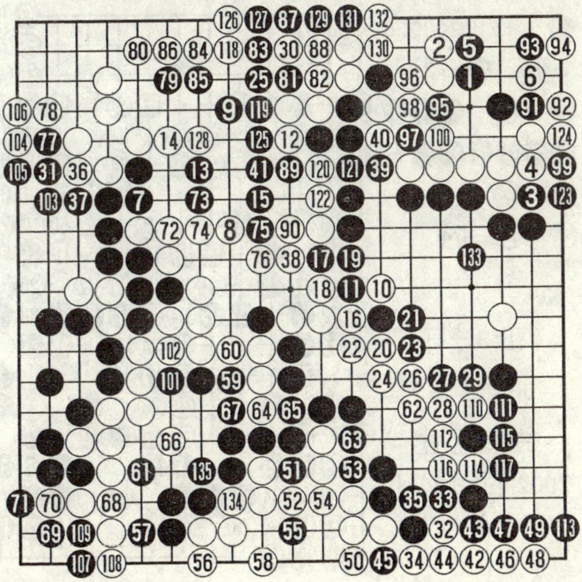

黑出$3\frac{3}{4}$子

共235手

黑中盘胜

2002年9月24日

于成都

全国个人赛（男子）

●黑 古力 七段（重庆）

○白 邹俊杰 五段（深圳）

68=56　71=65

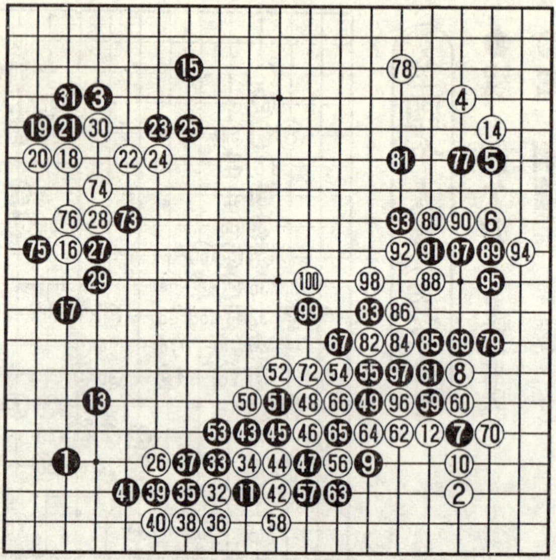

▲第一谱（1－100）

9 15 21 27 33 46 = △　12 18 24 30 36 = 6　117 = 34　128 = 79　129 135 141 147 153 159 165 173 179 = 73　132 138 144 150 156 162 168 176 = 74

▼第二谱（101－288）

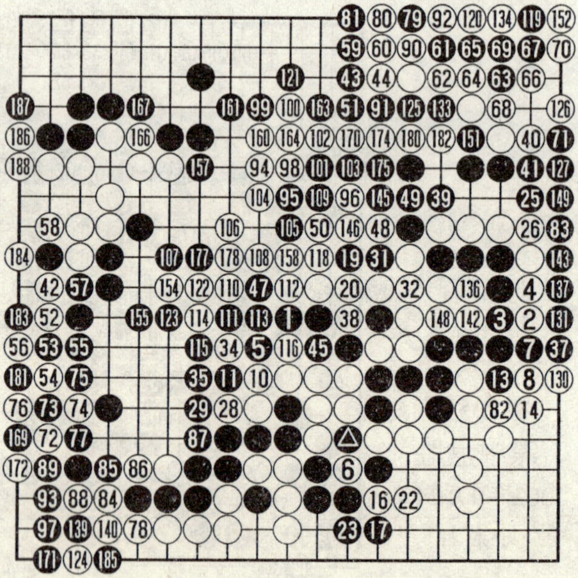

黑出$3\frac{3}{4}$子

共288手

白中盘胜

2002年9月26日

于成都

全国个人赛（男子）

● 黑 张文东 九段（北京）

○ 白 谢 赫 五段（福建）

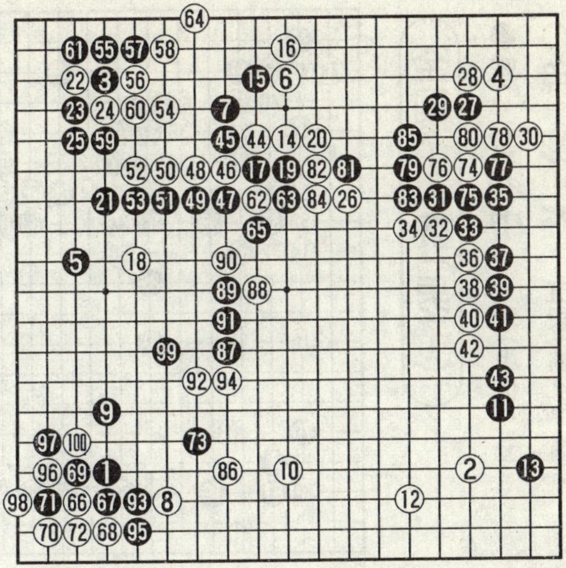

▲第一谱（1－100） ▼第二谱（101－226）

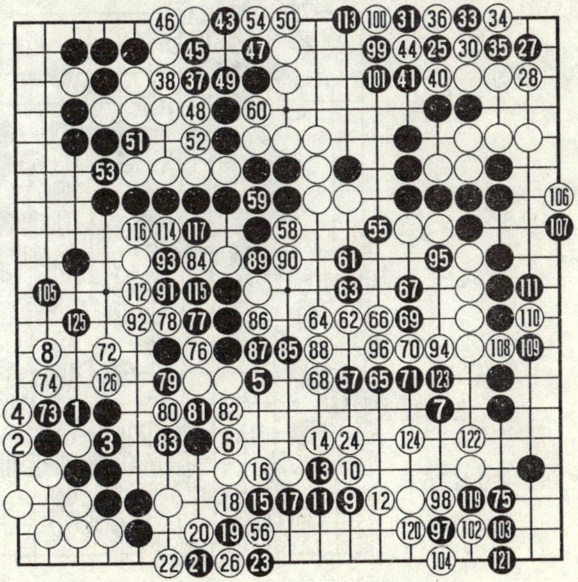

29 = 21　32 = 26

39 = 33　42 = 36

118 = 31

黑出$3\frac{3}{4}$子

共226手

白中盘胜

2002年9月26日

于成都

全国个人赛（男子）

● 黑　黄奕中　六段（中信）

○ 白　彭　荃　五段（浙江）

65 = 22

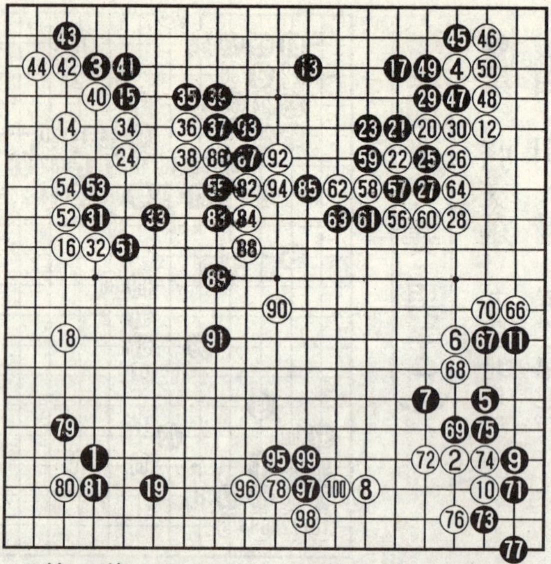

▲第一谱（1－100）　▼第二谱（101－256）

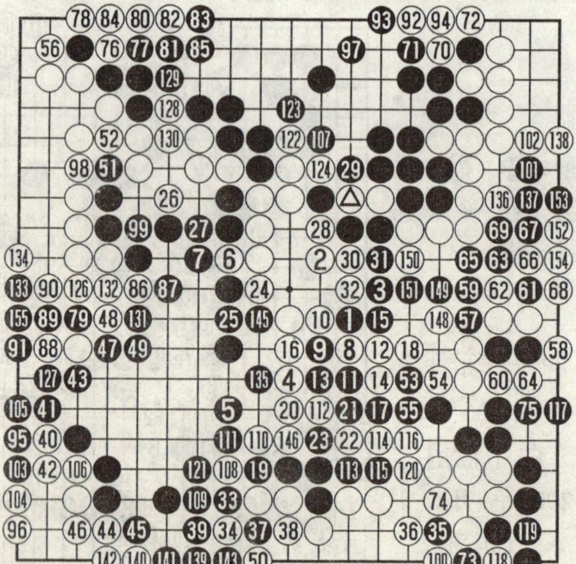

125 = △　144 = 37

147 = 108　156 = 73

黑出$3\frac{3}{4}$子

共256手

白胜$1\frac{1}{4}$子

2002年9月26日

于成都

全国个人赛(男子加赛)

●黑 谢赫 五段(福建)

○白 彭荃 五段(浙江)

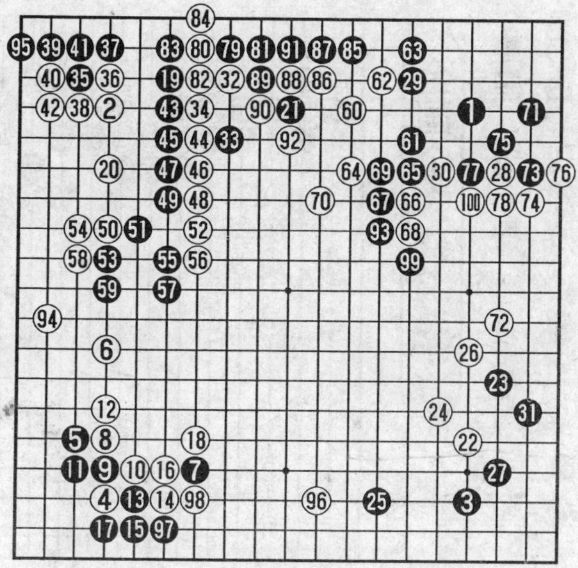

▲第一谱(1－100)　▼第二谱(101－147)

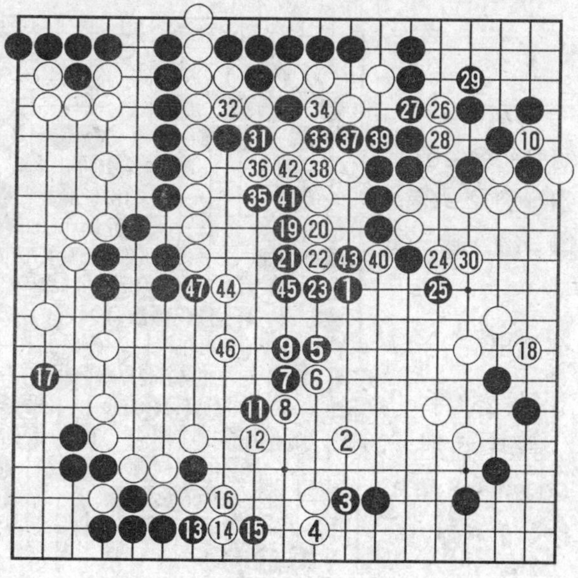

黑出$3\frac{3}{4}$子

共147手

黑中盘胜

2002年9月27日

于成都

全国个人赛（女子）

● 黑 唐盈 5段（广西）

○ 白 梁雅娣 二段（河南）

61 76 = 53　73 = 62　74 = 58

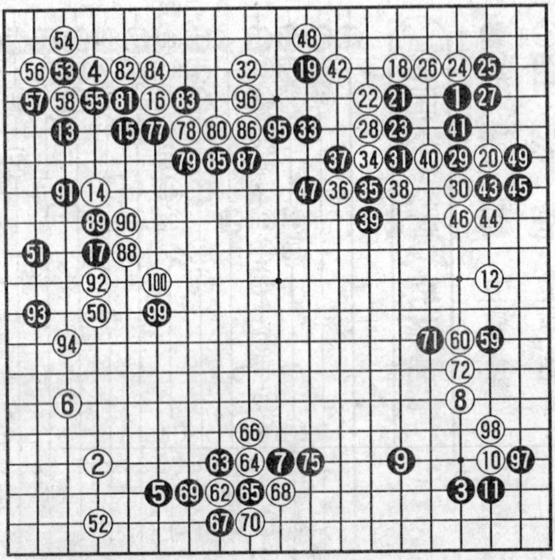

▲第一谱（1－100）　▼第二谱（101－259）

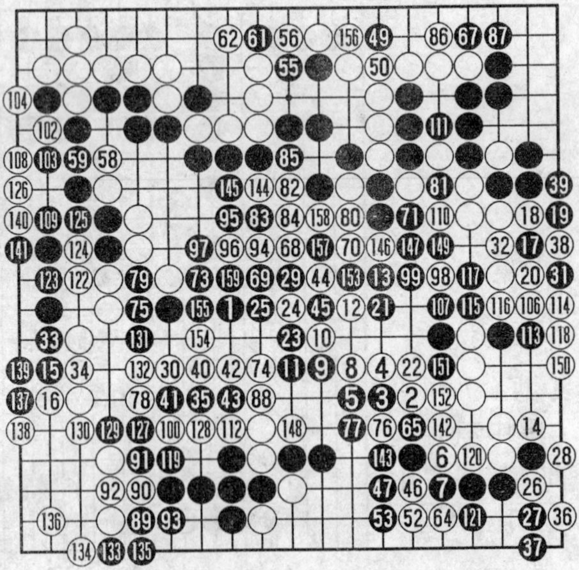

48 54 60 66 = 24

51 57 63 72 = 45

101 = 17　105 = 38

黑出 $3\frac{3}{4}$ 子

共 259 手

黑中盘胜

2002年9月20日

于成都

全国个人赛（女子）

●黑　华学明　七段（北京）

○白　唐　盈　5段（广西）

71＝66

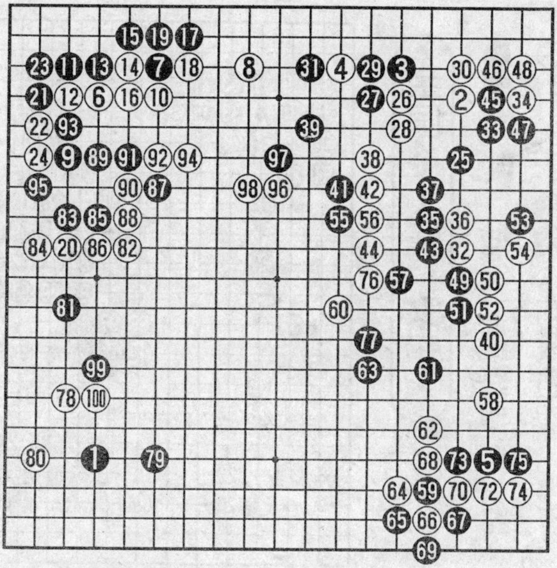

▲第一谱（1－100）　▼第二谱（101－202）

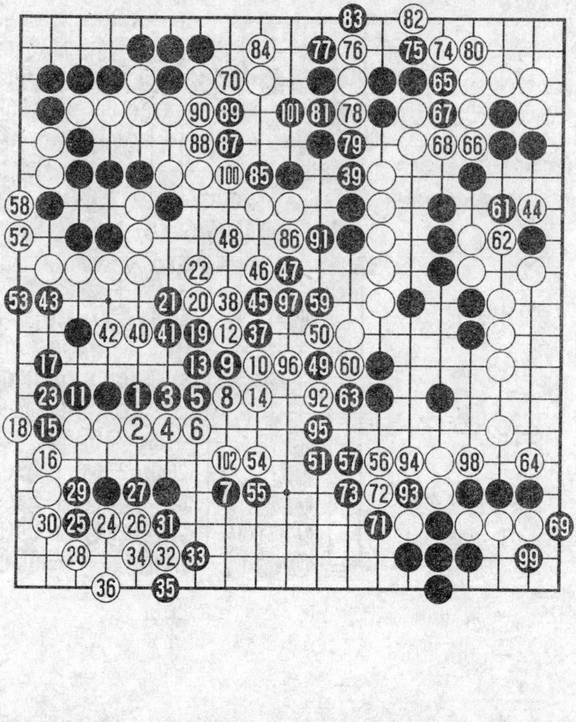

黑出3$\frac{3}{4}$子

共202手

白中盘胜

2002年9月23日

于成都

全国个人赛（女子）

● 黑　叶桂　五段（湖北）

○ 白　于梅玲　四段（洛阳）

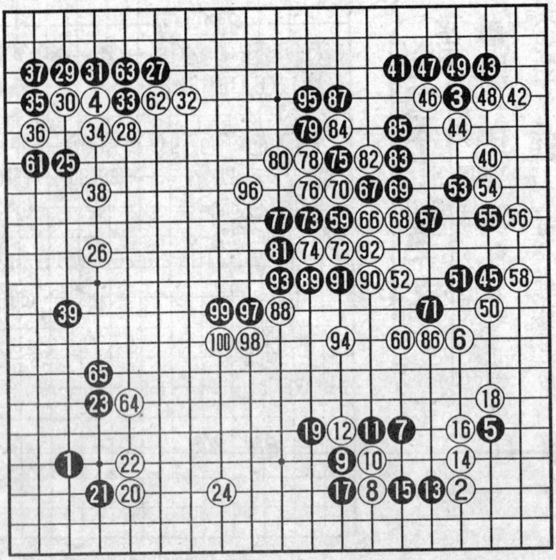

▲第一谱（1－100）　▼第二谱（101－254）

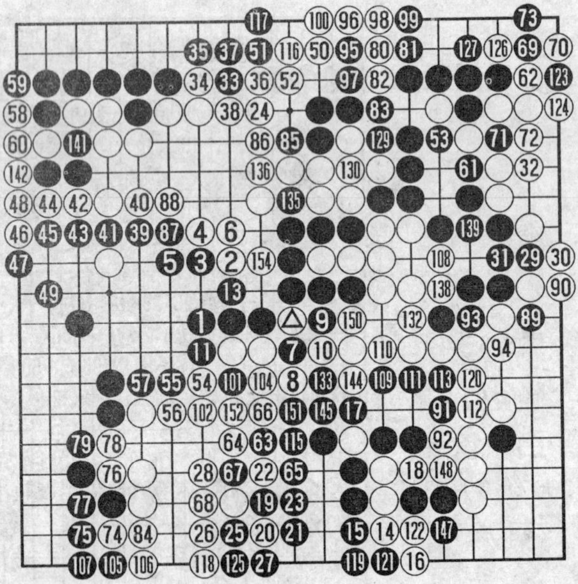

12 128 134 140 146 153 =

△　103 131 137 143 149

= 7　114 = 22

黑出$3\frac{3}{4}$子

共254手

白胜$\frac{1}{4}$子

2002年9月24日

于成都

第2届全国体育大会围棋赛

国家体育总局为了更好地促进我国非奥运会、亚运会、全运会项目的发展，落实全民健身纲要，2000年在宁波举办了首届全国体育大会。根据这次体育大会所有项目的要求，于2002年5月23日至6月3日在四川绵阳举办第2届全国体育大会。举办全国体育大会的宗旨是推动群众性体育项目的开展，要求必须是高等级、高规格、高水平又便于广大群众直接参与的比赛。围棋项目在第1届全国体育大会的基础上，增加了大众组(业余)的比赛。

围棋比赛共有37个报名单位，职业男子组32人、职业女子组15人、大众组62人参加比赛。聂卫平、马晓春、刘小光、俞斌、常昊等九段参加了比赛。三个组的比赛均采用积分编排制，女子下7轮，男子下9轮，大众组下12轮。职业组为每手棋30秒，允许超过18次30秒的用时规定。大众组为每方90分钟包干、超时判负的办法。

比赛结果：女子组广东迈特兴华队郑岩二段6胜1负首次获得大赛的冠军，北京世界公园队华学明七段仅以2个小分之差屈居第二名，唐莉初段(重庆)、徐莹五段(北京)、杨晖八段(上海)和崔宁初段(山西)分获三至六名。男子组重庆古力七段8胜1负获得冠军，火车头队周鹤洋九段获得亚军，王磊八段(云南)、胡耀宇六段(上海)、马晓春九段（浙江）和杨一四段（四川）分获三至六名。大众组上海刘钧7段以11胜1负夺得金牌，四川12岁小将古灵益6段获得银牌，刘铁一6段(上海)、李岱春7段(江苏)、严剑刚6段(广西)和孙宜国7段(石化体协)分获三至六名。

全国体育大会(男子)

●黑 俞斌 九段(浙江)

○白 古力 七段(重庆)

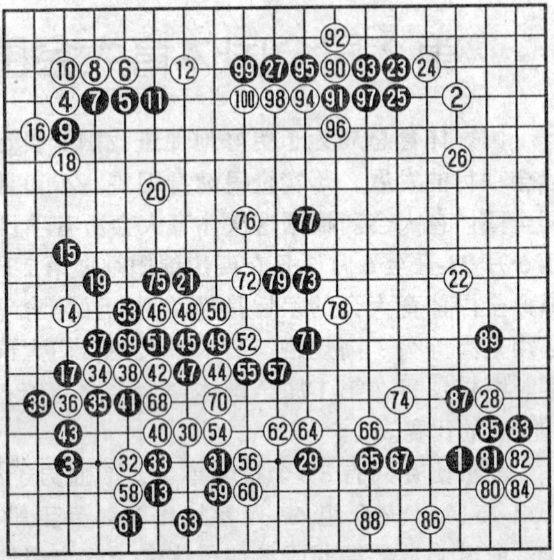

▲第一谱(1－100)　　▼第二谱(101－158)

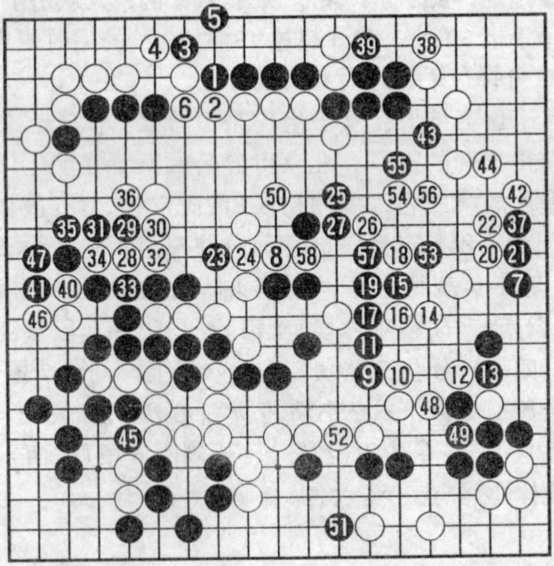

黑出$3\frac{3}{4}$子

共158手

白中盘胜

2002年5月26日

于四川绵阳

全国体育大会(男子)

●黑 丁伟 八段(云南)
○白 王磊 八段(云南)

❽❺=❹❾

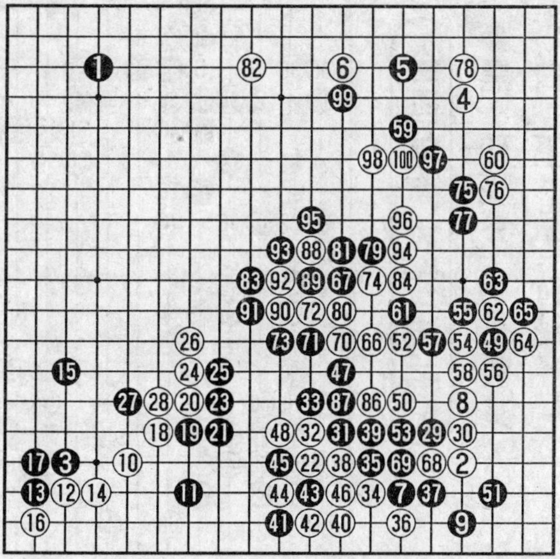

▲第一谱(1－100)　▼第二谱(101－238)

❷❺❹❾❺❺=△　㉘
㊾㊿=⑱　㊳=❷❾
❾❾=㊽　(136)=(128)

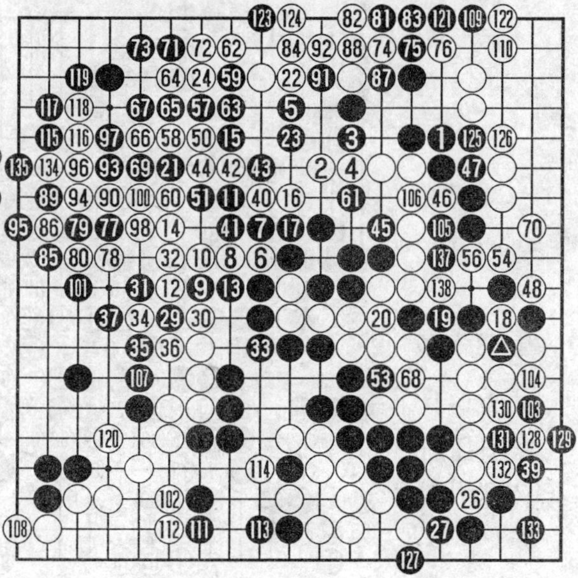

黑出$3\frac{3}{4}$子

共238手

白中盘胜

2002年5月26日

于四川绵阳

全国体育大会(男子)

●黑 马晓春 九段(浙江)

○白 王檄 四段(煤矿)

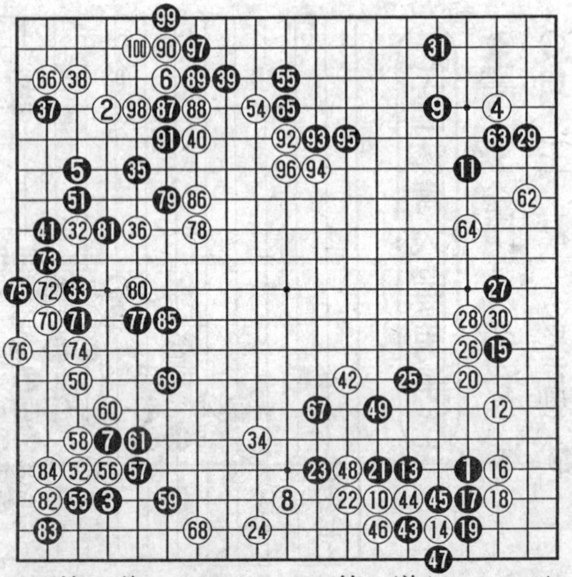

▲第一谱(1－100)　▼第二谱(101－250)

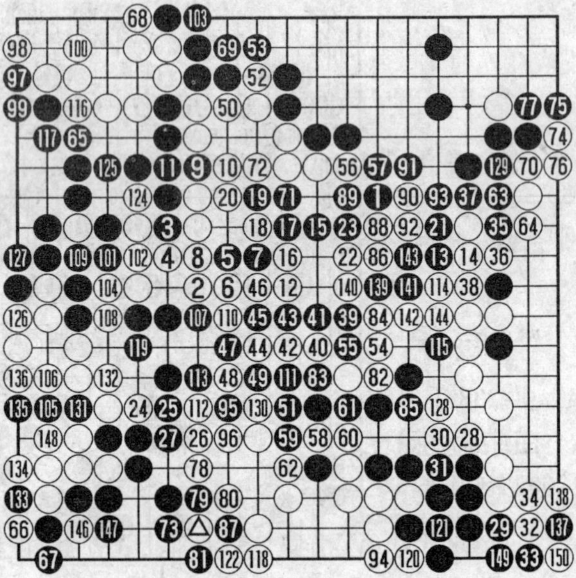

(123)＝△　(145)＝(48)

黑出$3\frac{3}{4}$子

共250手

黑中盘胜

2002年5月27日

于四川绵阳

全国体育大会（男子）

●黑　周鹤洋　九段（火车头）

○白　罗洗河　八段（湖南）

⑥⑧＝⑤⑧

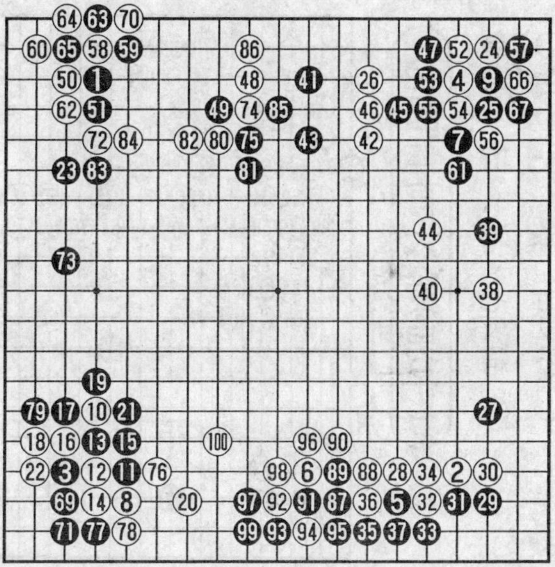

▲第一谱（1－100）

▼第二谱（101－169）

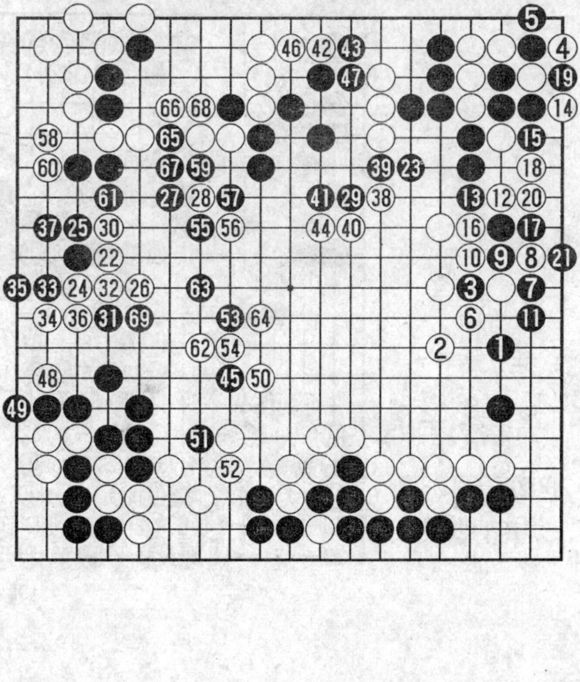

黑出$3\frac{3}{4}$子

共169手

黑中盘胜

2002年5月27日

于四川绵阳

全国体育大会(男子)

●黑　古　力　七段(重庆)

○白　王　檄　四段(煤矿)

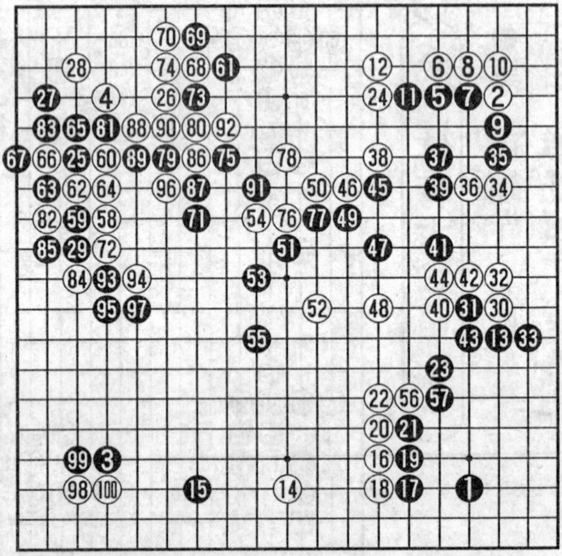

▲第一谱(1－100)　　▼第二谱(101－253)

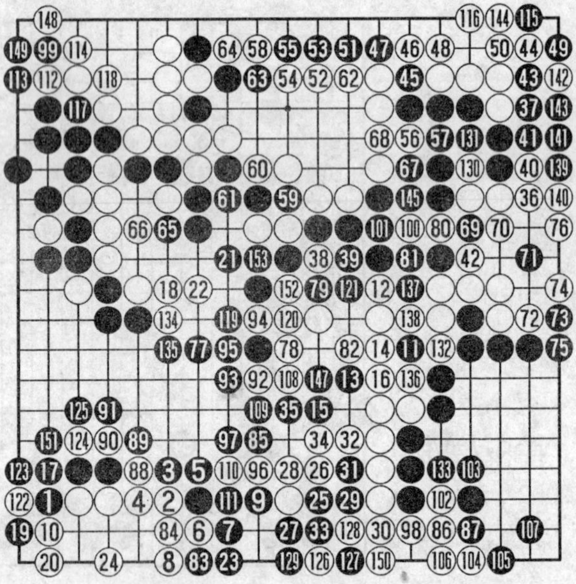

⑭⑥＝⑥⑨

黑出$3\frac{3}{4}$子

共253手

黑胜$\frac{3}{4}$子

2002年5月28日

于四川绵阳

全国体育大会（男子）

●黑　马晓春　九段（浙江）

○白　俞斌　九段（浙江）

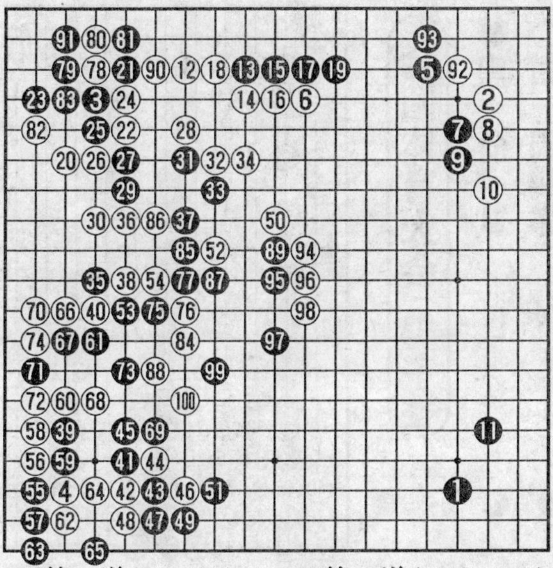

▲第一谱（1－100）

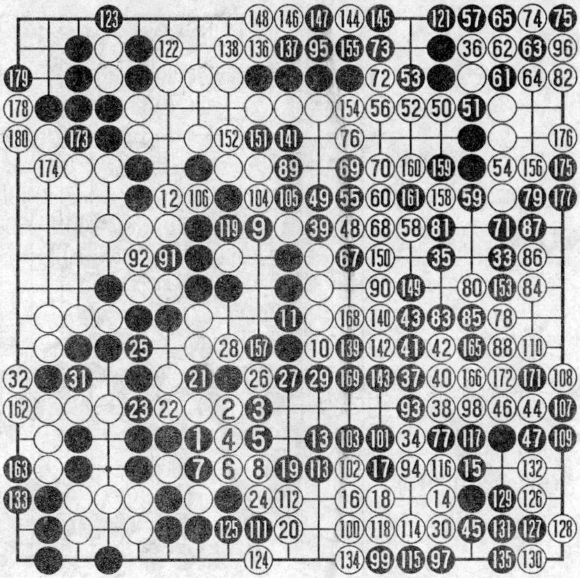

▼第二谱（101－280）

66＝61　120＝74

164 170＝158

167＝161

黑出$3\frac{3}{4}$子

共280手

白胜$1\frac{1}{4}$子

2002年5月29日

于四川绵阳

全国体育大会（男子）

● 黑　俞斌　九段（浙江）

○ 白　周鹤洋　九段（火车头）

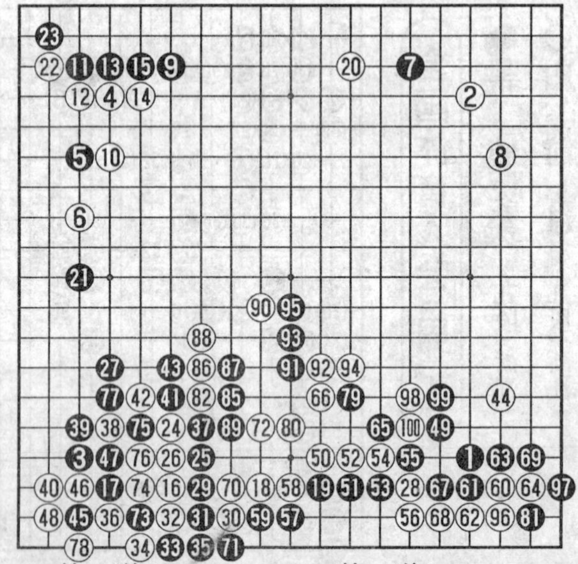

83＝75　84＝73

▲第一谱（1－100）　▼第二谱（101－230）

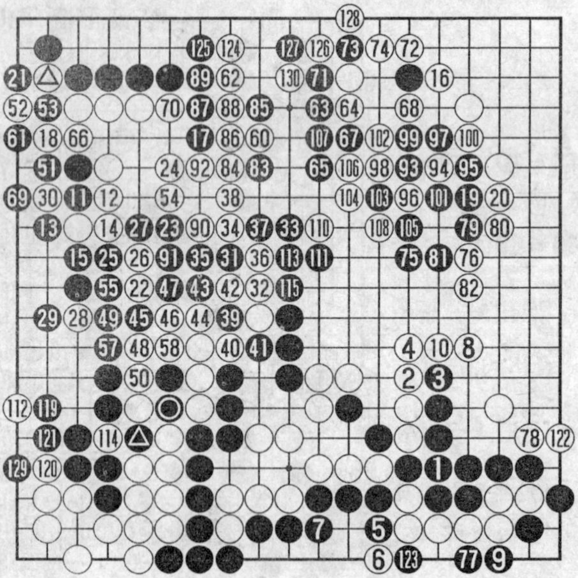

56＝△　59＝53

109＝96　116＝39

117＝▲　118＝◎

黑出$3\frac{3}{4}$子

共230手

白中盘胜

2002年5月30日

于四川绵阳

全国体育大会(男子)

●黑 常昊 九段(上海)
○白 胡耀宇 六段(上海)

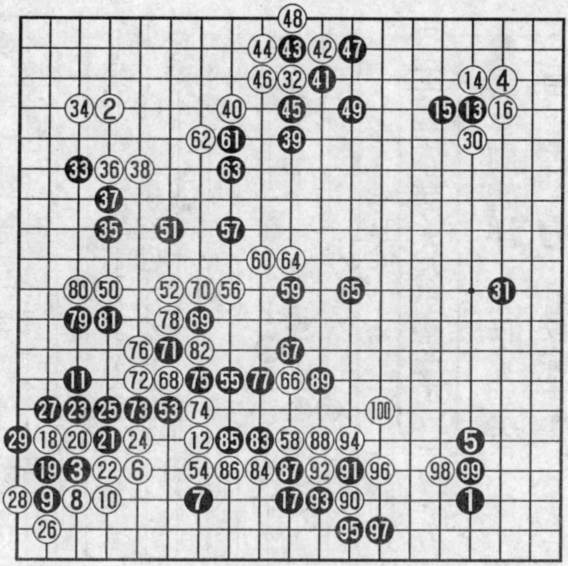

▲第一谱(1－100)　▼第二谱(101－201)

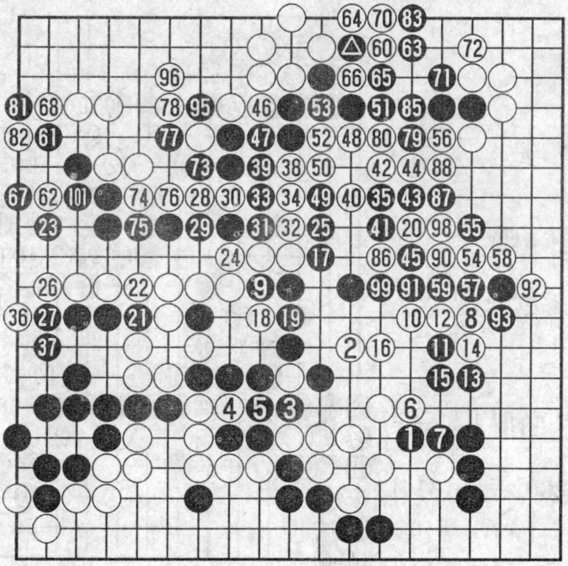

69 89 97 = △
84 94 100 = 66

黑出3$\frac{3}{4}$子
共201手
黑中盘胜
2002年5月30日
于四川绵阳

全国体育大会(男子)

●黑　周鹤洋　九段(火车头)

○白　古　力　七段(重庆)

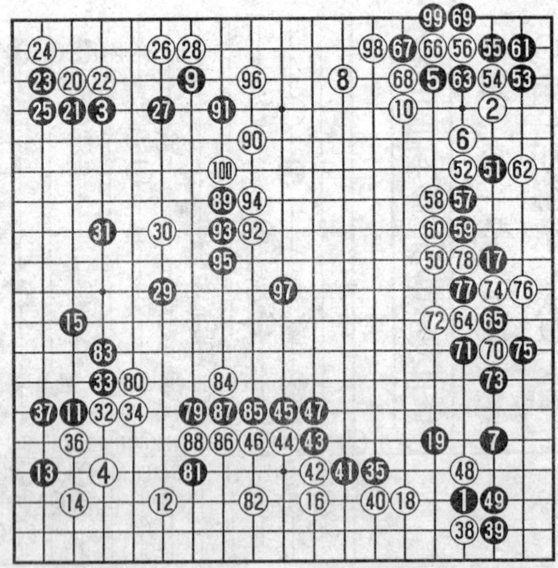

▲第一谱(1－100)　▼第二谱(101－211)

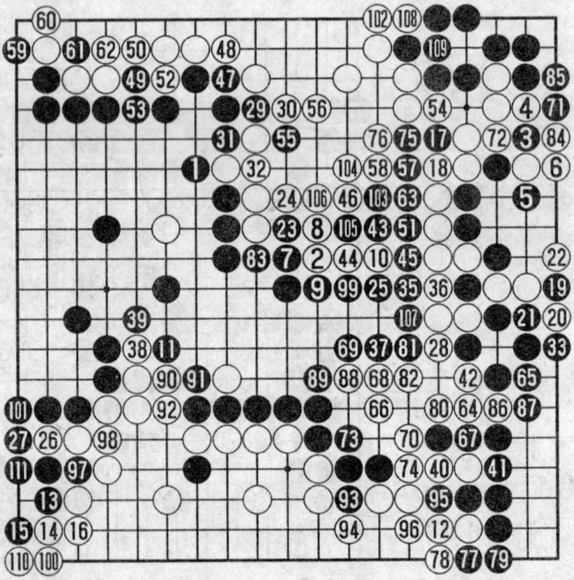

㉞＝⓳

黑出$3\frac{3}{4}$子

共211手

白胜$1\frac{1}{4}$子

2002年5月31日

于四川绵阳

全国体育大会（女子）

● 黑 徐莹 五段（北京）

○ 白 叶桂 五段（湖北）

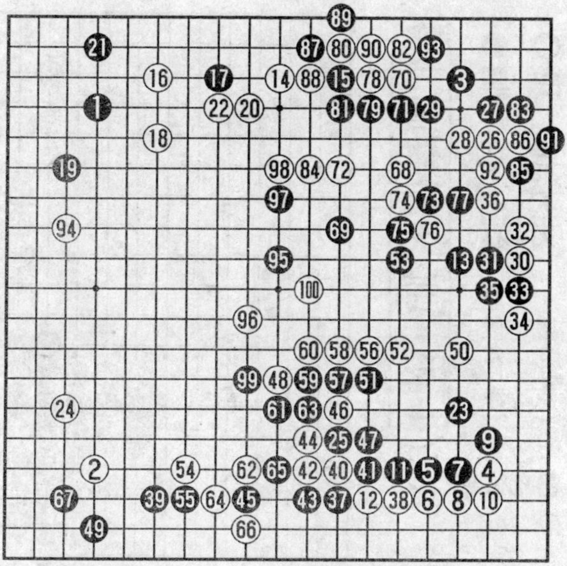

▲第一谱（1－100）　　▼第二谱（101－271）

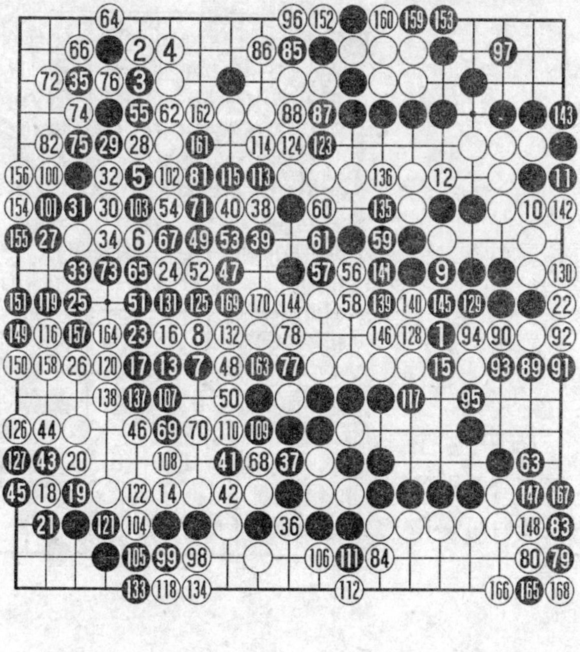

171 = 165

黑出 $3\frac{3}{4}$ 子

共 271 手

黑胜 $\frac{3}{4}$ 子

2002年5月26日

于四川绵阳

全国体育大会（女子）

●黑 郑岩 二段（广东）

○白 华学明 七段（北京）

87 99 = 71

92 = 76

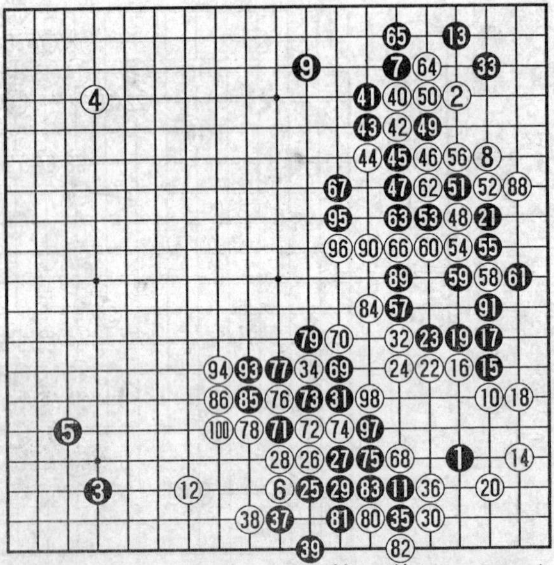

▲第一谱（1－100）

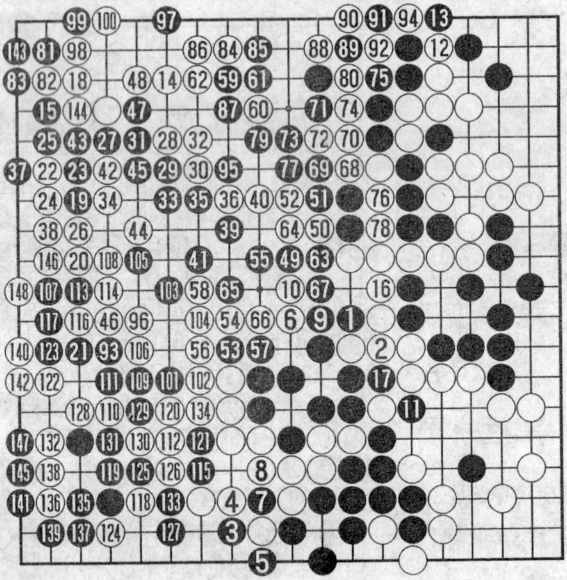

▼第二谱（101－248）

黑出3$\frac{3}{4}$子

共248手

白中盘胜

2002年5月28日

于四川绵阳

全国体育大会(大众)

● 黑　古灵益　6段(四川)

○ 白　孙宜国　7段(石化)

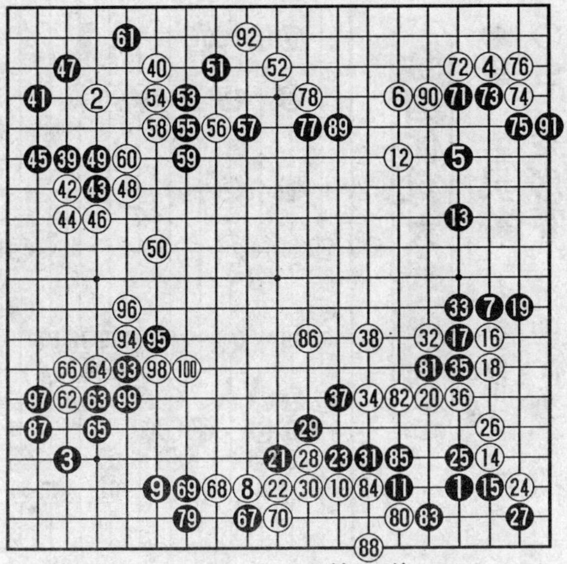

▲第一谱(1－100)

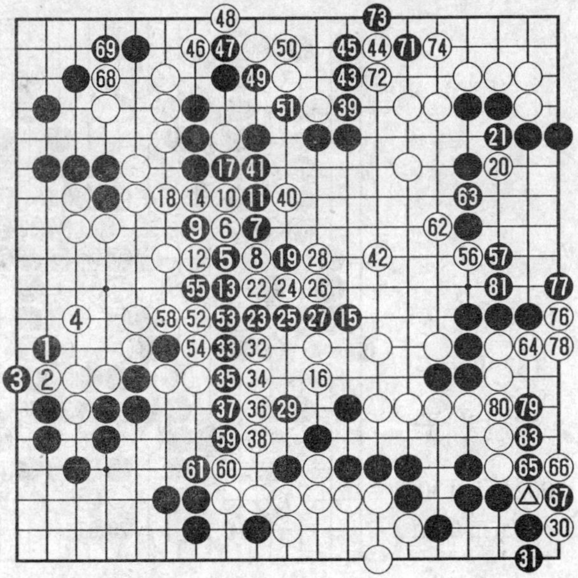

▼第二谱(101－183)

⑦⑧②＝△

❼❺＝❻❼

黑出$3\frac{3}{4}$子

共183手

黑中盘胜

2002年5月27日

于四川绵阳

全国体育大会（大众）

●黑　古灵益　6段（四川）

○白　李岱春　7段（江苏）

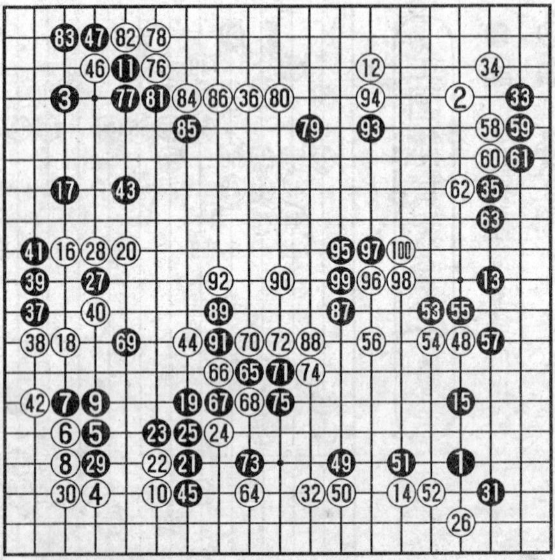

▲第一谱（1－100）　　▼第二谱（101－187）

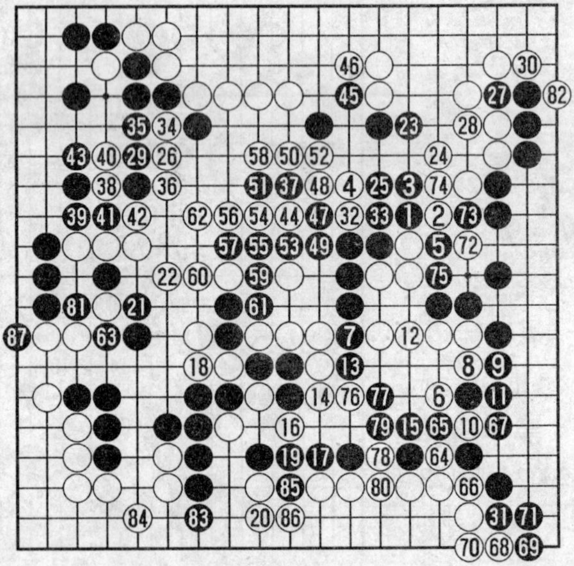

黑出$3\frac{3}{4}$子

187手后略

黑胜$\frac{3}{4}$子

2002年5月30日

于四川绵阳

全国体育大会（大众）

●黑 刘钧 7段（上海）

○白 刘轶一 6段（上海）

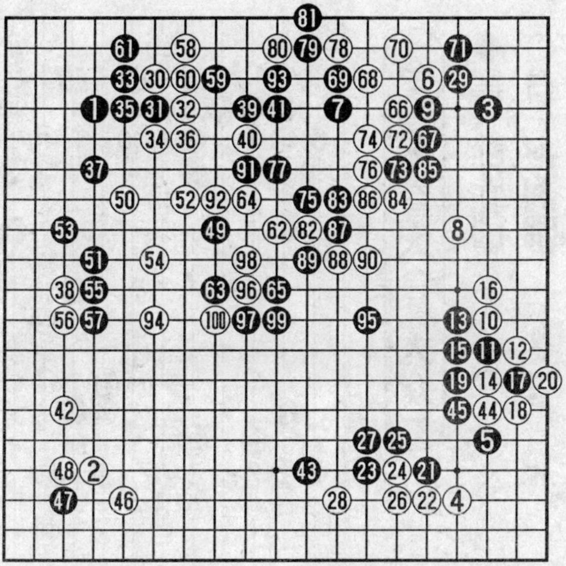

▲第一谱（1－100）

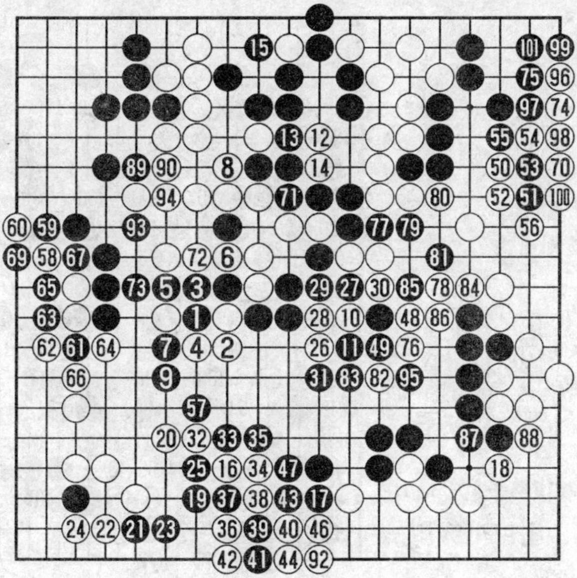

▼第二谱（101－201）

45 = 39

68 = 61

91 = 38

黑出$3\frac{3}{4}$子

共201手

黑中盘胜

2002年5月30日

于四川绵阳

全国体育大会(大众)

● 黑　孙宜国　7段(石化)

○ 白　严剑刚　6段(广西)

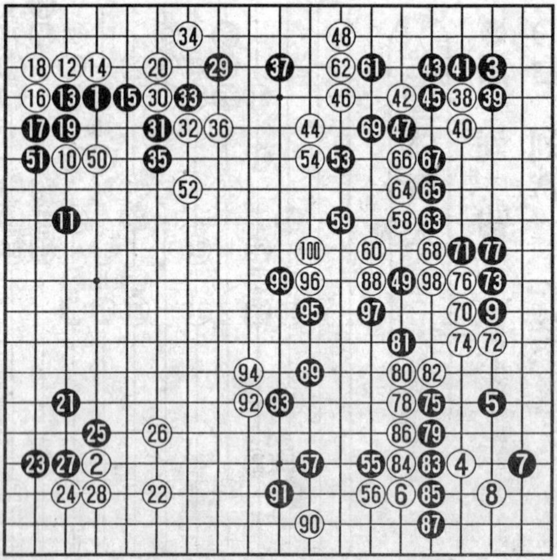

▲第一谱(1－100)　　▼第二谱(101－231)

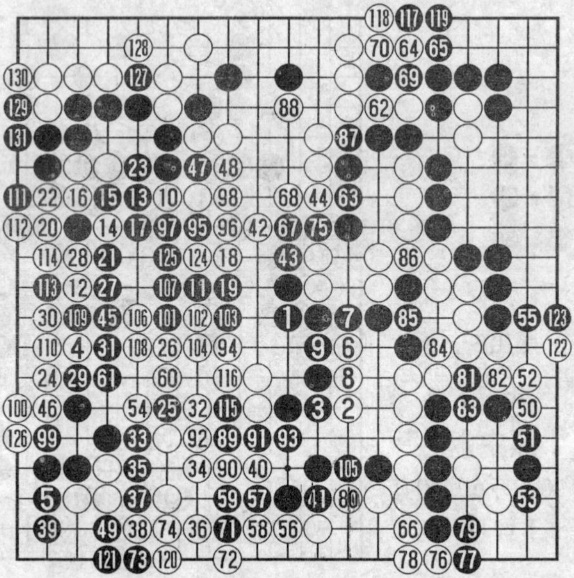

黑出3$\frac{3}{4}$子

共231手

黑胜$\frac{3}{4}$子

2002年5月31日

于四川绵阳

2002 年全国围棋段位赛

2002 年“中环杯”全国围棋段位赛，于 7 月 11 日至 25 日在杭州举行。本次比赛由杭州棋院承办，新紫云房地产开发公司提供赞助。

由于围棋职业化的推进，今年的参赛人数总计达到 507 人，创造了历史新高。其中定段组人数达 364 人，升段组 143 人。在升段组的比赛中，罗洗河八段前三轮 3 连胜达到 24 局得 1840 分，平均 70 分，成为我国第 24 位九段棋手。今年由于初至三段参赛人数空前火爆，升段人数也创历史之最达 49 人次。比赛结果：胡耀宇、林朝华、孔杰由六段升为七段；黄奕中、朱松力、王东亮由五段升为六段；牛雨田、杨一、彭荃、谢赫、褚飞、朱毅由四段升为五段；张英挺、李康、张伟金、郭北雅、张蛟、曹恒梃由三段升为四段；赵哲伦、郑策、薛磊、岳嵩、王雷、陈耀烨、李魁、唐兢、周振宇、吴锴、丁明和李喆由二段升为三段；刘元博、汪慧、赵子骥、杨潜、孙湛博、王昊洋、崔灿、张立、吴振宇、周逵、吴麒、景石、丁烈、孙梦厦、孟泰龄、潘文君、陈潇南和陶忻由初段升为二段。

在定段组的比赛中，今年有 20 名棋手步入了职业棋手行列。古灵益(四川娇子)9 连胜第一个定段，以下为孟磊（杏泽）、周睿羊（深圳）、毛睿龙(贵州卫视)、柁佳西(大庆雏鹰)、贾倩(天津)、王幼侠(天津)、张亚博(陕西)、郭明鑫(罗曼)、许斐然（河南)、涂清(杏泽)、贾小宇(杏泽)、杨梓（天津）、杨冬(天津)、庄园(湖北云生)、黄晨(贵州卫视)、李嘉麒(江苏)、金靖(湖北长江)、唐奕(上海棋院)和范蔚菁(深圳)，其中贾倩、杨梓、唐奕和范蔚菁为女棋手。唐、范二人占女子名额获得初段。

本次比赛以前，中国围棋协会出台升段新政策，即凡在国内外比赛取得优异成绩者，可破格升段。古力、徐莹成为第一批受益者，古力直接从五段升为七段，徐莹直接从三段升为五段。

全国段位赛

●黑　胡耀宇　六段

○白　古力　七段

这是古力从五段直接升为七段后的第1盘段位赛，也是胡耀宇六段升七段谱。

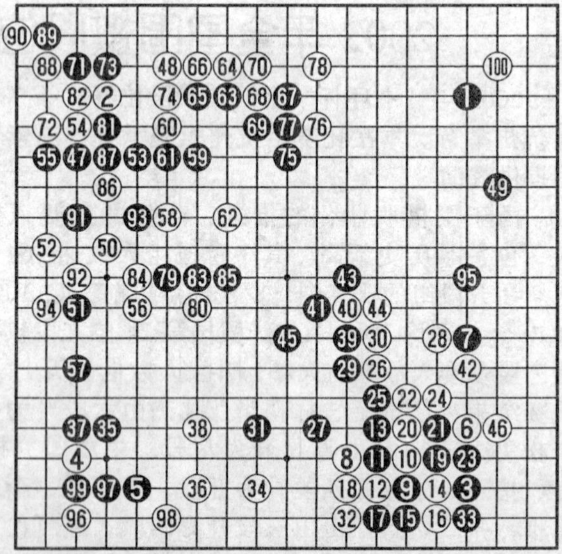

▲第一谱(1－100)　　▼第二谱(101－247)

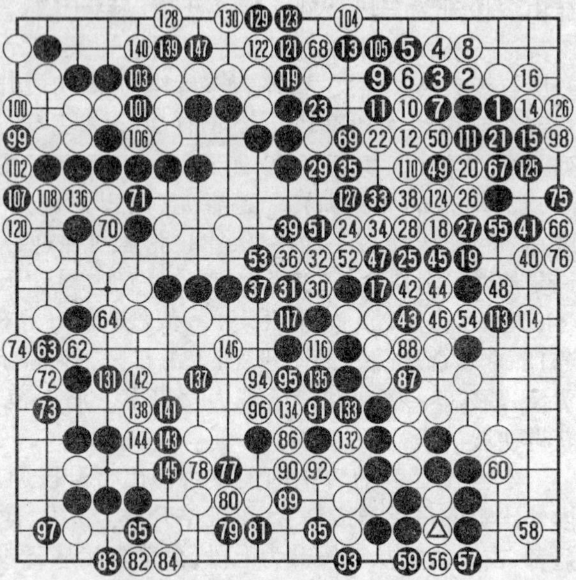

61＝△

109 115＝99

112 118＝102

黑出$3\frac{3}{4}$子

共247手

黑中盘胜

2002年7月11日

于杭州

全国段位赛

●黑　黄奕中　五段

○白　李亮　五段

黄奕中五段升六段谱。

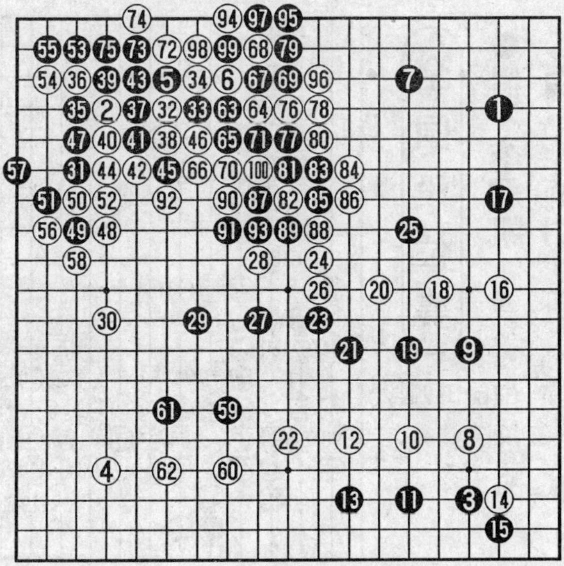

▲第一谱(1－100)　▼第二谱(101－273)

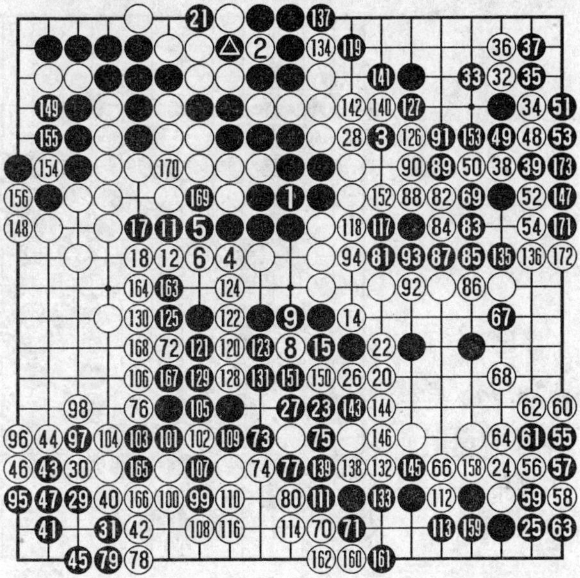

7 13 19 ＝ △

10 16 ＝ 2

65 ＝ 58

115 ＝ 102　157 ＝ 154

黑出$3\frac{3}{4}$子

共273手

黑中盘胜

2002年7月11日

于杭州

全国段位赛

●黑 李君凯 五段

○白 牛雨田 四段

牛雨田四段升五段谱。

㉗=⑱

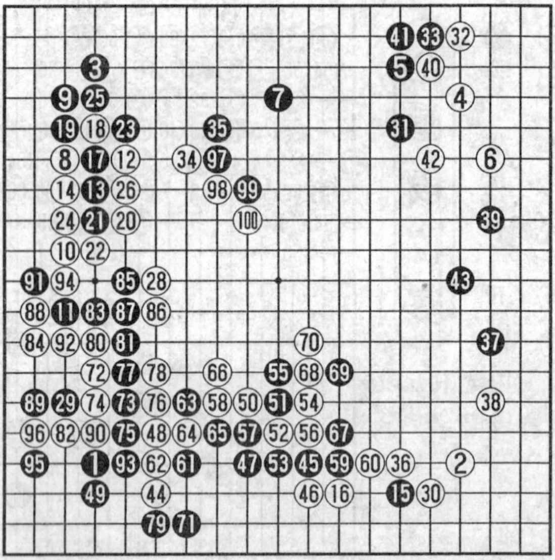

▲第一谱(1－100)　　▼第二谱(101－170)

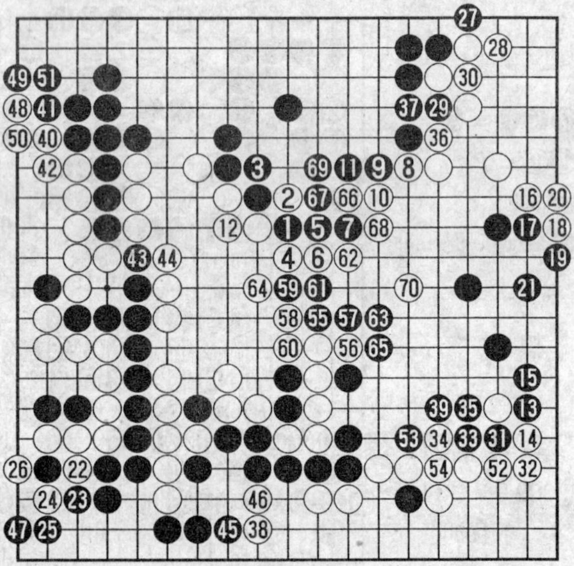

黑出$3\frac{3}{4}$子

共170手

白中盘胜

2001年7月11日

于杭州

全国段位赛

● 黑 杨一 四段

○ 白 周波 四段

杨一四段升五段谱。

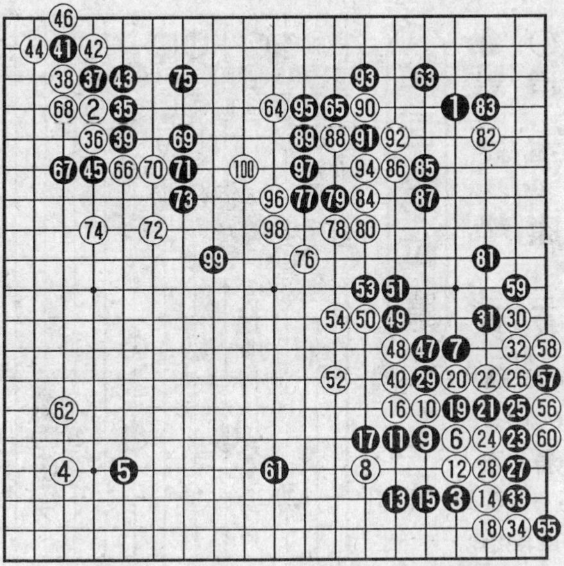

▲第一谱(1－100)　　▼第二谱(101－181)

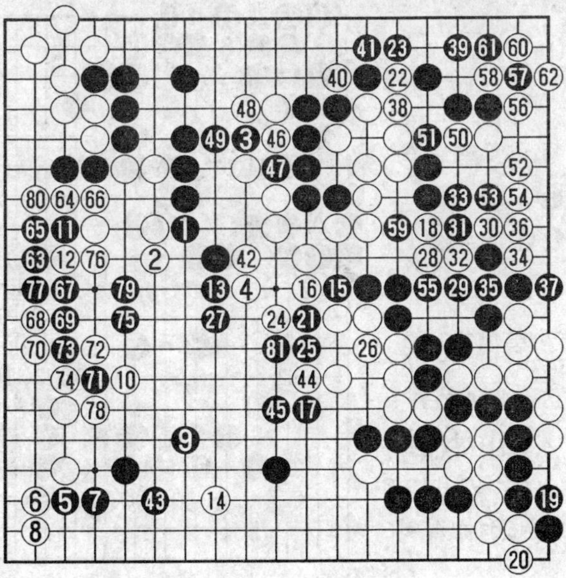

黑出$3\frac{3}{4}$子

共181手

黑中盘胜

2002年7月11日

于杭州

全国段位赛

○ 白 李康 三段

● 黑 潘峰 三段

❻❼＝❺❼　⑨②＝⑧⑧

⑨④⑩⓪＝⑧②

❾❼＝❽❶

李康三段升四段谱。

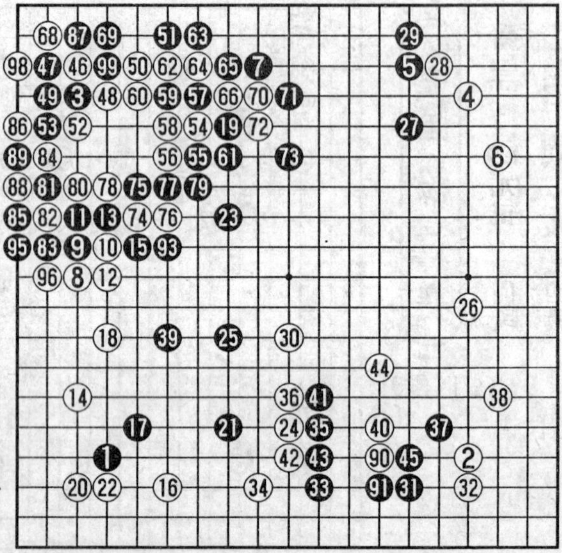

▲第一谱(1－100)　▼第二谱(101－180)

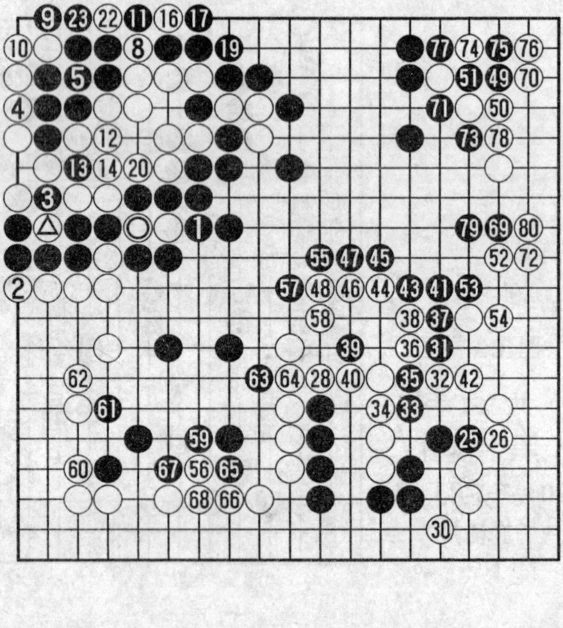

⑥⑱㉔❷❾＝△

❼＝◎

⓯❷❶❷❼＝❸

黑出$3\frac{3}{4}$子

共180手

白中盘胜

2002年7月12日

于杭州

全国段位赛

●黑 罗洗河 八段

○白 杨士海 八段

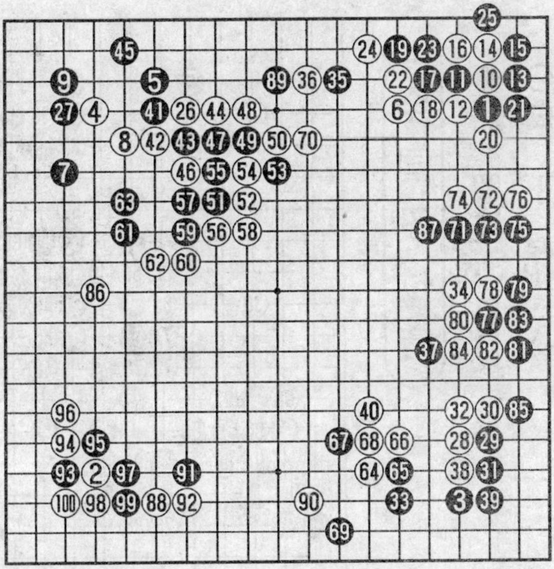

▲第一谱(1－100)　▼第二谱(101－157)

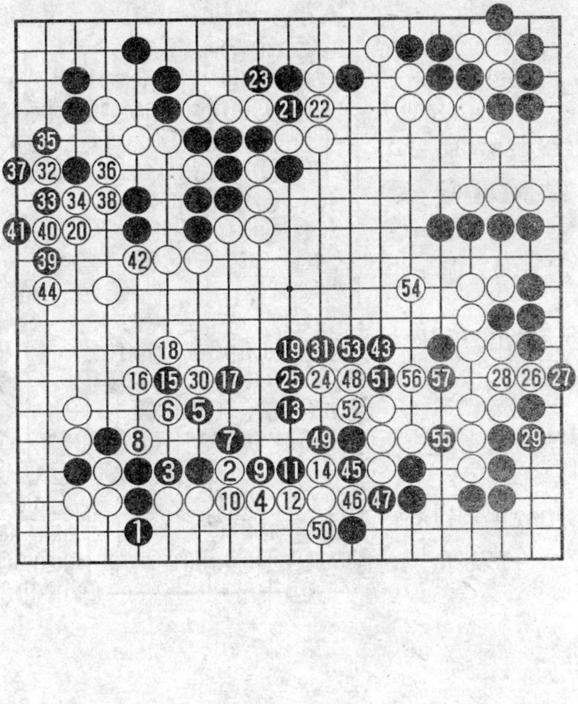

黑出3$\frac{3}{4}$子

共157手

黑中盘胜

2002年7月12日

于杭州

全国段位赛

● 黑 罗洗河 八段

○ 白 丁 伟 八段

罗洗河八段升九段谱。

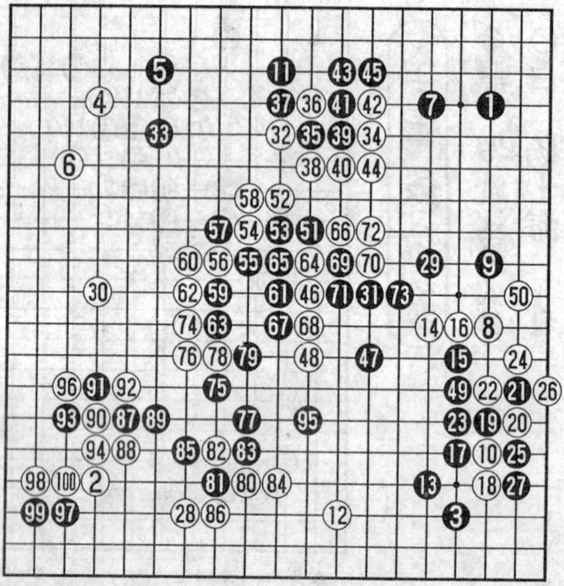

▲第一谱(1－100)　▼第二谱(101－274)

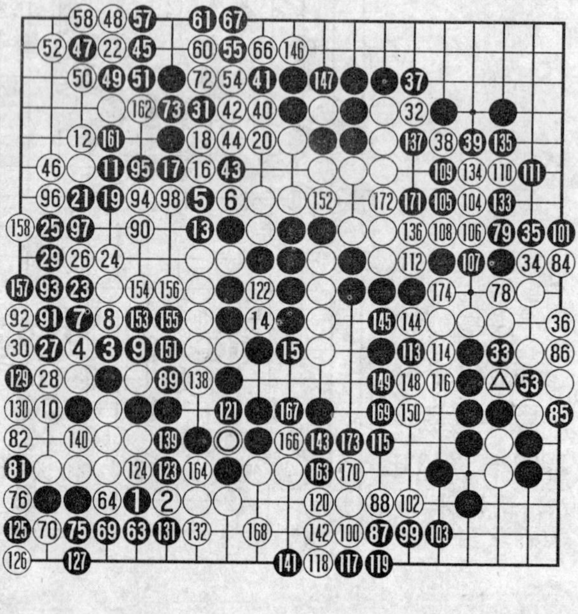

56 62 68 74 80 ＝ △

59 65 71 77 83 ＝ 53

128 ＝ 81　159 ＝ 129

160 ＝ 30　165 ＝ ◎

黑出$3\frac{3}{4}$子

共274手

黑胜$1\frac{3}{4}$子

2002年7月13日

于杭州

全国段位赛

●黑 朱毅 四段

○白 彭荃 四段

彭荃四段升五段谱。

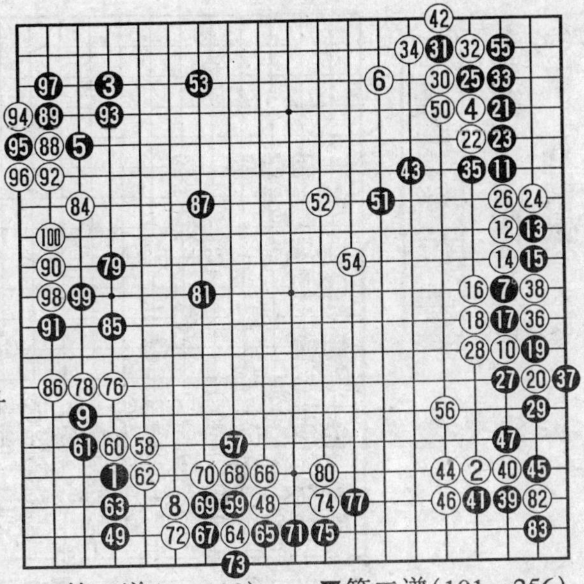

▲第一谱(1－100)

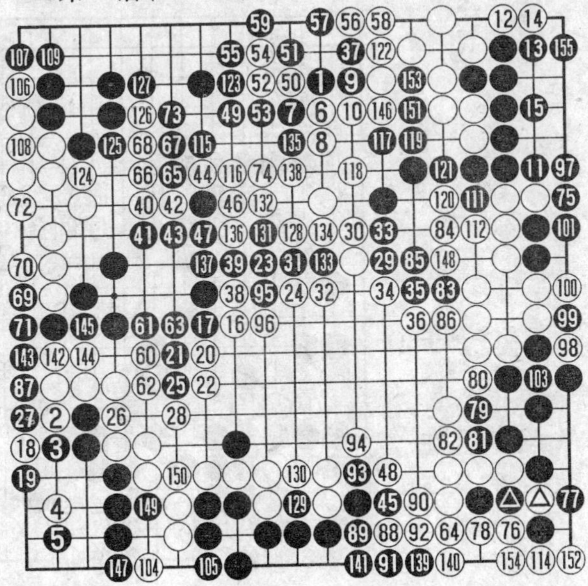

▼第二谱(101－256)

102＝98　110＝△

113＝△　156＝99

黑出3$\frac{3}{4}$子

共256手

白胜$\frac{1}{4}$子

2002年7月13日

于杭州

全国段位赛

● 黑 丁伟 八段

○ 白 刘世振 六段

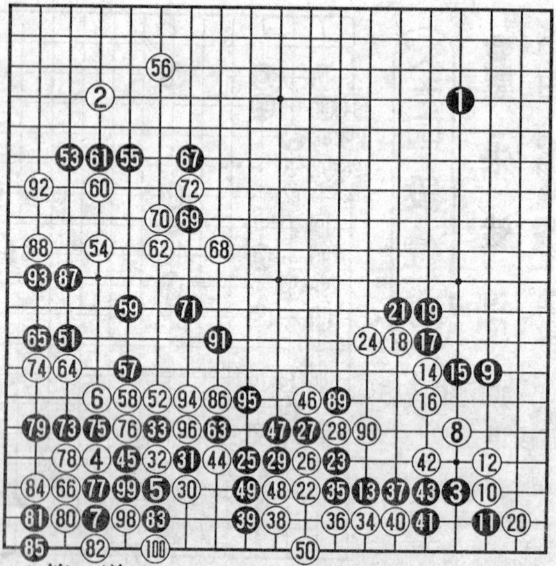

97 = 32

▲第一谱（1－100）　▼第二谱（101－175）

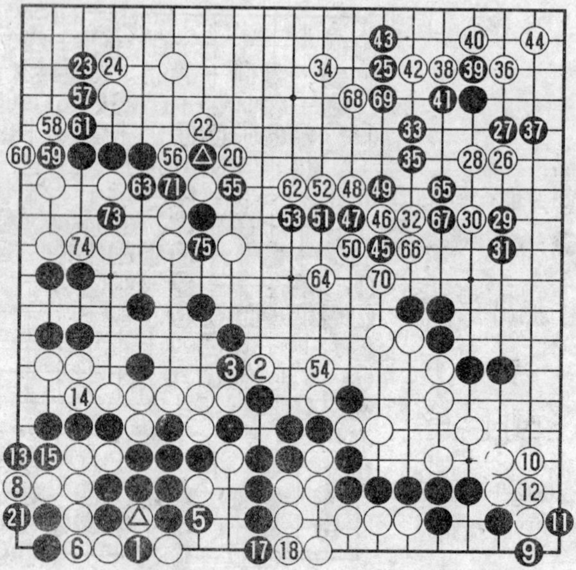

④⑯ = △

⑦⑲ = ❶

⑦② = ▲

黑出$3\frac{3}{4}$子

共175手

黑中盘胜

2002年7月15日

于杭州

全国段位赛

○白 李劼 四段

●黑 谢赫 四段

38＝30　41＝35

78＝70　80＝9

谢赫四段升五段谱。

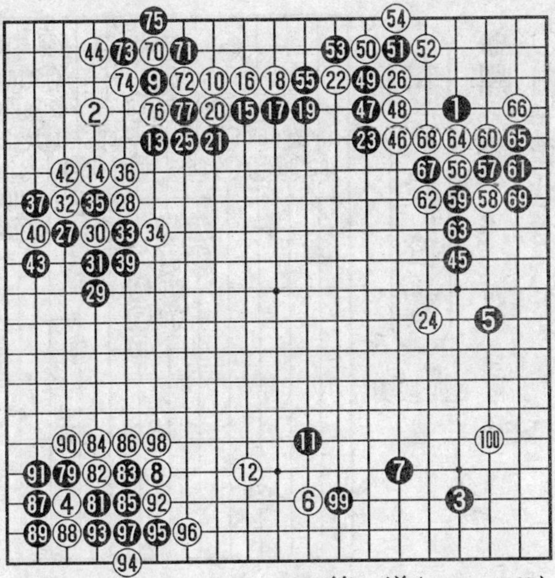

▲第一谱(1－100)　▼第二谱(101－269)

16 22＝8　19＝119 13　61＝△　92＝◎　115＝30

147 153 159＝▲

150 156 164＝144

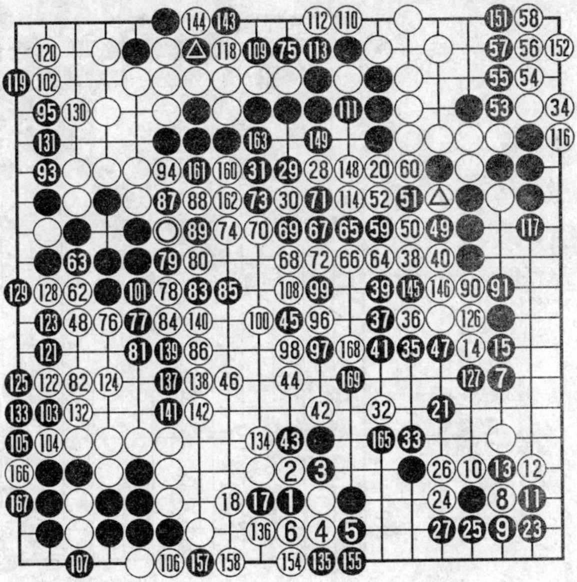

黑出3$\frac{3}{4}$子

共269手

黑中盘胜

2002年7月15日

于杭州

全国段位赛

●黑 褚　飞 四段
○白 龚世运 四段

褚飞四段升五段谱。

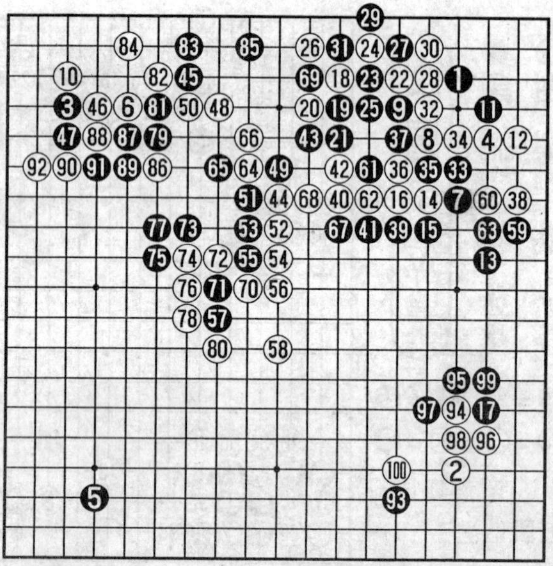

▲第一谱（1－100）　▼第二谱（101－185）

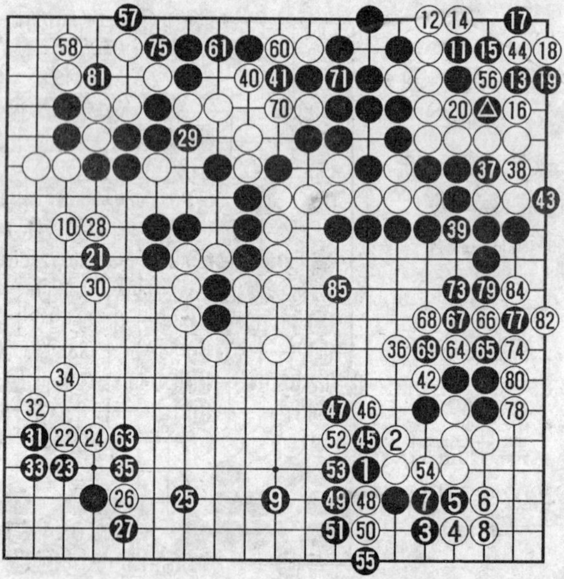

59＝△　62＝56
72＝64　76＝69
83＝66

黑出3$\frac{3}{4}$子
共185手
黑中盘胜
2002年7月15日
于杭州

全国段位赛

●黑 林锋 五段

○白 朱松力 五段

㊲68 = ❻65

朱松力五段升六段谱。

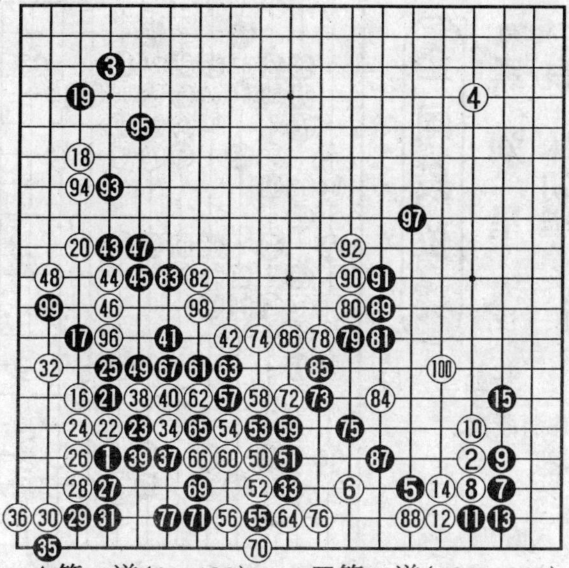

▲第一谱(1－100)　▼第二谱(101－242)

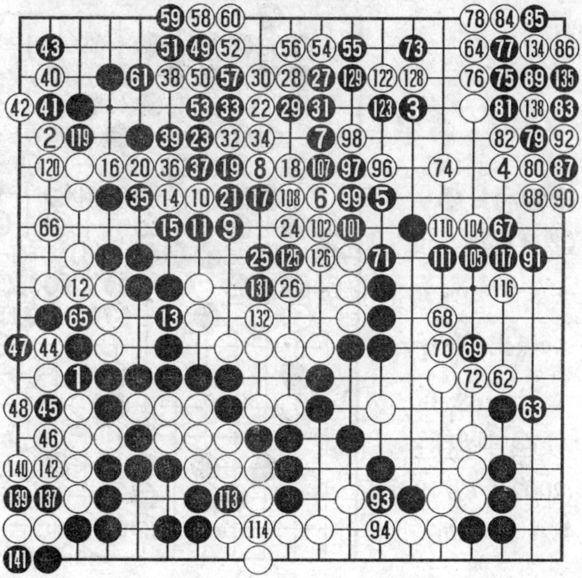

95 103 109 115 121 127 133 = 87　100 106 112 118 124 130 136 = 92

黑出$3\frac{3}{4}$子

共242手

白中盘胜

2002年7月16日

于杭州

● 黑 刘星 六段
○ 白 林朝华 六段

全国段位赛

林朝华六段升七段谱。

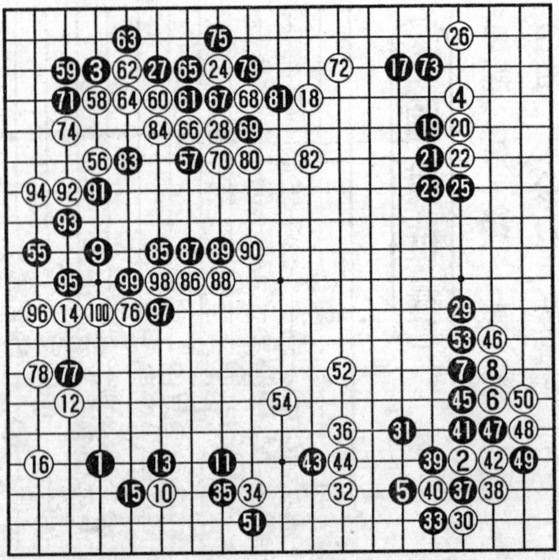

▲第一谱(1－100)

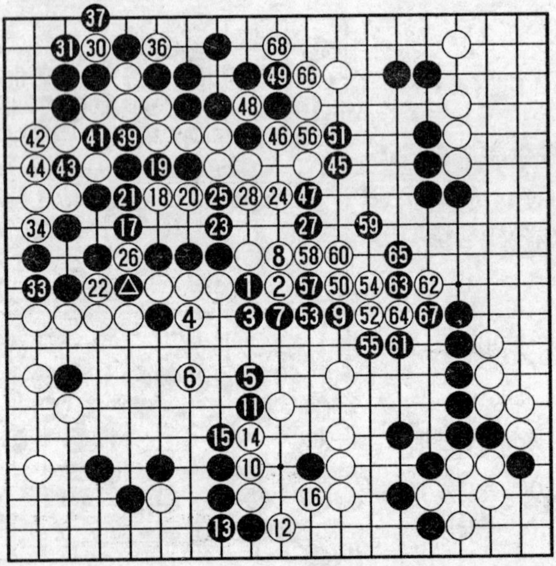

▼第二谱(101－168)

㉙㉟㊵＝△
㉜㊳＝㉖

黑出$3\frac{3}{4}$子
共168手
白中盘胜
2002年7月19日
于杭州

全国段位赛

●黑 朱毅 四段

○白 吴新宇 六段

64＝57

朱毅四段升五段谱。

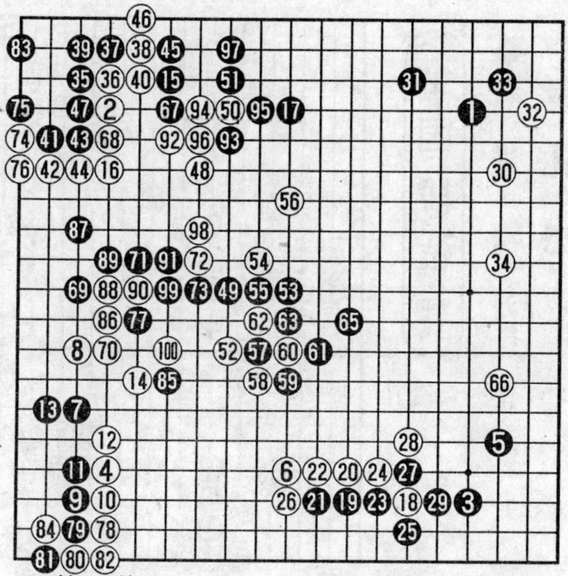

▲第一谱(1－100)　　▼第二谱(101－191)

7＝△

50 56 62＝46

53 59＝47

88＝44　91＝43

黑出$3\frac{3}{4}$子

共191手

黑中盘胜

2002年7月24日

于杭州

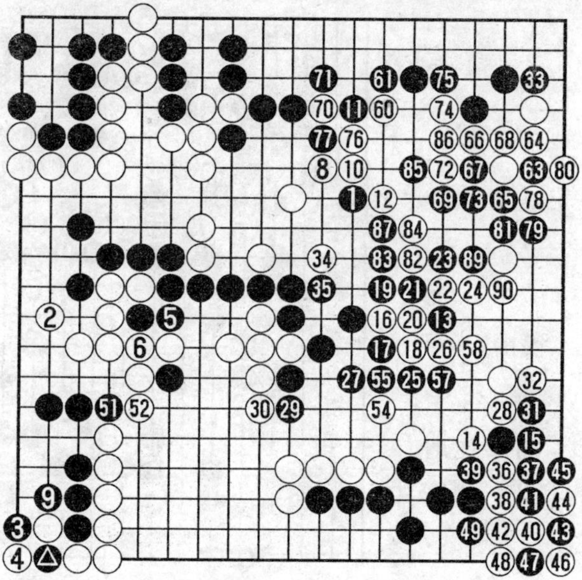

全国段位赛

●黑 张欣 五段

○白 孔杰 六段

孔杰六段升七段谱。

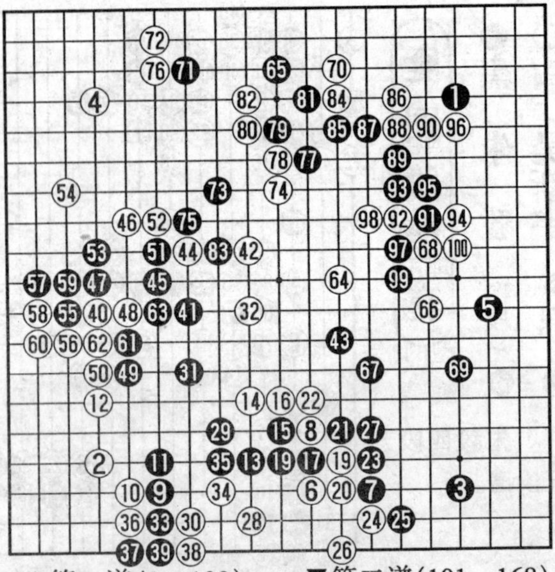

▲第一谱(1－100)　▼第二谱(101－168)

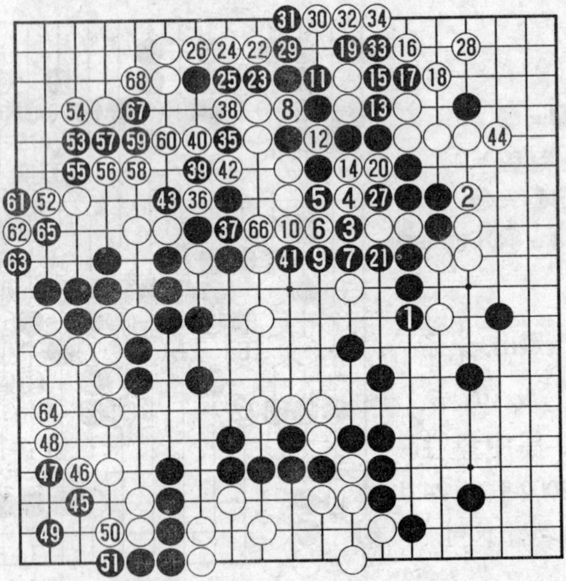

黑出$3\frac{3}{4}$子

共168手

白中盘胜

2002年7月24日

于杭州

第1届“华润饭店杯”围棋超霸赛

由中国棋院与北京华润饭店共同主办的第1届“华润饭店杯”围棋超霸赛，于2002年2月22日至24日在北京华润饭店举行。华润饭店是香港著名的华润集团投资兴建的四星级酒店。总经理王鹏也是一位围棋爱好者，中国棋院不少棋类活动都曾在华润饭店举行。为扩大饭店自身的影响，王鹏总经理决定创办小型的围棋职业超霸赛。

比赛邀请国内资深的一流棋手，采用淘汰制。为适应电视转播需要，比赛采用每步30秒，有10次一分钟延时的电视快棋赛用时制。结果俞斌九段和聂卫平九段杀入决赛。在决赛中，俞斌九段胜出，捧得首届冠军杯。冠军奖金5万元、亚军3万元，对局费为8千元。

第1届“华润饭店杯”围棋超霸赛成绩表

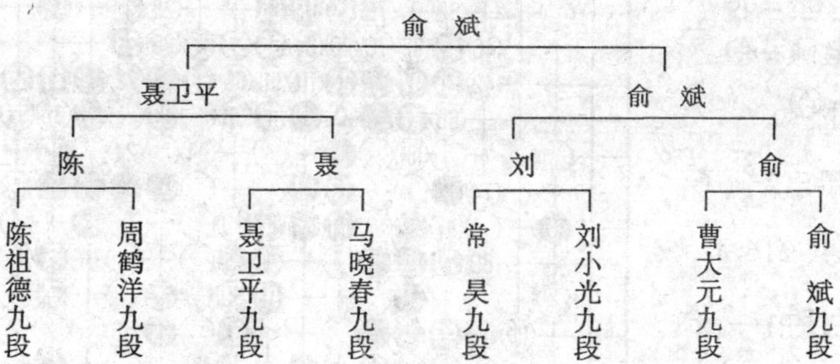

华润饭店杯决赛

● 黑 聂卫平 九段

○ 白 俞斌 九段

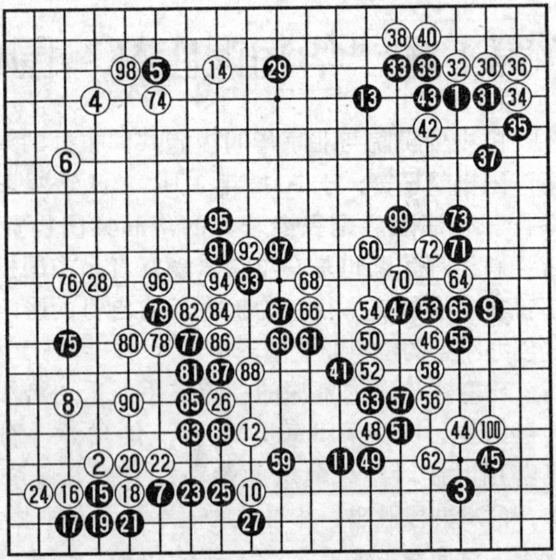

▲第一谱(1－100)　▼第二谱(101－216)

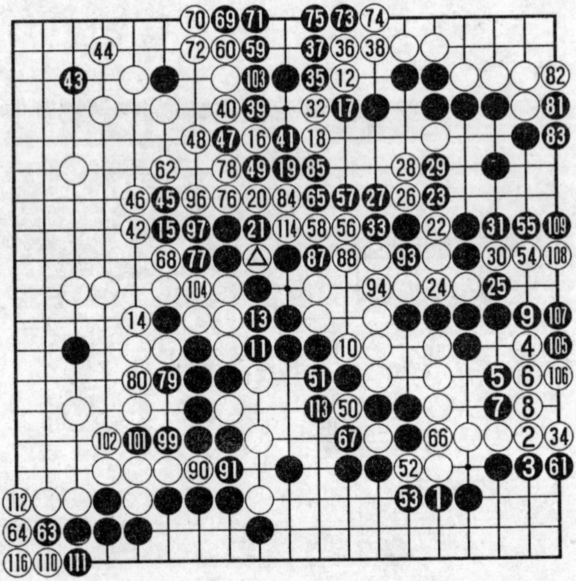

黑出$2\frac{3}{4}$子

共216手

白胜$1\frac{1}{4}$子

2002年2月24日

于北京

华润饭店杯预赛

● 黑 陈祖德 九段

○ 白 周鹤洋 九段

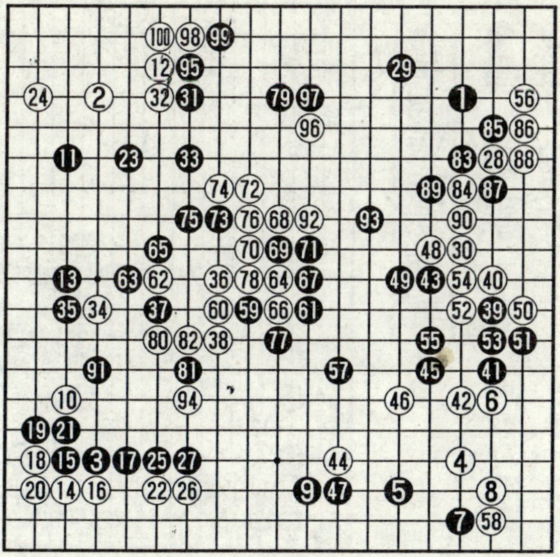

▲第一谱(1－100)　　▼第二谱(101－256)

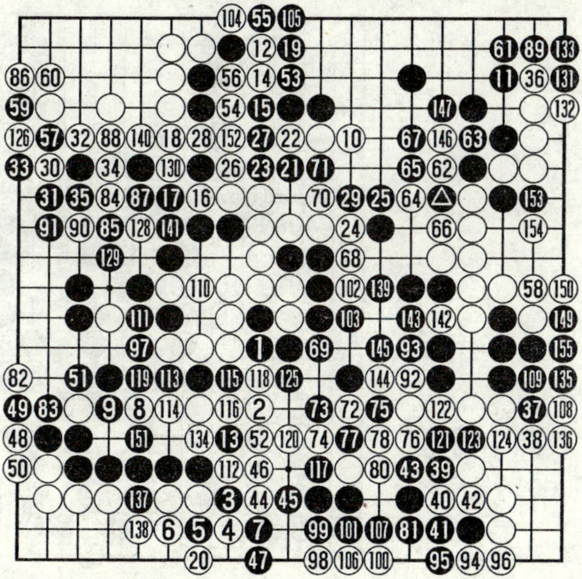

79 = 72　127 = 30

148 = △　156 = 59

黑出$2\frac{3}{4}$子

共256手

黑胜$\frac{3}{4}$子

2002年2月23日

于北京

华润饭店杯预赛

● 黑 聂卫平 九段

○ 白 马晓春 九段

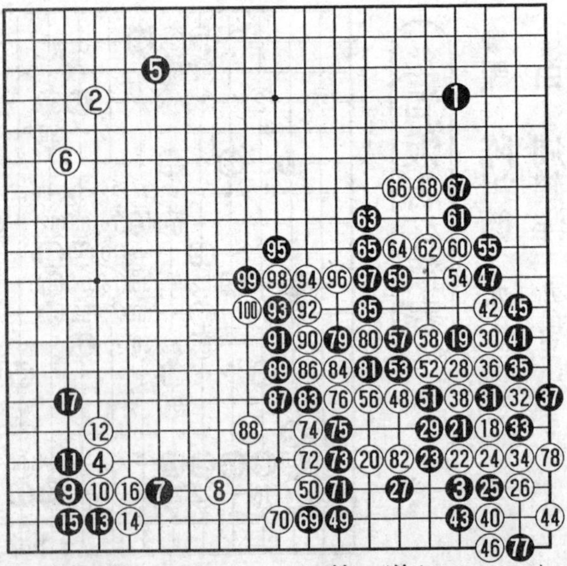

▲第一谱(1－100)

39＝32

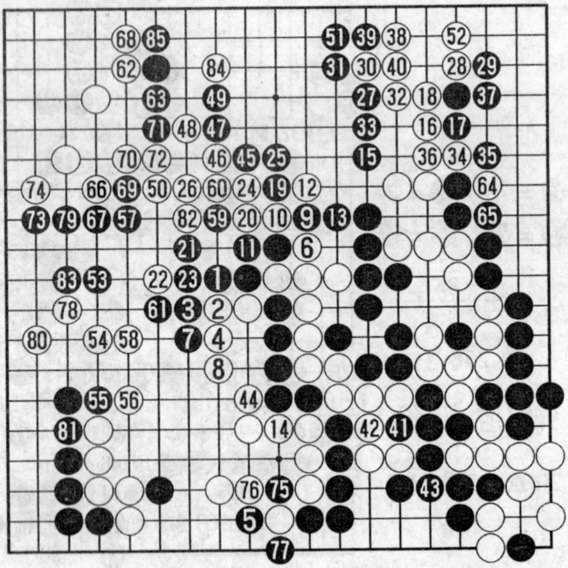

▼第二谱(101－185)

黑出2$\frac{3}{4}$子

共185手

黑中盘胜

2002年2月23日

于北京

第2届“华山杯”围棋邀请赛

为了配合西部大开发战略，陕西省围棋协会发起并于2002年7月1日至2日主办了围棋大会。在围棋大会期间，第2届“华山杯”职业围棋邀请赛是最重要的一项内容。第1届比赛只特邀了刘小光和马晓春两位棋手，进行三番棋比赛。本届比赛邀请了7名棋手，他们分别是：上届冠军刘小光九段以及俞斌九段、常昊九段、周鹤洋九段、张文东九段、丁伟八段和新天元黄奕中五段。比赛为淘汰制，采用快棋赛形式，冠军奖金3万元人民币。常昊和周鹤洋分别淘汰对手进入决赛。在决赛中，周鹤洋执白中盘战胜常昊首次在华山称王。

华山杯决赛

○白 周鹤洋 九段

●黑 常昊 九段

黑出$3\frac{3}{4}$子

共162手

白中盘胜

2002年7月2日

于陕西华山

总谱（1－162）

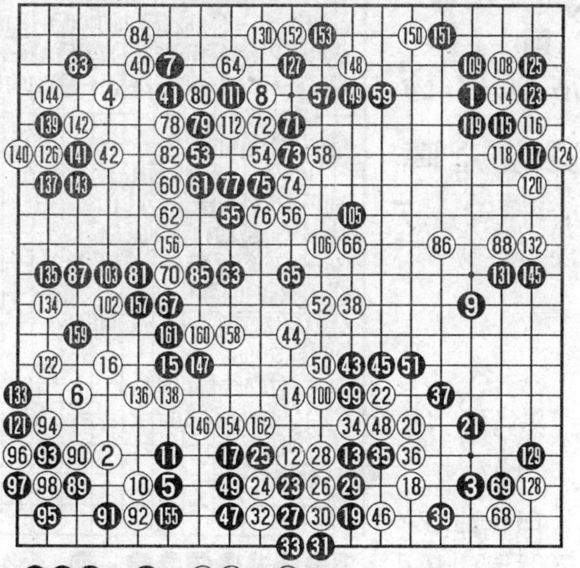

101 107 113 = 93　104 110 = 98

第6届“日立杯”中国职业围棋混双赛

由中国围棋协会、上海棋院共同主办的第6届“日立杯”职业围棋混双赛，于2002年6月15日至16日在上海举行。比赛共邀请8对职业棋手参加，赛前棋手自愿组对。抽鉴分为两个组，先进行循环赛再同名次决赛，最后排定名次。张璇八段和常昊九段以四战全胜夺得冠军。杨晖八段和曹大元九段获得亚军。三至八名分别是：叶桂五段/刘小光九段、于梅玲四段/俞斌九段、徐莹五段/马晓春九段、孔祥明八段/王汝南八段、陈慧芳五段/罗建文七段、华学明七段/陈祖德九段。

混双赛决赛

总谱（1－160）

○白 ●黑

常昊九段 张璇八段 曹大元九段 杨晖八段

黑出$3\frac{3}{4}$子

共160手

白中盘胜

2002年6月16日

于上海

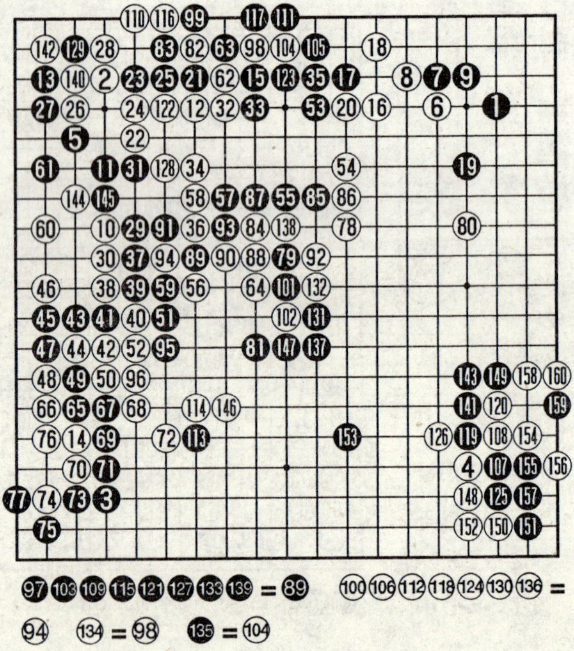

第1届“红金龙杯”中国围棋新秀赛

“红金龙杯”首届中国围棋新秀赛，于2002年8月24日至30日在武汉举行。来自河南莲花队未满15岁的少年马笑冰二段以10战全胜的战绩夺走首届新秀赛冠军奖杯。获第2至16名的棋手分别是：赵哲伦三段、朴文尧三段、付冲二段、李铁二段、景石二段、孟磊初段、吴麒二段、杨潜二段、李喆三段、田舟三段、张立二段、周睿羊初段、陶忻二段、郭明鑫初段、王雷三段。

围棋新秀赛

总谱（1－193）

○ 白　● 黑

赵哲伦 三段　马笑冰 二段

黑出$3\frac{3}{4}$子

共193手

黑胜$3\frac{3}{4}$子

2002年8月29日

于武汉

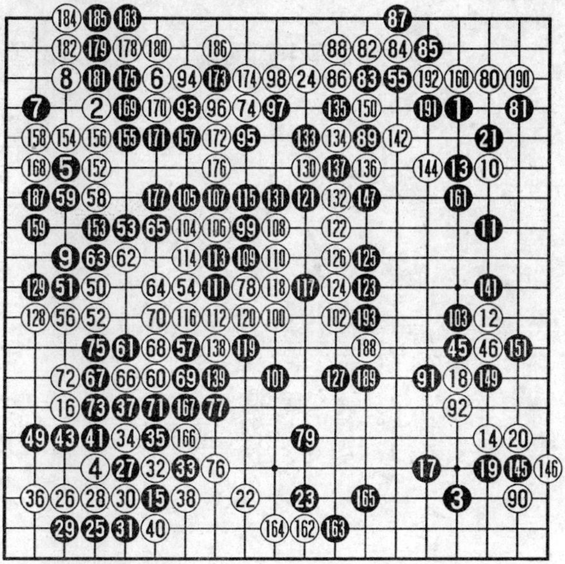

39 47 = 27　42 = 32　44 = 34　48 = 15

140 148 = 134　143 = 137

第2届中国围棋女子名人战

由中国围棋协会、山东齐鲁晚报和山东青州卷烟厂共同主办，山东齐鲁晚报棋院、山东新闻大厦承办的“八喜杯”第2届中国围棋女子名人战，于2002年4月11日至14日在济南举行。

比赛邀请了15名职业棋手和在去年全国个人赛中获得女子个人第五名的天津驾协队贾倩参加。比赛采用由中国围棋协会审定的2002年围棋竞赛规则，比赛为单败淘汰制。在半决赛中，老将于梅玲四段战胜上届冠军张璇八段爆出冷门。决赛中于梅玲执白棋中盘战胜陕西新秀孟昭玉二段，第一次登上中国围棋女子名人的宝座。

第2届中国围棋女子名人战成绩表

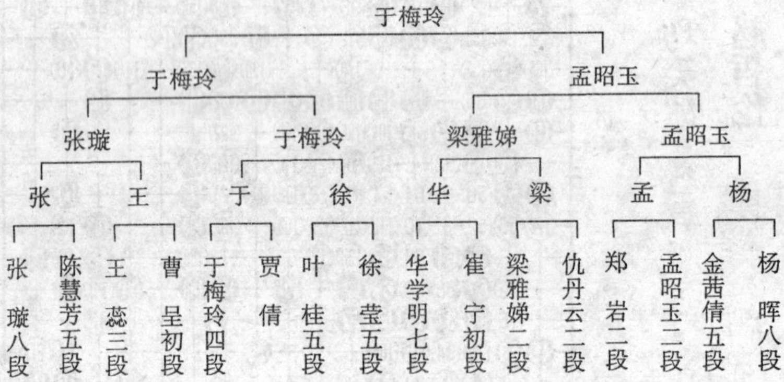

女子名人战决赛

●黑 孟昭玉 二段

○白 于梅玲 四段

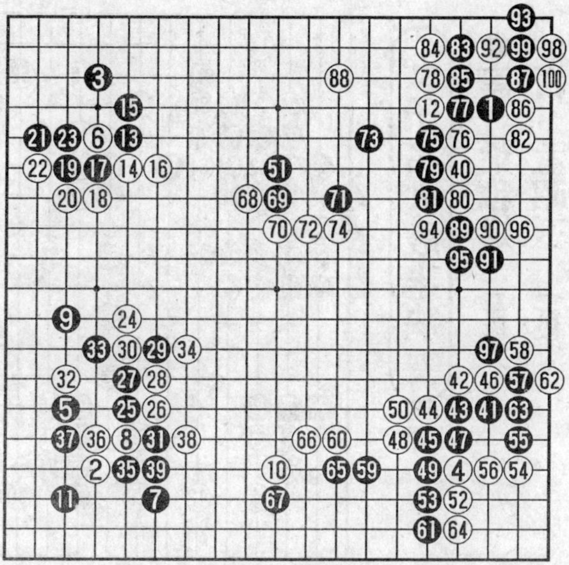

▲第一谱（1－100）　▼第二谱（101－230）

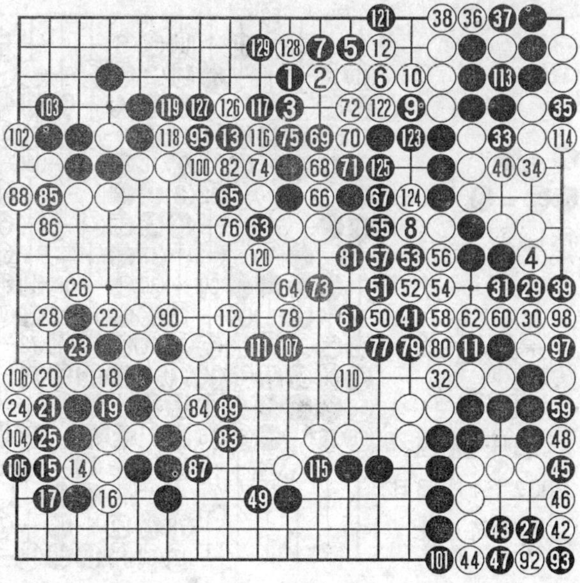

91 109 ＝ 45

94 130 ＝ 48

96 108 ＝ 92

99 ＝ 93

黑出$3\frac{3}{4}$子

共230手

白中盘胜

2002年4月14日

于济南

女子名人战半决赛

●黑　梁雅娣　二段

○白　孟昭玉　二段

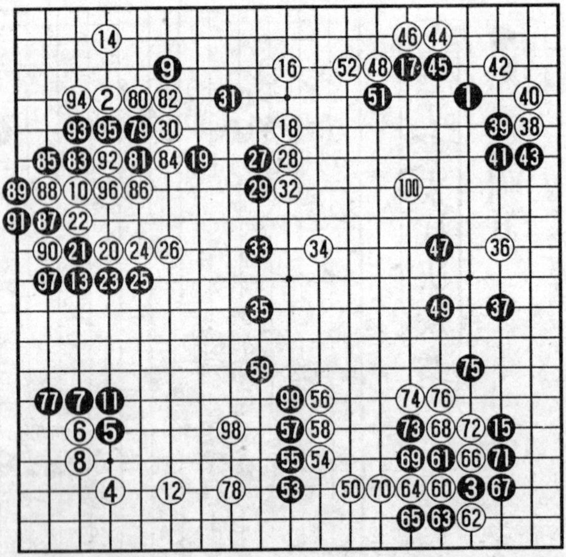

▲第一谱（1－100）　▼第二谱（101－220）

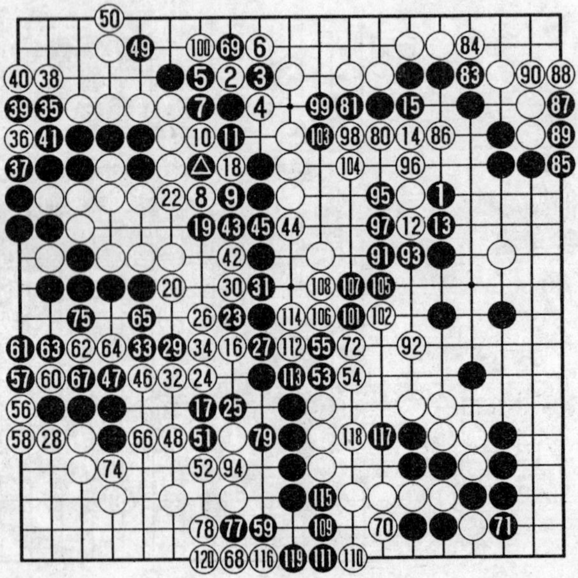

㉑＝△

㉓㉛＝❸

⑯＝②

黑出$3\frac{3}{4}$子

共220手

白中盘胜

2002年4月13日

于济南

女子名人战半决赛

●黑　于梅玲　四段

○白　张　旋　八段

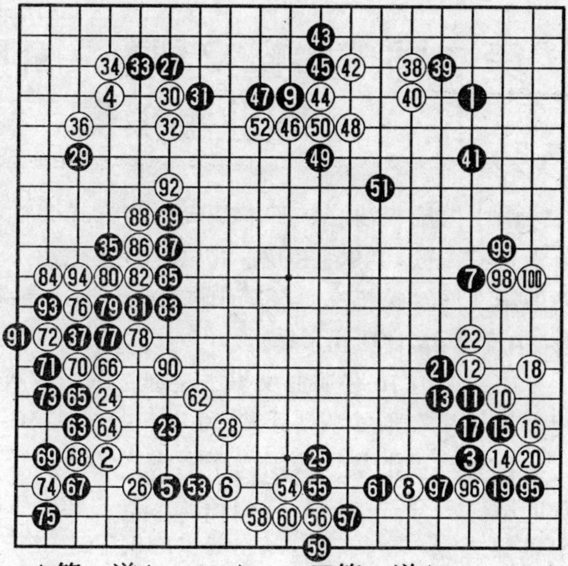

▲第一谱(1－100)　▼第二谱(101－163)

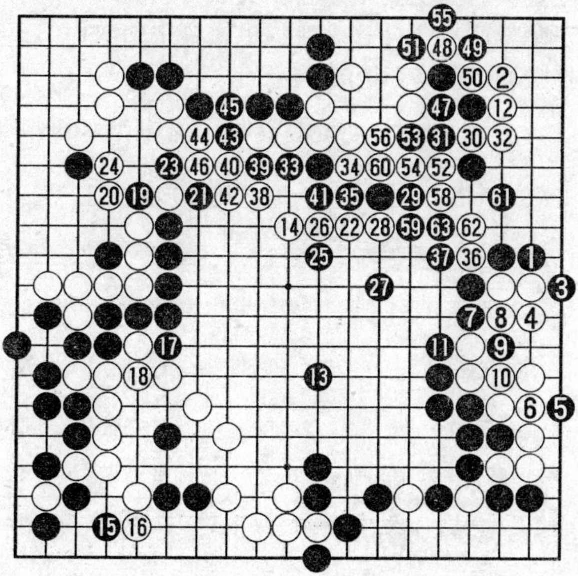

57 = 48

黑出$3\frac{3}{4}$子

共163手

黑中盘胜

2002年4月13日

于济南

第2届“蜻蜓文具杯”中国女子职业围棋赛

由中国围棋协会、日本蜻蜓铅笔株式会社和北京金华铭办公设备有限公司共同主办，北京绿星文化艺术交流有限公司承办的第2届“蜻蜓文具杯”中国女子职业围棋赛，于2002年7月27日至28日在北京举行。

比赛邀请16名职业女棋手参加，采用单败淘汰制。比赛采用电视快棋赛形式，每手棋30秒，每方有10次1分钟机动延时。比赛不仅汇集了我国女子老将，还邀请了活跃在棋坛第一线的新秀。夺标呼声颇高的张璇八段，在第1轮比赛中就负于梁雅娣二段，被淘汰出局，爆出冷门。老将华学明七段一路涉险过关，在决赛中与今年女子名人战亚军孟昭玉二段相遇。由于华学明有了体育大会围棋比赛中的教训，在不利的情况下力挽败局，最终夺得冠军。

第2届“蜻蜓文具杯”中国女子职业围棋赛成绩表

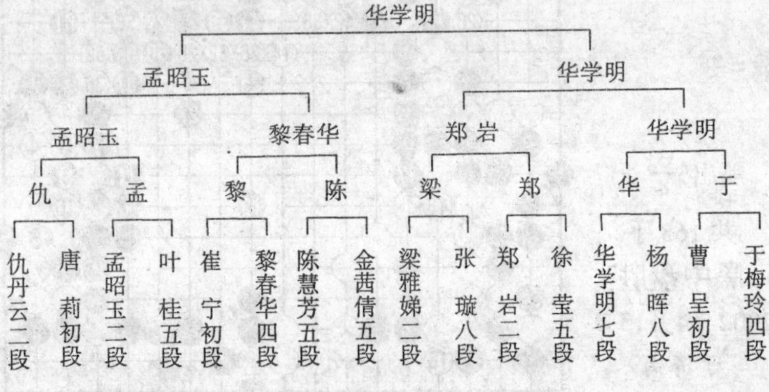

蜻蜓文具杯决赛

● 黑　华学明　七段

○ 白　孟昭玉　二段

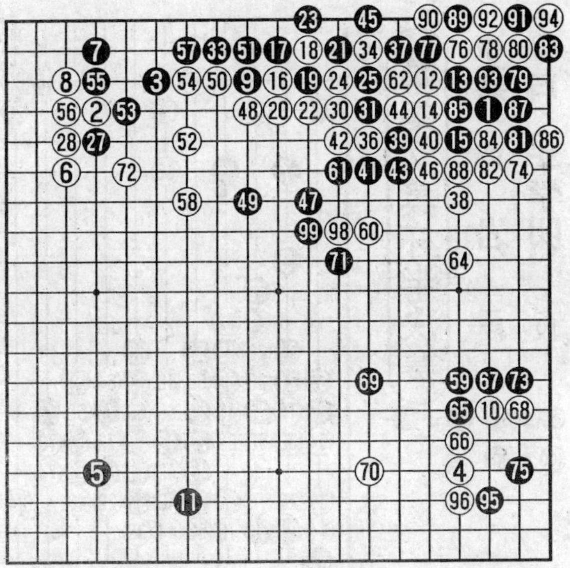

26 32 = 18

29 35 = 19

63 = 34　97 = 91

100 = 94

▲第一谱(1－100)

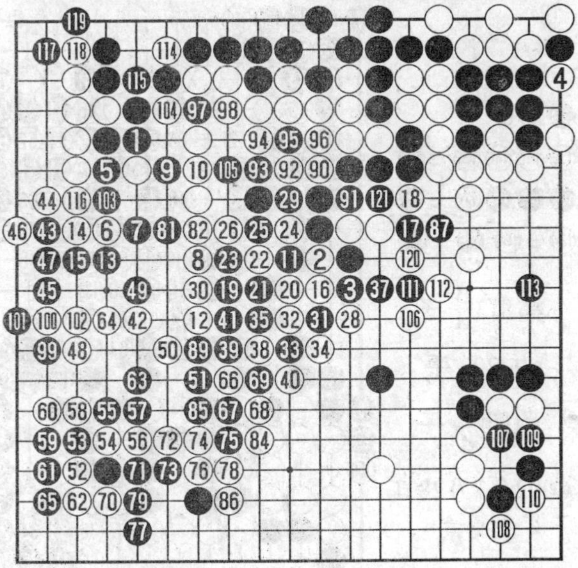

▼第二谱(101－221)

27 = 11　36 = 31

80 88 = 66

83 = 69

黑出3$\frac{3}{4}$子

共221手

黑中盘胜

2002年7月28日

于北京

蜻蜓文具杯半决赛

● 黑 郑岩 二段

○ 白 华学明 七段

61 = 47　75 = 71

100 = 3

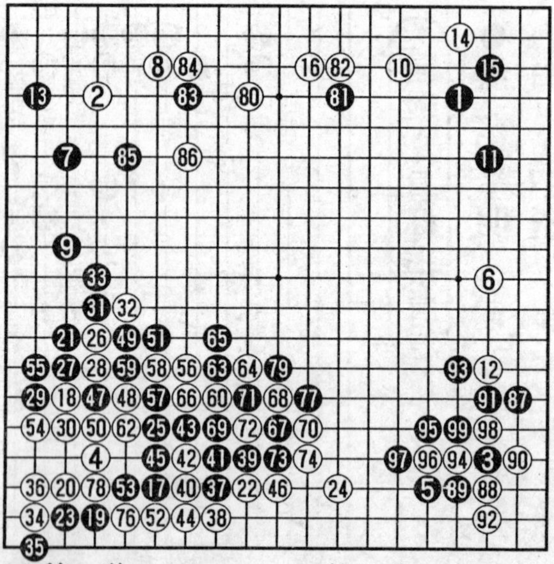

▲第一谱(1－100)

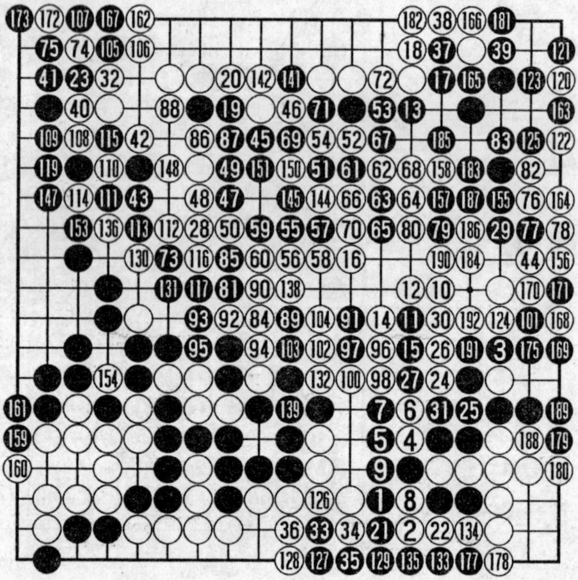

▼第二谱(101－293)

99 = 6

118 140 146 152 = 110

137 143 149 176 = 115

174 = 168　193 = 171

黑出$3\frac{3}{4}$子

共293手

白胜$\frac{1}{4}$子

2002年7月28日

于北京

蜻蜓文具杯半决赛

● 黑 孟昭玉 二段

○ 白 黎春华 四段

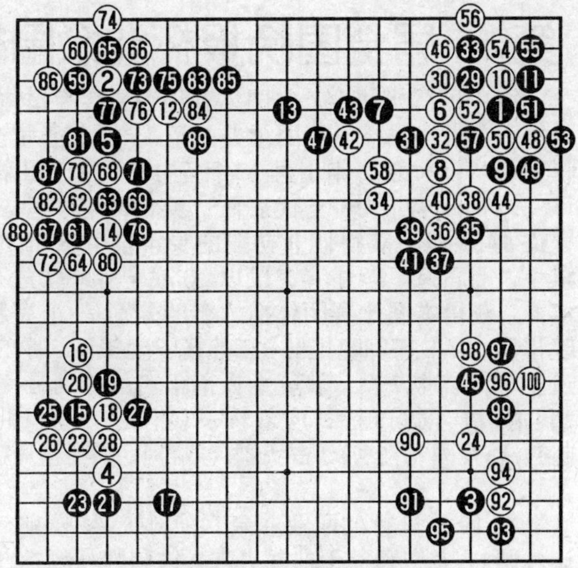

78 = 65

▲第一谱（1－100）

▼第二谱（101－263）

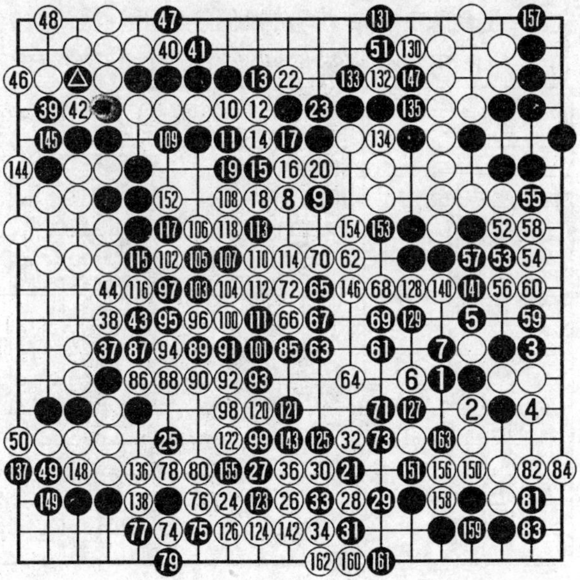

35 = 28　45 = △

119 = 102　139 = 74

黑出$3\frac{3}{4}$子

共263手

黑中盘胜

2002年7月28日

于北京

第15届全国晚报杯业余围棋锦标赛

由中国围棋协会、中国体育记者协会晚报体育新闻学会共同主办，广州羊城报业集团承办的第15届“健力宝杯”全国业余围棋锦标赛，于2002年1月13日至18日在广州举行。

本届比赛有33支代表队，共100名棋手。从第13届开始允许14岁以下获得职业初段的少年棋手参加，本届有4名初段棋手。上届冠军李岱春7段以10战全胜蝉联冠军，体现出雄厚的实力。获得本届比赛团体前六名的分别是：上海新民晚报队，北京晚报队、山东齐鲁晚报队、江苏扬子晚报队、浙江宁波晚报队和东道主羊城晚报一队。获得个人前十名的分别是：李岱春（扬子）、付利（海口）、刘钧（新民）、刘铁一（新民）、鲍云（北京）、崔前进（燕赵）、孙宜国（北京）、古灵益（成都）、胡煜清（新民）和孙力（扬子）。

在19日进行的职业业余六强对抗赛中（前3台让先，后3台让二子），李岱春负于俞斌九段、付利胜马晓春九段、刘钧胜刘小光九段、刘铁一胜聂卫平九段、鲍云胜王磊八段、崔前进胜曹大元九段，业余队5比1获胜，根据规定下一次对抗赛全部让先。

历年全国晚报杯业余围棋锦标赛冠军一览表

届　数	时间·地点	团体冠军	个人冠军
第1届	1988年·北京	新民晚报队	沈光基(新民)
第2届	1989年·成都	新民晚报队	蒋长生(扬子)
第3届	1990年·杭州	新民晚报队	李家庆(新民)
第4届	1991年·太原	新民晚报队	俞巍巍(钱江)
第5届	1992年·济南	成都晚报队	韩启宇(合肥)
第6届	1993年·西安	成都晚报队	孙宜国(北京)
第7届	1994年·石家庄	新民晚报队	王　存(沈阳)
第8届	1995年·青岛	新民晚报队	史鸿奕(沈阳)
第9届	1996年·合肥	沈阳晚报队	刘　钧(新民)
第10届	1997年·沈阳	钱江晚报队	刘　钧(新民)
第11届	1998年·武汉	新民晚报队	赵文东(太原)
第12届	1999年·昆明	春城晚报队	孙宜国(北京)
第13届	2000年·天津	今晚报队	周振宇(扬子)
第14届	2001年·上海	新民晚报队	李岱春(扬子)
第15届	2002年·广州	新民晚报队	李岱春(扬子)

晚报杯冠军决赛

● 黑 李岱春 7段（杨子）

○ 白 付利 6段（海口）

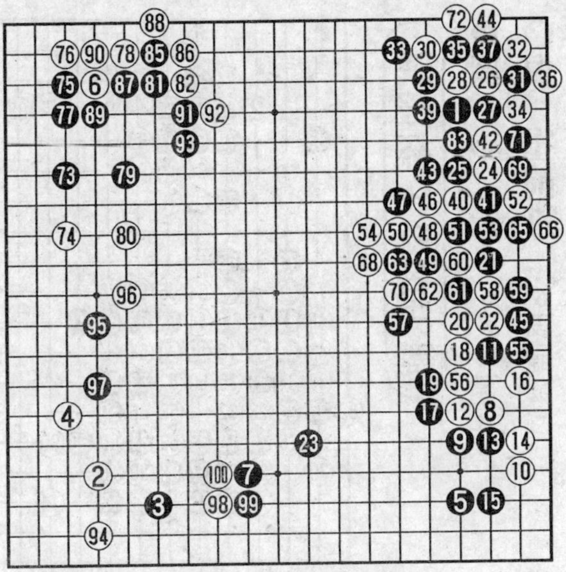

▲第一谱（1－100）

㊳＝㉛

64 84＝60

67＝61

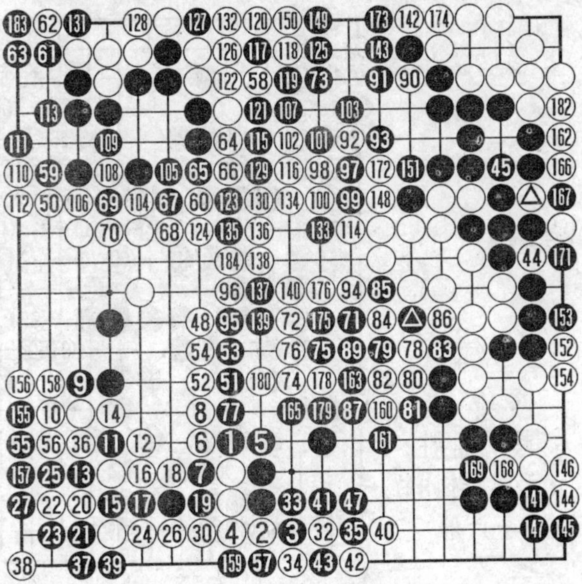

▼第二谱（101－284）

28 31＝20

29＝22　46＝32

49＝43　88＝84

164＝△　170＝△

177＝92　181＝167

黑出$2\frac{3}{4}$子

共284手

黑胜$5\frac{3}{4}$子

2002年1月18日

于广州

晚报杯5.6名决赛

●黑 鲍 云 6段（北京）

○白 崔前进 6段（燕赵）

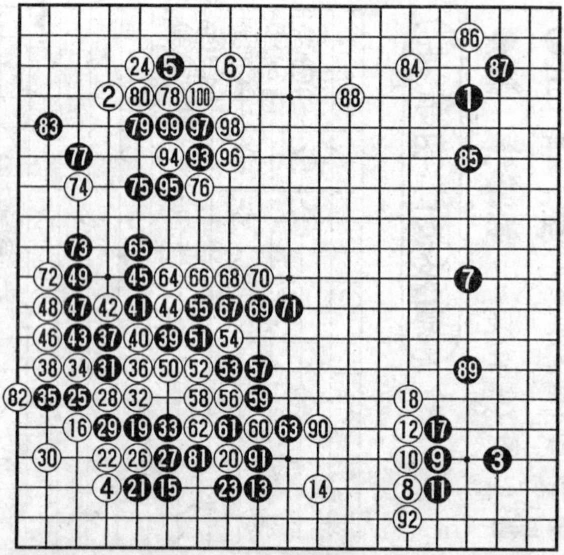

▲第一谱（1－100）　▼第二谱（101－195）

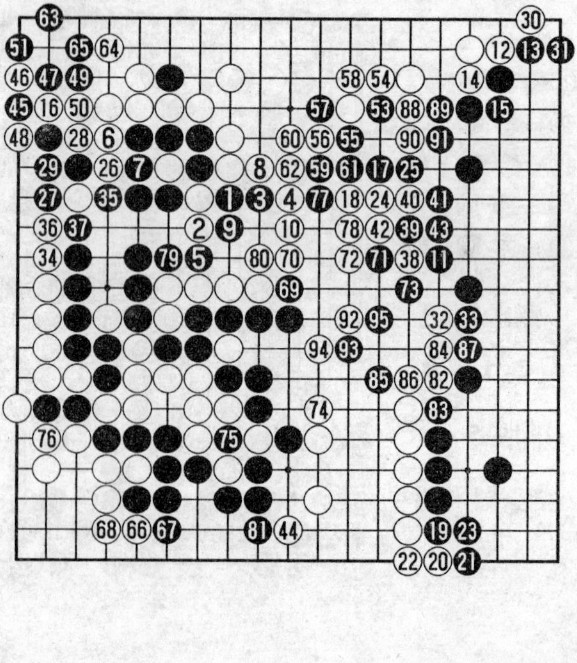

52＝45

黑出$2\frac{3}{4}$子

共195手

黑中盘胜

2002年1月18日

于广州

晚报杯7.8名决赛

● 黑　古灵益　6段（成都）

○ 白　孙宜国　7段（北京）

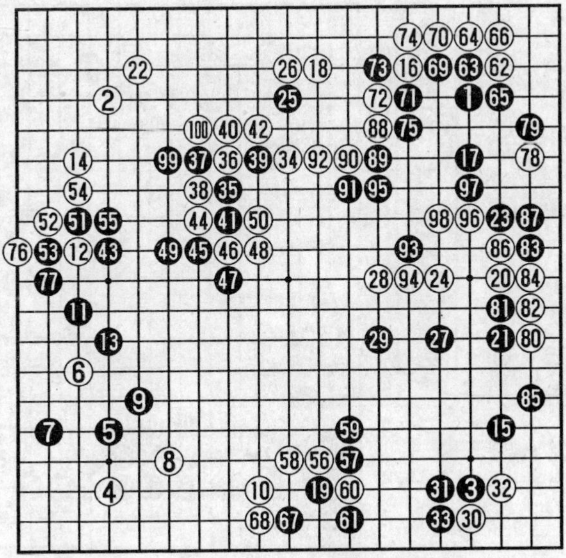

▲第一谱（1－100）　▼第二谱（101－190）

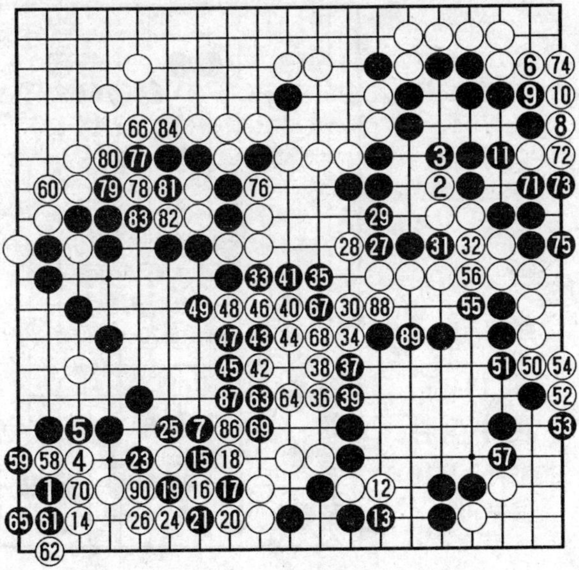

㉒＝⓱

85＝78

黑出$2\frac{3}{4}$子

共190手

白胜$1\frac{1}{4}$子

2002年1月18日

于广州

晚报杯9.10名决赛

●黑　孙　力　6段（杨子）

○白　胡煜清　6段（新民）

㊾=㉚

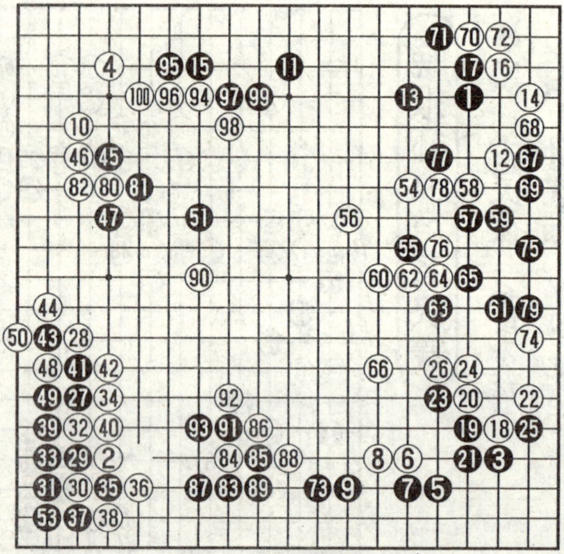

▲第一谱（1－100）　▼第二谱（101－144）

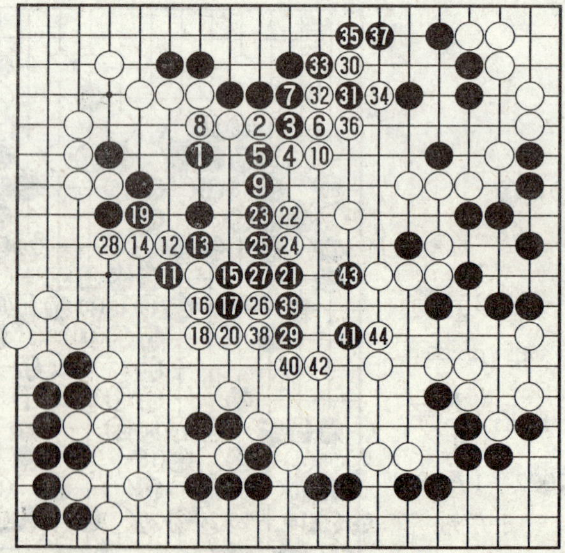

黑出$2\frac{3}{4}$子

共144手

白中盘胜

2002年1月18日

于广州

第15届“黄河杯”全国城市业余围棋锦标赛

第15届“黄河·中国石化杯”全国城市业余围棋锦标赛首次走出西北由齐鲁晚报和中国石化山东分公司于2002年8月24日至29日在泉城济南举办。来自全国各大、中城市的34支代表队和55名个人共157名业余豪强报名参战。澳门队也首次组队参加。参赛棋手中有7段两人、6段24人，5段119人，棋手之多，水平之高，为历届“黄河杯”之最。

8月23日上午还在南昌全国少年赛上下最后一盘棋的北京、天津、上海各道场、棋校、体校的20多位小将，连夜乘飞机或乘火车于24日开赛前赶到济南赛场，可见“黄河杯”围棋赛所受到的重视。在赛场上，小将们对绿林英豪的冲击确实也不小。李岱春7段及刘轶一、严剑刚、邵光等17名6段高手，都先后被小将拉下马。大庆11岁的陶汉文一路连闯安徽沈逢春、重庆王庆、北京邵光和上海伍贤哲等四道6段关口，冲进12强，取得了最后一个6段称号。

本届比赛共进行13轮，结果：上海浦东仁恒队、上海财经大学队和江阴红星队分获团体前三名。获个人前六名的是刘钧(上海)、胡煜清(上海)、芦宁(郑州)、李岱春(江阴)、马青川(甘肃)和严剑刚(联众)。芦宁、朱之豪、方扬功、陶汉文四人进入前12名晋升6段称号。由于自本届起取消了挑战赛，刘钧即为第15届“黄河杯”杯主。

黄河杯冠亚军之战

●黑 胡煜清 6段（上海）

○白 刘钧 7段（上海）

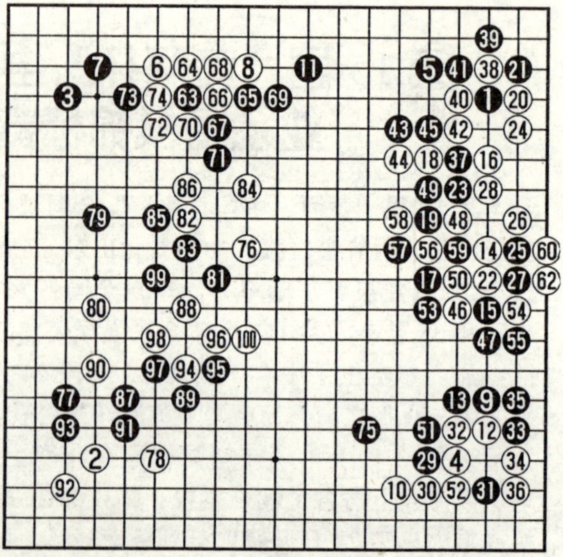

❻❶=㊱

▲第一谱（1－100）　▼第二谱（101－247）

⑥⑫㉑=△

❾⑮=❸

㉜=⑥④

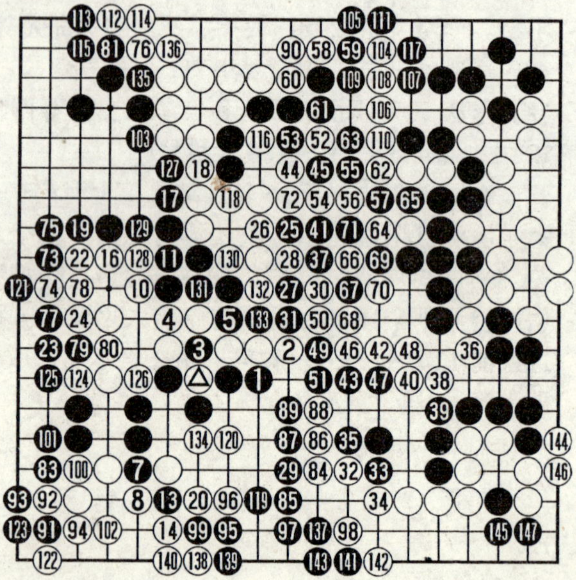

黑出$3\frac{3}{4}$子

共247手

黑中盘胜

2002年8月27日

于济南

黄河杯业余围棋赛

●黑 芦 宁 6段(郑州)

○白 马青川 6段(甘肃)

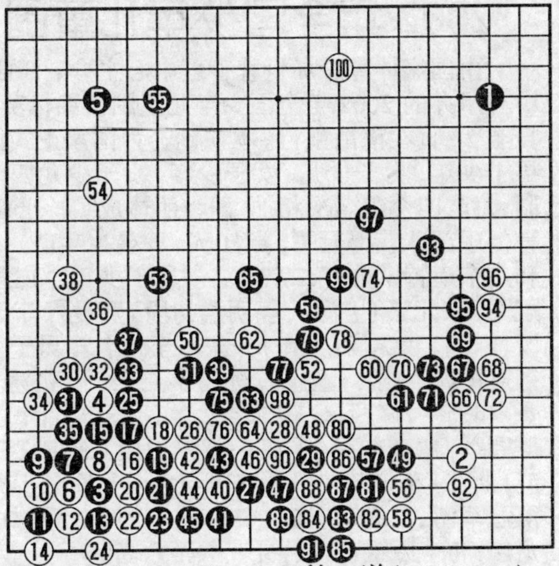

▲第一谱(1－100)

▼第二谱(101－224)

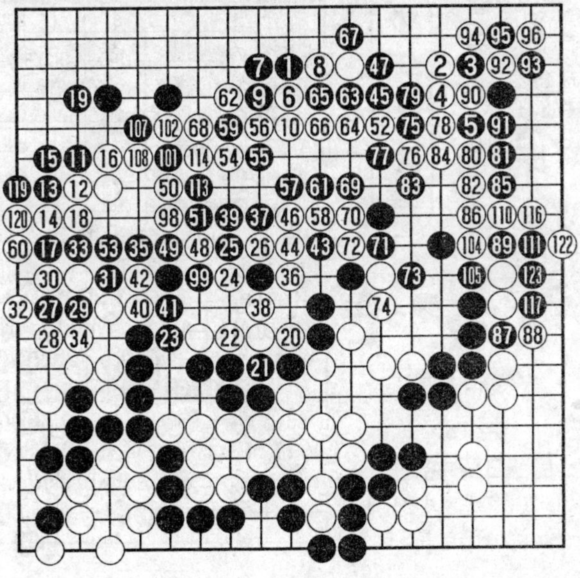

97 103 109 115 121 ＝ 3

100 106 112 118 124 ＝ 92

黑出$3\frac{3}{4}$子

共224手

白中盘胜

2002年8月29日

于济南

2002年全国少年儿童围棋锦标赛

由国家体育总局棋牌管理中心主办、江西省体育局竞赛管理中心承办的2002年全国少年儿童围棋锦标赛，于2002年8月17日至23日在南昌举行。本项比赛为国家正式体育竞赛。比赛分为男子少年、男子少儿、女子少年、女子少儿四个组，采用积分编排制，每队四个组名次相加，即为团体成绩。比赛结果：团体：上海体育俱乐部队获得冠军，浙江队、罗曼少年队、北京大宝队、河南队和广东迈特队分获二至六名。男子少年：陈耀烨三段（北京）获得冠军，朱元豪（上海）、郭明鑫初段（罗曼）、李天罡（广东）、李喆三段（深圳）和沈衡（上海）分获二至六名。男子少儿：金磊（杏泽）获得冠军，江维杰（上海）、孙腾宇（天津）、张涛（浙江）、吴树昊（罗曼）和刘宇（广西）分获二至六名。女子少年：范蔚菁初段（深圳）获得冠军，唐奕初段（上海）、杨梓初段（天津）、王倪乔（国少）、马清清（浙江）和张瑞初段分获二至六名。女子少儿：谢少博（河南）获得冠军，张灵璐（浙江）、安玮琪（天津）、曹丹妮（深圳）、宋容慧（黑龙江）和李原鲲（安徽）分获二至六名。

少年组比赛

●黑 李喆 三段（深圳）

○白 陈耀烨 三段（北京）

95＝87

黑出$3\frac{3}{4}$子

共186手

白中盘胜

2002年8月21日

于南昌

总谱（1－186）

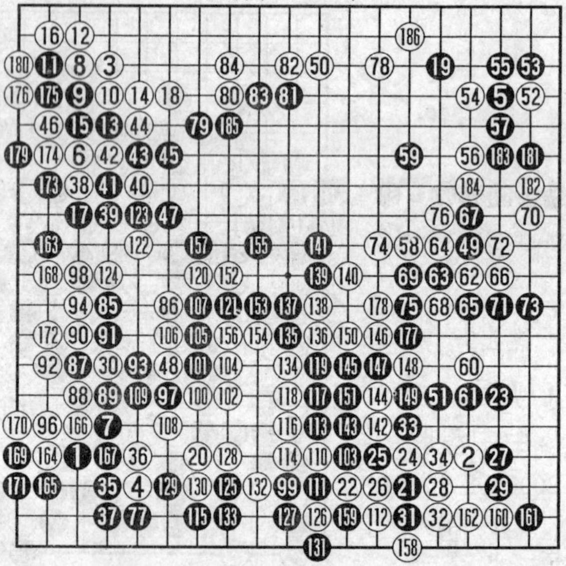

国际比赛与交流

2002 年中国棋手参加国际比赛成绩记录

第 4 届春兰杯世界职业围棋赛：胡耀宇六段、彭景华五段(中国台北)在第 1 轮被淘汰，马晓春九段、丁伟八段、孔杰六段、俞斌九段、周俊勋九段(中国台北)在第 2 轮被淘汰，周鹤洋九段进入 8 强，常昊九段进入 4 强，罗洗河九段获得第 3 名。

第 7 届世界围棋公开赛(三星火灾杯)：孔杰七段、杨一五段、俞斌九段、邱峻六段、段嵘七段、王檄四段在第 1 轮被淘汰，张文东九段、彭荃五段在第 2 轮被淘汰，曹大元九段、常昊九段、罗洗河九段进入 8 强，胡耀宇七段、王煜辉七段进入 4 强，王磊八段获得亚军。

第 7 届世界围棋棋王赛(LG 杯)：周俊勋九段(中国台北)在第 1 轮被淘汰，马晓春九段、常昊九段、俞斌九段在第 2 轮被淘汰，周鹤洋九段进入 8 强。

第 15 届富士通杯世界围棋赛：胡耀宇六段、马晓春九段、常昊九段在第 1 轮被淘汰，俞斌九段在第 2 轮被淘汰，孔杰六段、周俊勋九段(中国台北)进入 8 强。

第 1 届世界围棋王座战(丰田杯)：马晓春九段、张璇八段在第 1 轮被淘汰，邵炜刚九段、陈祖德九段、杨士海八段(中国香港)在第 2 轮被淘汰，俞斌九段、王磊八段进入 4 强，常昊九段获得亚军。

第 4 届世界职业围棋团体赛(农心辛拉面杯)：中国队位居第二位，韩国队、日本队分列一、三位。

第 14 届亚洲杯电视快棋赛：马晓春九段、丁伟八段在第 1 轮被淘汰。

第 15 届中日围棋天元战：黄奕中五段 0 比 2 负于日本羽根直树九段。

第 6 届中韩围棋天元战：黄奕中五段 1 比 2 负于韩国朴永训四段。

2002 年亚洲(四强)职业团体赛：中国队居第三名。

第 4 届阿含·桐山杯中日对抗赛：俞斌九段 0 比 1 负于日本赵治勋九段。

第 5 届中韩新人王围棋对抗赛：彭荃四段 1 比 2 负于韩国李世石三段。

2002 年中韩围棋超霸赛：常昊九段 1 比 0 胜韩国李昌镐九段获得优胜。

2002 年中日元老围棋对抗赛：陈祖德九段 1 比 0 胜日本藤泽秀行九段获得优胜。

第 1 届正官庄杯世界女子职业围棋赛：叶桂五段、唐盈初段、梁雅娣二段在第 1 轮被淘汰，华学明七段进入 4 强，张璇八段获得亚军。

第 1 届豪爵杯世界女子围棋赛：徐莹三段(当时)、郑岩二段在第 1 轮被淘汰，华学明七段、黎春华四段在第 2 轮被淘汰，张璇八段进入 4 强。

第 7 届中日韩青少年对抗赛：中国队获得冠军。

第 19 届世界青少年围棋赛：李康四段获青年组冠军，周睿羊初段获少年组冠军。

第 24 届世界业余围棋赛：付利 6 段获冠军(被授予 8 段。)

第 13 届国际业余男女双人赛：王倪乔/钱利平获得冠军。

2002 年天宇杯国际电脑围棋赛：陈志行的“弈侣”获得冠军。

中日围棋友谊赛：中国队 4 比 1 获胜。

第 3 届中韩元老围棋对抗赛：中国队 3 比 5 失利。

第4届“春兰杯”世界职业围棋锦标赛

由中国围棋协会与江苏春兰集团共同主办的第4届“春兰杯”世界职业围棋锦标赛，于2002年5月18日至2003年3月18日先后在北京、深圳和韩国汉城等地举行。比赛由前三届分四个阶段进行，压缩为三个阶段分两个年度完成。结果，中国棋手四度无缘“春兰杯”。出资举办这一比赛的春兰集团董事局主席兼首席执行官陶建幸对中国棋手不能问鼎冠军表示遗憾。最后的决赛在韩国李昌镐与日本羽根直树之间进行，结果李昌镐以2比0战胜羽根直树获得冠军。在争夺第3名的对决中，罗洗河击败常昊取得第3名获得直接参加下一届比赛的资格。

比赛沿袭前三届的传统，但使用2002年中国围棋竞赛规则，黑方出$3\frac{3}{4}$子。冠军奖金依然为15万美元。

第4届“春兰杯”世界职业围棋锦标赛成绩表

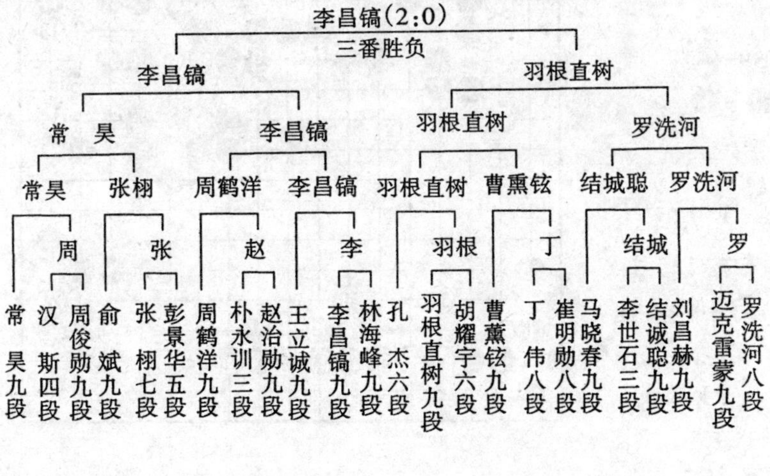

春兰杯决赛第1局

● 黑　羽根直树　九段（日本）

○ 白　李昌镐　九段（韩国）

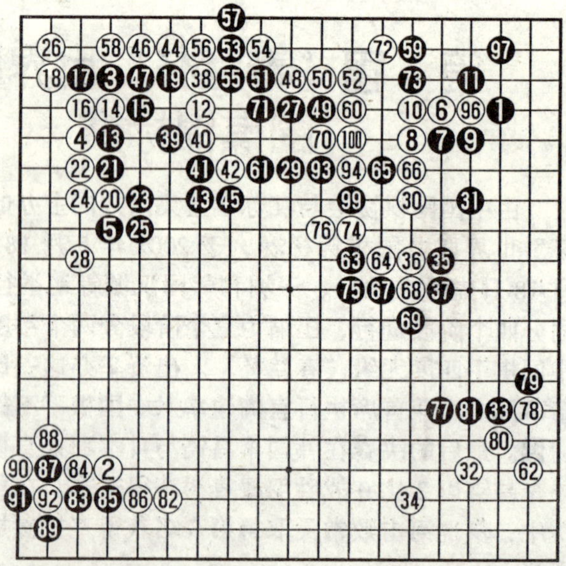

95 = 87　98 = 92

▲第一谱（1－100）

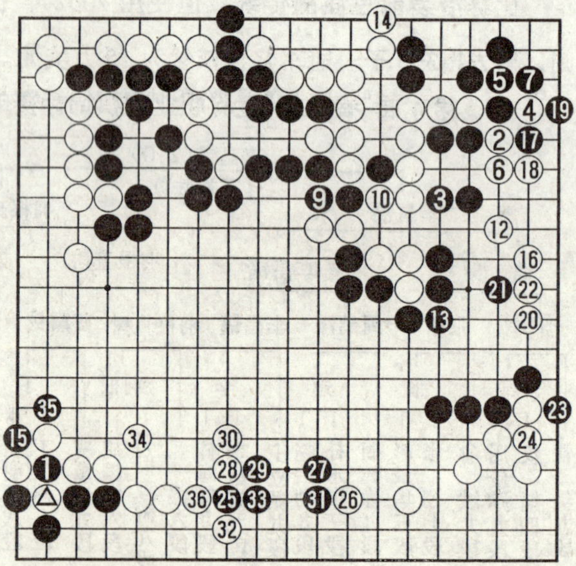

▼第二谱（101－136）

⑧ = △

⑪ = ❶

黑出$3\frac{3}{4}$子

共136手

白中盘胜

2003年3月16日

于汉城

春兰杯决赛第2局

●黑　李昌镐　九段（韩国）

○白　羽根直树　九段（日本）

66 = 45（黑）

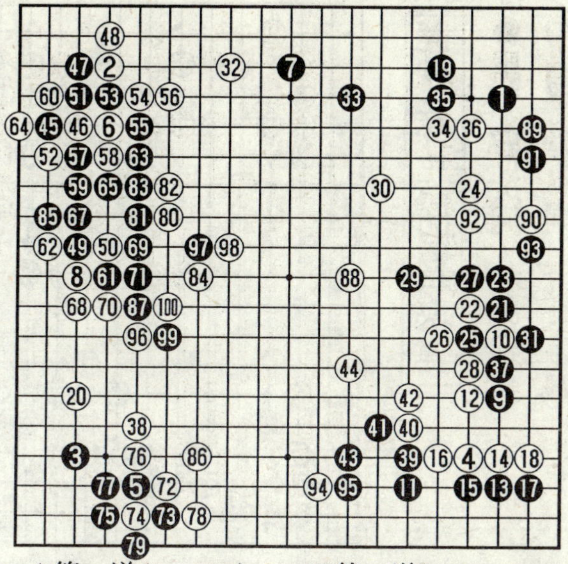

▲第一谱（1－100）　▼第二谱（101－221）

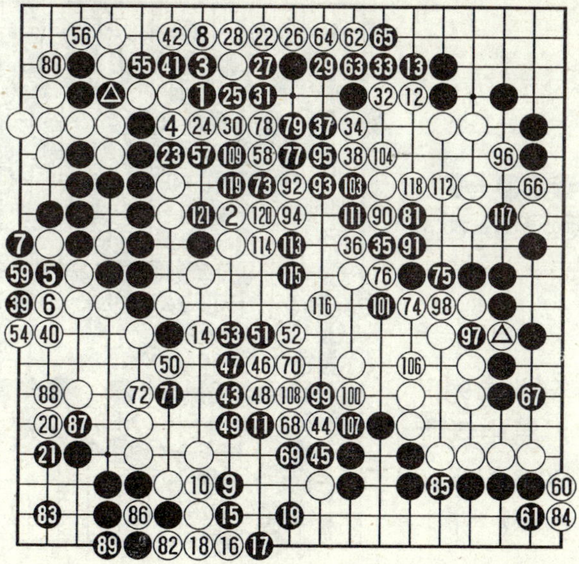

102 = △　105 = 97

110 = ▲

黑出$3\frac{3}{4}$子

共 221 手

黑中盘胜

2003年3月18日

于汉城

春兰杯三、四名决赛

●黑　罗洗河　九段（中国）

○白　常　昊　九段（中国）

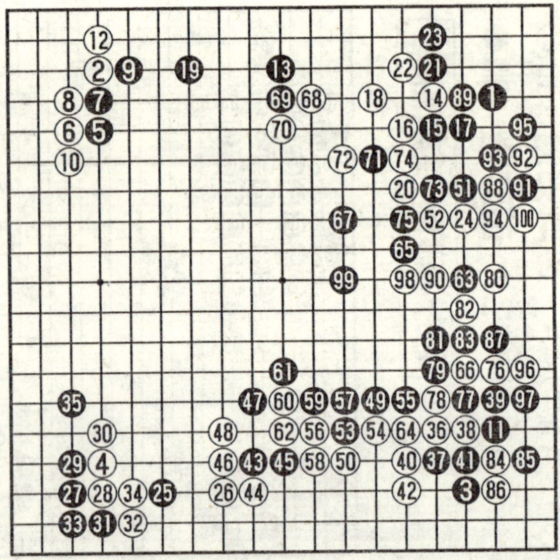

▲第一谱（1－100）　▼第二谱（101－219）

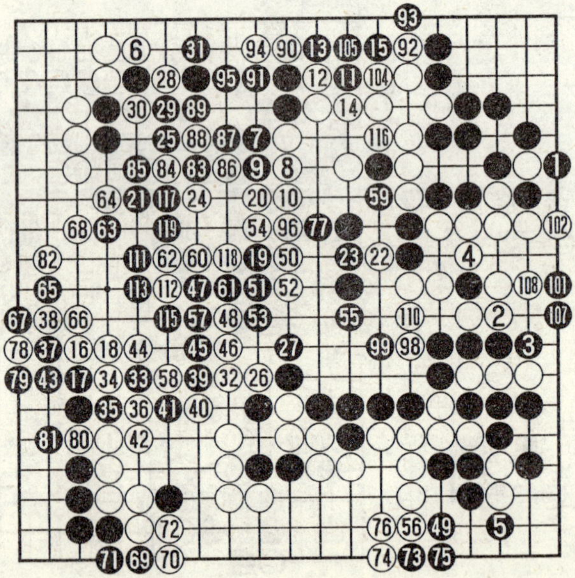

97 103 109 ＝83

100 106 114 ＝88

黑出3$\frac{3}{4}$子

共219手

黑中盘胜

2003年3月10日

于北京

春兰杯半决赛

● 黑　罗洗河　九段（中国）

○ 白　羽根直树　九段（日本）

100 = 95

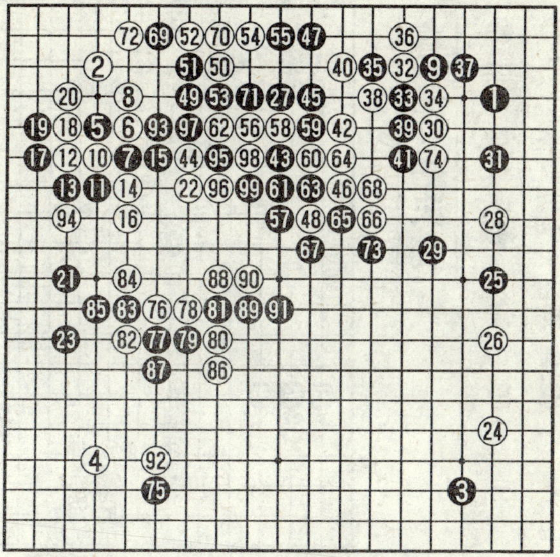

▲第一谱(1－100)　▼第二谱(101－142)

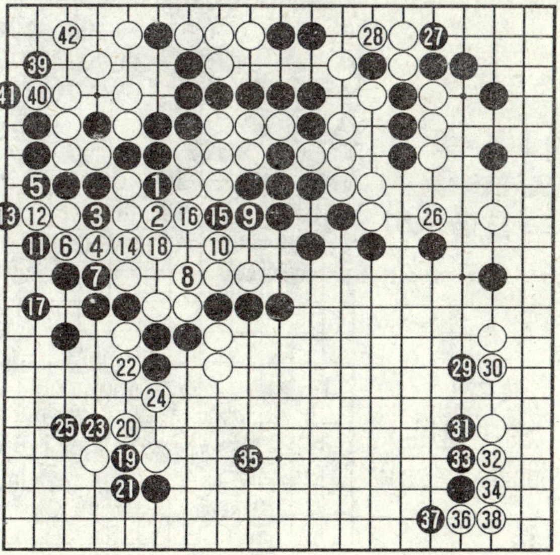

黑出$3\frac{3}{4}$子

共 142 手

白中盘胜

2002年12月28日

于深圳

春兰杯半决赛

●黑 常 昊 九段（中国）

○白 李昌镐 九段（韩国）

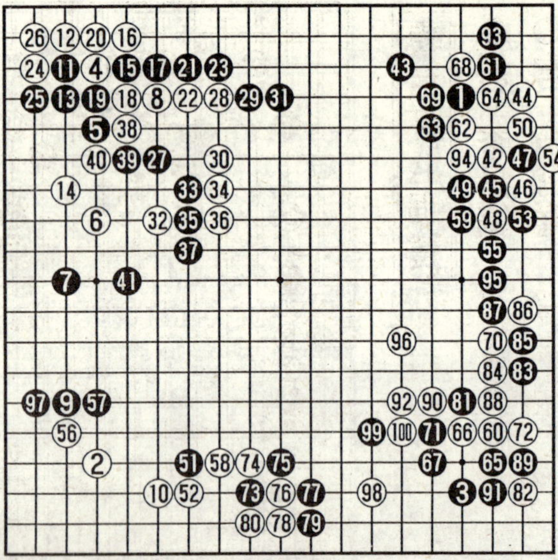

▲第一谱（1－100）　▼第二谱（101－228）

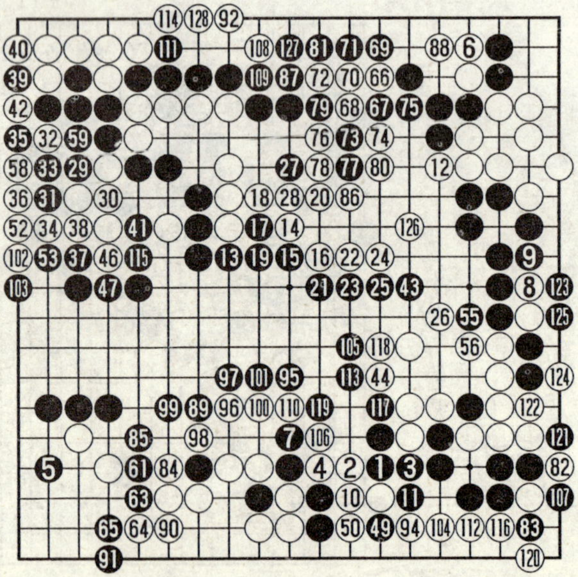

❹❺❺❶❺❼＝❸❾　㊽㊿54⑥⓪＝㊷

⑥②＝㉜　❾❸＝❼❸

黑出$3\frac{3}{4}$子

共228手

白中盘胜

2002年12月28日

于深圳

春兰杯八强赛

●黑 李昌镐 九段（韩国）

○白 周鹤洋 九段（中国）

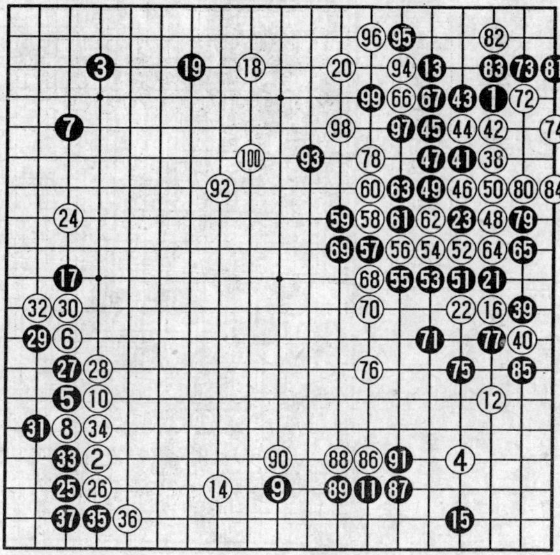

▲第一谱（1－100）　▼第二谱（101－179）

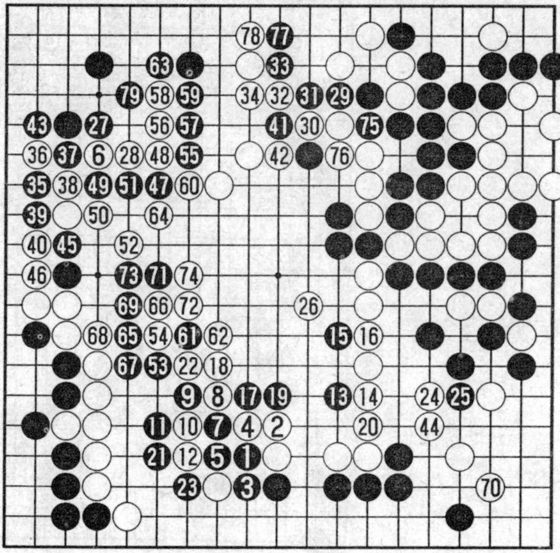

黑出3$\frac{3}{4}$子

共179手

黑中盘胜

2002年12月26日

于深圳

春兰杯八强赛

●黑 常昊 九段（中国）

○白 张栩 七段（日本）

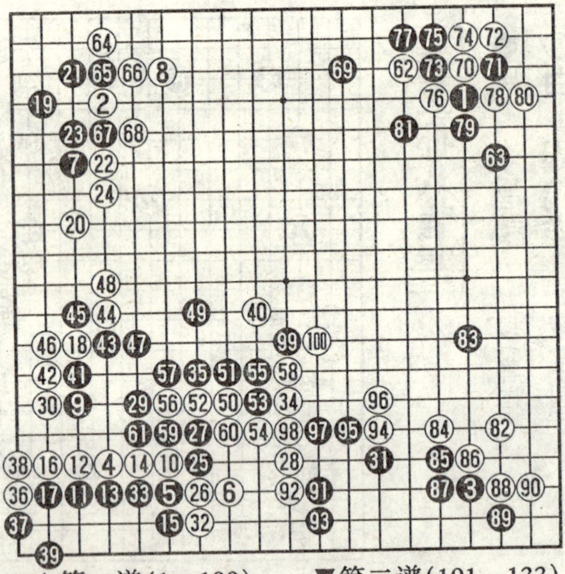

▲第一谱（1－100）

▼第二谱（101－133）

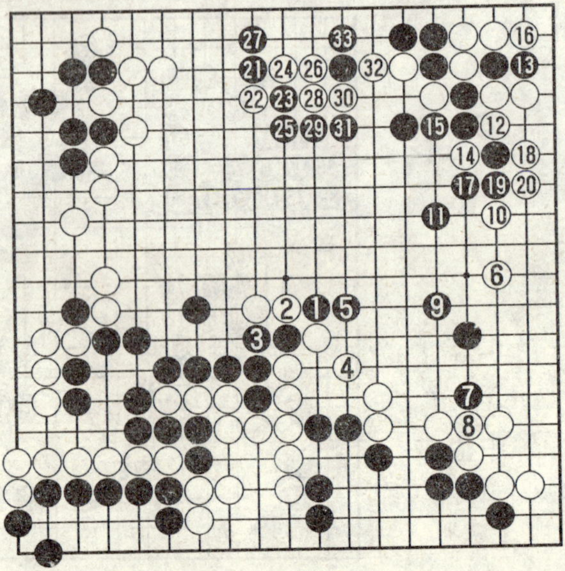

黑出$3\frac{3}{4}$子

共133手

黑中盘胜

2002年12月26日

于深圳

春兰杯八强赛

●黑　罗洗河　九段(中国)

○白　结城聪　九段(日本)

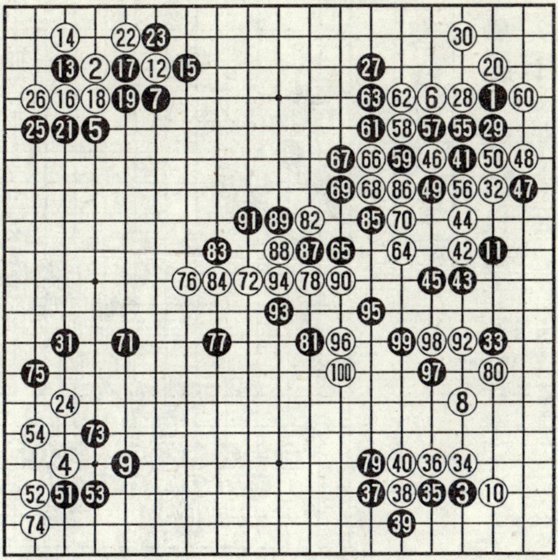

▲第一谱(1－100)

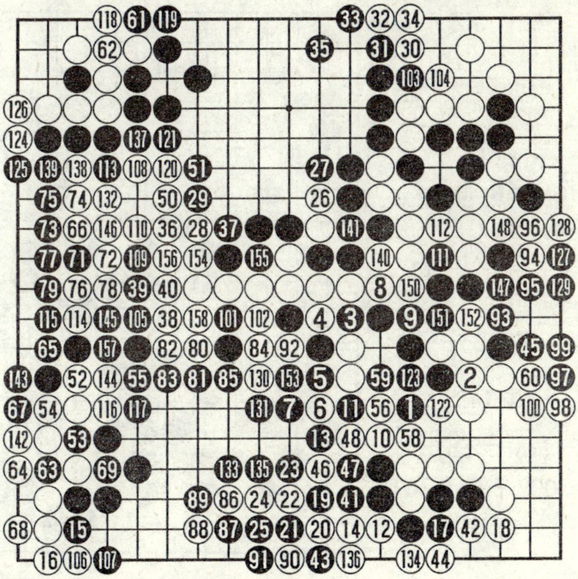

▼第二谱(101－258)

49＝46　57＝6

70＝63　149＝90

黑出3¾子

共258手

黑胜¾子

2002年12月26日

于深圳

春兰杯八强赛

●黑 羽根直树 九段（日本）

○白 曹薰铉 九段（韩国）

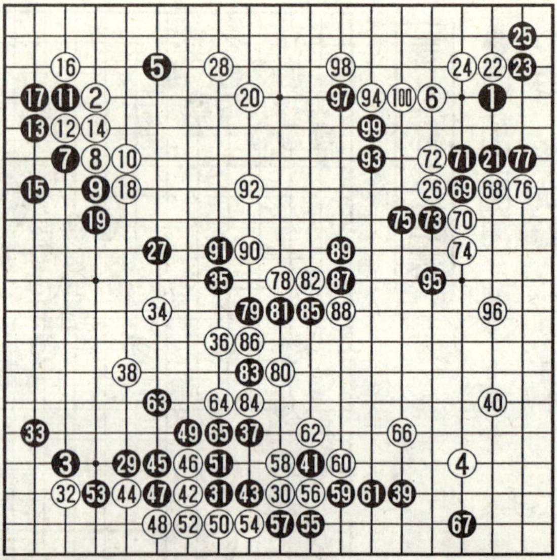

▲第一谱（1－100）　▼第二谱（101－143）

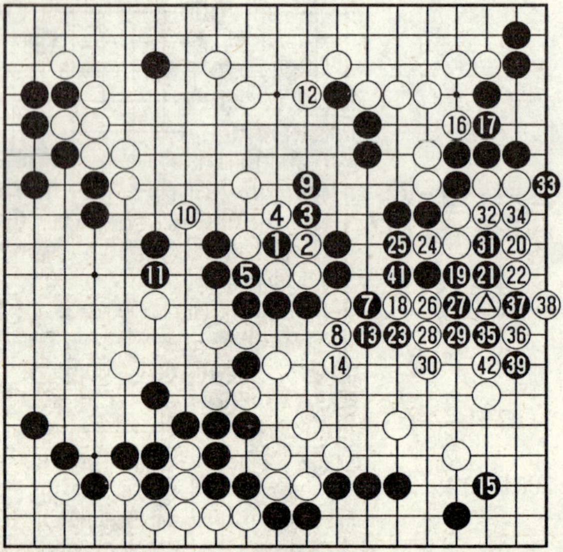

⑥＝❶ ㊵＝△

㊸＝㊲

黑出$3\frac{3}{4}$子

共143手

黑中盘胜

2002年12月26日

于深圳

春兰杯预赛

● 黑 林海峰 九段(日本)

○ 白 李昌镐 九段(韩国)

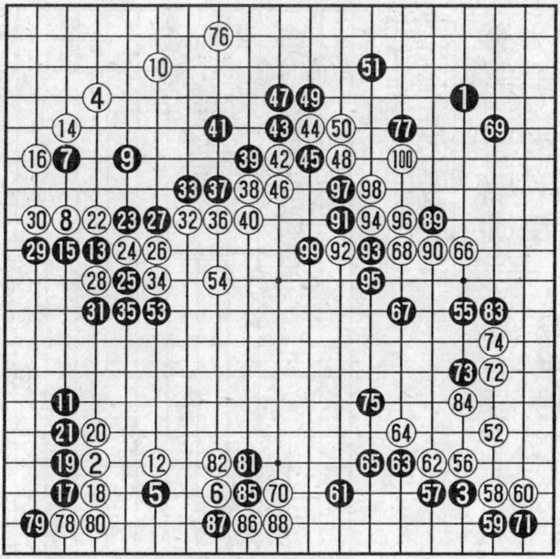

▲第一谱(1－100)　▼第二谱(101－246)

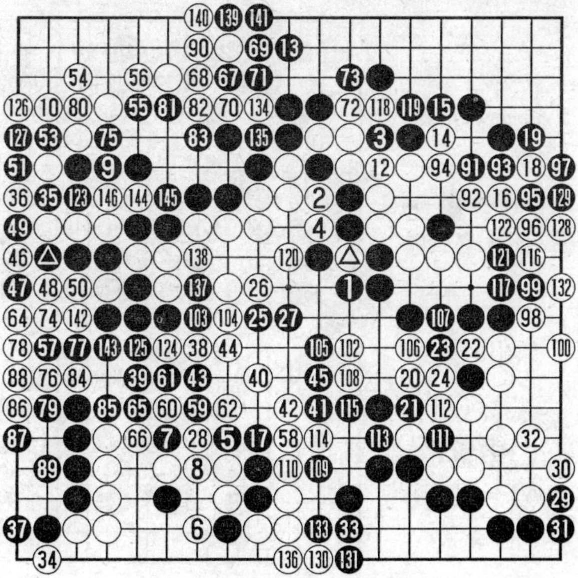

⑪＝△

52 101 ＝46

63＝▲

黑出$3\frac{3}{4}$子

共246手

白胜$1\frac{1}{4}$子

2002年5月18日

于北京

春兰杯预赛

● 黑 崔明勋 八段（韩国）

○ 白 丁伟 八段（中国）

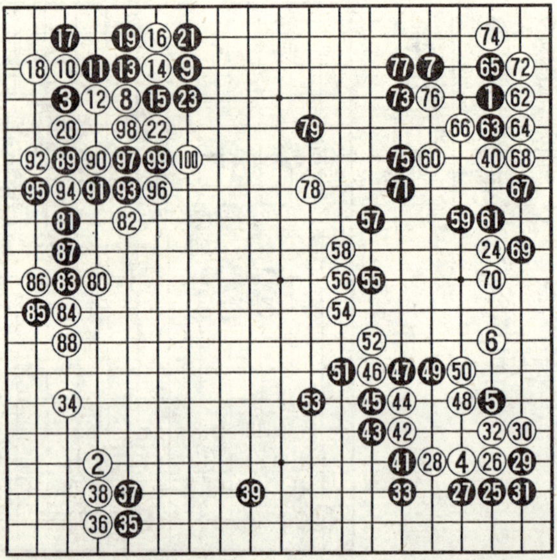

▲第一谱(1－100)

▼第二谱(101－226)

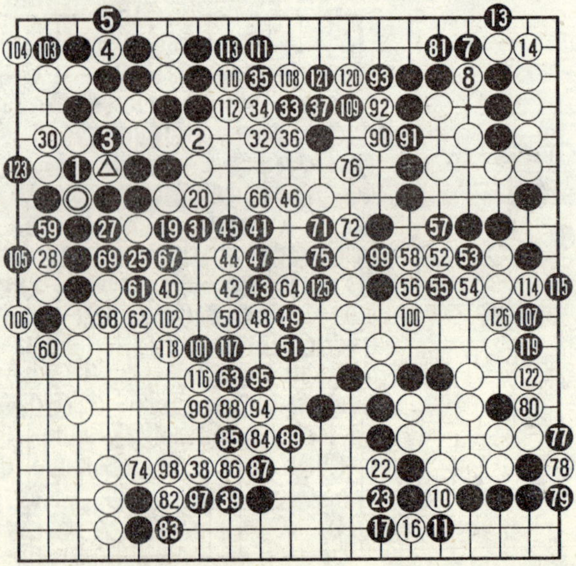

⑥⑫⑱㉔⑦⓪⑫④ ＝△

❾⓯㉑65 73 ＝❸

㉖＝◎ ㉙＝❶

黑出3$\frac{3}{4}$子

共226手

白中盘胜

2002年5月18日

于北京

春兰杯预赛

● 黑 羽根直树 九段（日本）

○ 白 胡耀宇 六段（中国）

65 71 77 83 90 = △

68 74 80 86 = 62

123 133 139 145 151 157 163 171 227 = 117 130 136 142 148 154 160 168 224 229 = 120 159 = 152

186 = 103 199 205 211 217 = ◎

202 208 214 231 = 96

215 = 209 216 = 143

221 = 22 230 = □

黑出$3\frac{3}{4}$子

共331手

黑胜$\frac{3}{4}$子

2002年5月18日

于北京

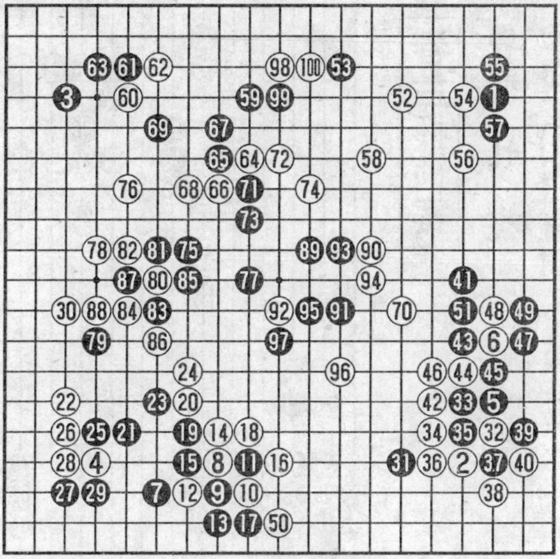

▲第一谱(1－100) ▼第二谱(101－331)

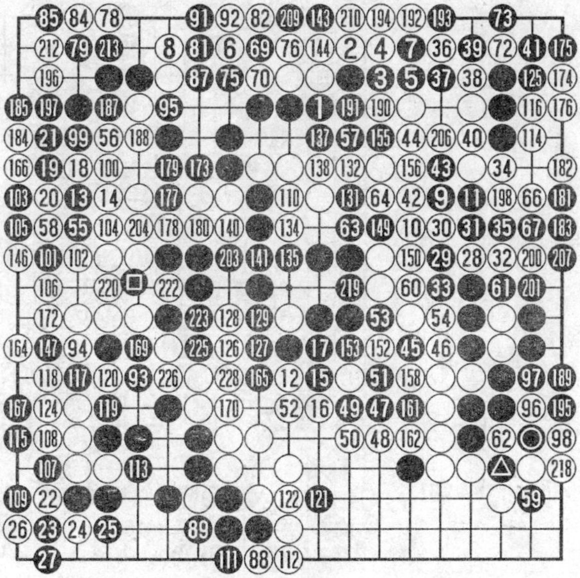

春兰杯预赛

●黑 孔 杰 六段（中国）

○白 羽根直树 九段（日本）

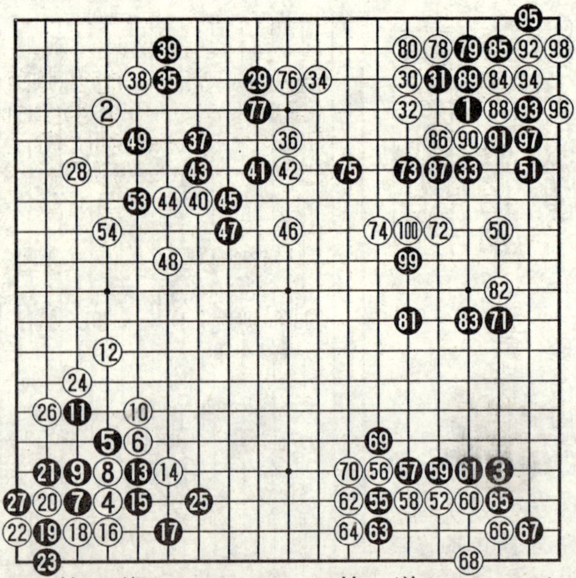

▲第一谱（1－100）

▼第二谱（101－260）

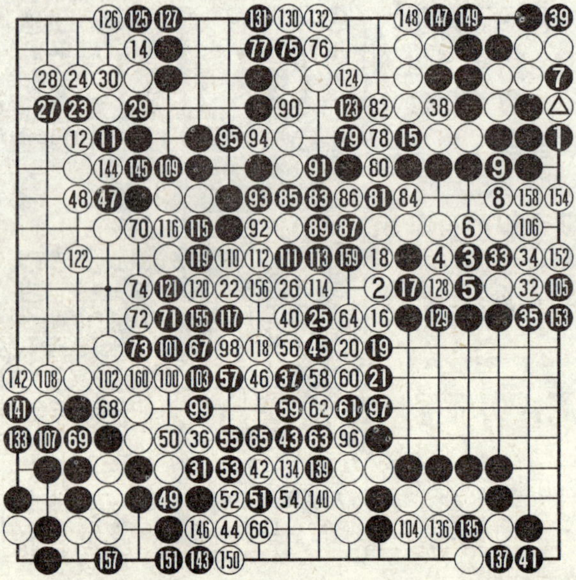

⑩＝△ ⑬＝❼

⑧⑧＝⑧① ⑬⑧＝⑬⑤

黑出$3\frac{3}{4}$子

共260手

白胜$1\frac{1}{4}$子

2002年5月20日

于北京

春兰杯预赛

●黑　赵治勋　九段（日本）

○白　周鹤洋　九段（中国）

57 = 30

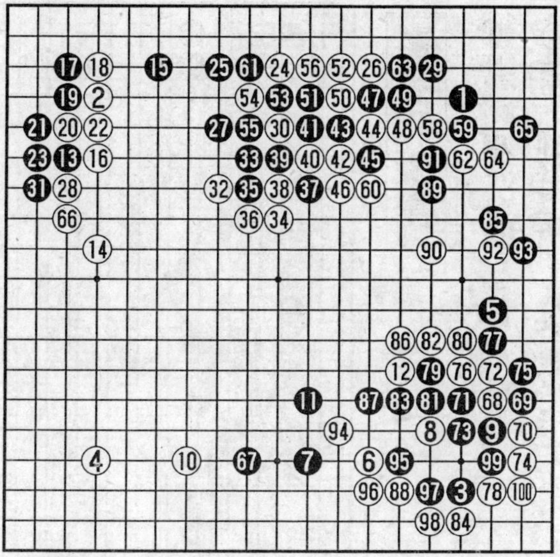

▲第一谱（1－100）　▼第二谱（101－178）

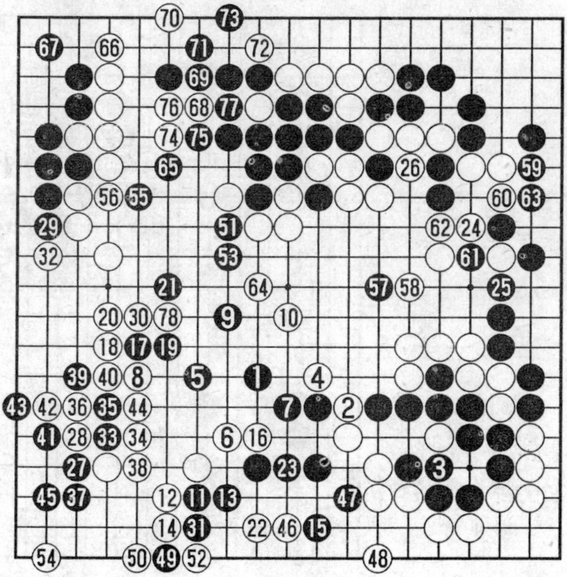

黑出3$\frac{3}{4}$子

共178手

白中盘胜

2002年5月20日

于北京

春兰杯预赛

●黑　罗洗河　八段（中国）

○白　刘昌赫　九段（韩国）

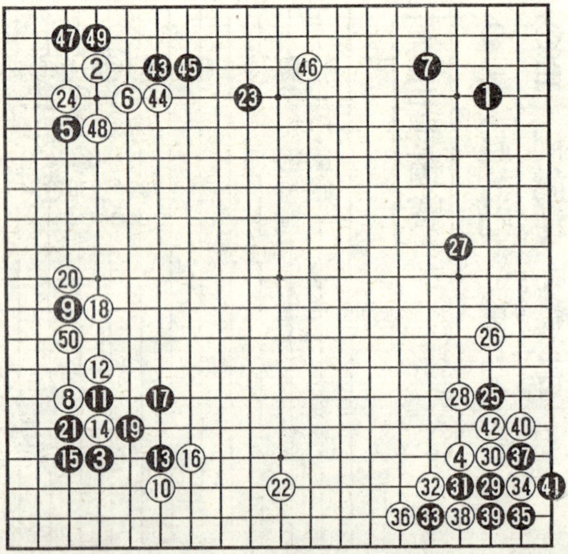

▲第一谱（1－50）　▼第二谱（51－109）

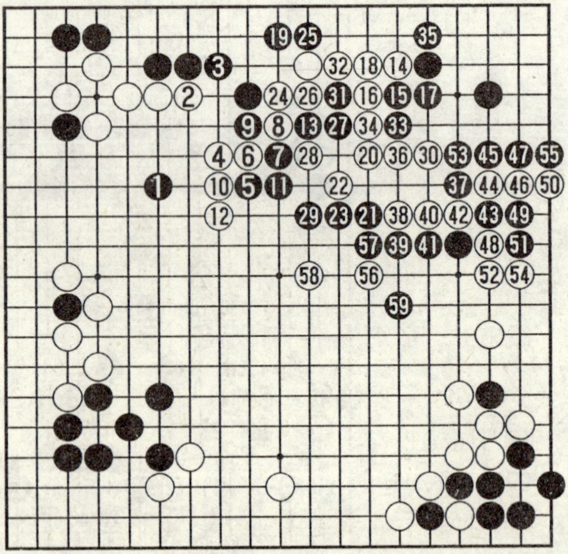

黑出$3\frac{3}{4}$子

共 109 手

黑中盘胜

2002年5月20日

于北京

春兰杯预赛

●黑　常　昊　九段（中国）

○白　周俊勋　九段（台湾）

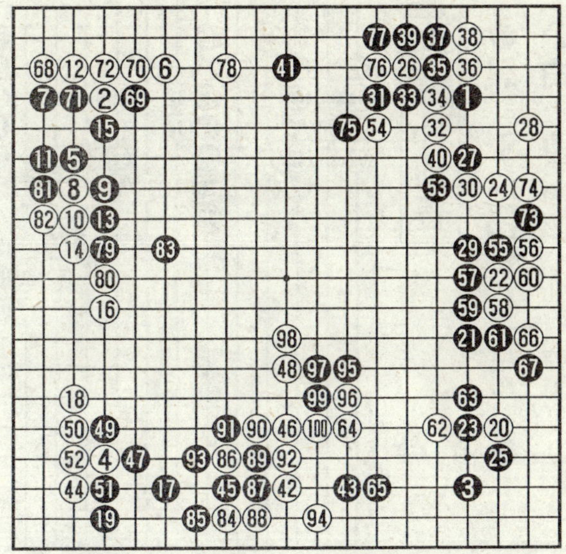

▲第一谱（1－100）　▼第二谱（101－247）

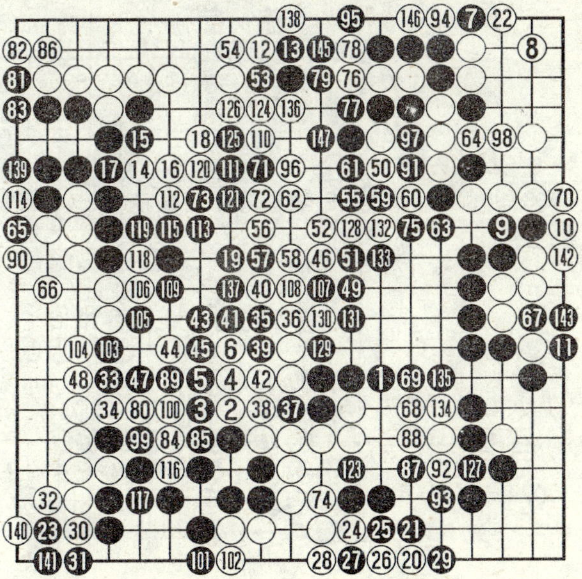

122 = 27　144 = 65

黑出$3\frac{3}{4}$子

共247手

黑胜$3\frac{3}{4}$子

2002年5月20日

于北京

春兰杯预赛

● 黑　丁　伟　八段（中国）

○ 白　曹薰铉　九段（韩国）

❾❼=❾❶ ⑩⓪=⑨❹

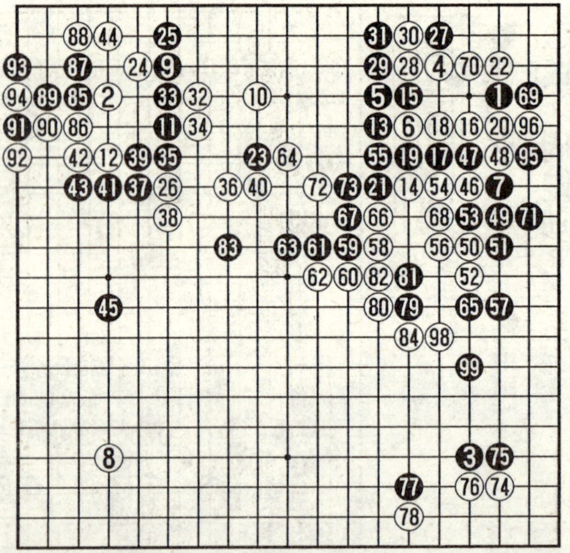

▲第一谱（1－100）

▼第二谱（101－212）

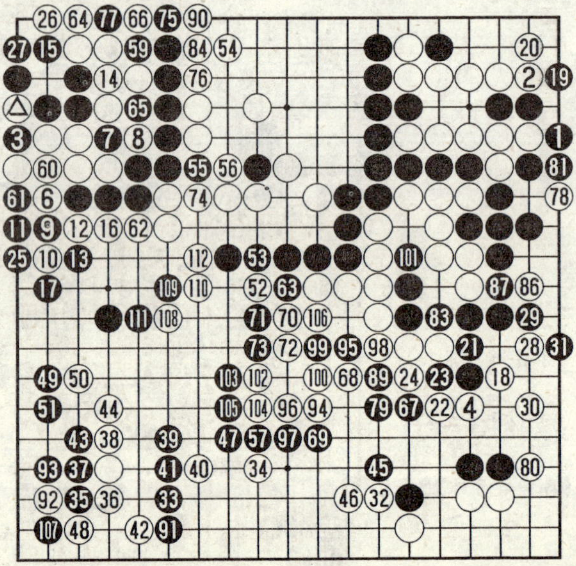

❺=△ ⑤⑧=❼

⑧②⑧⑧=⑥⑥

❽❺=❼❼

黑出$3\frac{3}{4}$子

共212手

白中盘胜

2002年5月20日

于北京

春兰杯预赛

● 黑 张栩 七段(日本)

○ 白 俞斌 九段(中国)

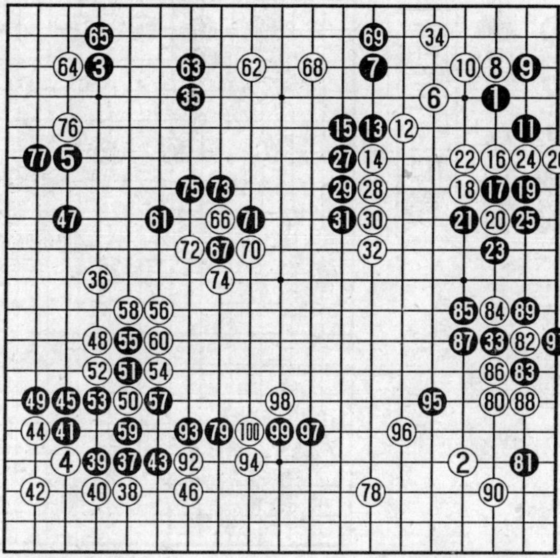

▲第一谱(1－100)　▼第二谱(101－209)

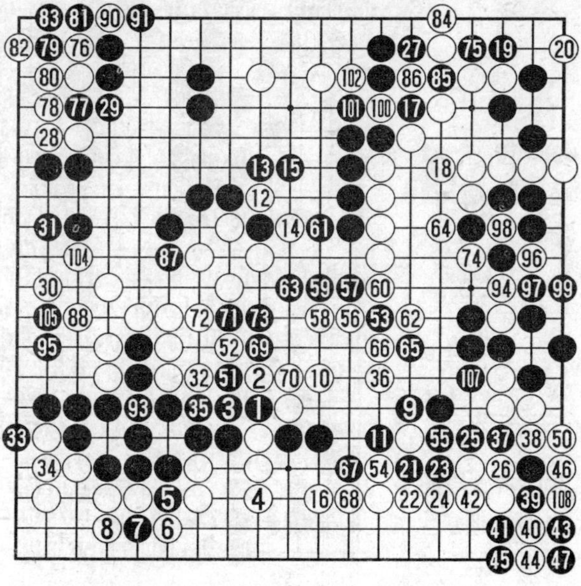

48＝40　49＝44

89＝85　92＝86

103 109＝17

106＝100

黑出$3\frac{3}{4}$子

共209手

黑中盘胜

2002年5月20日

于北京

春兰杯预赛

●黑　马晓春　九段（中国）

○白　结城聪　九段（日本）

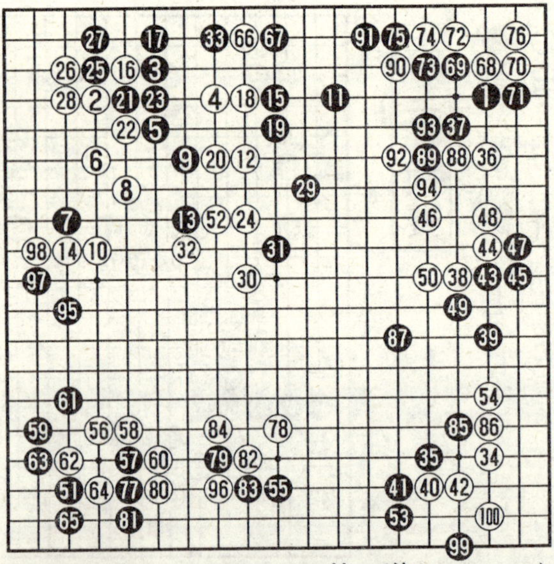

▲第一谱（1－100）

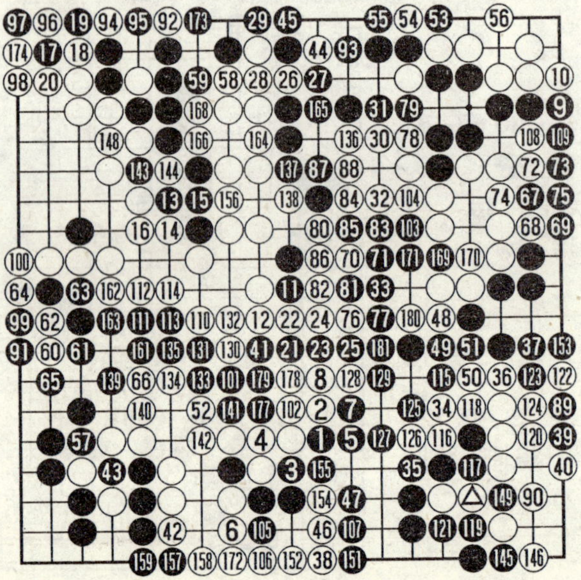

▼第二谱（101－281）

147＝143　150＝△

160＝89　167＝144

175＝94　176＝96

黑出3 $\frac{3}{4}$ 子

共281手

白胜2 $\frac{1}{4}$ 子

2002年5月20日

于北京

春兰杯预赛

●黑 王立诚 九段(日本)

○白 李昌镐 九段(韩国)

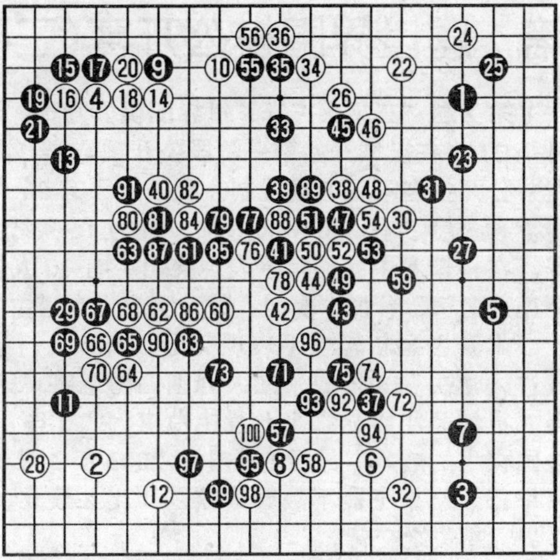

▲第一谱(1－100)　　▼第二谱(101－144)

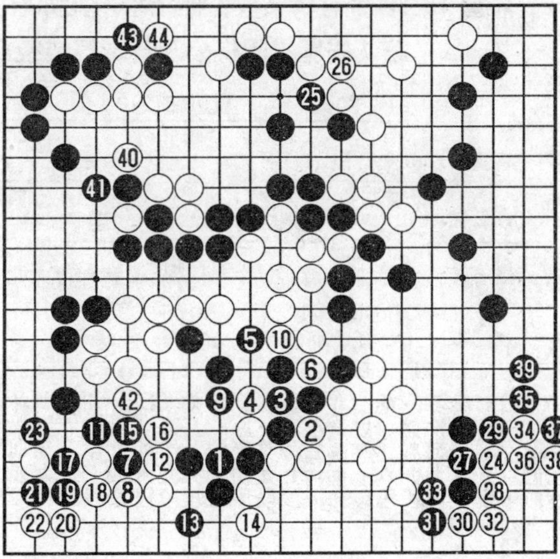

黑出$3\frac{3}{4}$子

共144手

白中盘胜

2002年5月20日

于北京

第7届世界围棋公开赛(三星火灾杯)

第7届“三星火灾杯“世界围棋公开赛，于2002年7月25日至31日在汉城开始第一阶段公开预选赛。由于预选赛采取自费并公开报名不受名额限制，我国选手有36人参加了本届预选赛。预选赛共有300多人参加，分为16条线最终16人进入本赛。在预选赛中我国棋手表现突出，有10人打入本赛另加上4个正选名额，参加本赛的人数首次超出东道主韩国队。

本赛中国年轻棋手表现突出，有6人打进八强赛，并有3人进入半决赛，形成了三人合围韩国老将曹薰铉九段之势。值得一提的是小将胡耀宇七段执白棋淘汰了李昌镐九段，大长了中国棋手的威风。最后的决赛于2003年1月13日至14日在北京举行。结果王磊不敌曹薰铉以0比2败北，中国棋手再次与世界冠军失之交臂。

韩国棋院和主办者为了扩大影响将决赛由汉城改到北京举行，希望中国棋手有所突破，但结果未能如愿。

第7届世界围棋公开赛本赛成绩表

曹薰铉(2:0)

三番胜负

曹薰铉(2:0)　　王　磊(2:0)

三番胜负　　三番胜负

曹薰铉　王煜辉　胡耀宇　王磊

曹薰铉　罗洗河　王煜辉　常　昊　胡耀宇　曹大元　王磊　崔明勋

曹　彭　罗　梁　王　羽根　常　刘　李　胡　曹　朴　王　小林　崔　张

曹薰铉九段　王檄四段　山田规三生八段　彭荃五段　梁宰豪九段　罗洗河九段　王铭琬九段　梁建六段　王煜辉七段　崔哲瀚四段　羽根直树九段　徐奉洙九段　常昊九段　崔原踊初段　段嵘七段　刘昌赫九段　李昌镐九段　邱峻六段　朴升文四段　胡耀宇七段　李世石三段　曹大元九段　朴永训四段　俞斌九段　王磊八段　武宫正树九段　杨一五段　小林觉九段　崔明勋八段　孔杰七段　朴真纯初段　张文东九段

世界公开赛决赛第1局

●黑 王 磊 八段（中国）

○白 曹薰铉 九段（韩国）

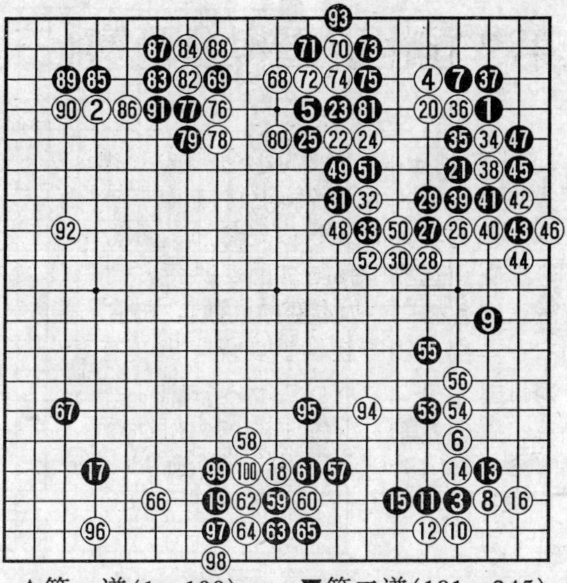

▲第一谱（1－100）

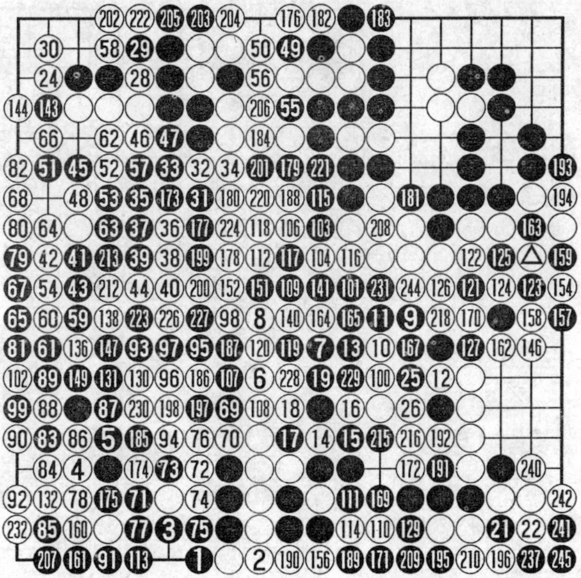

▼第二谱（101－345）

20 27 = 14　23 =
17 105 137 153 = 99
128 135 = 124　133 =
125 134 150 155 = 102
139 145 223 238 = 83
142 148 236 = 88
166 = △　168 = 154
211 217 = 73　214 219
= 174　225 = 136
234 = 114　235 = 110
239 = 21　243 = 196

黑出6目半

共345手

白胜12目半

2003年1月13日

于北京

世界公开赛决赛第2局

●黑 曹薰铉 九段（韩国）
○白 王 磊 八段（中国）

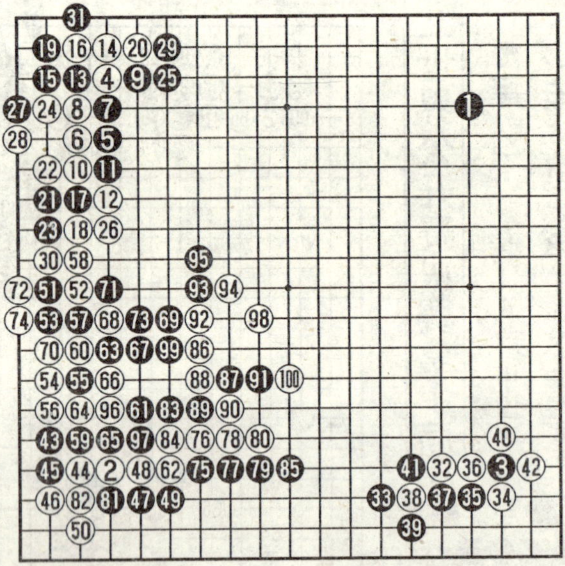

▲第一谱（1－100）　▼第二谱（101－231）

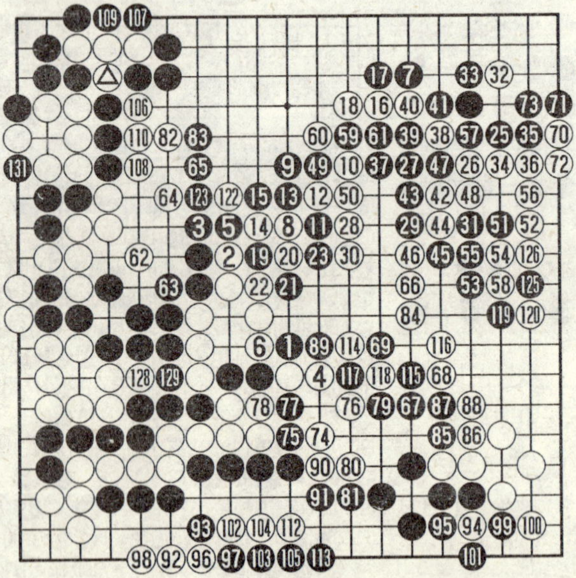

㉔＝⑲　⑪＝△
121 127＝117
124 130＝118

黑出6目半
共231手
黑中盘胜
2003年1月14日
于北京

世界公开赛半决赛第1局

●黑　王　磊　八段（中国）

○白　胡耀宇　七段（中国）

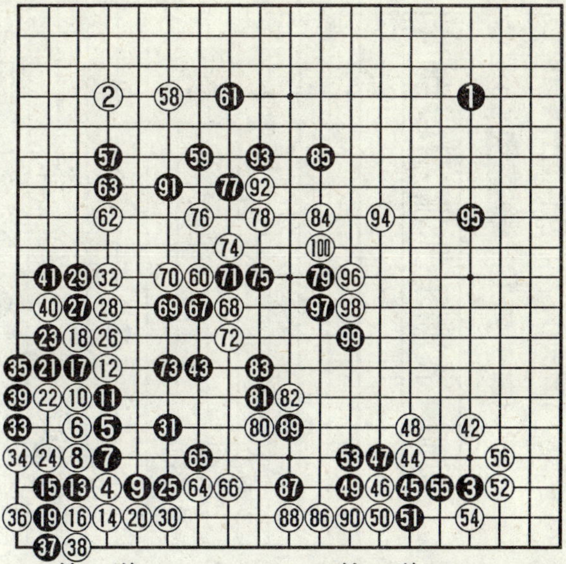

▲第一谱（1－100）

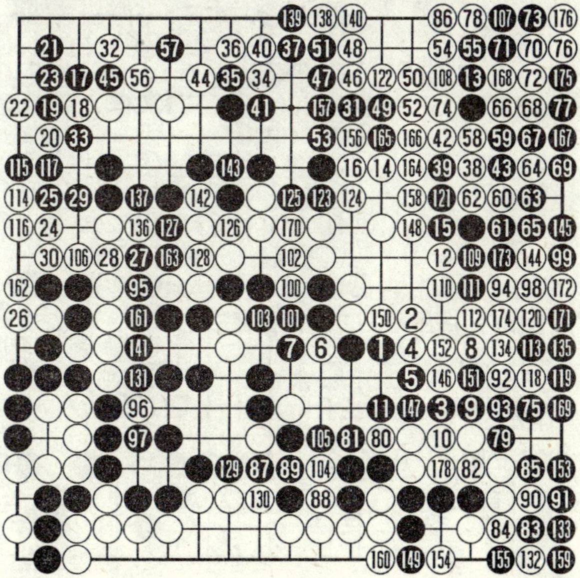

▼第二谱（101－278）

177＝132

黑出6目半

共278手

黑胜4目半

2002年11月12日

于韩国大田市

世界公开赛半决赛第2局

●黑 胡耀宇 七段（中国）

○白 王磊 八段（中国）

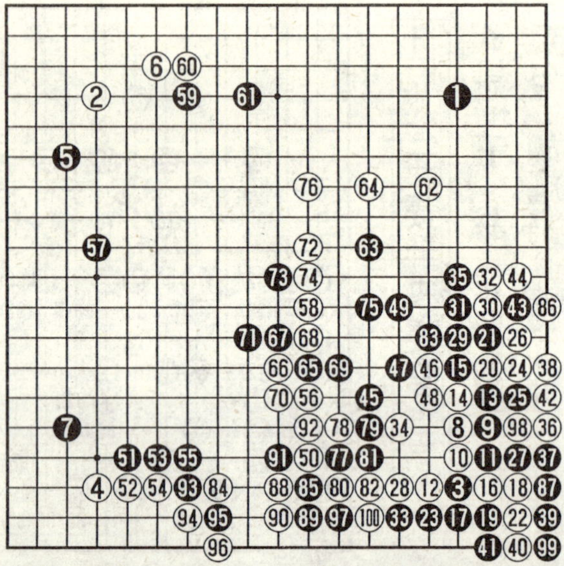

▲第一谱(1－100)　▼第二谱(101－254)

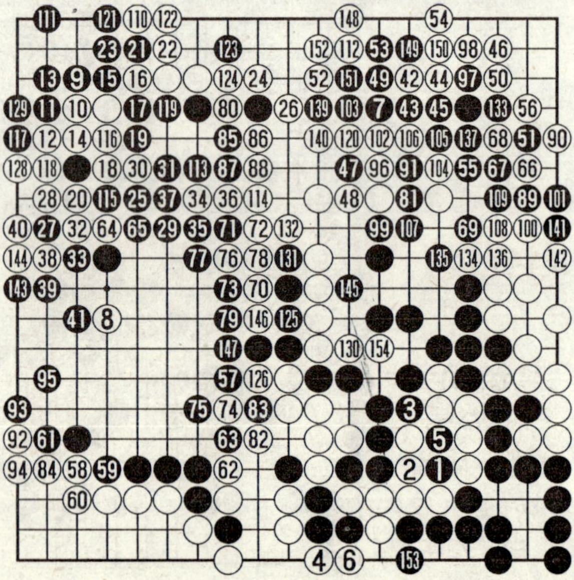

127＝74　138＝51

黑出6目半

共254手

白胜1目半

2002年11月13日

于韩国大田市

世界公开赛半决赛第1局

●黑　曹薰铉　九段（韩国）

○白　王煜辉　七段（中国）

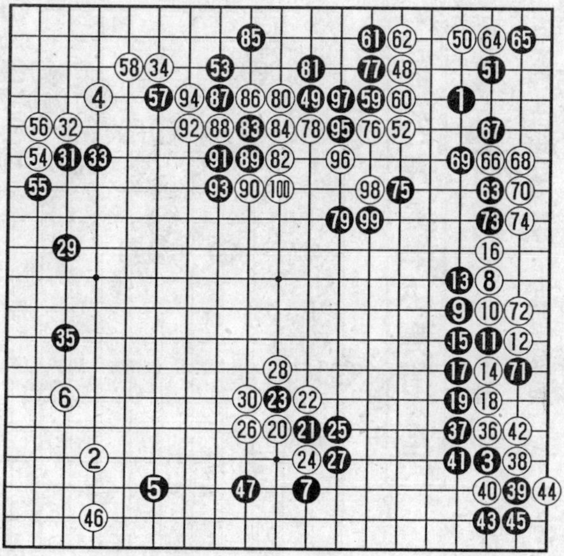

▲第一谱（1－100）　　▼第二谱（101－169）

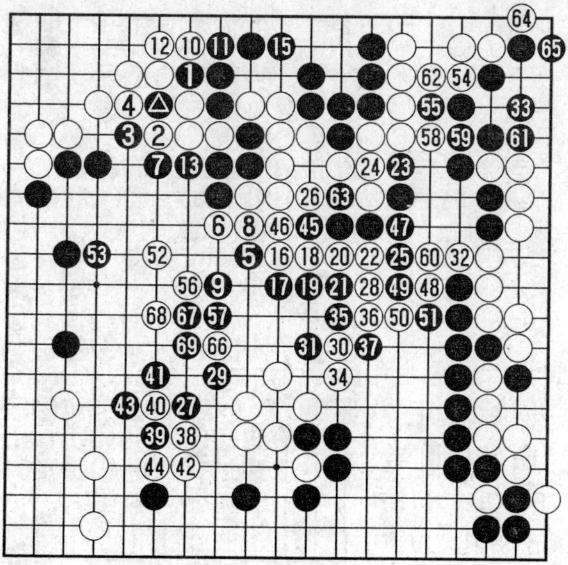

⑭＝▲

黑出6目半
共169手
黑中盘胜
2002年11月12日
于韩国大田市

世界公开赛半决赛第2局

● 黑 王煜辉 七段（中国）

○ 白 曹薰铉 九段（韩国）

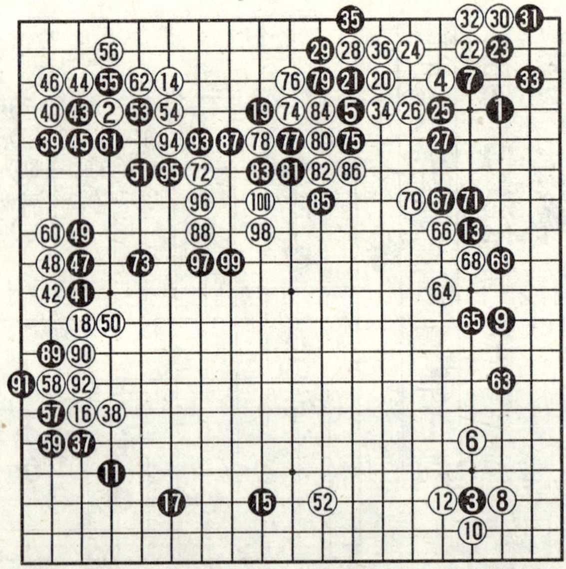

▲第一谱（1－100）　▼第二谱（101－273）

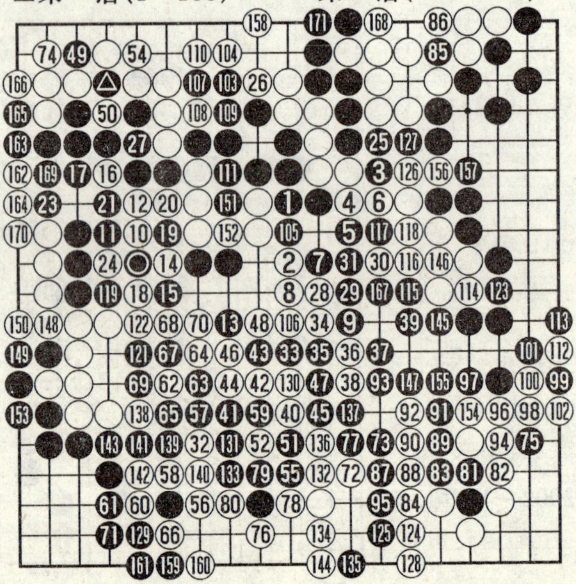

22 = 14　53 = △

120 = ◎　172 = 99

173 = 50

黑出6目半

共273手

白胜3目半

2002年11月13日

于韩国大田市

世界公开赛八强赛

●黑　曹薰铉　九段（韩国）

○白　罗洗河　九段（中国）

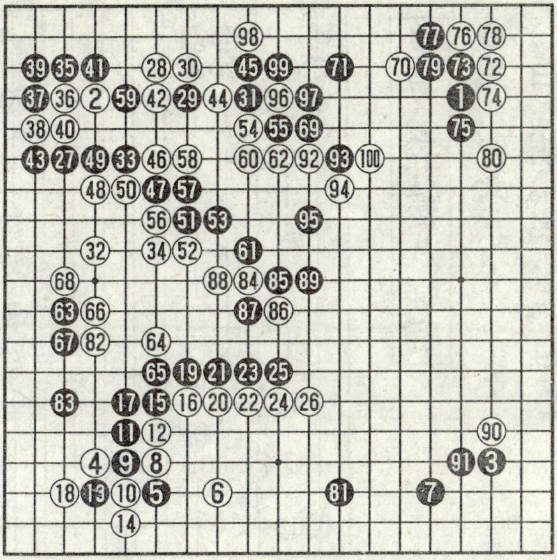

▲第一谱（1－100）

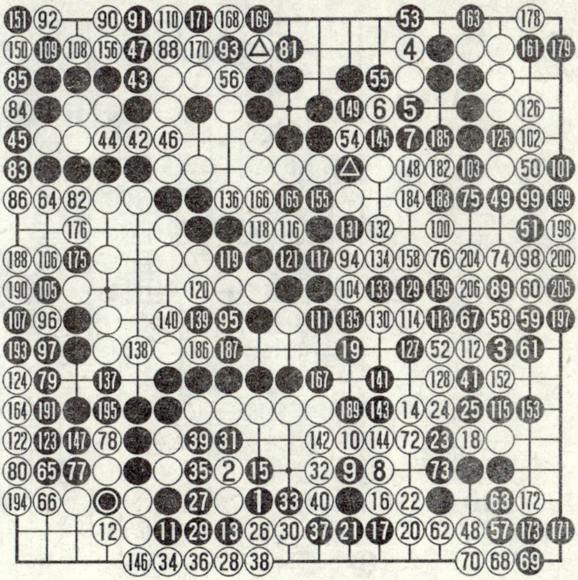

▼第二谱（101－307）

87＝84　154＝150　157 162＝△　160＝54　174 180＝168　177 202＝171　181＝△　192 203＝96　196＝◎　201＝105　207＝58

黑出6目半

共307手

黑胜半目

2002年10月17日

于韩国蔚山市

世界公开赛八强赛

●黑　曹大元　九段(中国)

○白　胡耀宇　七段(中国)

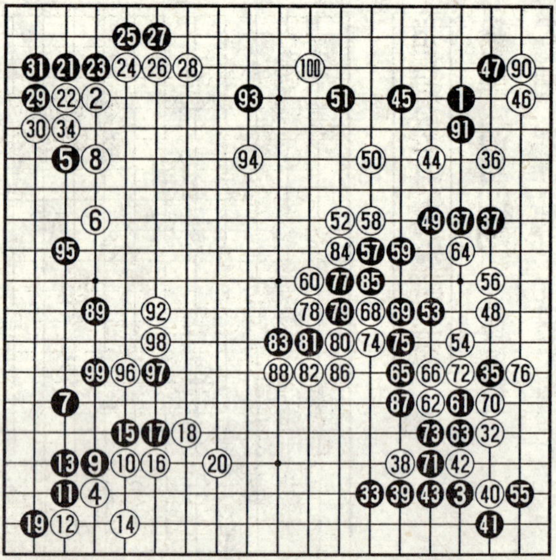

▲第一谱(1－100)　▼第二谱(101－170)

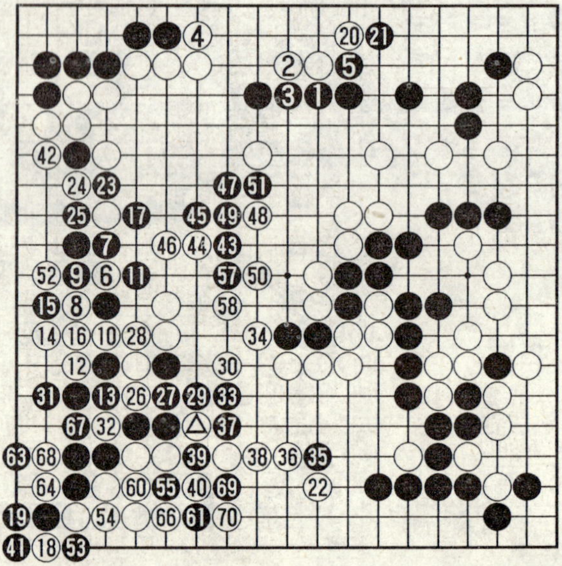

56 62＝△

59 65＝39

黑出6目半

共170手

白中盘胜

2002年10月17日

于韩国蔚山市

世界公开赛八强赛

●黑　崔明勋　八段（韩国）
○白　王　磊　八段（中国）

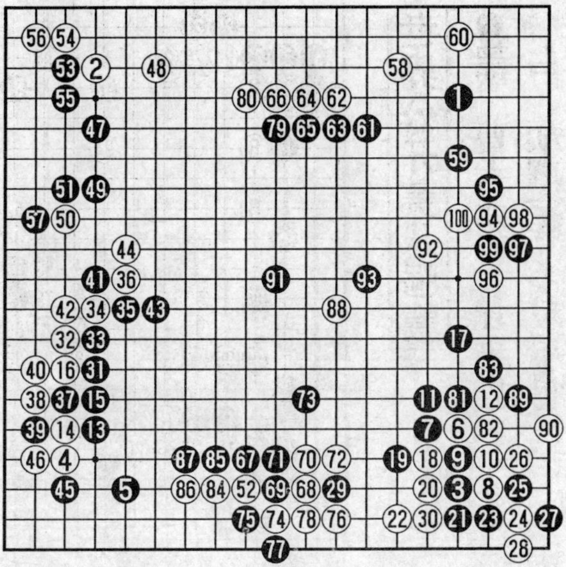

▲第一谱（1－100）

▼第二谱（101－218）

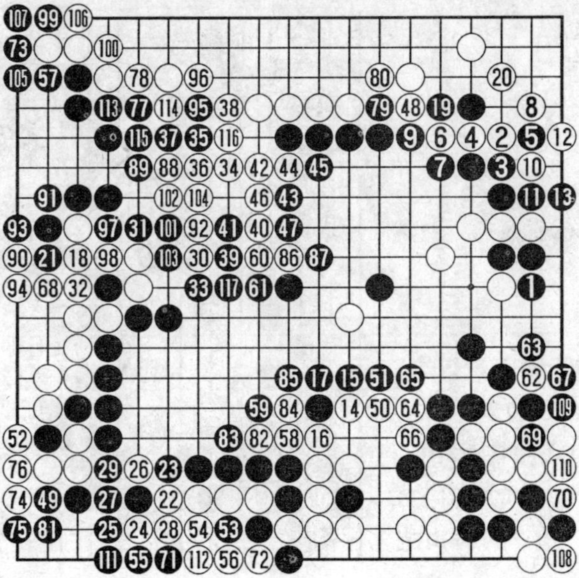

⑪⑧＝❺

黑出6目半
共218手
白胜2目半
2002年10月17日
于韩国蔚山市

世界公开赛八强赛

● 黑 常 昊 九段（中国）

○ 白 王煜辉 七段（中国）

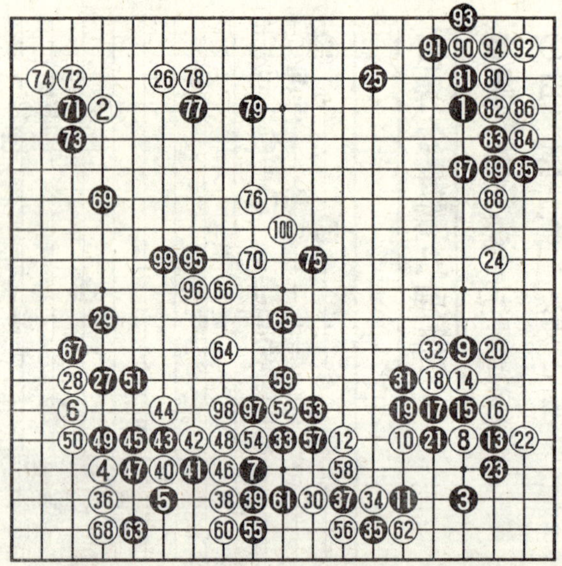

▲第一谱（1－100）

▼第二谱（101－242）

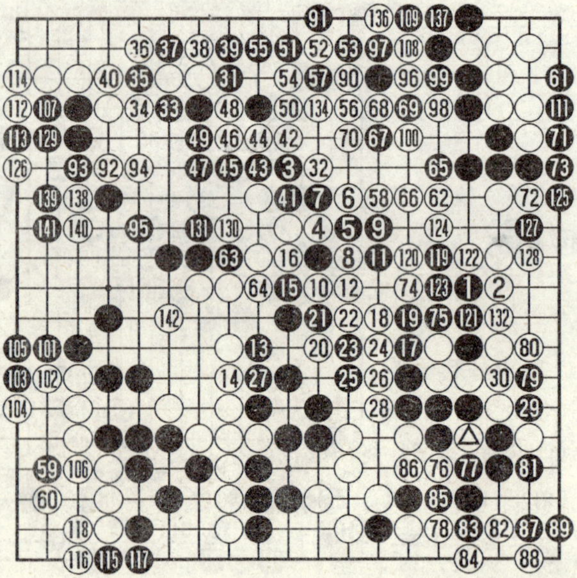

110＝69 133＝△

135＝52

黑出6目半

共242手

白中盘胜

2002年10月17日

于韩国蔚山市

世界公开赛本赛

●黑　王　磊　八段（中国）

○白　武宫正树　九段（日本）

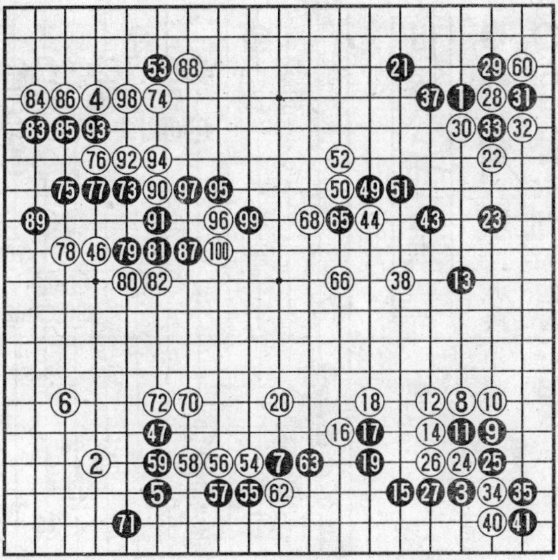

36 42 48 64 69 = 28

39 45 61 67 = 33

▲第一谱（1－100）　▼第二谱（101－232）

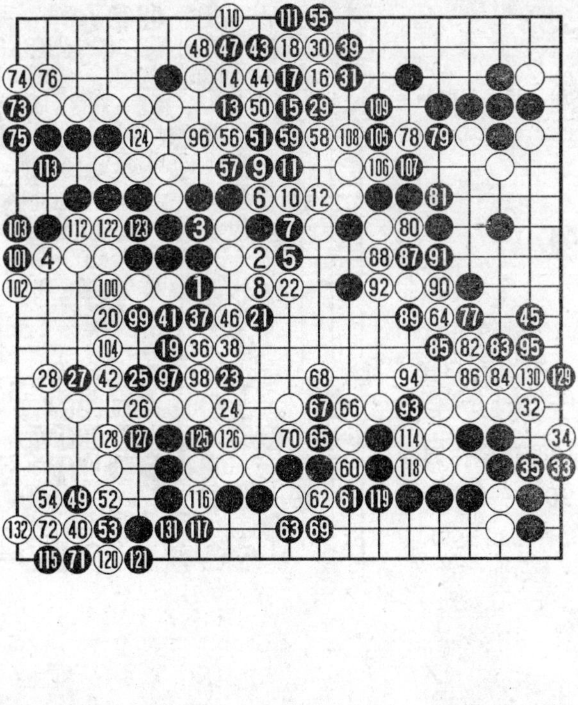

黑出6目半

共232手

黑胜6目半

2002年8月28日

于韩国大田市

世界公开赛本赛

● 黑 俞斌 九段（中国）

○ 白 朴永训 四段（韩国）

48 53 = 24

51 = 37

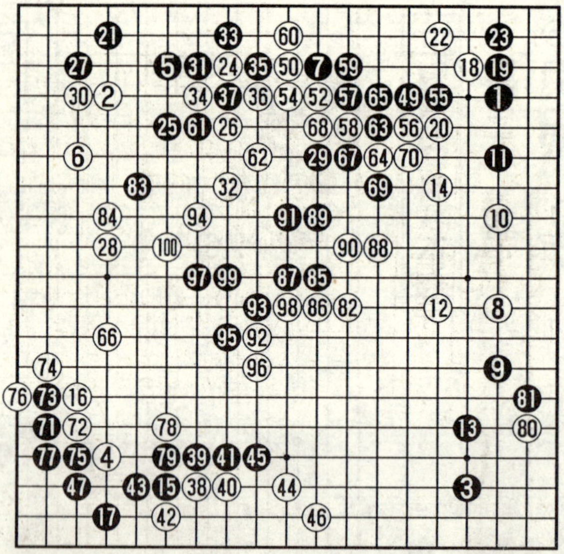

▲第一谱（1－100）

▼第二谱（101－237）

137 = 24

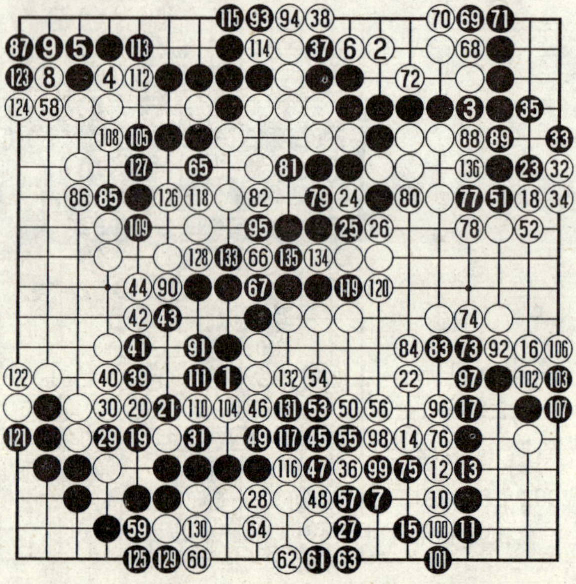

黑出6目半
共237手
白胜半目
2002年8月28日
于韩国大田市

世界公开赛本赛

●黑　胡耀宇　七段（中国）

○白　朴升文　四段（韩国）

⑨⑥＝❾❶

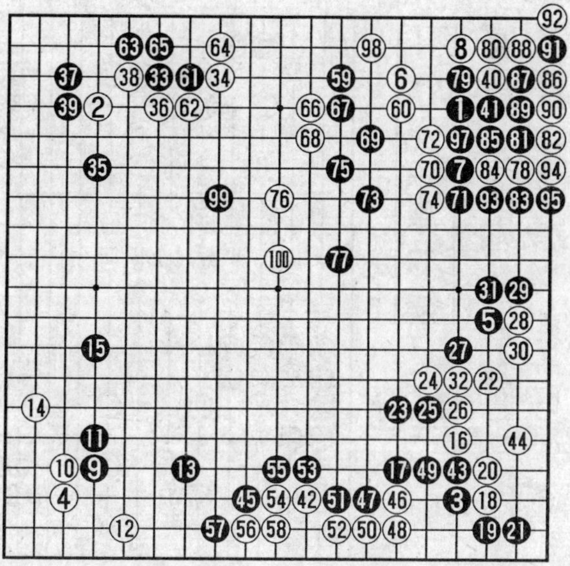

▲第一谱（1－100）　▼第二谱（101－117）

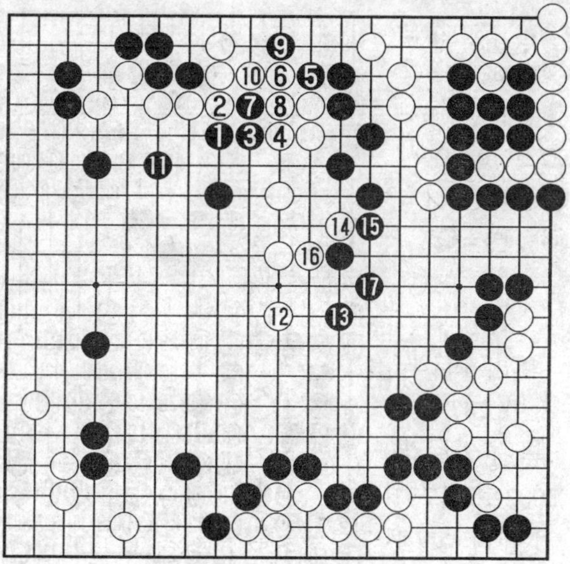

黑出 6 目半

共 117 手

黑中盘胜

2002年8月28日

于韩国大田市

世界公开赛本赛

●黑　崔明勋　八段（韩国）

○白　孔杰　七段（中国）

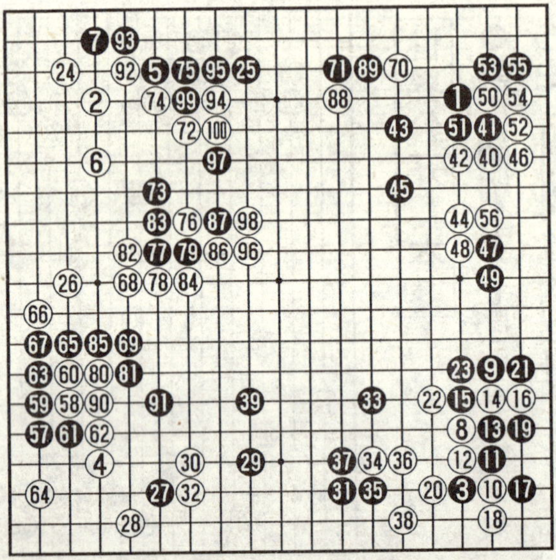

▲第一谱（1－100）

37＝△　60＝3

62 70＝50　67＝53　68 82 132＝56

79 85＝59　156＝153　169 175＝129

172 178＝138　180＝164　182＝167

▼第二谱（101－287）

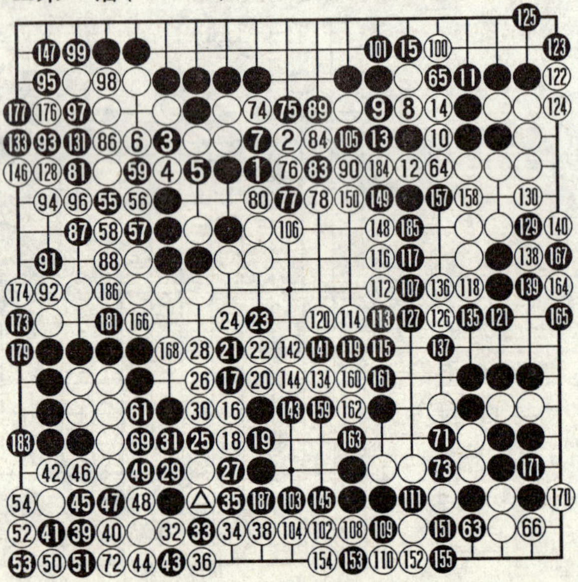

黑出6目半

共287手

黑胜2目半

2002年8月28日

于韩国大田市

世界公开赛本赛

●黑 梁宰豪 九段（韩国）

○白 罗洗河 九段（中国）

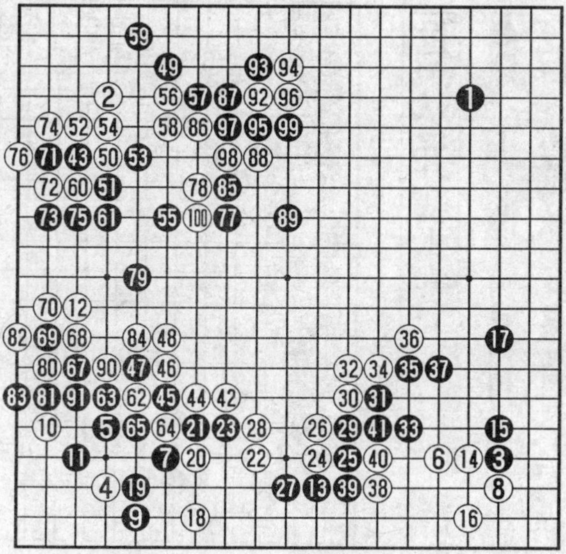

⑯＝㊺

▲第一谱（1－100）

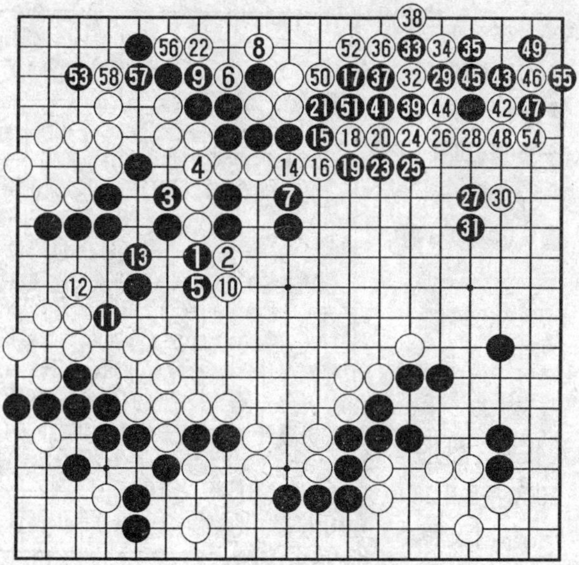

▼第二谱（101－158）

⑩＝㉝

黑出6目半

共158手

白中盘胜

2002年8月28日

于韩国大田市

世界公开赛本赛

●黑 王檄 四段（中国）

○白 曹薰铉 九段（韩国）

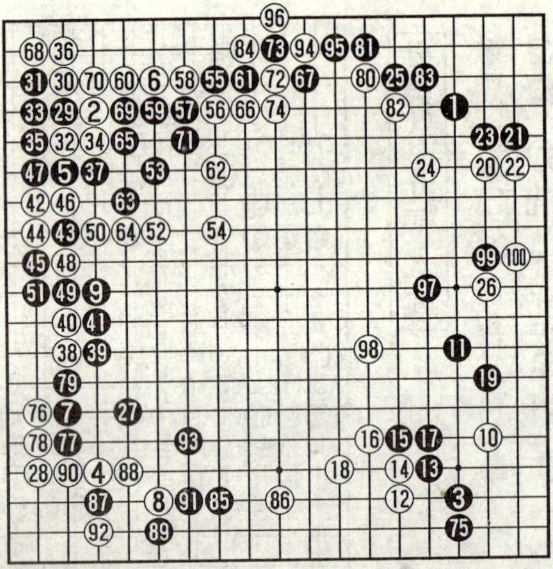

▲第一谱(1－100)

▼第二谱(101－272)

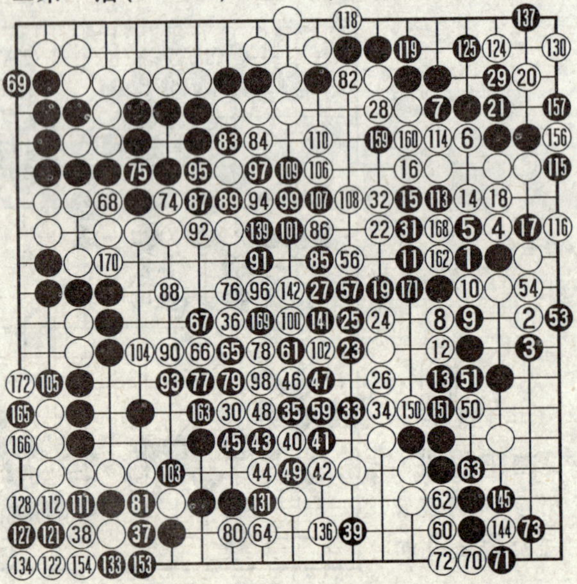

52 58 120 126 132 138 = 40　55 117 123 129 135 140 = 49
143 149 155 161 167 = 61
146 152 158 164 = 102
147 = 121　148 = 127

黑出6目半
共272手
白中盘胜
2002年8月28日
于韩国大田市

世界公开赛本赛

●黑　曹大元　九段(中国)

○白　李世石　三段(韩国)

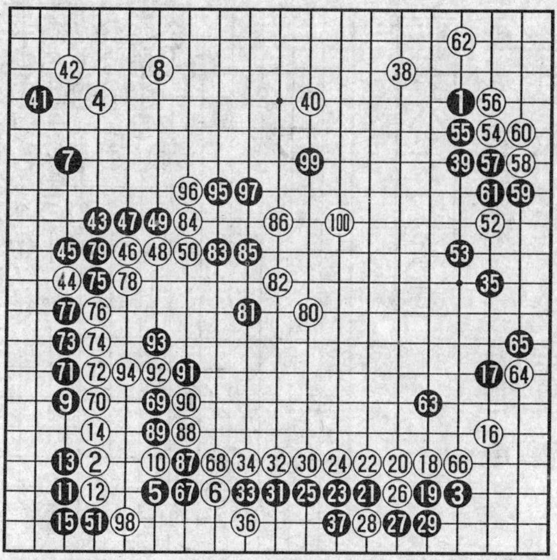

▲第一谱(1－100)　　▼第二谱(101－243)

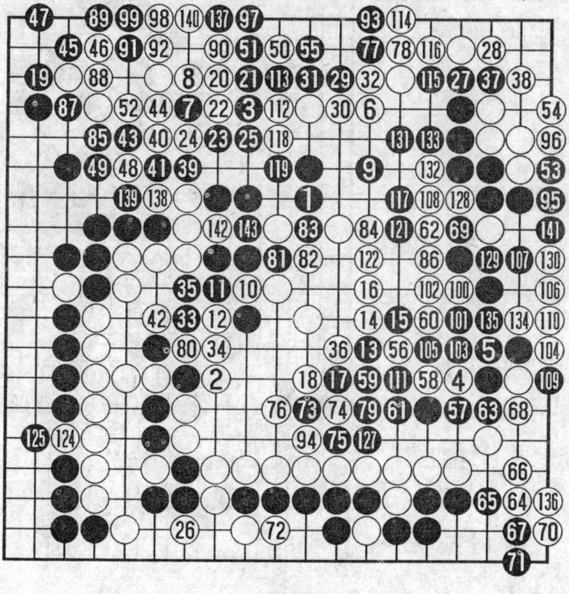

⑫⓪⑫⑥＝⑦④

⓬⓷＝⓻⓷

黑出6目半

共243手

黑中盘胜

2002年8月28日

于韩国大田市

世界公开赛本赛

● 黑 李昌镐 九段（韩国）

○ 白 邱峻 六段（中国）

82 = 77

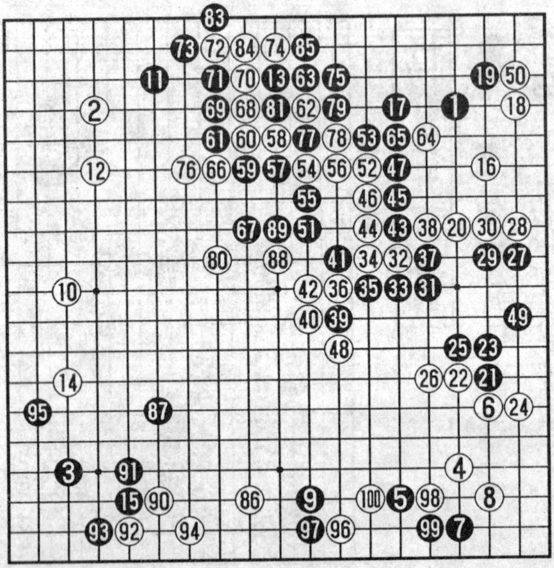

▲第一谱(1－100)　　▼第二谱(101－225)

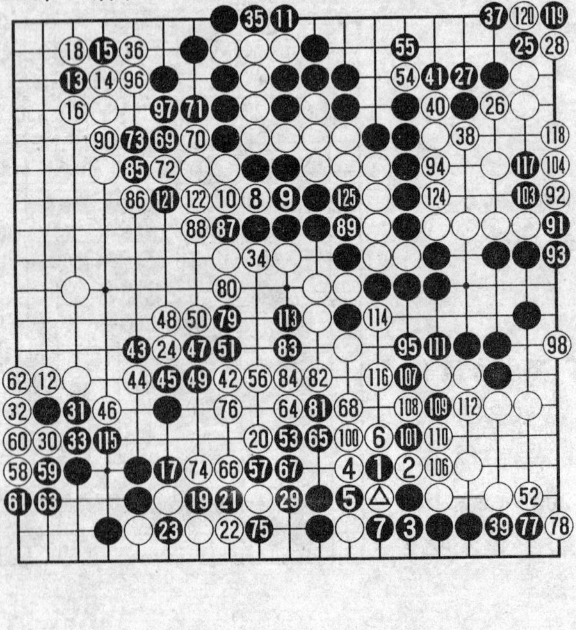

99 106 = 1

102 = △　123 = 119

黑出 6 目半
共 225 手
黑中盘胜
2002年8月28日
于韩国大田市

世界公开赛本赛

●黑 刘昌赫 九段（韩国）

○白 段嵘 七段（中国）

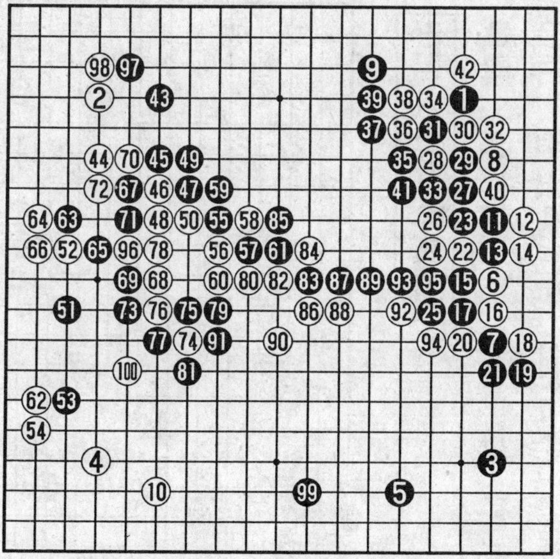

▲第一谱（1－100）

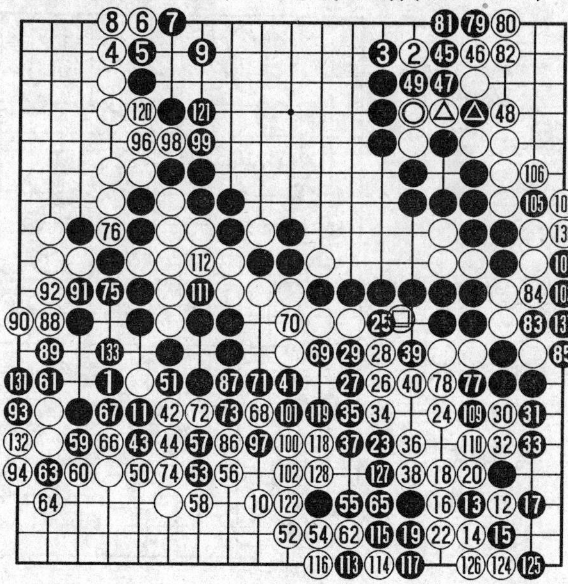

▼第二谱（101－237）

黑出 6 目半

共 237 手

黑胜 3 目半

2002年8月28日

于韩国大田市

世界公开赛本赛

●黑　彭荃　五段(中国)

○白　山田规三生　八段(日本)

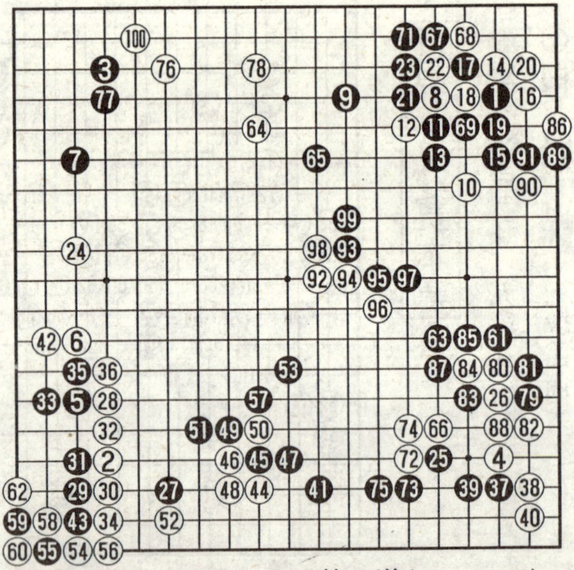

⑦⓪=⑰

▲第一谱(1－100)

▼第二谱(101－135)

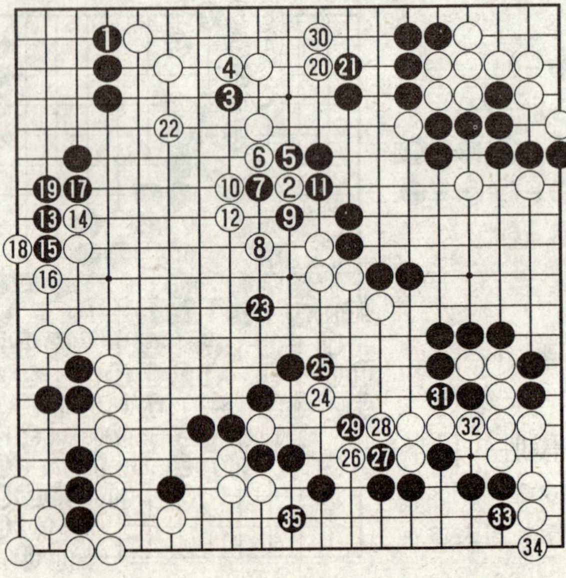

黑出6目半

共135手

黑中盘胜

2002年8月28日

于韩国大田市

世界公开赛本赛

●黑　杨　一　五段（中国）

○白　小林觉　九段（日本）

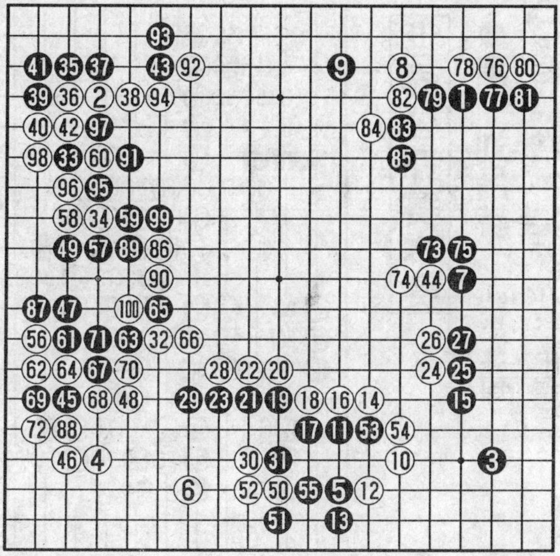

▲第一谱（1－100）　▼第二谱（101－206）

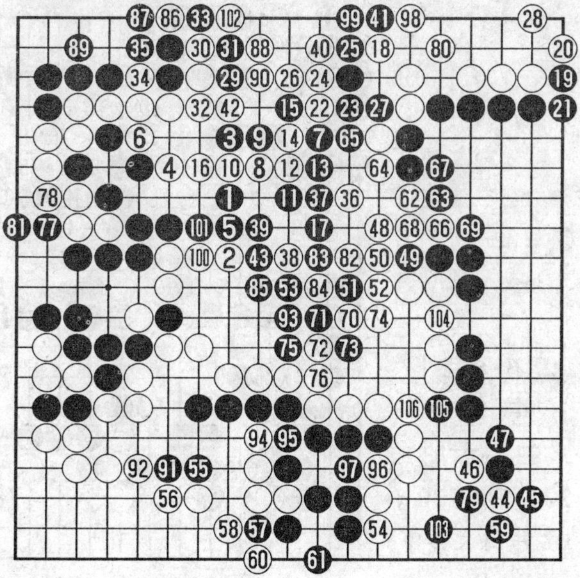

黑出6目半

共206手

白中盘胜

2002年8月28日

于韩国大田市

世界公开赛本赛

●黑　刘昌赫　九段（韩国）

○白　常　昊　九段（中国）

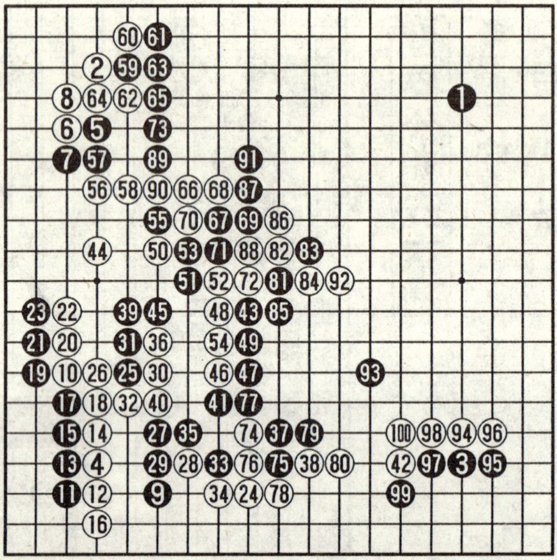

▲第一谱（1－100）　▼第二谱（101－192）

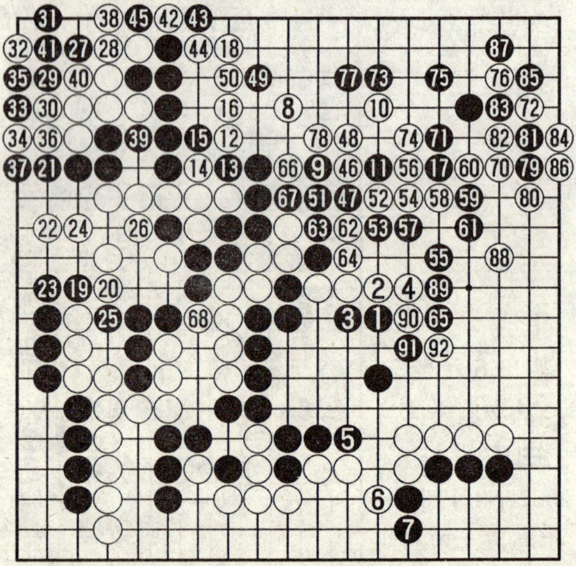

69＝42

黑出6目半

共192手

白中盘胜

2002年8月30日

于韩国大田市

世界公开赛本赛

●黑　李昌镐　九段（韩国）

○白　胡耀宇　七段（中国）

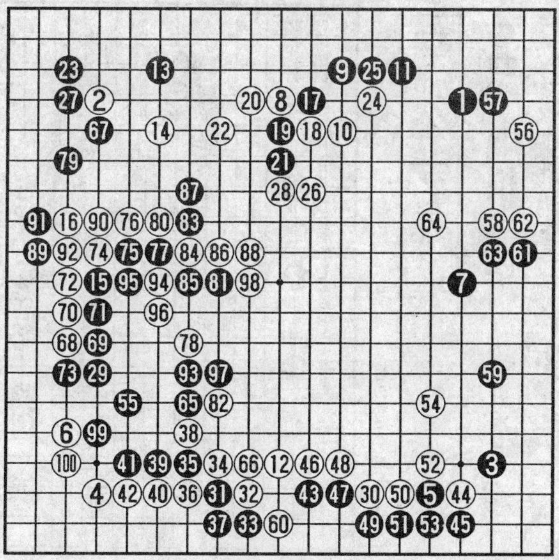

▲第一谱（1－100）　▼第二谱（101－158）

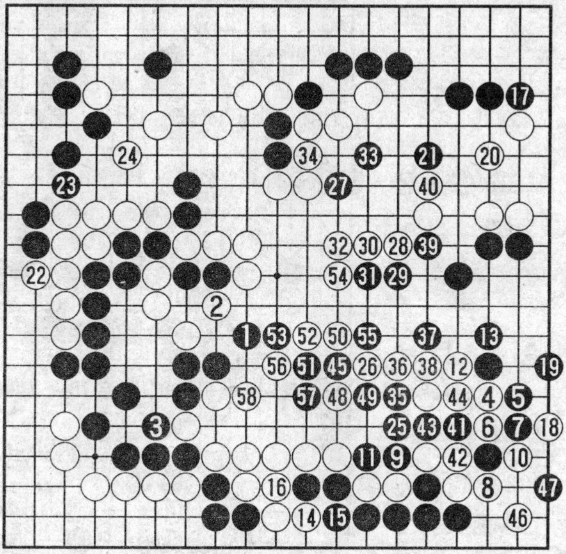

黑出6目半
共158手
白中盘胜
2002年8月30日
于韩国大田市

世界公开赛本赛

● 黑 羽根直树 九段（日本）

○ 白 王煜辉 七段（中国）

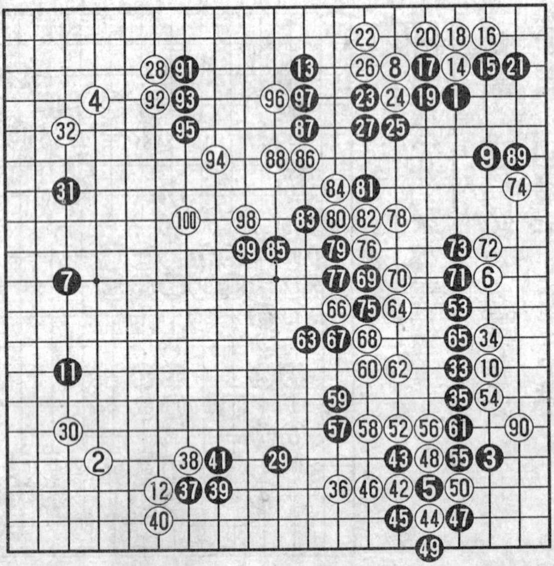

51 = 44

▲第一谱(1－100)

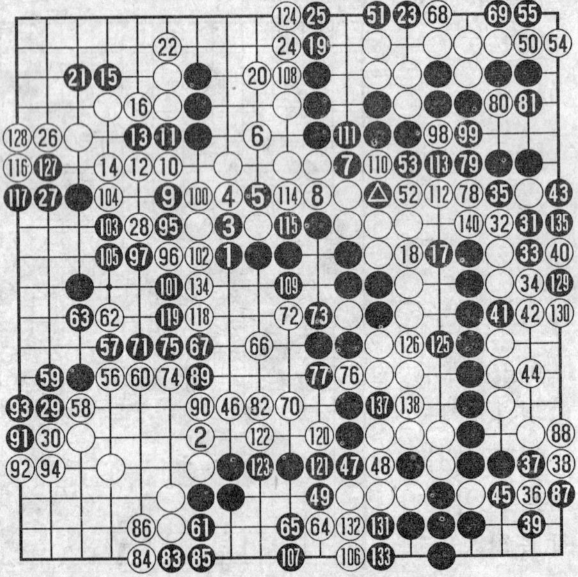

▼第二谱(101－241)

136 = 129　139 = △

141 = 110

黑出6目半

共241手

白胜1目半

2002年8月30日

于韩国大田市

世界公开赛本赛

●黑　王　磊　八段(中国)

○白　小林觉　九段(日本)

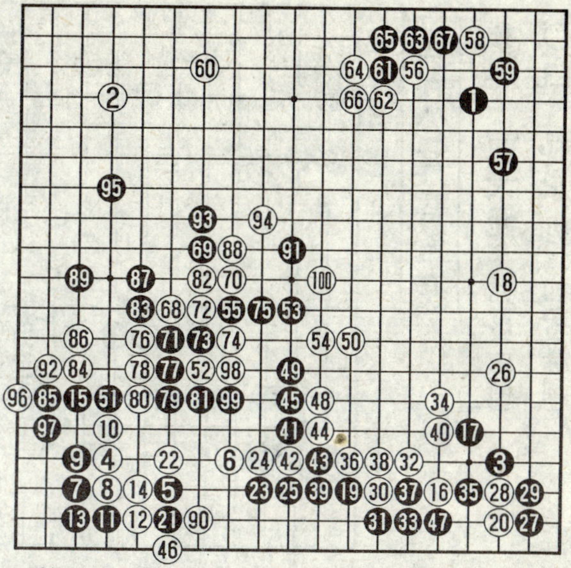

▲第一谱(1－100)　▼第二谱(101－187)

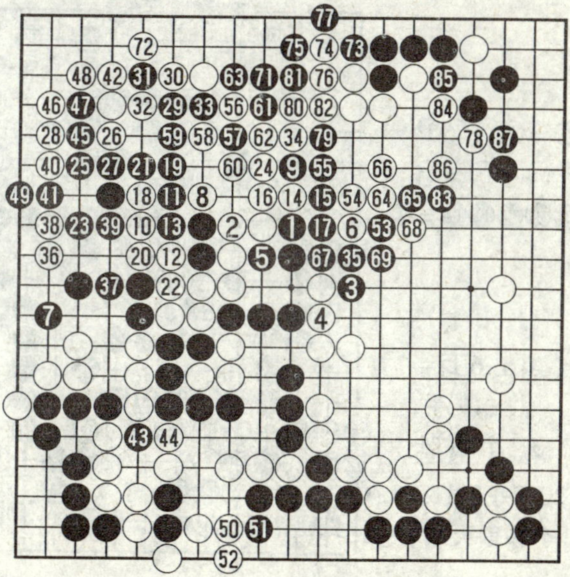

⑦⓪＝❺❼

黑出6目半

共187手

黑中盘胜

2002年8月30日

于韩国大田市

世界公开赛本赛

●黑　曹大元　九段（中国）

○白　朴永训　四段（韩国）

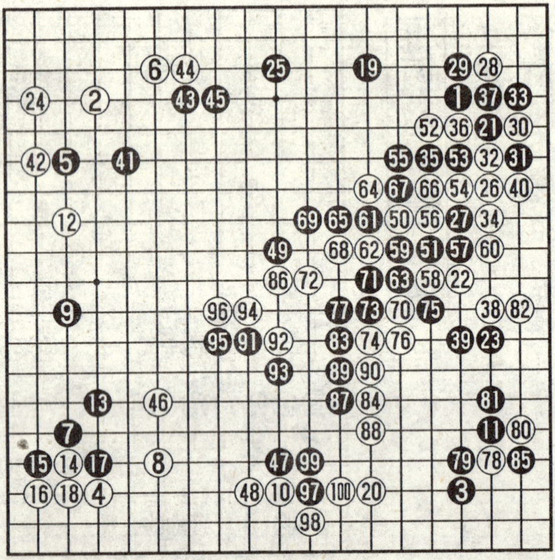

▲第一谱（1－100）　　▼第二谱（101－217）

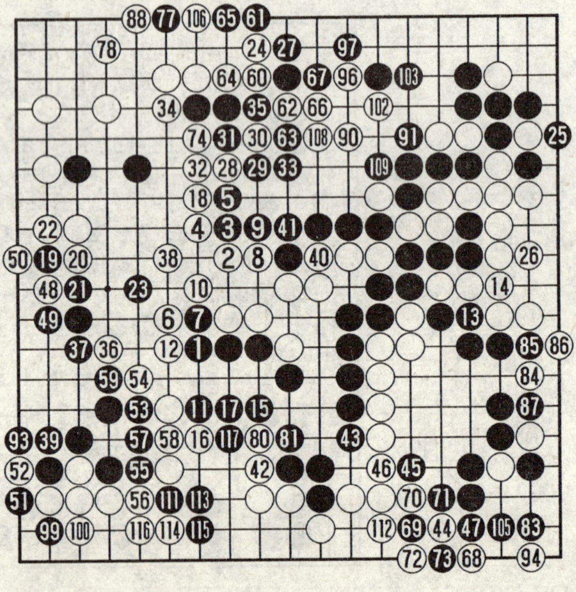

75＝30　76 82　92 98 104 110＝44　79 89 95 101 107＝73

黑出6目半

共217手

黑中盘胜

2002年8月30日

于韩国大田市

第7届世界围棋棋王赛(LG杯)

由韩国棋院与韩国朝鲜日报社共同主办、韩国LG电子公司赞助的第7届“LG杯”世界围棋棋王赛，于2002年4月30日至2003年3月27日先后在汉城、釜山和济州岛等地举行。比赛邀请24名棋手参加，其中包括欧洲和美洲的代表。比赛采用韩国围棋规则，每方3小时保留5分钟读秒，黑棋贴6目半。

由于上届比赛前四名由韩国棋手包揽，本届比赛我国只有四个参赛名额。结果韩国棋手再次显示出实力，前八名除我国棋手周鹤洋九段外，其他被其包揽。在八强赛中，周鹤洋不敌元晟溱四段，因此本届比赛前四名又一次被韩国棋手包揽。以李昌镐带领的韩国年轻棋手，再一次显示出优势。韩国老棋手曹薰铉九段，也被挡在了四强之外。在最后的决赛中，李世石三段以3比1击败李昌镐九段夺得冠军，并获得2.5亿韩元的冠军奖金。

第7届世界围棋棋王赛成绩表

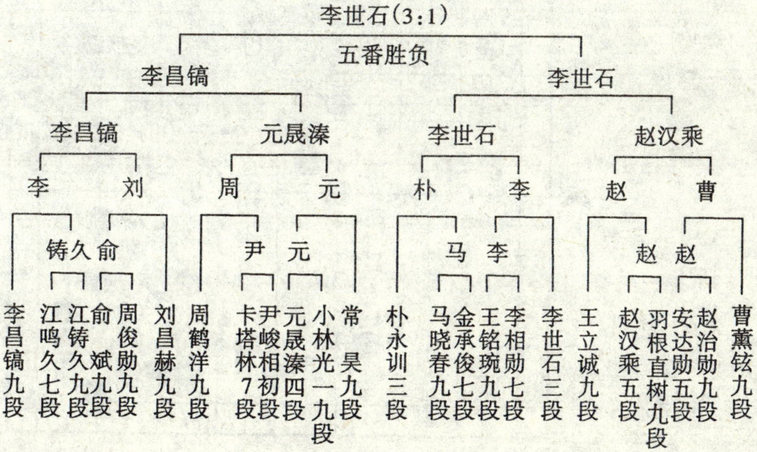

世界棋王赛决赛第1局

●黑　李世石　三段（韩国）

○白　李昌镐　九段（韩国）

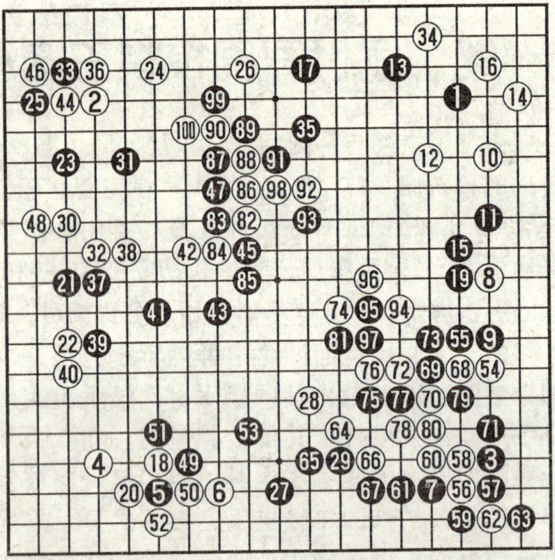

▲第一谱（1－100）　▼第二谱（101－149）

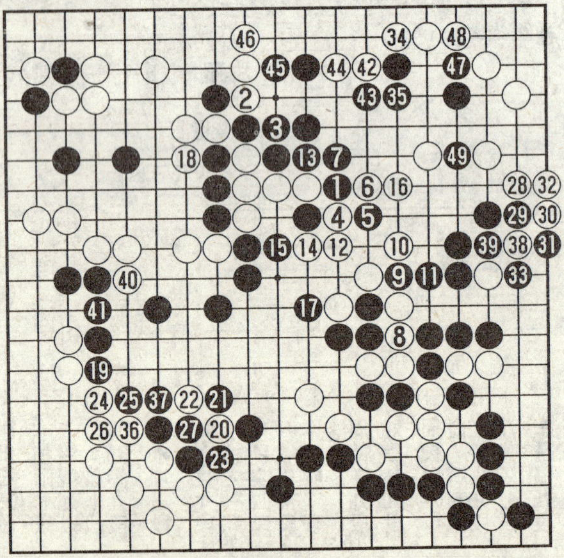

黑出6目半

共149手

黑中盘胜

2003年2月25日

于汉城

世界棋王赛决赛第2局

●黑　李昌镐　九段（韩国）

○白　李世石　三段（韩国）

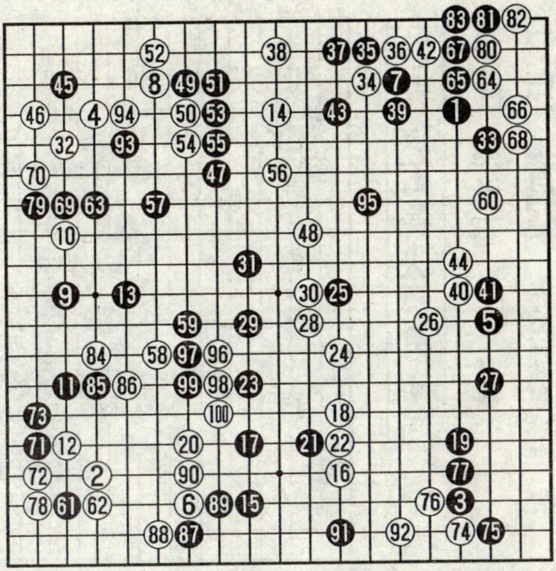

▲第一谱（1－100）

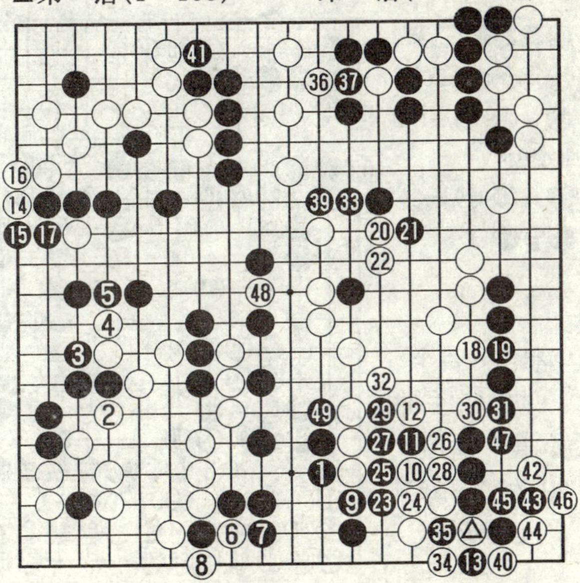

▼第二谱（101－149）

㊳＝△

黑出6目半

共149手

黑中盘胜

2003年2月27日

于汉城

世界棋王赛决赛第3局

● 黑 李世石 三段（韩国）

○ 白 李昌镐 九段（韩国）

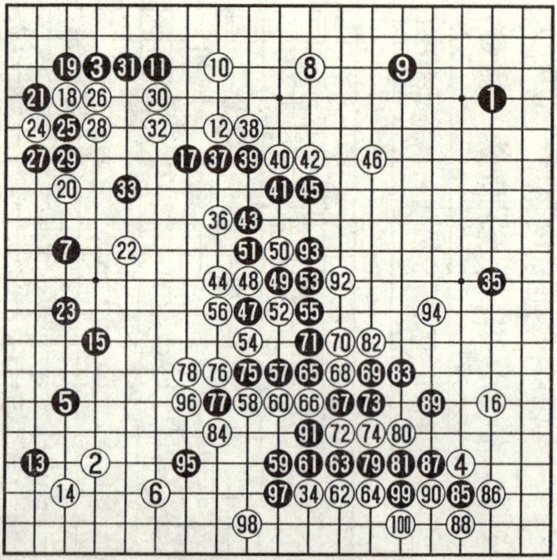

▲第一谱（1－100）

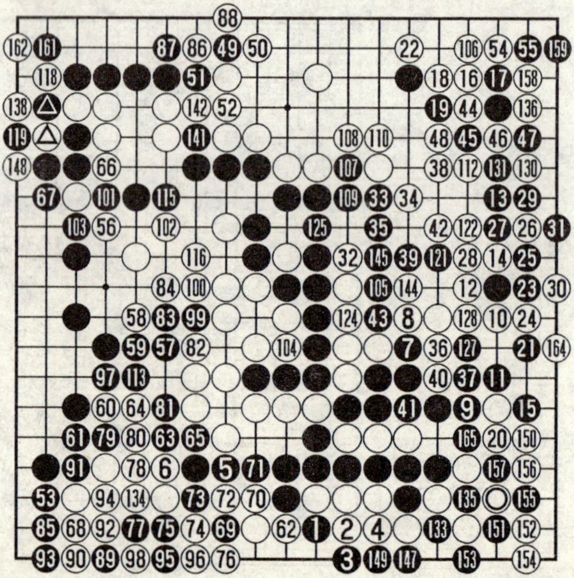

▼第二谱（101－265）

110 117 123 129 ＝ 89

114 120 126 132 ＝ 98

137 ＝ 45　139 ＝ 46

140 106 ＝ △

143 ＝ ▲　160 ＝ ◎

163 ＝ 157

黑出6目半

共265手

黑中盘胜

2003年3月25日

于汉城

世界棋王赛决赛第4局

●黑　李昌镐　九段（韩国）

○白　李世石　三段（韩国）

65＝57　70＝62

88＝60　90＝82

99＝87

5＝△　59＝2

63 69 75 80＝◎

98＝91　66 72 78＝10　90 96 102 108＝44　101＝94

93 99 105＝87

142 188＝14　145 194＝□　146＝103

193＝118

黑出6目半

共294手

白胜7目半

2003年3月27日

于汉城

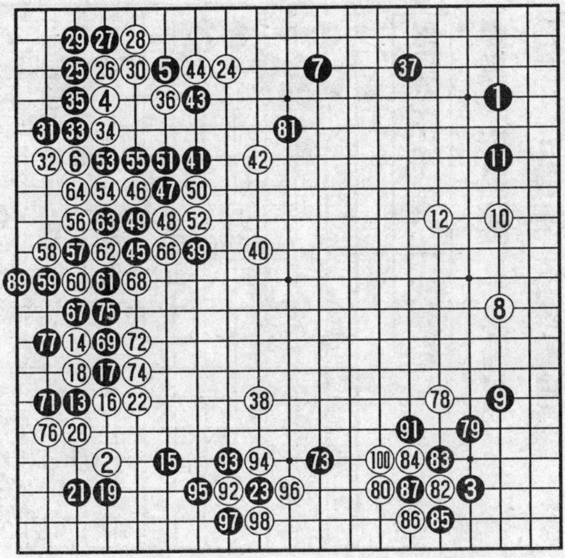

▲第一谱(1－100)　▼第二谱(101－294)

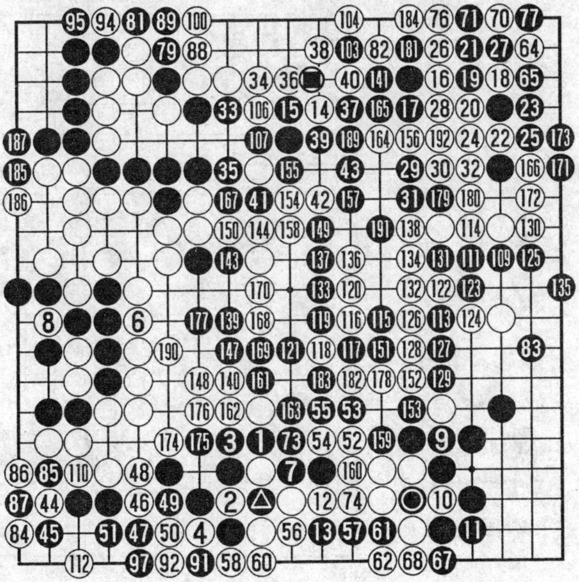

世界棋王赛半决赛

●黑　李昌镐　九段（韩国）

○白　元晟溱　四段（韩国）

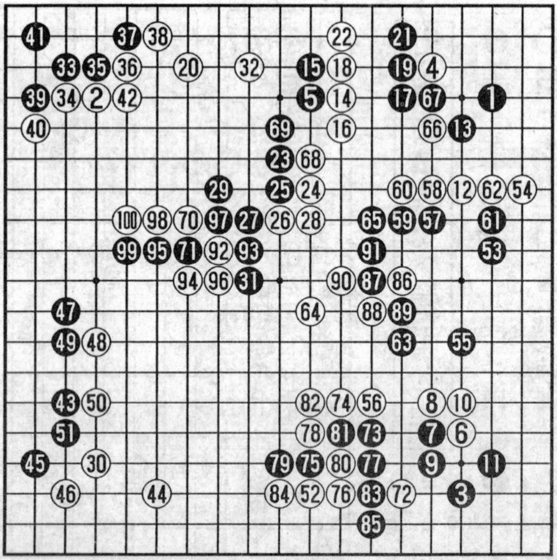

▲第一谱（1－100）　▼第二谱（101－163）

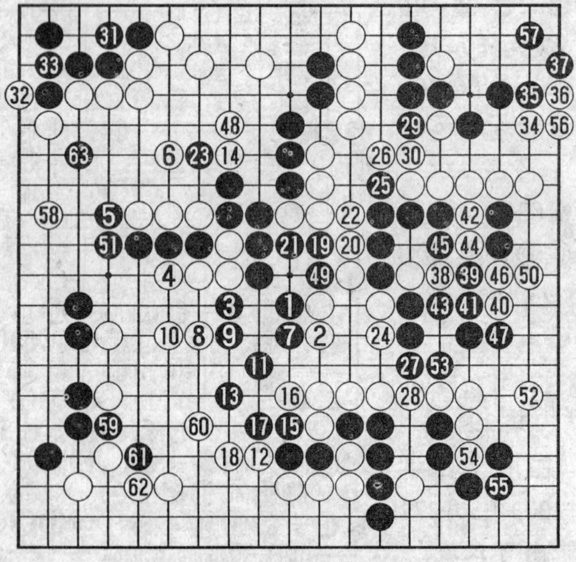

黑出6目半
共163手
黑中盘胜
2003年2月11日
于韩国济州岛

世界棋王赛半决赛

●黑　李世石　三段（韩国）

○白　赵汉乘　五段（韩国）

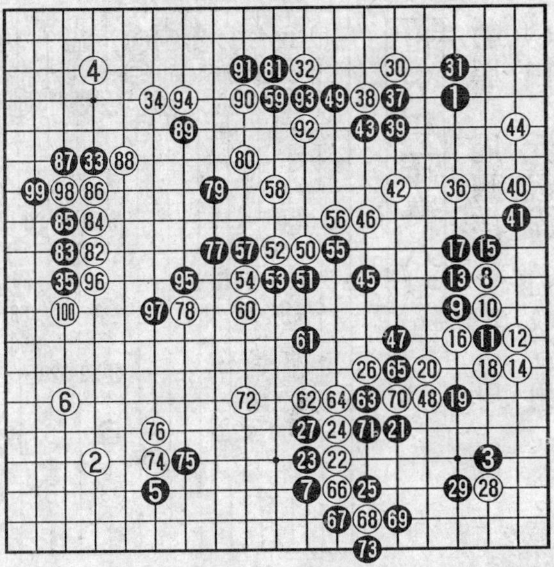

▲第一谱（1－100）　　▼第二谱（101－269）

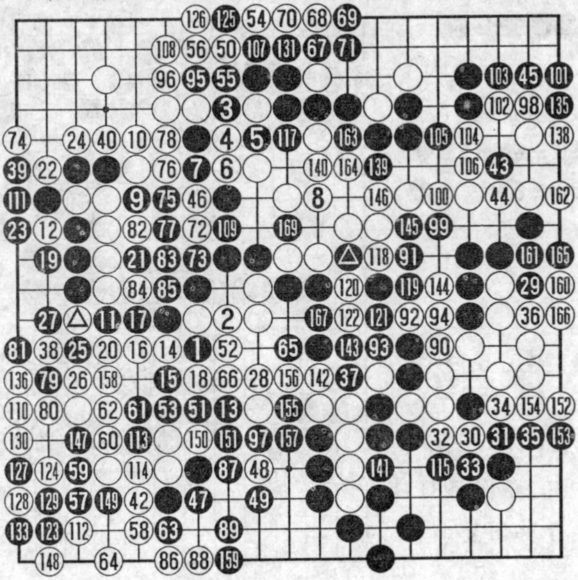

41＝△　116＝7

132＝125　134＝127

137＝38　168＝△

黑出6目半

共269手

黑胜2目半

2003年2月11日

于韩国济州岛

世界棋王赛八强赛

●黑 周鹤洋 九段（中国）

○白 元晟溱 四段（韩国）

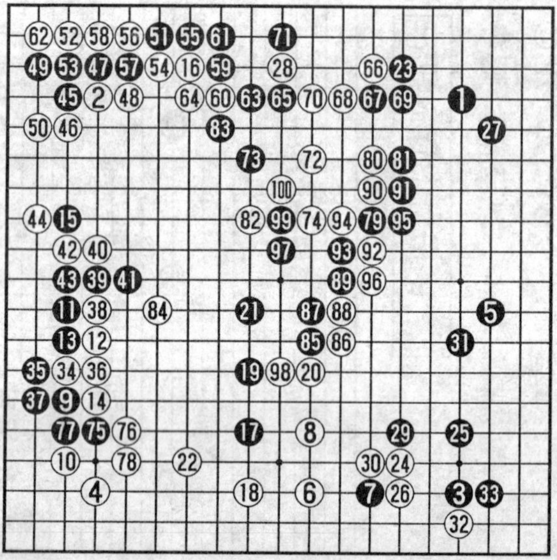

▲第一谱（1－100）　　▼第二谱（101－258）

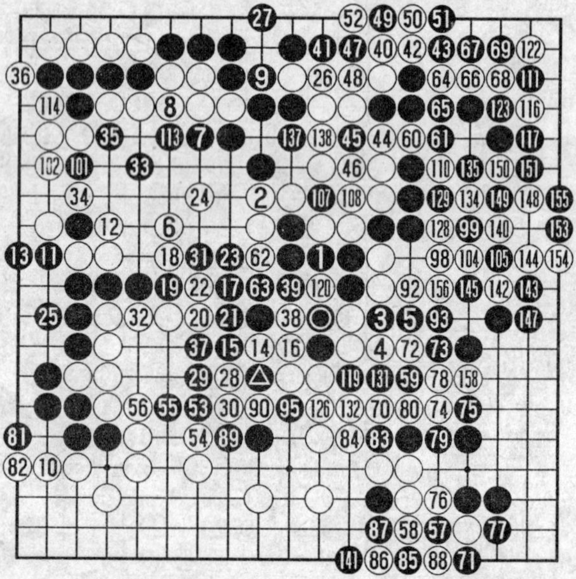

91 97 103 109 115 121 127 133 139 ＝ 85

94 100 106 112 118 124 130 136 ＝ 88

96 ＝ △　125 ＝ ◎

146 ＝ 105　152 ＝ 149

157 ＝ 110

黑出6目半

共258手

白中盘胜

2002年10月31日

于韩国釜山市

世界棋王赛八强赛

●黑 朴永训 三段（韩国）

○白 李世石 三段（韩国）

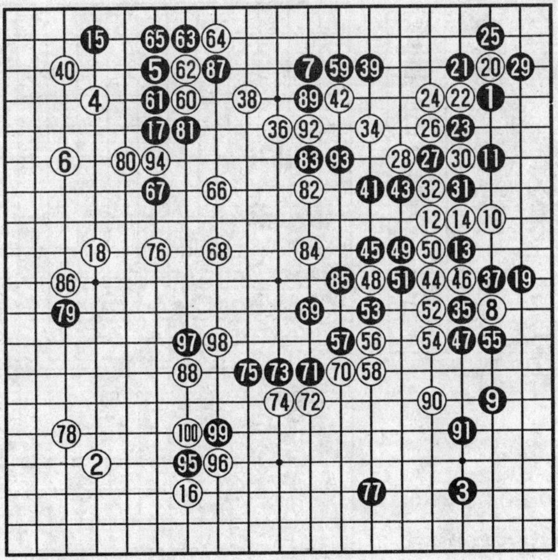

❸❸=㉚

▲第一谱（1－100）

▼第二谱（101－174）

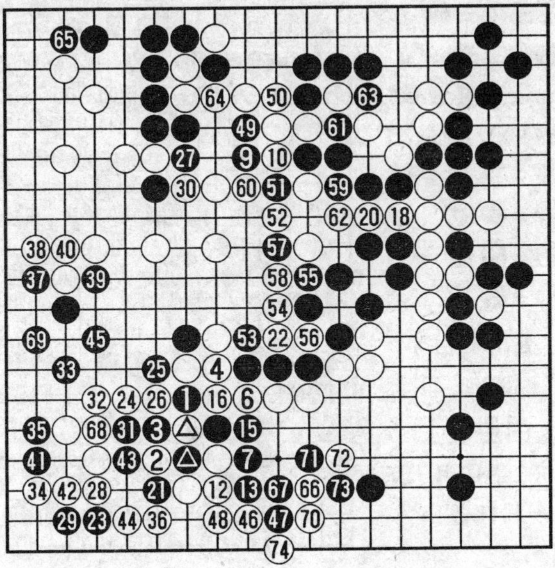

❺⓫⓱=△

⑧⑭⓳=△

黑出6目半

共174手

白中盘胜

2002年10月31日

于韩国釜山市

世界棋王赛八强赛

●黑 曹薰铉 九段(韩国)

○白 赵汉乘 五段(韩国)

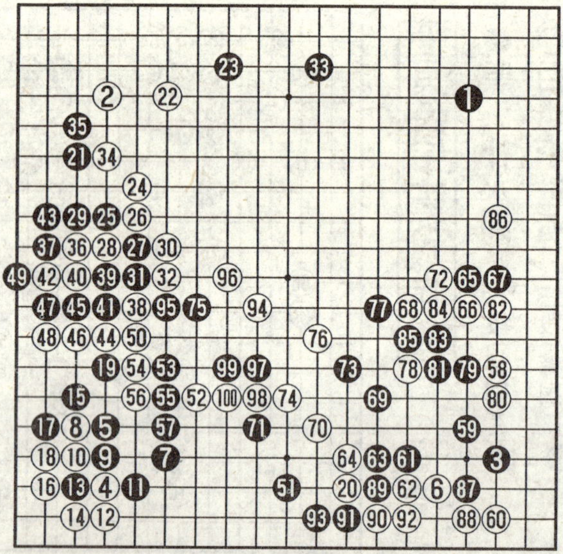

▲第一谱(1－100)

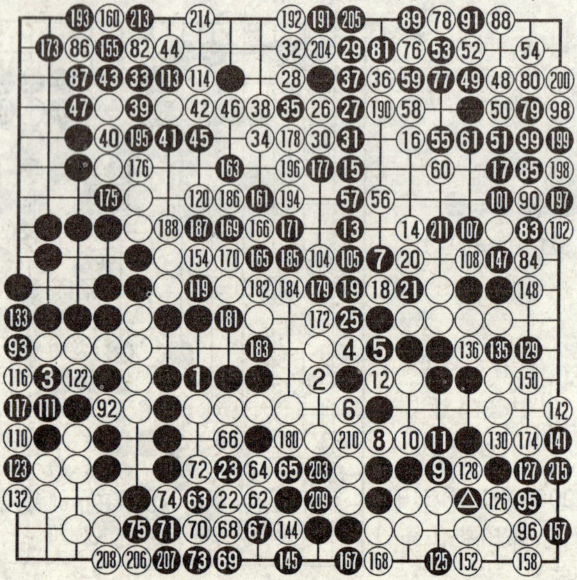

▼第二谱(101－318)

24＝18 94 100 106 112 118 124 156 162＝78 97 103 109 115 121 153 159 164＝91 131 137 143 149＝△ 134 140 146 151＝128 138＝110 139＝116 189＝166 201＝197 202＝83 212＝63 216＝21 217＝198 218＝123

黑出6目半

共318手

白胜半目

2002年10月31日

于韩国釜山市

世界棋王赛八强赛

●黑　刘昌赫　九段（韩国）
○白　李昌镐　九段（韩国）

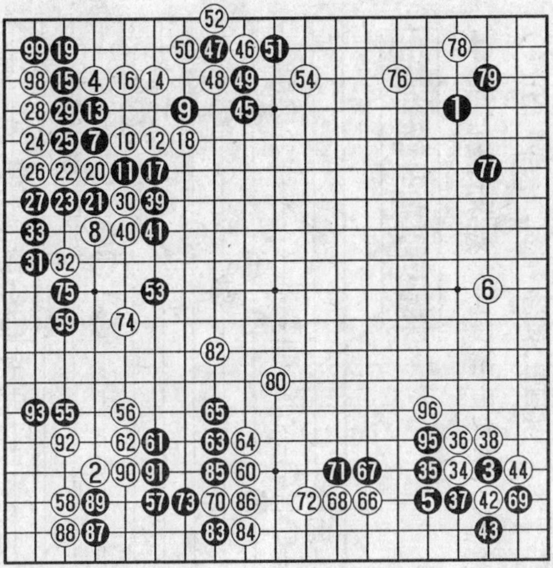

❽❶❾❼＝❸
⑨④⑩⓪＝④②

▲第一谱（1－100）

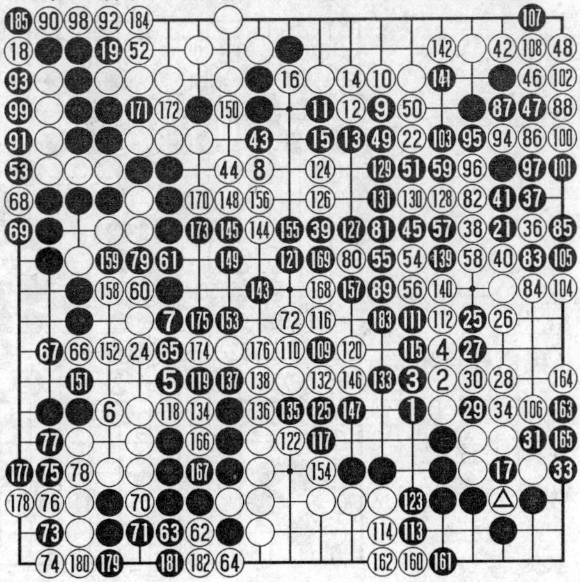

▼第二谱（101－285）

②⓪③②＝△
❷❸❸❺＝❶❼

黑出6目半
共285手
白胜3目半
2002年10月31日
于韩国釜山市

世界棋王赛预赛

●黑　周俊勋　九段（中国台北）

○白　俞　斌　九段（中国）

46 = 41

87 = 78

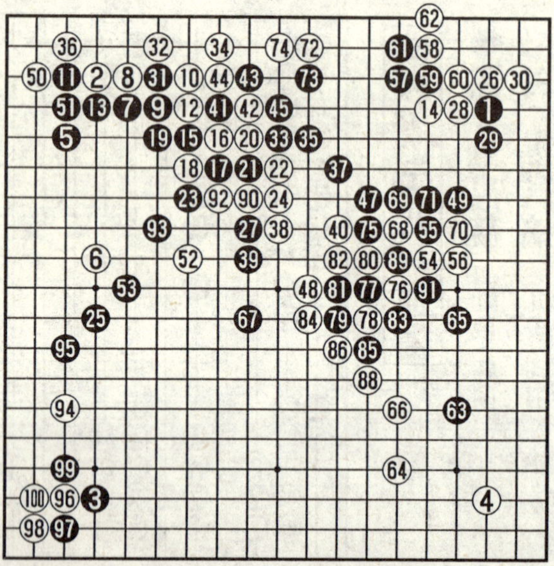

▲第一谱(1－100)　▼第二谱(101－164)

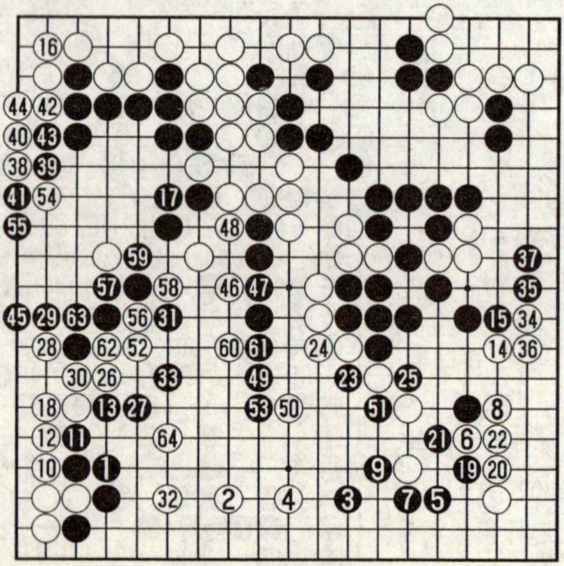

黑出 6 目半

共 164 手

白中盘胜

2002年4月30日

于汉城

世界棋王赛预赛

●黑 马晓春 九段（中国）

○白 金承俊 七段（韩国）

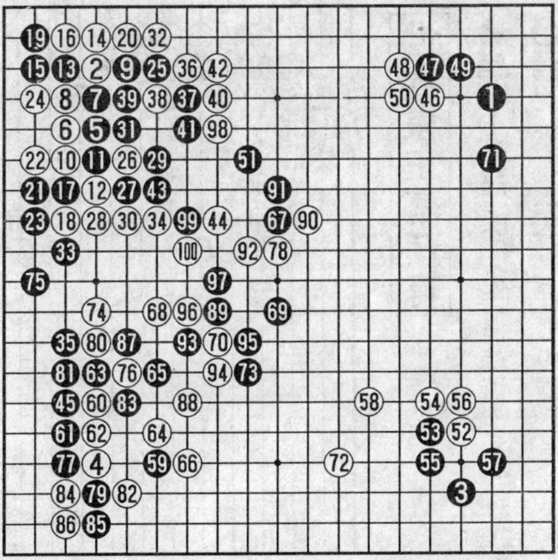

▲第一谱(1－100)　▼第二谱(101－242)

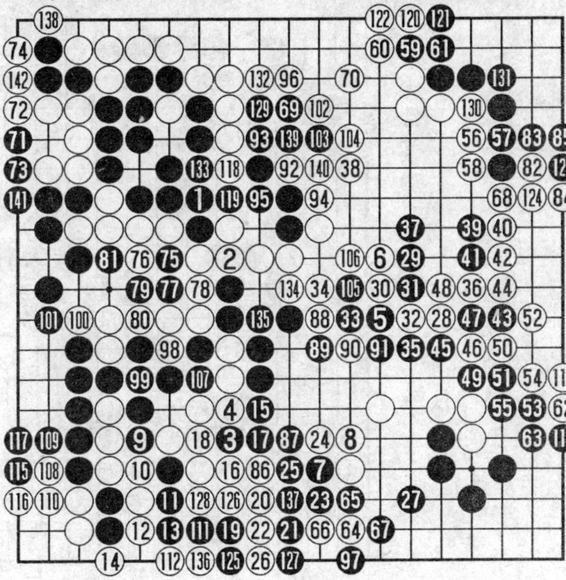

黑出 6 目半

共 242 手

黑胜 5 目半

2002年4月30日

于汉城

世界棋王赛预赛

●黑 元晟溱 四段（韩国）

○白 常昊 九段（中国）

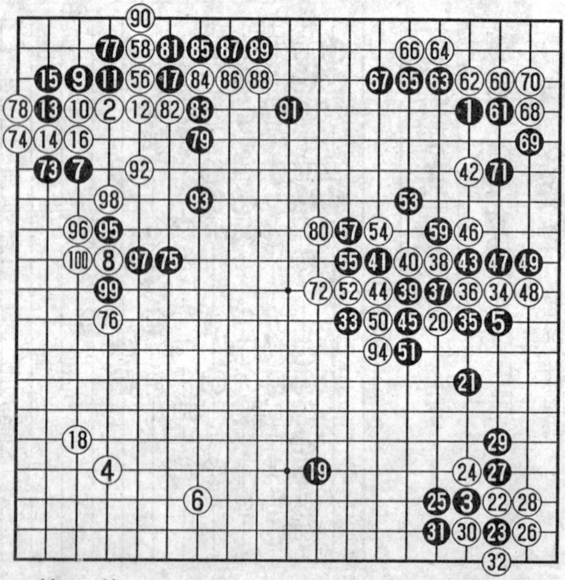

▲第一谱(1－100)　▼第二谱(101－151)

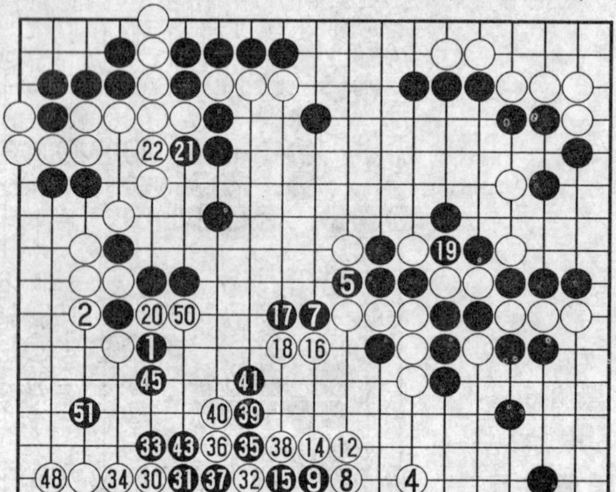

黑出6目半

共151手

黑中盘胜

2002年5月2日

于汉城

世界棋王赛预赛

●黑 周鹤洋 九段（中国）

○白 尹峻相 初段（韩国）

81 = 76

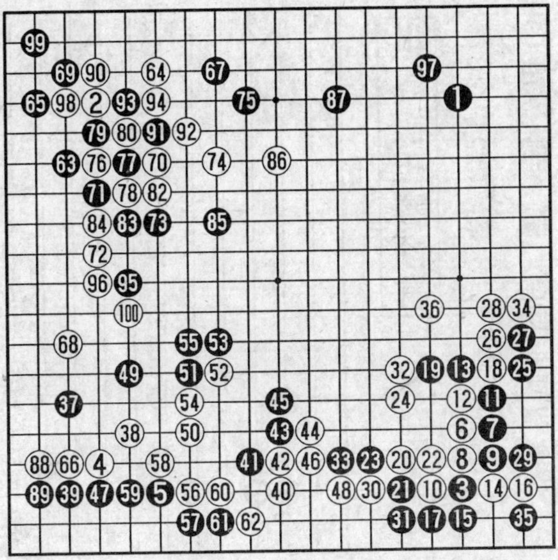

▲第一谱（1－100）

▼第二谱（101－157）

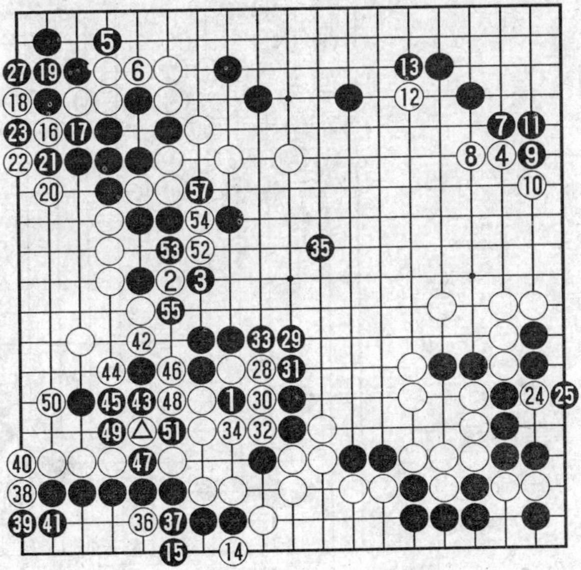

26 = 16 56 = △

黑出6目半

共157手

黑中盘胜

2002年5月2日

于汉城

世界棋王赛预赛

●黑 刘昌赫 九段（韩国）

○白 俞斌 九段（中国）

㉖㊽＝⑳

㊲＝㉞ ㊶＝❺

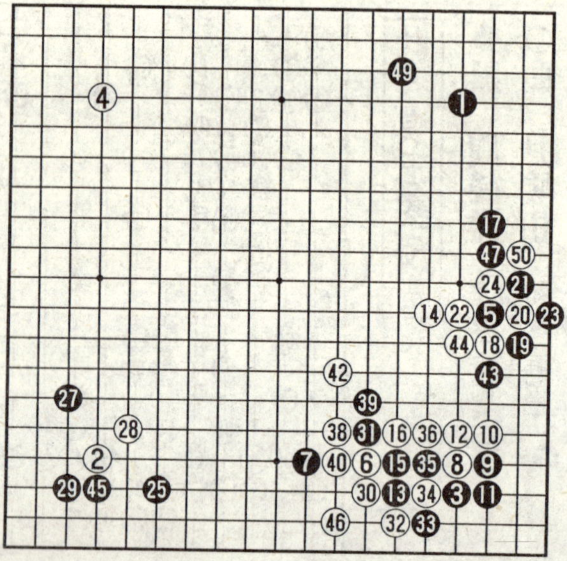

▲第一谱（1－50）

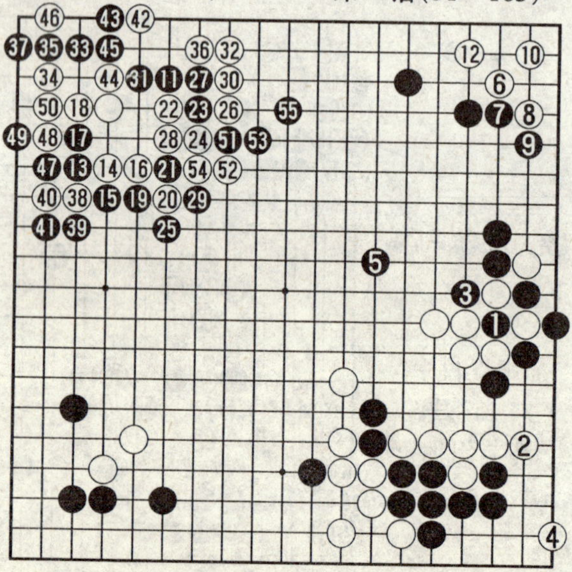

▼第二谱（51－105）

黑出6目半

共105手

黑中盘胜

2002年5月2日

于汉城

世界棋王赛预赛

●黑　朴永训　三段（韩国）

○白　马晓春　九段（中国）

70＝65

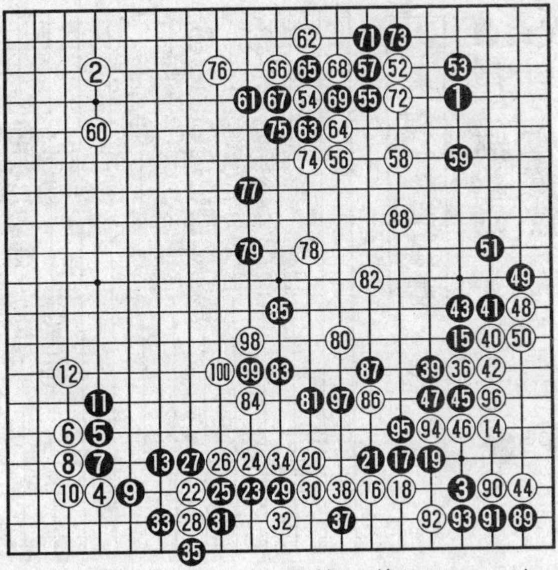

▲第一谱（1－100）

▼第二谱（101－242）

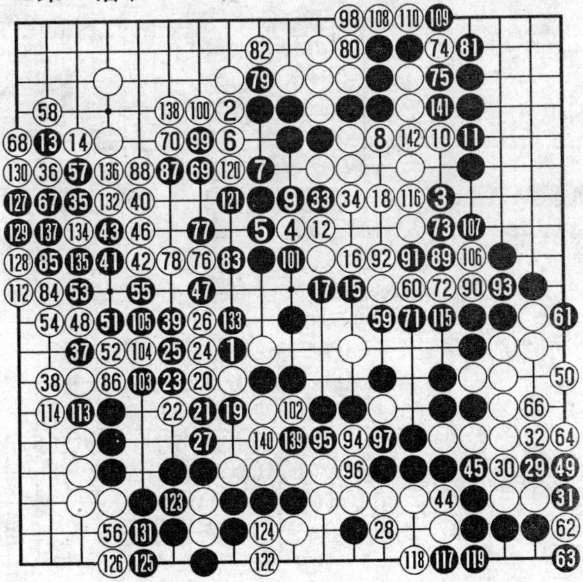

65＝62　11＝74

黑出6目半

共242手

黑胜4目半

2002年5月2日

于汉城

世界棋王赛预赛

●黑　赵治勋　九段（日本）

○白　曹薰铉　九段（韩国）

66＝59

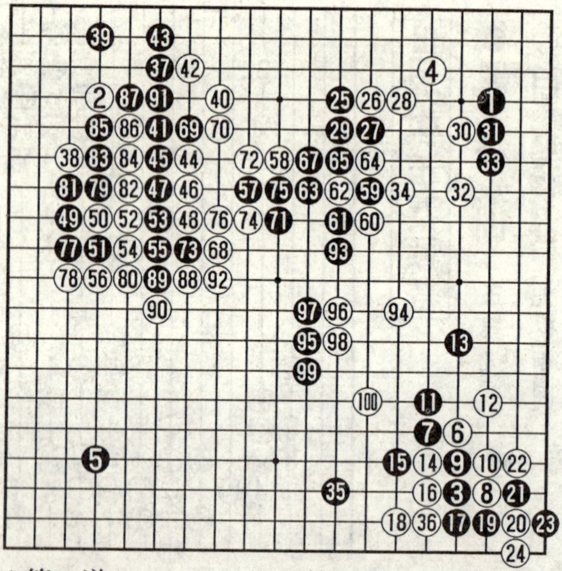

▲第一谱（1－100）

▼第二谱（101－246）

85 97＝△

92＝59

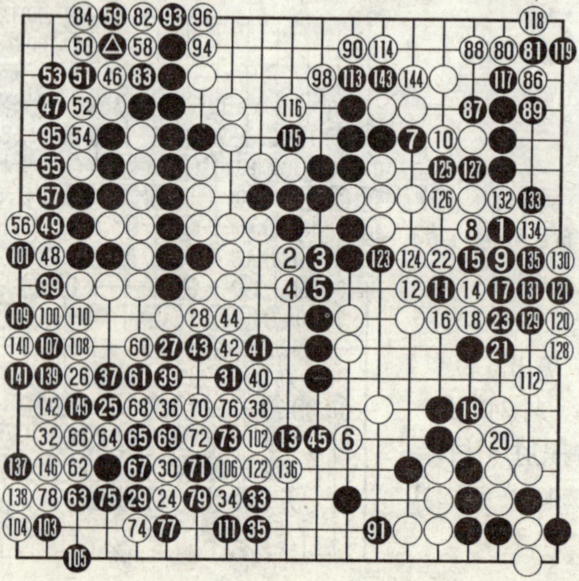

黑出6目半

共246手

白中盘胜

2002年5月2日

于汉城

第 15 届“富士通杯”世界围棋锦标赛

由日本棋院主办、中国围棋协会和韩国棋院等协办、日本富士通公司赞助的第 15 届“富士通杯”世界围棋锦标赛，于 2002 年 4 月 12 日至 8 月 3 日先后在日本东京、韩国济州岛、日本大阪三地举行，最后决赛在东京进行。

我国派出马晓春九段、俞斌九段、常昊九段、孔杰六段和胡耀宇六段五人参加。本届比赛我国棋手再次无缘进入前四名，而韩国棋手再一次显示实力，前四名中有三个入围。在半决赛中，韩国刘昌赫九段战胜日本王铭琬九段，李世石三段战胜李昌镐九段双双进入决赛。最后李世石战胜刘昌赫获得自己的第一个世界冠军。

在争夺第三名的比赛中，日本王铭琬九段总算给一直不景气的日本棋坛挽回一点面子，执黑棋半目险胜韩国李昌镐九段。

第 15 届“富士通杯”世界围棋锦标赛成绩表

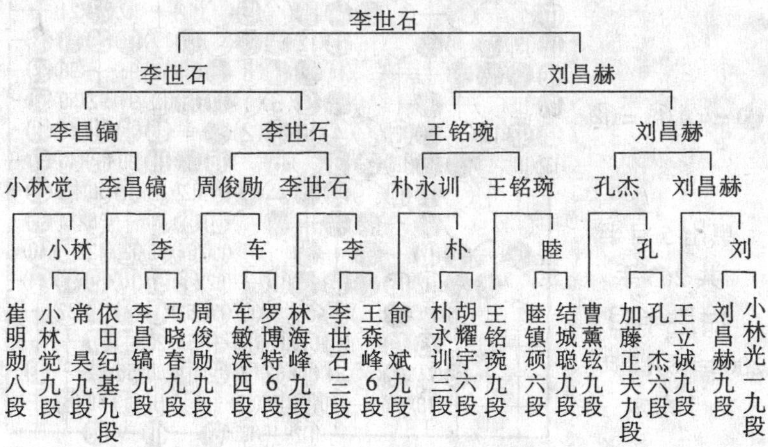

富士通杯冠军决赛

●黑 刘昌赫 九段（韩国）

○白 李世石 三段（韩国）

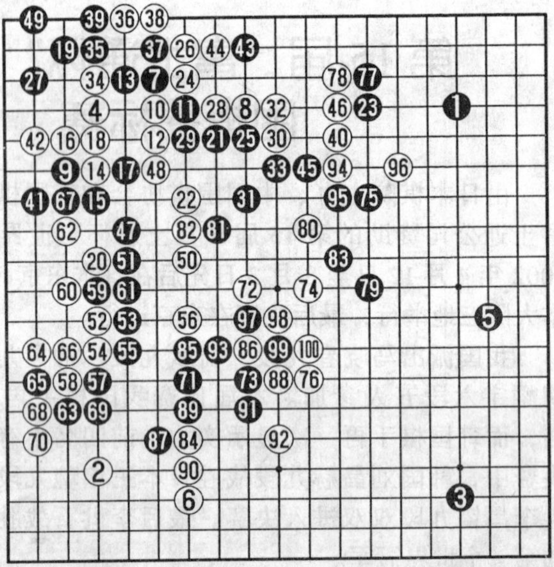

▲第一谱（1－100）

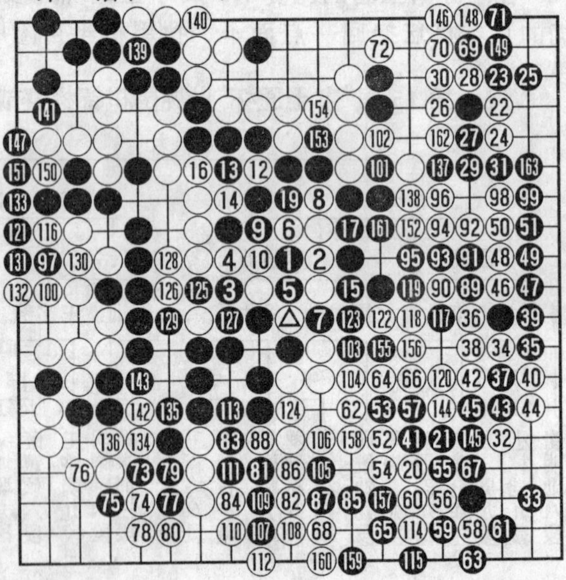

▼第二谱（101－263）

⑪＝△ ⑱＝⑫

黑出5目半

共263手

白胜半目

2002年8月3日

于东京

富士通杯第三名决赛

●黑 王铭琬 九段(日本)

○白 李昌镐 九段(韩国)

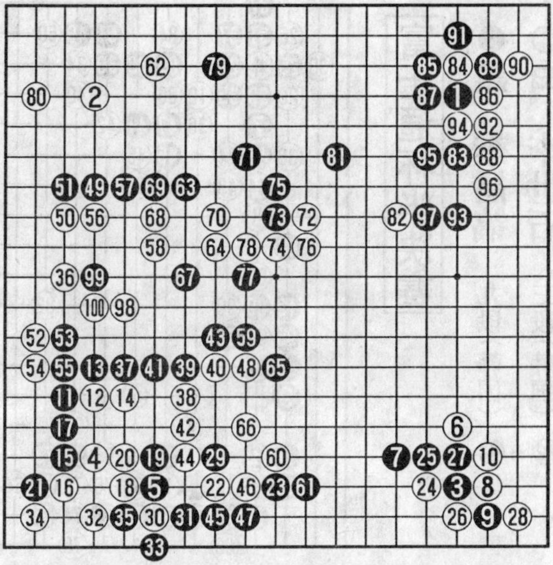

▲第一谱(1－100)

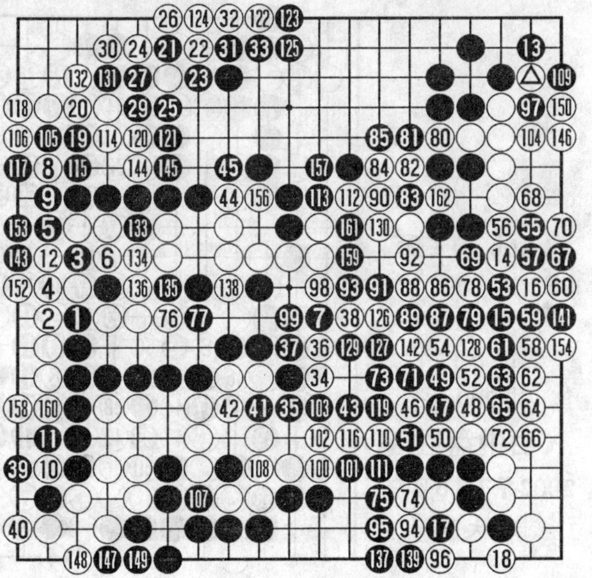

▼第二谱(101－262)

㉘＝㉑ ⑭⓪＝⑰

⑮①＝△ ⑮⑤＝⑫⑥

黑出5目半

共262手

黑胜半目

2002年8月3日

于东京

富士通杯半决赛

● 黑　李昌镐　九段（韩国）

○ 白　李世石　三段（韩国）

㉜＝㉕

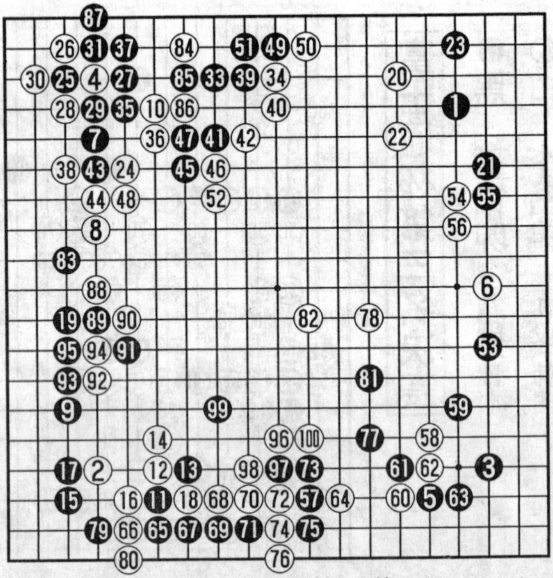

▲第一谱（1－100）

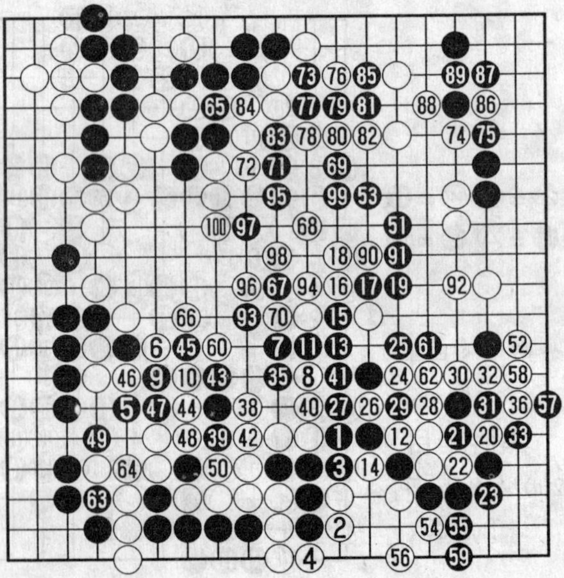

▼第二谱（101－200）

㉞＝㉖　㊲＝⑳

黑出 5 目半

共 200 手

白中盘胜

2002年7月6日

于大阪

富士通杯半决赛

●黑　刘昌赫　九段（韩国）

○白　王铭琬　九段（日本）

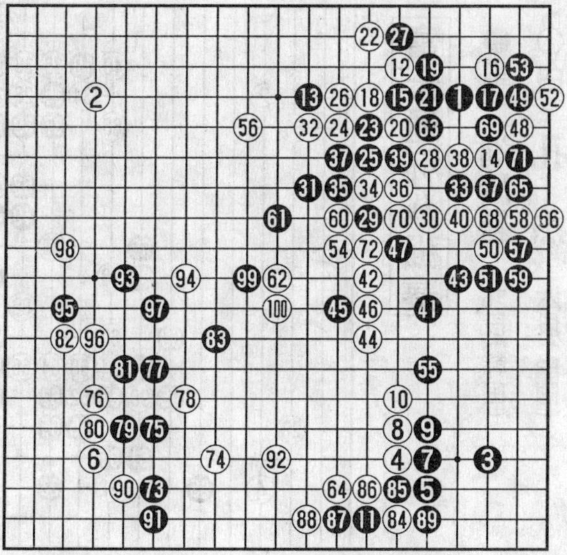

▲第一谱（1－100）

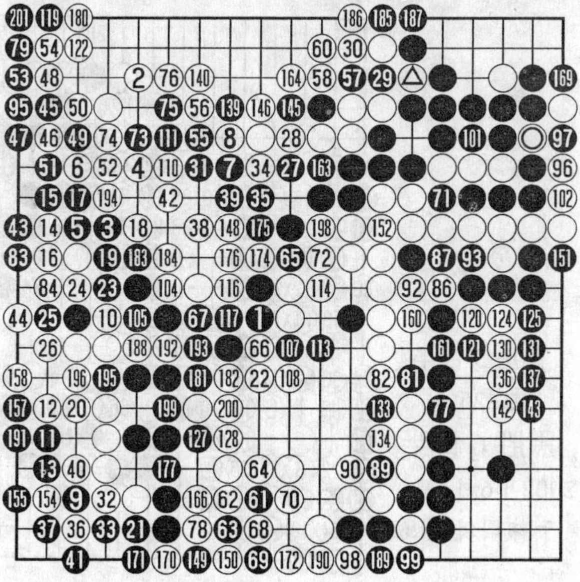

▼第二谱（101－301）

59 = △　80 88 94
197 = 46　85 91 179
= 49　100 106 112
118 126 132 138 144 168
= ◎　103 109 115 123
129 135 141 147 178 =
97　153 159 165 = 63
156 162 167 = 150
173 = 170

黑出 5 目半
共 301 手
黑胜 4 目半
2002年7月6日
于大阪

富士通杯八强赛

●黑 刘昌赫 九段（韩国）

○白 孔 杰 六段（中国）

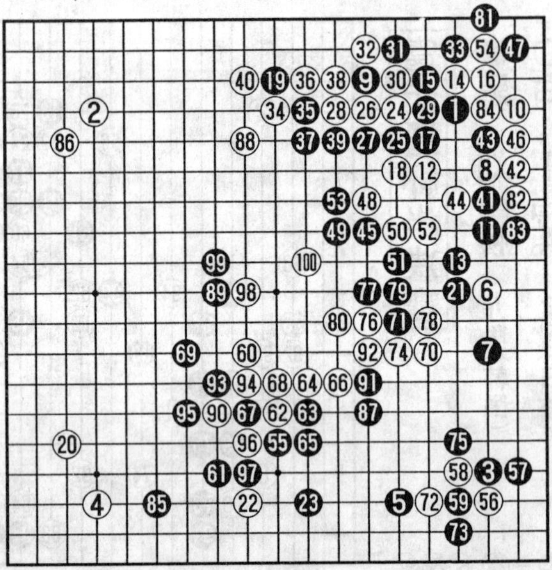

▲第一谱（1－100）

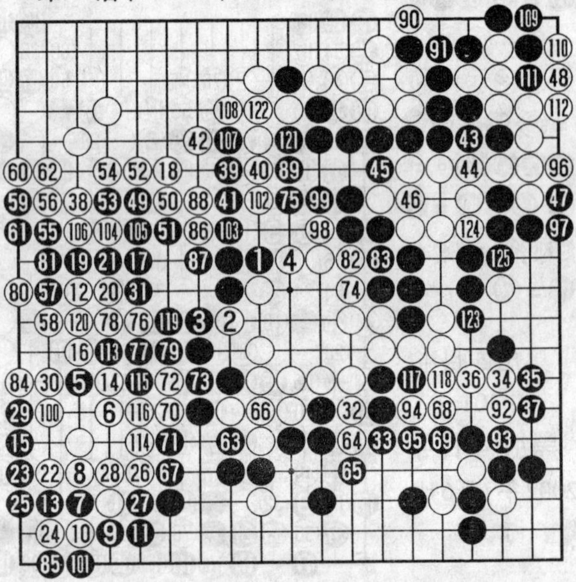

▼第二谱（101－225）

黑出5目半
共225手
黑胜6目半
2002年6月1日
于韩国济州岛

富士通杯八强赛

●黑　小林觉　九段（日本）

○白　李昌镐　九段（韩国）

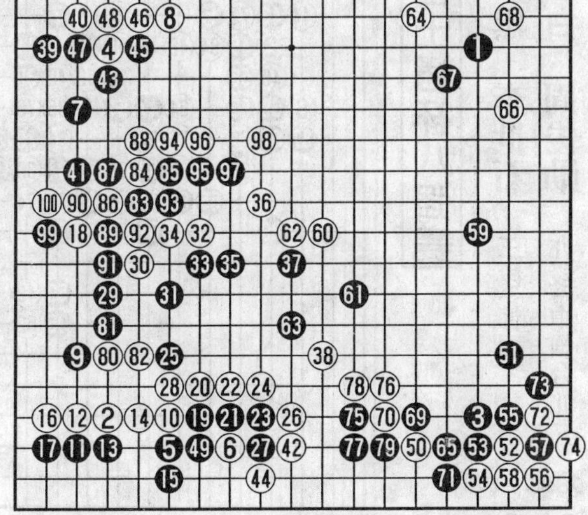

▲第一谱（1－100）　▼第二谱（101－220）

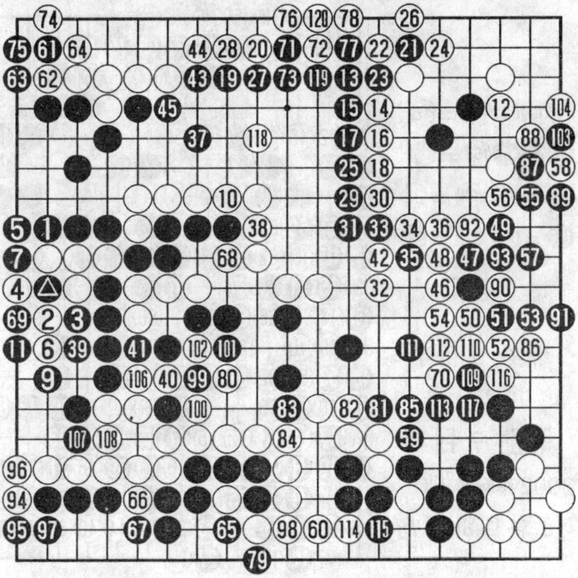

⑧＝△　105＝99

黑出5目半

共220手

白中盘胜

2002年6月1日

于韩国济州岛

富士通杯八强赛

●黑　李世石　三段（韩国）

○白　周俊勋　九段（中国台北）

75 81 88 ＝ 43

78 86 ＝ 72

99 ＝ 57

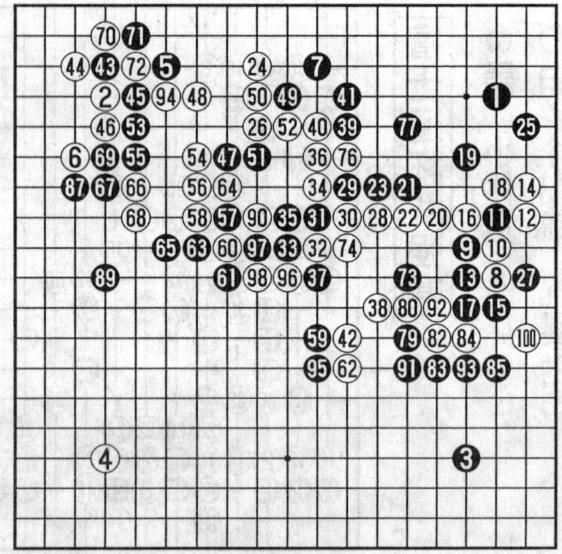

▲第一谱（1－100）

▼第二谱（101－270）

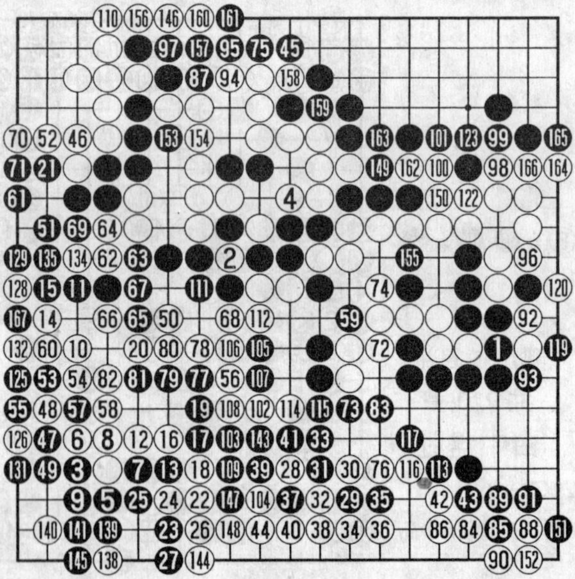

118 124 130 136 ＝ 48

121 127 133 168 ＝ 57

137 ＝ 126　142 ＝ 28

169 ＝ 128　170 ＝ 37

黑出 5 目半

共 270 手

黑胜 7 目半

2002年6月1日

于韩国济州岛

富士通杯八强赛

● 黑 王铭琬 九段（日本）

○ 白 朴永训 三段（韩国）

42 = 34

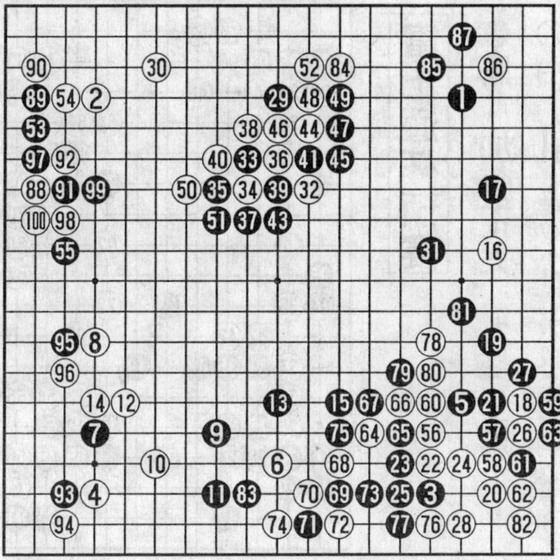

▲第一谱(1－100)　▼第二谱(101－213)

60 = 47　68 74 80
86 92 = △　71 77
83 89 95 = 65

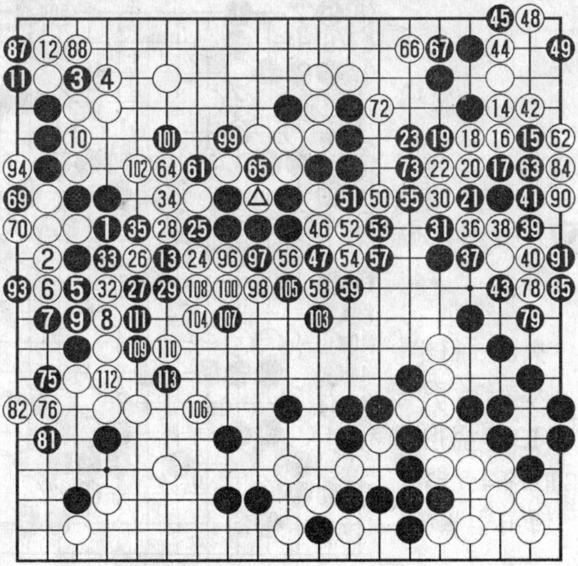

黑出 5 目半
共 213 手
黑中盘胜
2002年6月1日
于韩国济州岛

富士通杯预赛

● 黑　加藤正夫　九段（日本）

○ 白　孔　杰　六段（中国）

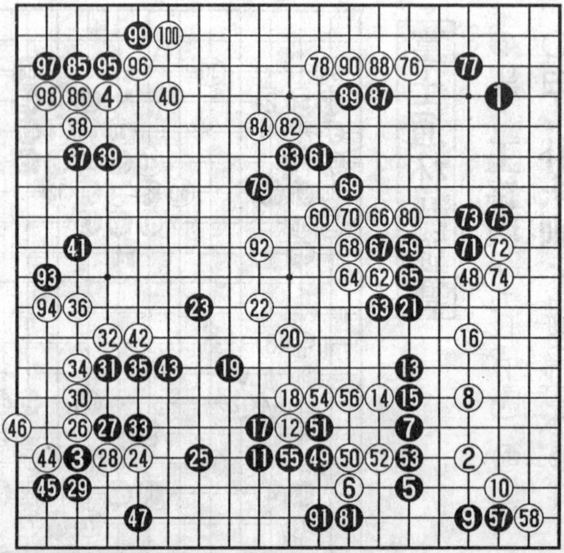

▲第一谱（1－100）　▼第二谱（101－176）

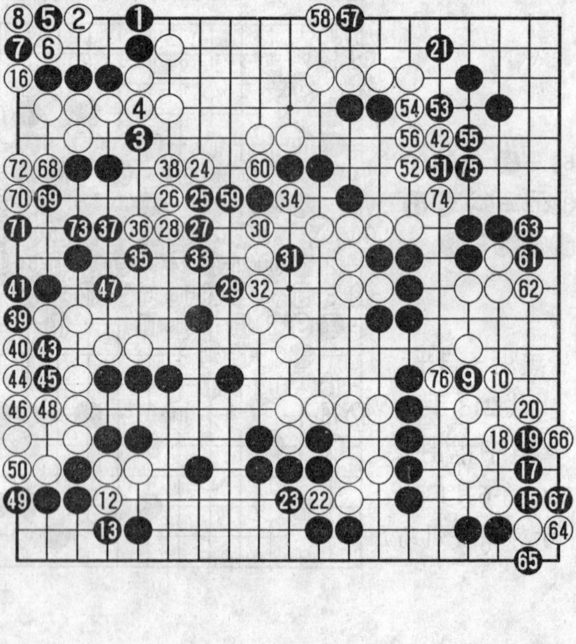

⓫＝❺　⑭＝⑧

黑出5目半

共176手

白中盘胜

2002年4月13日

于日本棋院

富士通杯预赛

● 黑　马晓春　九段（中国）

○ 白　李昌镐　九段（韩国）

❾❺＝⑨②

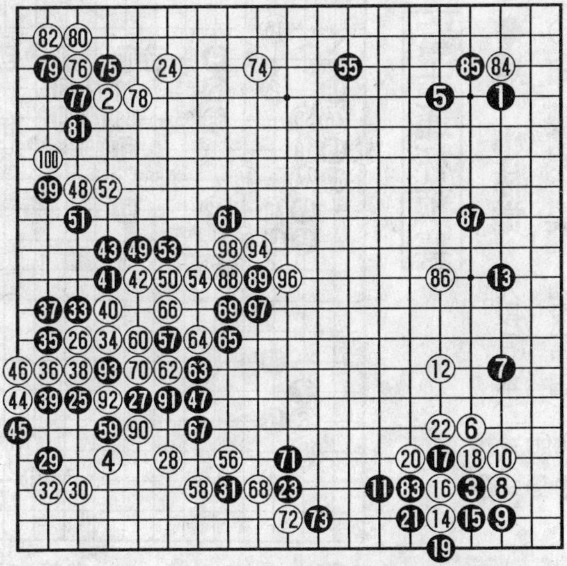

▲第一谱（1－100）　▼第二谱（101－246）

⑪⓪＝▲　⑫⑧＝△

⑭④＝㉗　⓮⓹＝◎

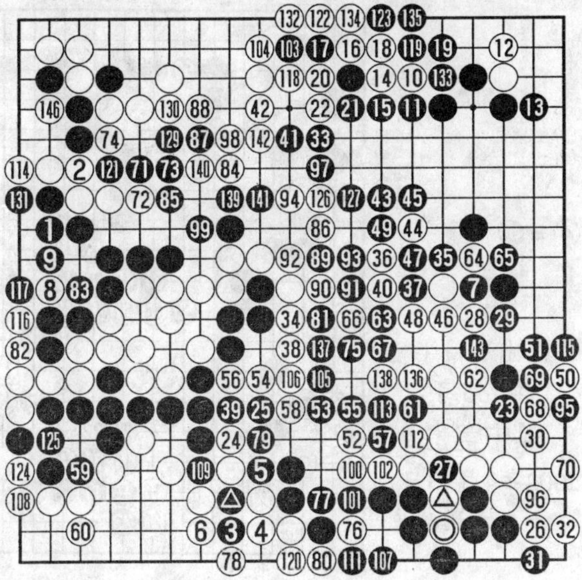

黑出5目半

共246手

白胜4目半

2002年4月13日

于日本棋院

富士通杯预赛

● 黑 小林觉 九段（日本）

○ 白 常昊 九段（中国）

⑨⓪⑨⑥＝⑦⑧

⑨③⑨⑨＝⑧⑦

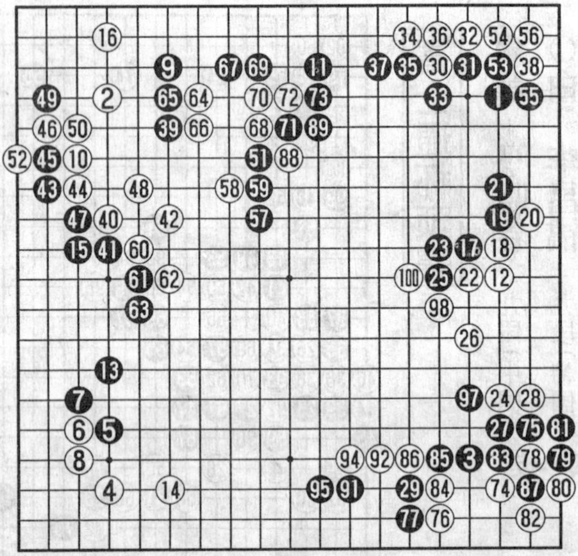

▲第一谱（1－100）　▼第二谱（101－155）

④＝△

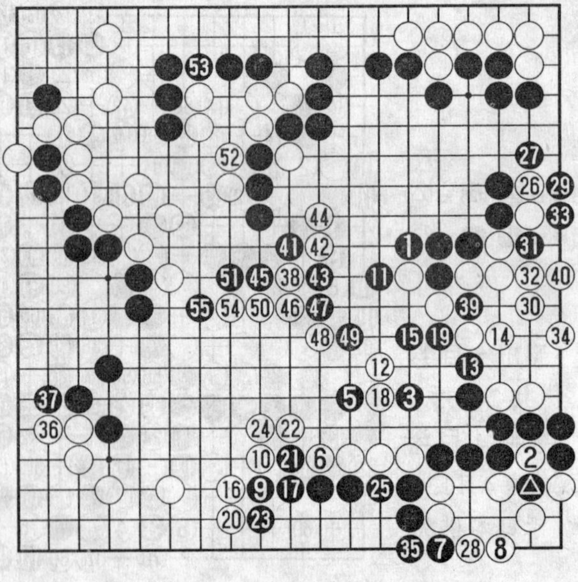

黑出5目半

共155手

黑中盘胜

2002年4月13日

于日本棋院

富士通杯预赛

●黑 朴永训 三段(韩国)

○白 胡耀宇 六段(中国)

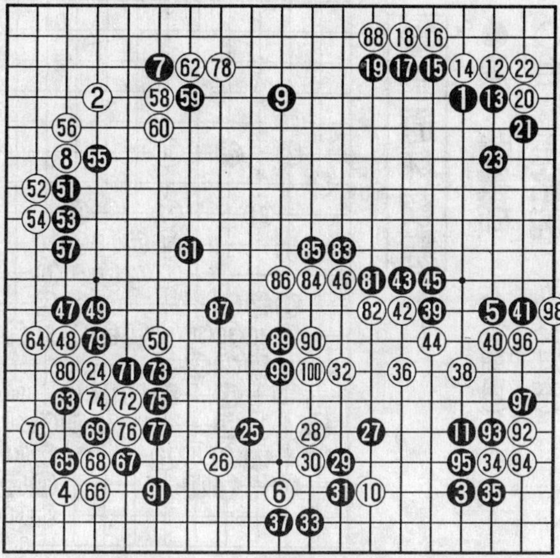

▲第一谱(1－100)　▼第二谱(101－211)

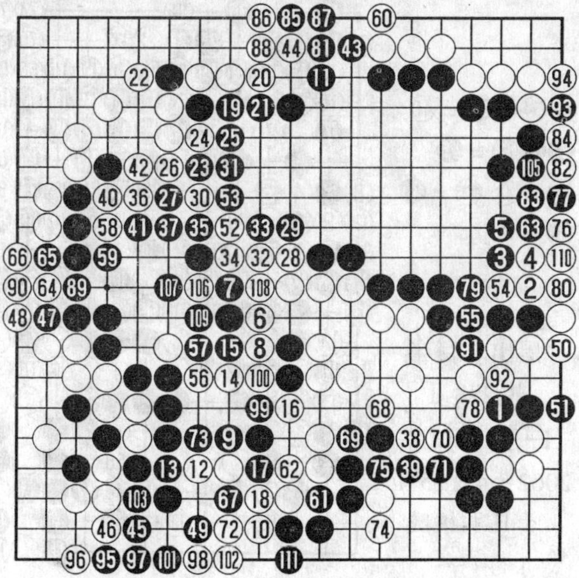

⑩④＝93

黑出5目半

共211手

黑胜5目半

2002年4月13日

于日本棋院

富士通杯预赛

●黑 睦镇硕 六段(韩国)

○白 王铭琬 九段(日本)

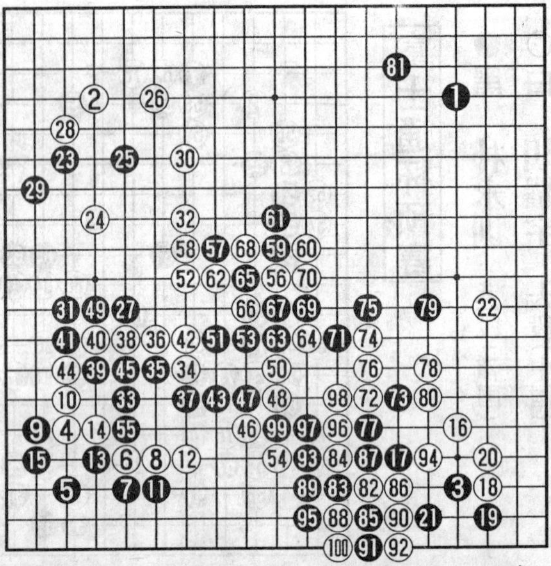

▲第一谱(1－100)　▼第二谱(101－278)

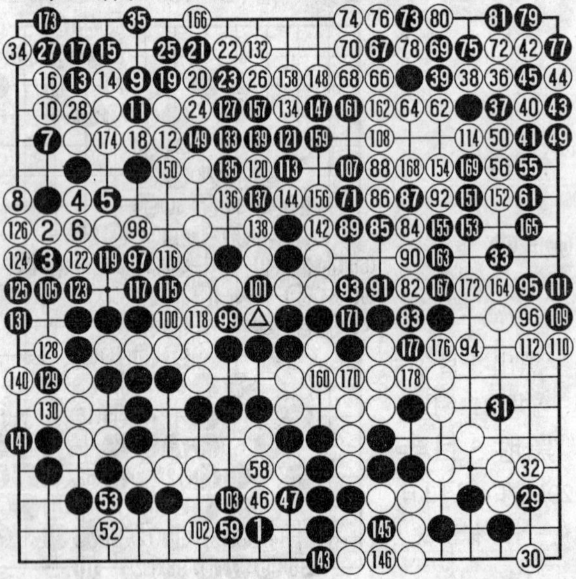

48 54 60 65 = 40

51 57 63 = 45

104 = △　106 = 101

175 = 120

黑出5目半

共278手

白胜4目半

2002年4月15日

于日本棋院

富士通杯预赛

●黑 曹薰铉 九段（韩国）

○白 孔 杰 六段（中国）

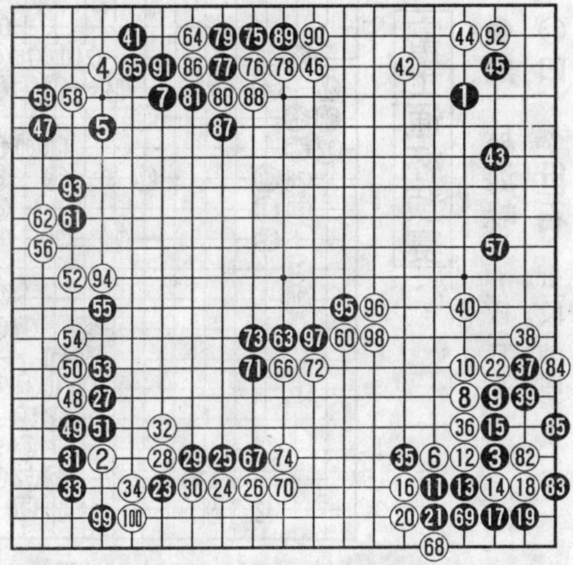

▲第一谱（1－100）

▼第二谱（101－237）

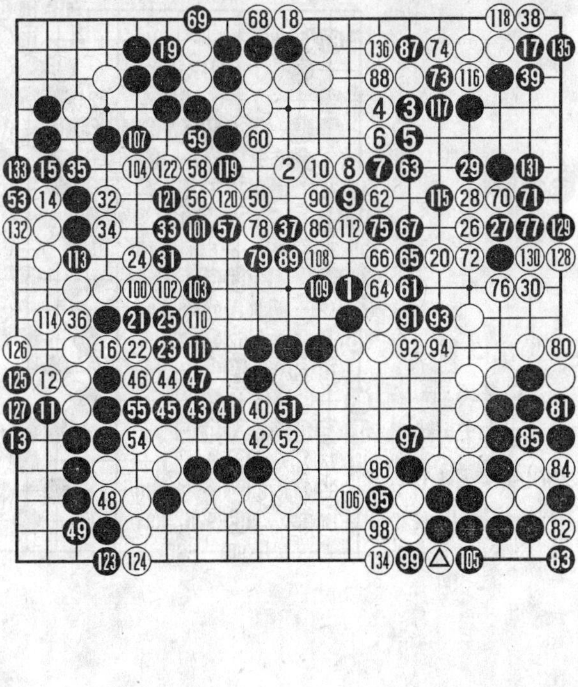

137＝△

黑出5目半

共237手

白胜半目

2002年4月15日

于日本棋院

富士通杯预赛

● 黑　林海峰　九段（日本）

○ 白　李世石　三段（韩国）

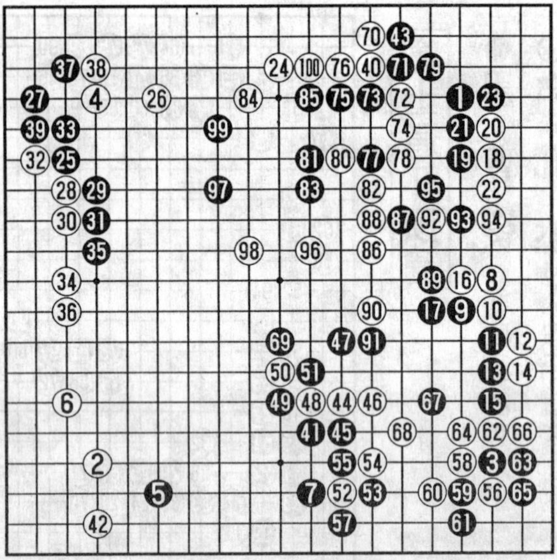

▲第一谱（1－100）　▼第二谱（101－226）

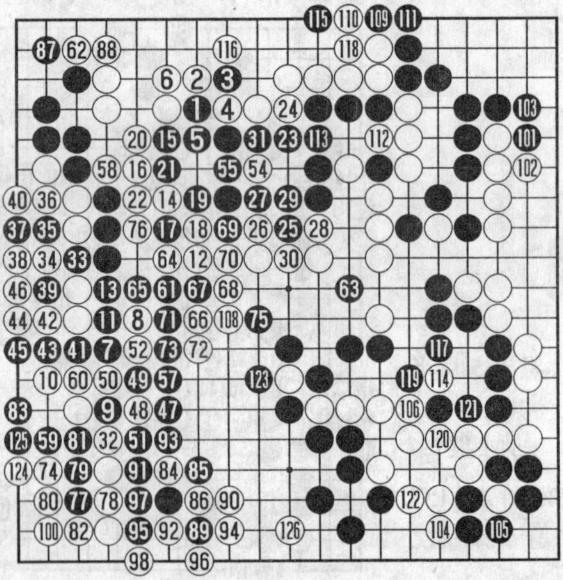

53 99 = 9

56 107 = 48

黑出5目半

共226手

白中盘胜

2002年4月15日

于日本棋院

富士通杯预赛

●黑 李昌镐 九段（韩国）

○白 依田纪基 九段（日本）

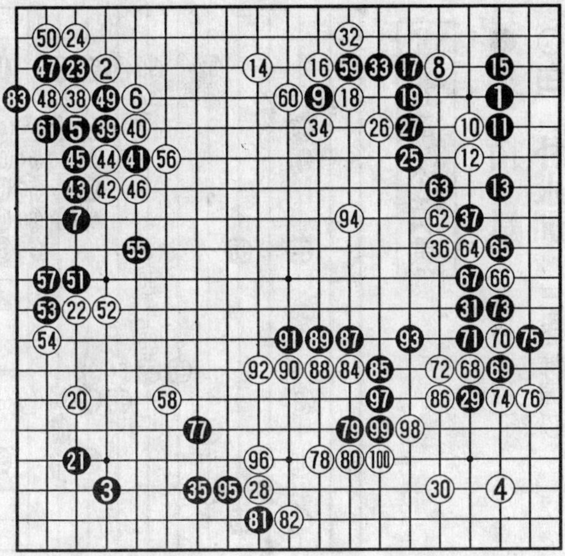

▲第一谱（1－100）　▼第二谱（101－213）

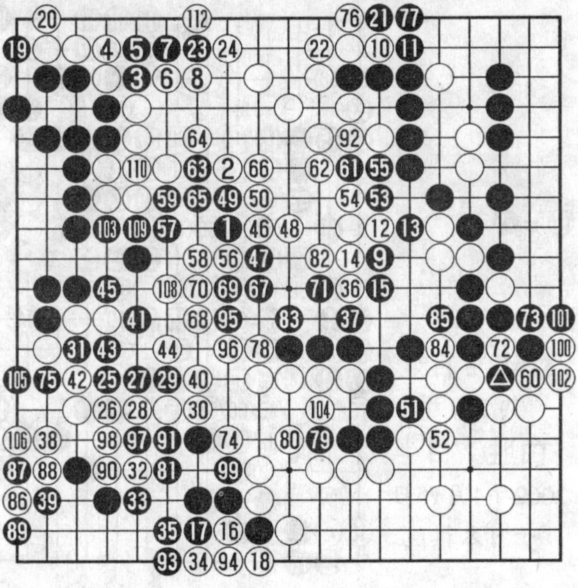

107＝86　111＝△

113＝72

黑出5目半

共213手

黑胜3目半

2002年4月15日

于日本棋院

富士通杯预赛

●黑 俞 斌 九段（中国）

○白 朴永训 三段（韩国）

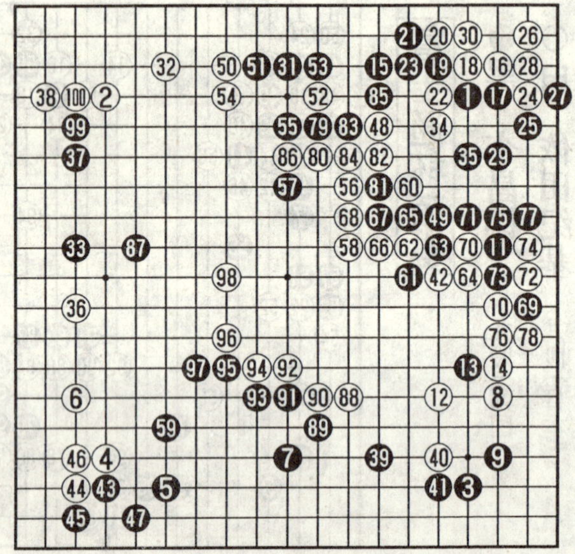

▲第一谱（1－100）

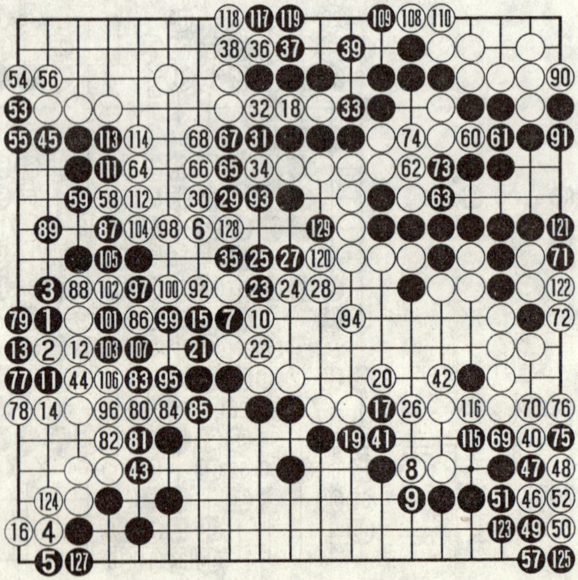

▼第二谱（101－229）

126＝75

黑出 5 目半
共 229 手
白胜 1 目半
2002年4月15日
于日本棋院

富士通杯预赛

●黑　王立诚　九段（日本）

○白　刘昌赫　九段（韩国）

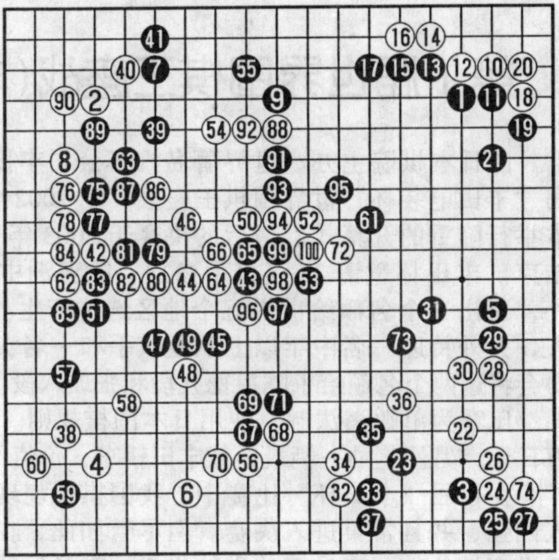

▲第一谱（1－100）　▼第二谱（101－176）

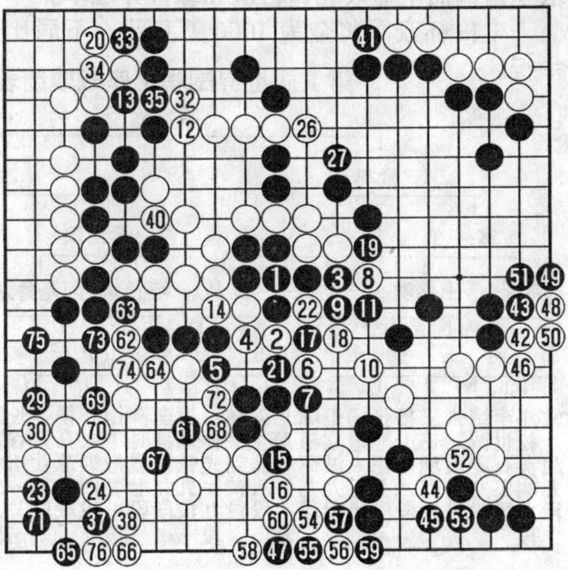

㉕㉛㊴＝⑰

㉘㊱＝㉒

黑出5目半

共176手

白中盘胜

2002年4月15日

于日本棋院

第1届世界围棋王座战(丰田杯)

由日本棋院主办、世界著名汽车公司丰田公司赞助的第1届“丰田电装杯”世界围棋王座战，于2002年3月18日在日本举行隆重的开幕式。最后的决赛于2003年1月29日在东京结束。丰田杯邀请32名棋手参加，除亚洲中日韩有分配名额外，留出5个名额给世界五个地区选拔产生。我国正式名额5人，另外特邀一名中年以上职业棋手和一名女棋手。中国围棋协会将这两个名额给了陈祖德九段和张璇八段。

比赛为单败淘汰制，使用日本围棋规则。冠军奖金为3000万日元，另外奖励一辆最新款丰田轿车，价值约1000万日元。

在首届“丰田杯”比赛中，我国棋手表现突出，有三人杀入四强，并且常昊进入决赛。但尽管如此，在新的世界大赛上仍没有挡住韩国李昌镐前进的步伐。在最后的决赛中，常昊不敌李昌镐而中盘败北，再次无缘世界冠军。

丰田杯亚军奖金为1000万日元。下届比赛计划在2004年举行。

第1届世界围棋王座战成绩表

常昊九段	常	常昊	常昊	常昊	李昌镐
小松英树九段					
李世石三段	李				
结诚聪九段					
张璇八段	王	王铭琬			
王铭琬九段					
杨士海八段	杨				
张栩七段					
杨慧人6段	王	王立诚	王磊		
王立诚九段					
陈祖德九段	陈				
后藤俊午九段					
王磊八段	王	王磊			
林宇翔初段					
小林光一九段	曹				
曹薰铉九段					
李昌镐九段	李	李昌镐	李昌镐	李昌镐	
柳时熏七段					
山下敬吾七段	山下				
朴永训四段					
杨嘉源九段	杨	阿基鲁尔			
金秀壮九段					
长谷川直九段	阿基				
阿基鲁尔7段					
俞斌九段	俞	俞　斌	俞　斌		
亚历山大6段					
朴志恩三段	朴				
依田纪基九段					
马晓春九段	刘	刘昌赫			
刘昌赫九段					
邵炜刚九段	邵				
赵治勋九段					

丰田杯决赛

●黑　李昌镐　九段（韩国）

○白　常　昊　九段（中国）

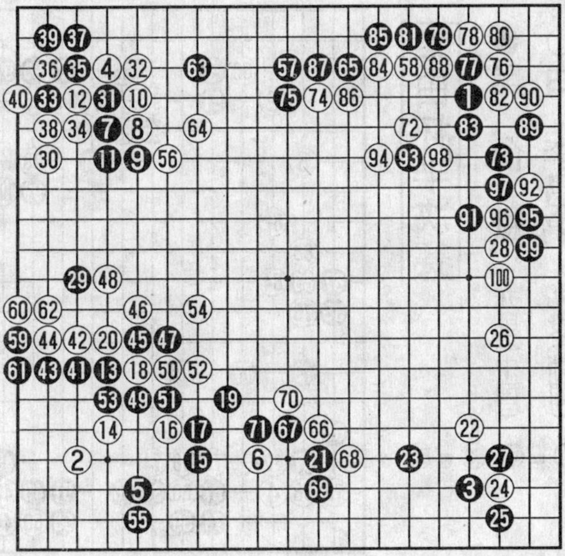

▲第一谱（1－100）　▼第二谱（101－175）

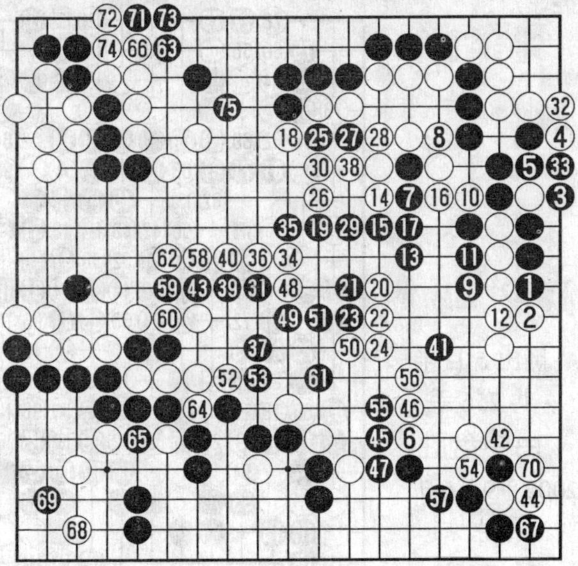

黑出5目半
共175手
黑中盘胜
2003年1月29日
于东京

丰田杯半决赛

●黑 俞斌 九段（中国）

○白 李昌镐 九段（韩国）

59 = 55 62 = 56

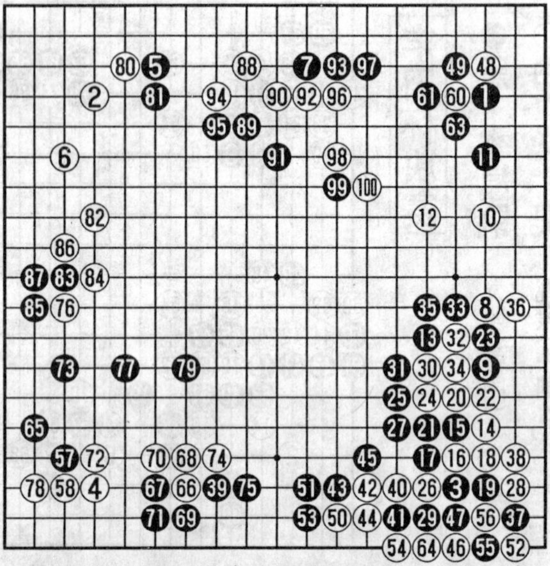

▲第一谱(1－100) ▼第二谱(101－256)

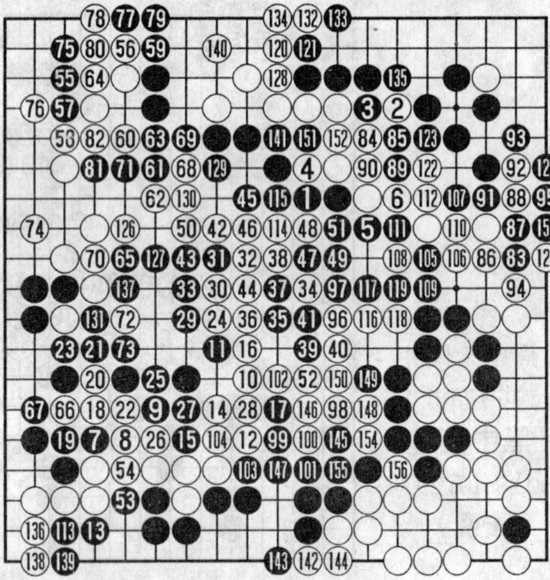

黑出5目半

共256手

白中盘胜

2002年9月6日

于东京

丰田杯半决赛

● 黑 王 磊 八段（中国）

○ 白 常 昊 九段（中国）

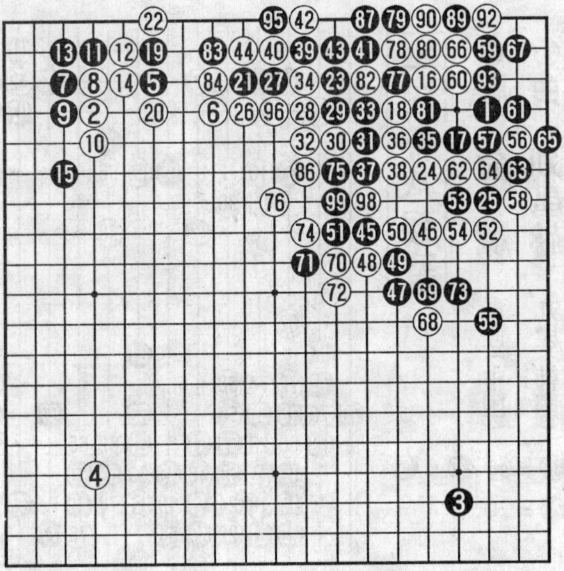

❽❾❿❼=❼ (85 91 97 = 77)

(88 94 100 = 82)

▲第一谱（1－100）

▼第二谱（101－174）

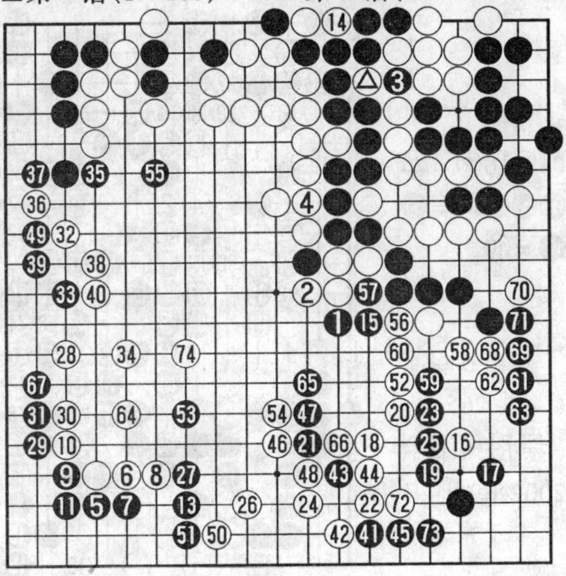

⑫=△

黑出 5 目半

共 174 手

白中盘胜

2002年9月6日

于东京

丰田杯八强赛

●黑 俞斌 九段(中国)

○白 刘昌赫 九段(韩国)

64 = 48　65 = 5

75 = 70

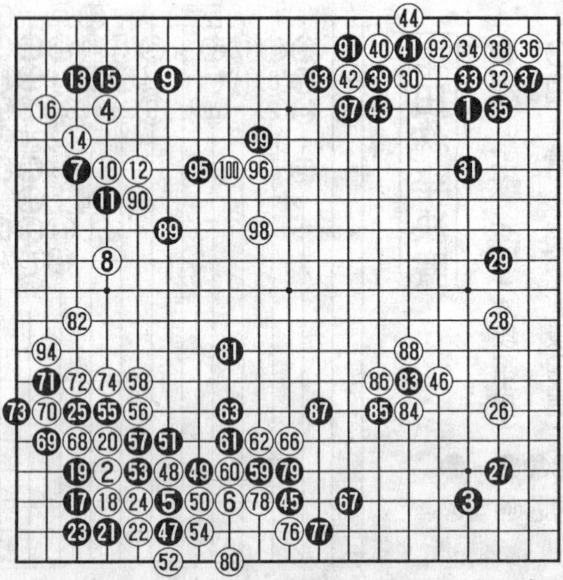

▲第一谱(1－100)　▼第二谱(101－265)

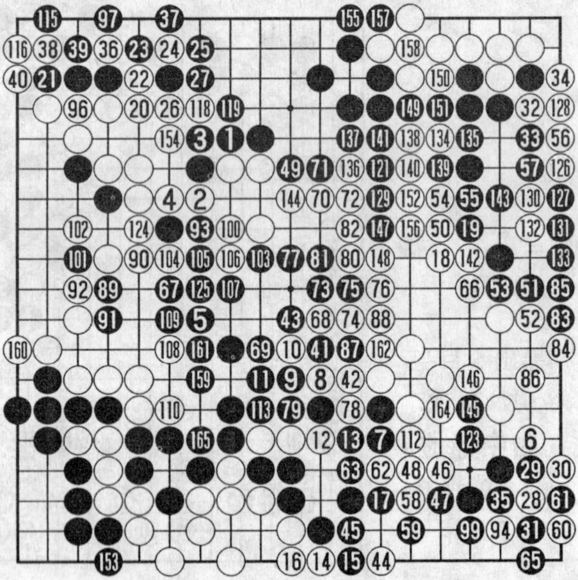

64 98 114 120 = 28

95 111 117 122 = 61

163 = 10

黑出5目半

共265手

黑胜4目半

2002年9月4日

于东京

丰田杯八强赛

●黑 常昊 九段(中国)

○白 王铭琬 九段(日本)

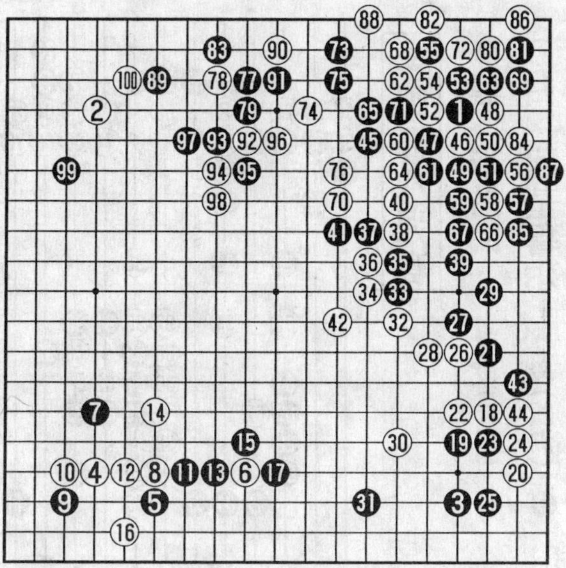

▲第一谱(1－100)

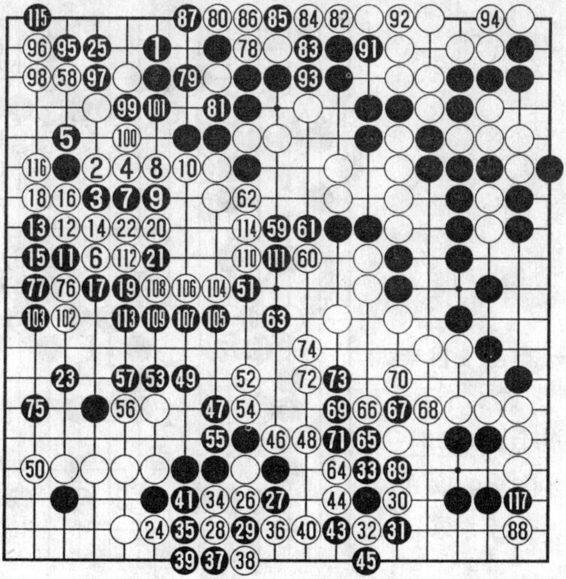

▼第二谱(101－217)

㊷＝㉙ ⑨⑩＝❽❺

黑出5目半

共217手

黑中盘胜

2002年9月4日

于东京

丰田杯八强赛

●黑 李昌镐 九段(韩国)

○白 阿基鲁尔 7段(欧洲)

⑰=⑩

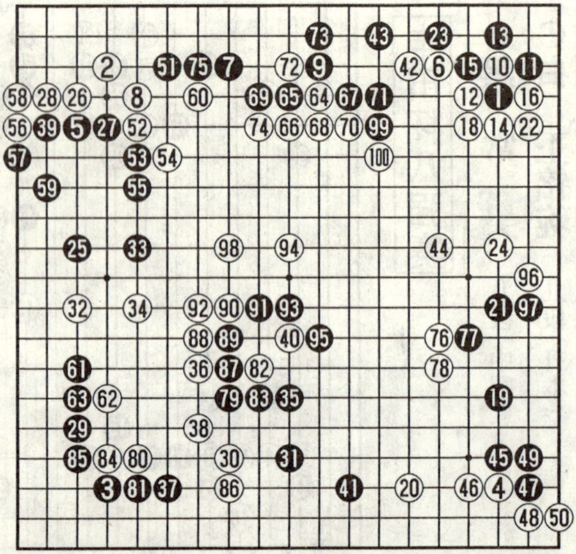

▲第一谱(1－100)

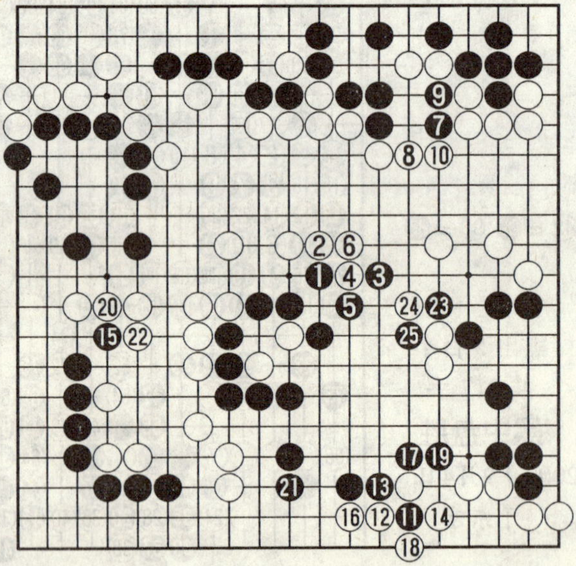

▼第二谱(101－125)

黑出5目半

共125手

黑中盘胜

2002年9月4日

于东京

丰田杯八强赛

●黑 王 磊 八段（中国）

○白 王立诚 九段（日本）

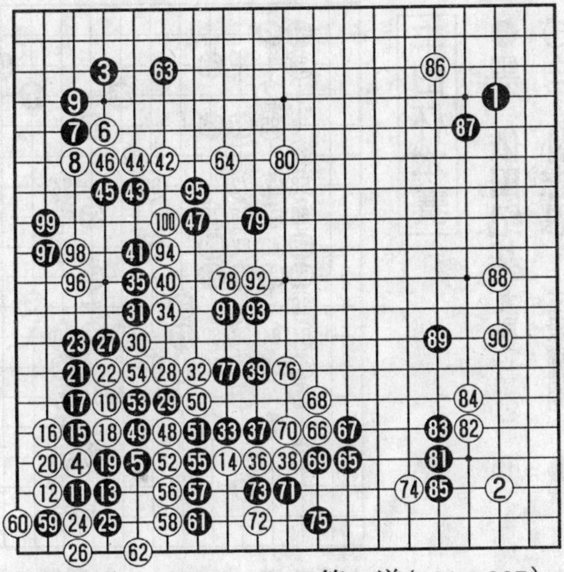

▲第一谱（1－100）

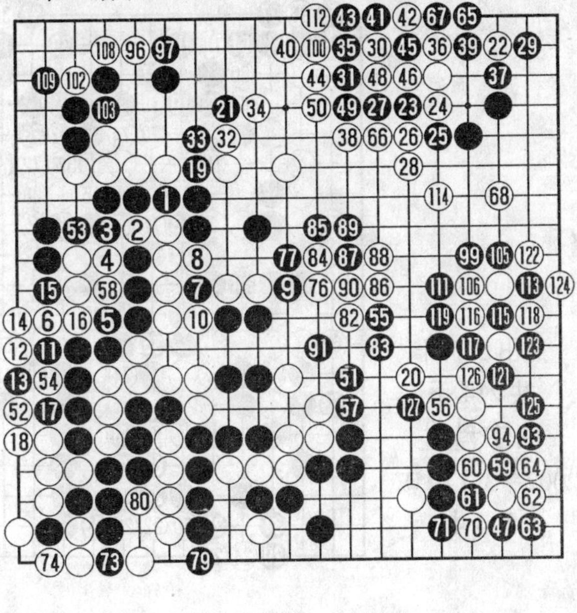

▼第二谱（101－227）

69 75 81 95 101 107 ＝45 72 78 92 98

104 110 ＝42

120 ＝115

黑出 5 目半

共 227 手

黑中盘胜

2002年9月4日

于东京

丰田杯本赛

● 黑 依田纪基 九段(日本)

○ 白 朴志恩 三段(韩国)

⑰＝⑫

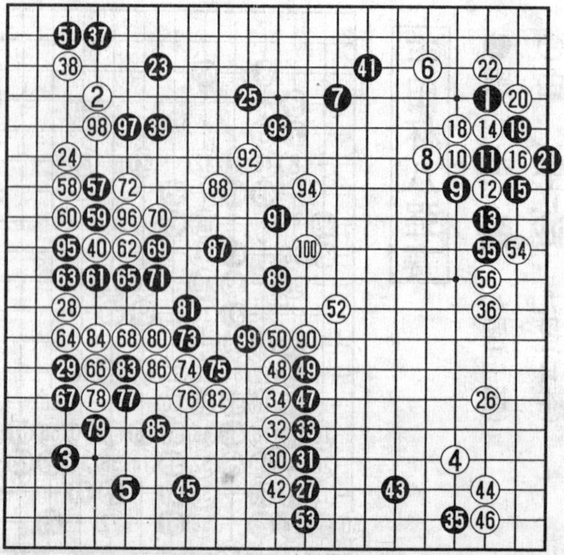

▲第一谱(1－100)　▼第二谱(101－214)

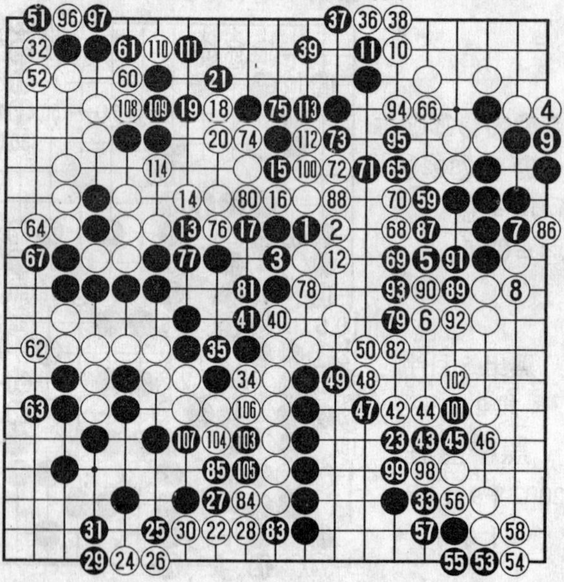

黑出5目半

共214手

白中盘胜

2002年3月19日

于日本

丰田杯本赛

●黑　杨士海　八段（中国香港）

○白　张　栩　七段（日本）

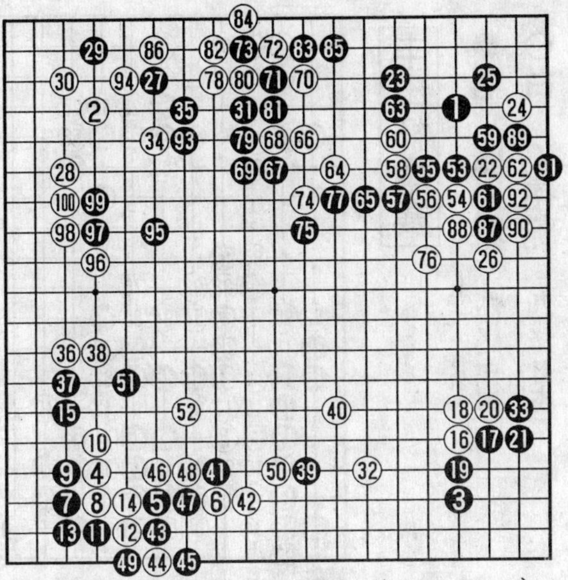

▲第一谱（1－100）　▼第二谱（101－155）

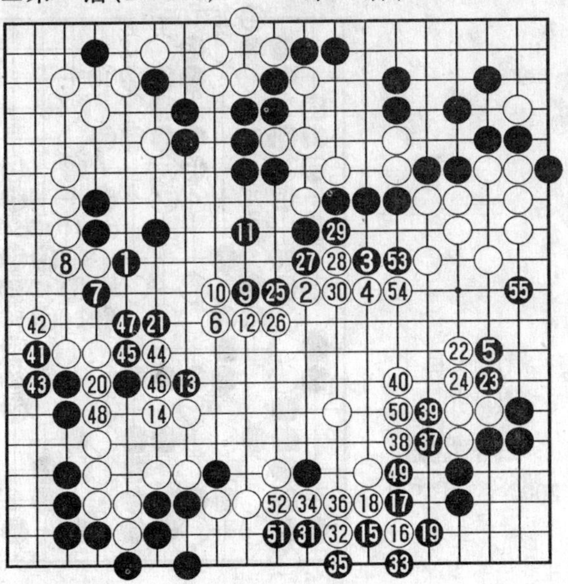

黑出5目半

共155手

黑中盘胜

2002年3月19日

于日本

丰田杯本赛

●黑　张　旋　八段（中国）

○白　王铭琬　九段（日本）

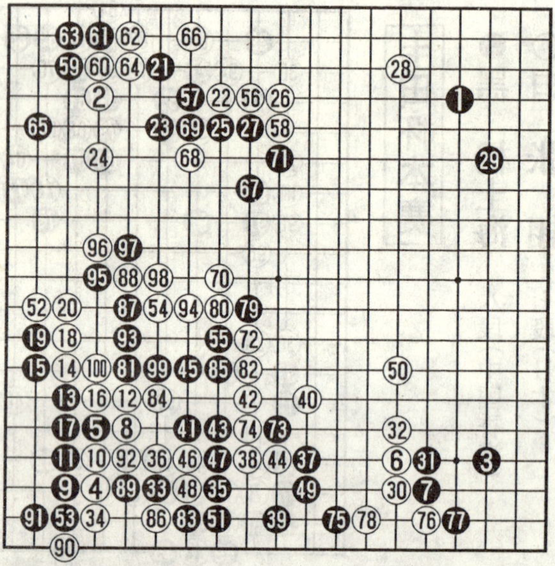

▲第一谱（1－100）　▼第二谱（101－170）

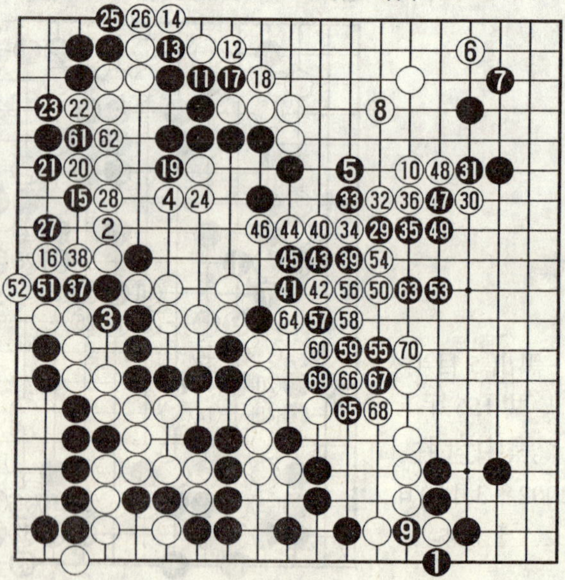

黑出 5 目半

共 170 手

白中盘胜

2002年3月19日

于日本

丰田杯本赛

●黑 后藤俊午 九段(日本)

○白 陈祖德 九段(中国)

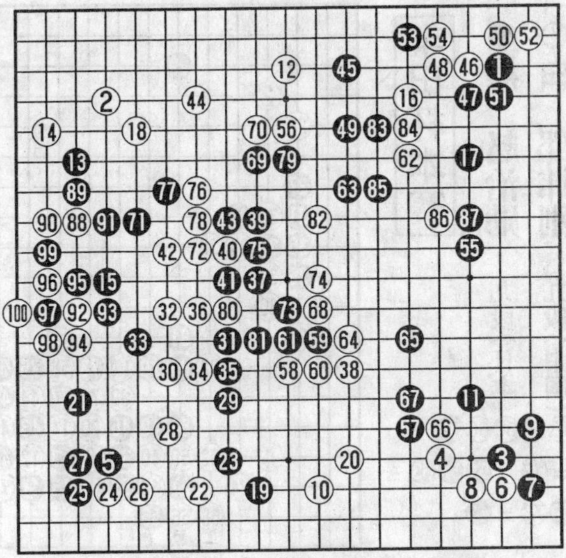

▲第一谱(1－100)　▼第二谱(101－253)

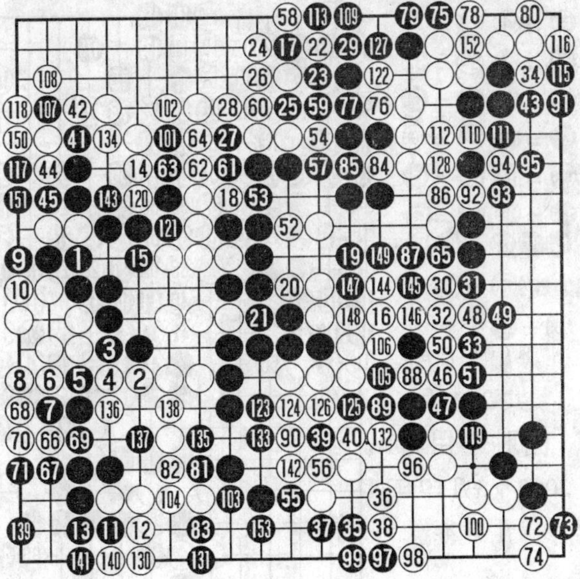

114＝17　129＝94

黑出5目半

共253手

白胜2目半

2002年3月19日

于日本

丰田杯本赛

● 黑　赵治勋　九段（日本）

○ 白　邵炜刚　九段（中国）

48 54 60 66 72 = 12　51 57 63 69 78 = 43

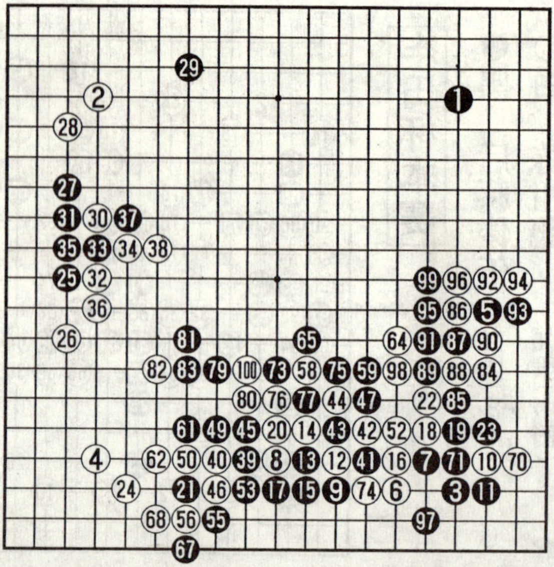

▲第一谱（1－100）

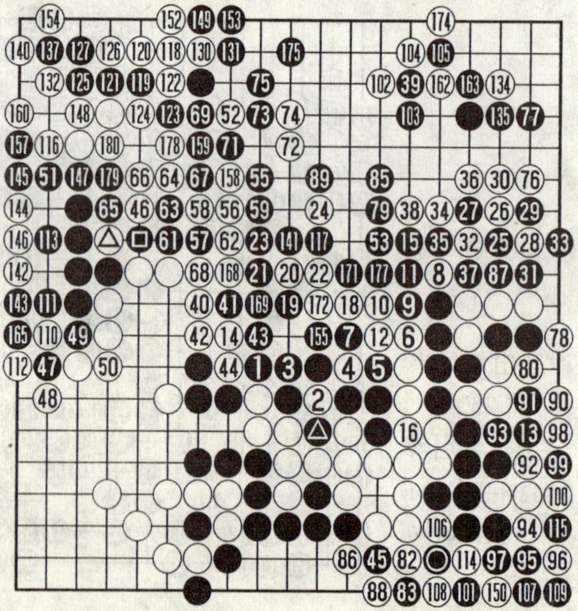

▼第二谱（101－280）

117 = △　54 = 2

60 = 4　70 = △

81 = 27　84 = 32

128 = 96　129 = ◎

133 = 83　136 = 108

138 = 114　139 = 115

151 = 99　156 = □

161 167 173 = 101

164 170 176 = 150

166 = 47

黑出 5 目半

共 280 手

白胜 7 目半

2002年3月19日

于日本

丰田杯本赛

●黑　马晓春　九段（中国）

○白　刘昌赫　九段（韩国）

77 83 = 27

80 = 74　96 = 93

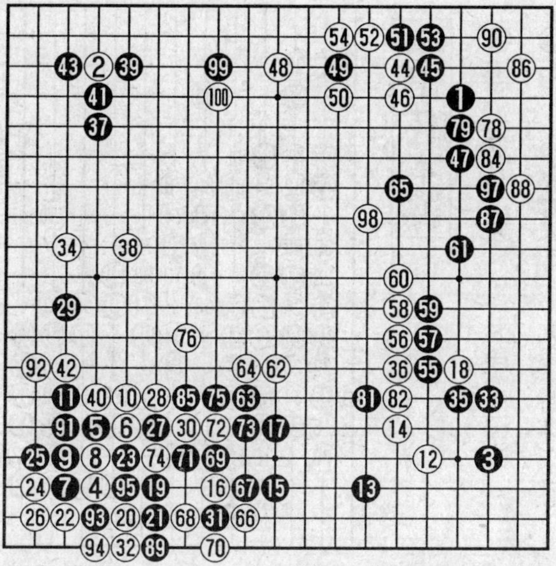

▲第一谱(1－100)　　▼第二 谱(101－210)

89 = 11

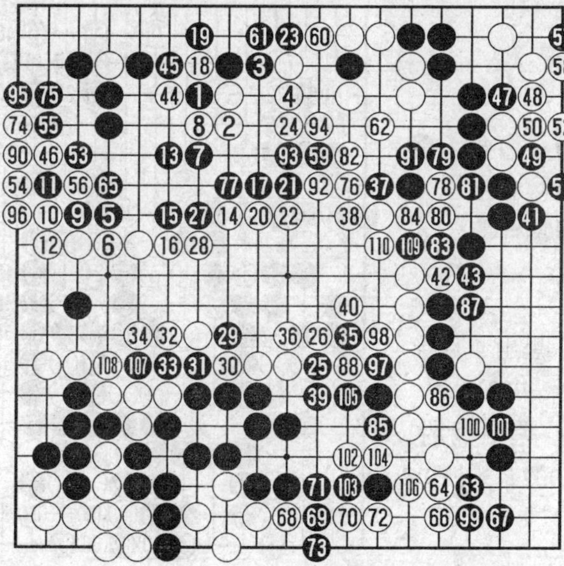

黑出5目半

共210手

白中盘胜

2002年3月19日

于日本

丰田杯本赛

● 黑 常 昊 九段（中国）
○ 白 小松英树 九段（日本）

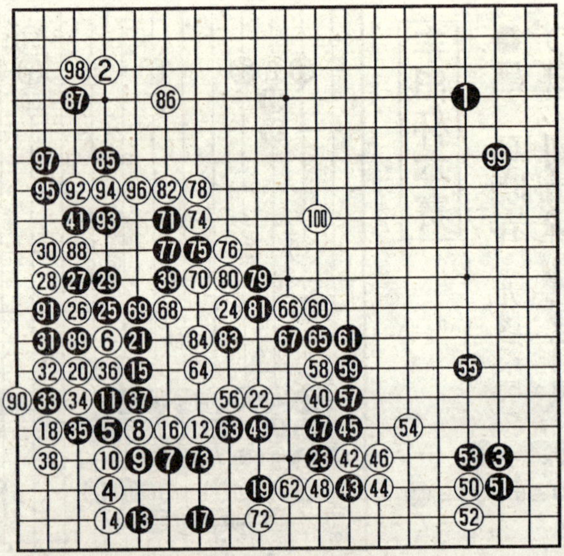

▲第一谱（1－100）　▼第二 谱（101－219）

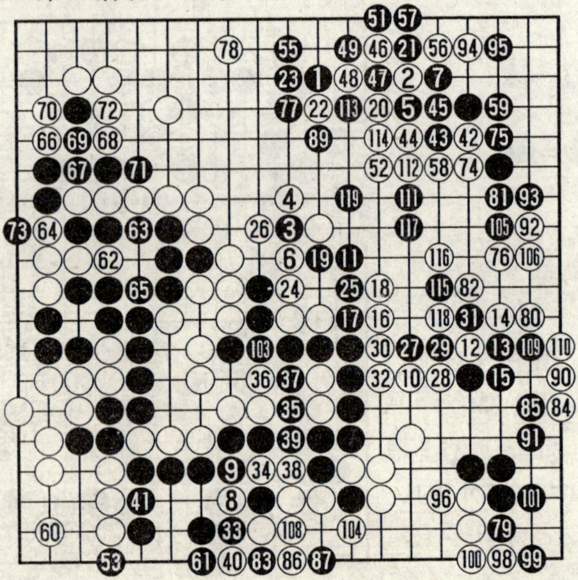

(50)＝(2)　(54)＝(47)
(88)(102)＝(40)
(97)(107)＝(83)

黑出5目半
共219手
黑中盘胜
2002年3月19日
于日本

丰田杯本赛

●黑　王　磊　八段（中国）

○白　曹薰铉　九段（韩国）

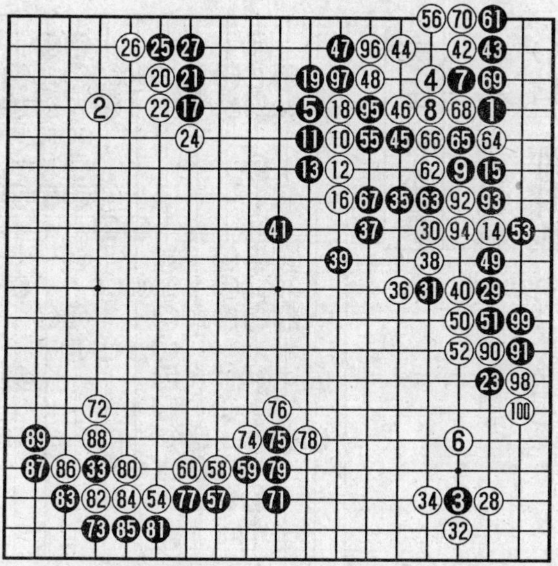

▲第一谱（1－100）　▼第二 谱（101－247）

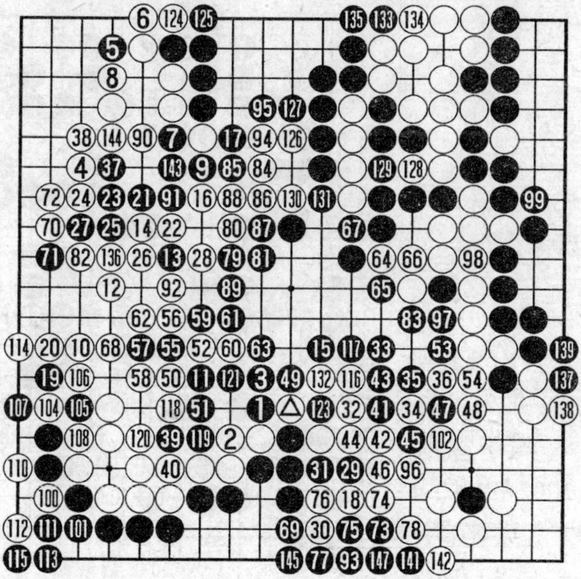

103＝34　109＝104

122＝55　140＝△

146＝123

黑出5目半

共247手

黑胜2目半

2002年9月2日

于东京

丰田杯本赛

●黑　刘昌赫　九段（韩国）

○白　邵炜刚　九段（中国）

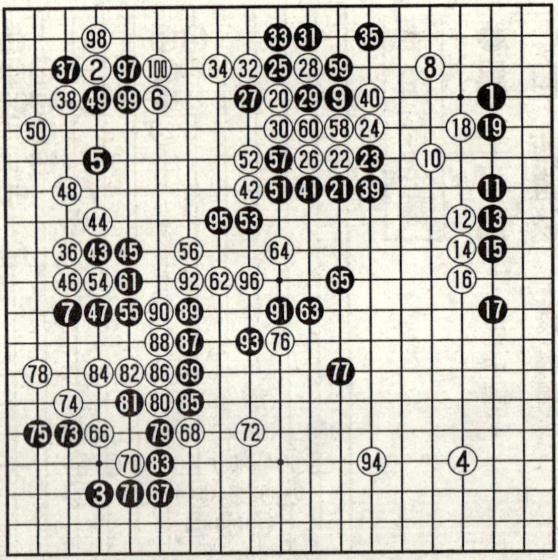

▲第一谱（1－100）

▼第二 谱（101－217）

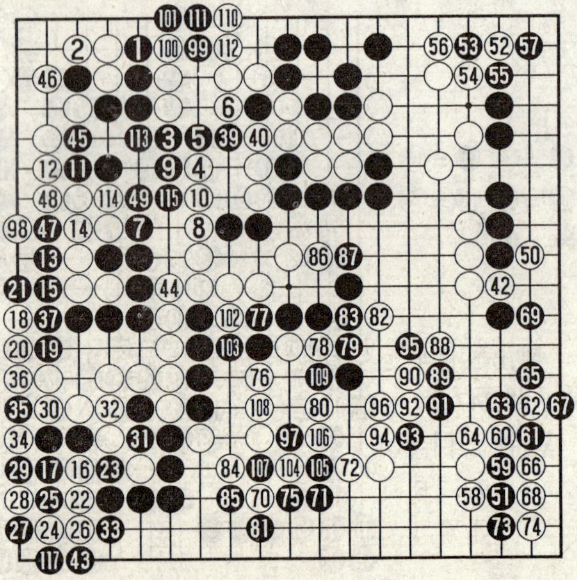

38 116 ＝ 34

41 ＝ 35

黑出 5 目半

共 217 手

黑中盘胜

2002年9月2日

于东京

丰田杯本赛

●黑 常 昊 九段(中国)

○白 李世石 三段(韩国)

40 46 52 66 = 32

43 49 59 68 = 37

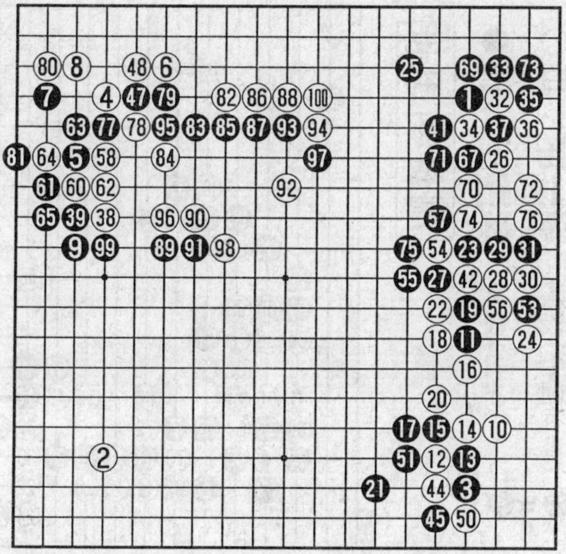

▲第一谱(1－100)　▼第二谱(101－237)

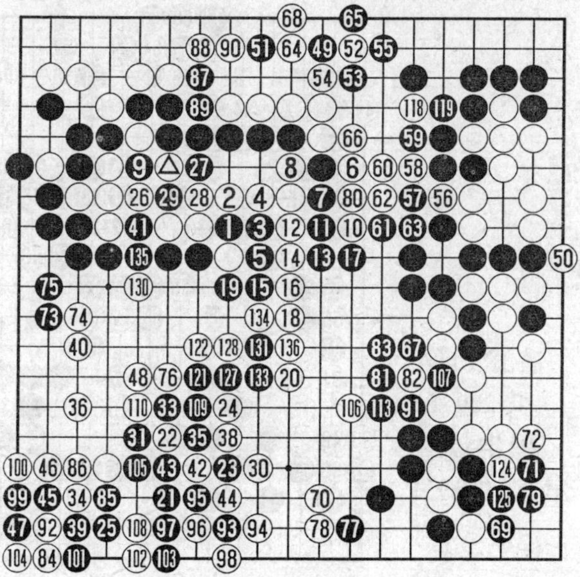

32 = △　37 = 29

111 117 123 129 137 =

23　112 = 82

114 120 126 132 = 42

115 = 45　116 = 99

黑出 5 目半

共 237 手

黑中盘胜

2002年9月2日

于东京

丰田杯本赛

●黑　王铭琬　九段（日本）

○白　杨士海　八段（中国香港）

❼❶＝❺❾

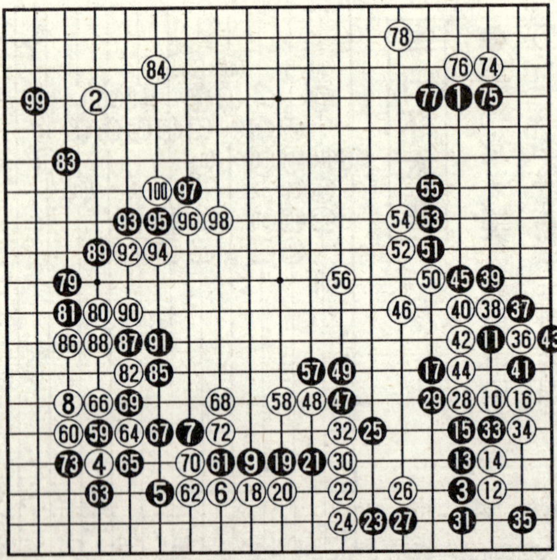

▲第一谱（1－100）　▼第二 谱（101－209）

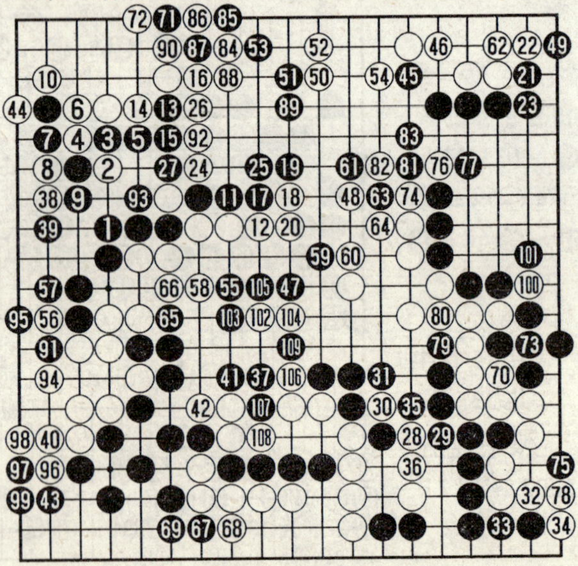

黑出 5 目半

共 209 手

黑中盘胜

2002年9月2日

于东京

丰田杯本赛

●黑 山下敬吾 七段（日本）

○白 李昌镐 九段（韩国）

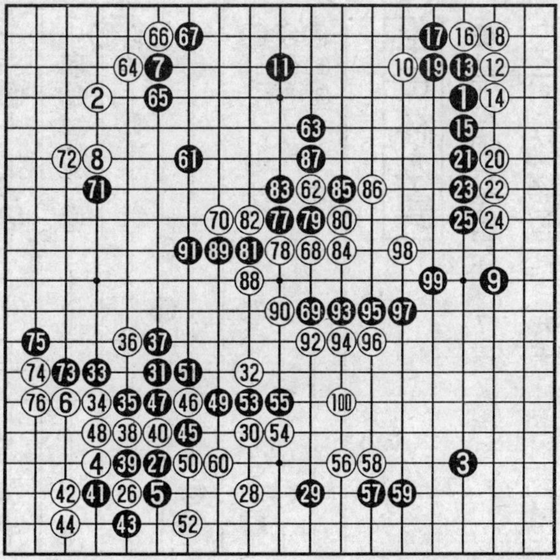

▲第一谱（1－100） ▼第二 谱（101－222）

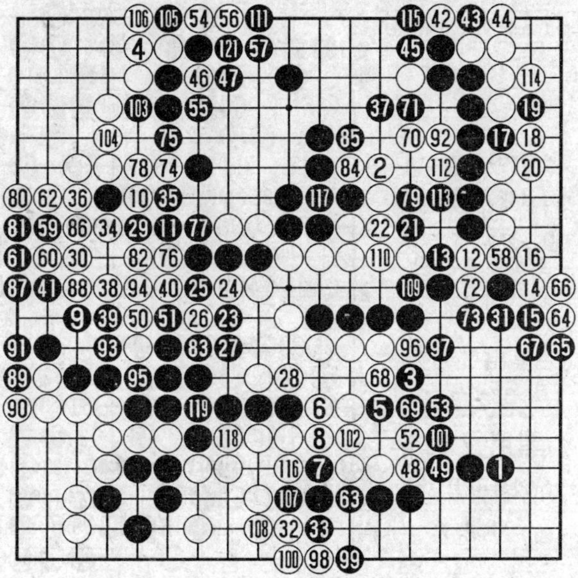

⑫⓪＝❶⓪❺ ⑫②＝❹❸

黑出5目半

共222手

白胜1目半

2002年9月2日

于东京

丰田杯本赛

●黑　阿基鲁尔　7段(欧洲)

○白　杨嘉源　九段(日本)

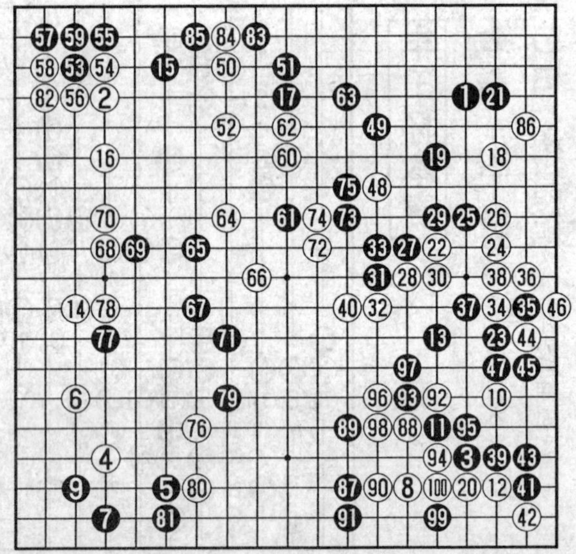

▲第一谱(1－100)　▼第二谱(101－273)

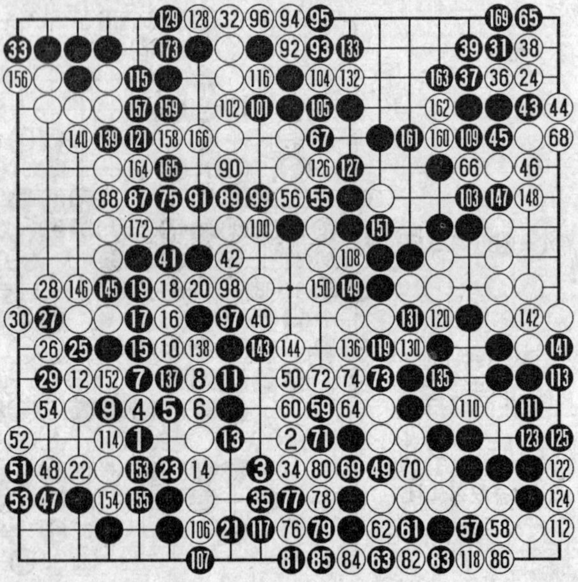

134＝130　167＝4
168＝131　170＝82
171＝84

黑出5目半
共273手
黑胜2目半
2002年9月2日
于东京

第 4 届世界职业围棋团体赛
(农心辛拉面杯)

由韩国棋院主办、韩国农心辛拉面集团赞助的第 4 届“农心辛拉面杯”世界职业围棋团体赛，于 2002 年 10 月 22 日至 2003 年 1 月 23 日先后在北京、釜山和上海三地举行。尽管本届比赛中国队胡耀宇七段表现神勇，分别战胜小林光一九段、金承俊七段、加藤正夫九段、曹薰铉九段和依田纪基九段取得五连胜，但是韩国擂主李昌镐九段克服了“克星”的心理障碍最终使韩国队第四次蝉联农心杯团体冠军。

比赛为中日韩三国单局擂台方式，采用韩国围棋规则，每方 1 小时自由支配时间，之后 1 分钟读秒。临场猜先，黑棋贴 6 目半。冠军奖金为 1.5 亿韩元，三连胜奖金 1000 万韩元，之后每多胜一局奖金则增加 1000 万韩元。

第 4 届世界职业围棋团体赛成绩表

场次	攻擂棋手	守擂棋手	比赛结果
1	古力　七段(中)	朴永训　三段(韩)	朴永训胜
2	王立诚　九段(日)	朴永训　三段(韩)	朴永训胜
3	常昊　九段(中)	朴永训　三段(韩)	朴永训胜
4	张栩　七段(中)	朴永训　三段(韩)	朴永训胜
5	孔杰　七段(中)	朴永训　三段(韩)	孔杰胜
6	小林光一　九段(日)	孔杰　七段(中)	小林光一胜
7	尹炫哲　七段(韩)	小林光一　九段(中)	小林光一胜
8	胡耀宇　七段(中)	小林光一　九段(中)	胡耀宇胜
9	金承俊　七段(韩)	胡耀宇　七段(中)	胡耀宇胜
10	加藤正夫　九段(日)	胡耀宇　七段(中)	胡耀宇胜
11	曹薰铉　九段(韩)	胡耀宇　七段(中)	胡耀宇胜
12	依田纪基　九段(日)	胡耀宇　七段(中)	胡耀宇胜
13	李昌镐　九段(韩)	胡耀宇　七段(中)	李昌镐胜
14	罗洗河　九段(中)	李昌镐　九段(韩)	李昌镐胜
韩国队获得冠军，中国、日本分获二、三位。			

农心辛拉面杯第1场

●黑　朴永训　三段（韩国）

○白　古　力　七段（中国）

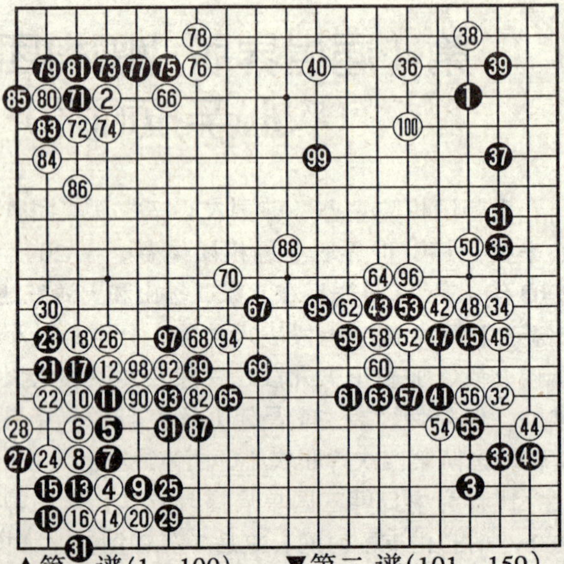

▲第一谱（1－100）　▼第二谱（101－159）

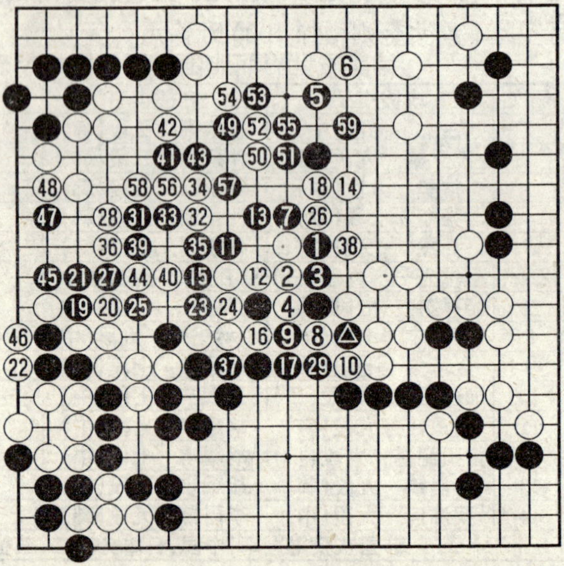

30＝△

黑出6目半

共159手

黑中盘胜

2002年10月22日

于北京

农心辛拉面杯第2场

●黑　王立诚　九段(日本)

○白　朴永训　三段(韩国)

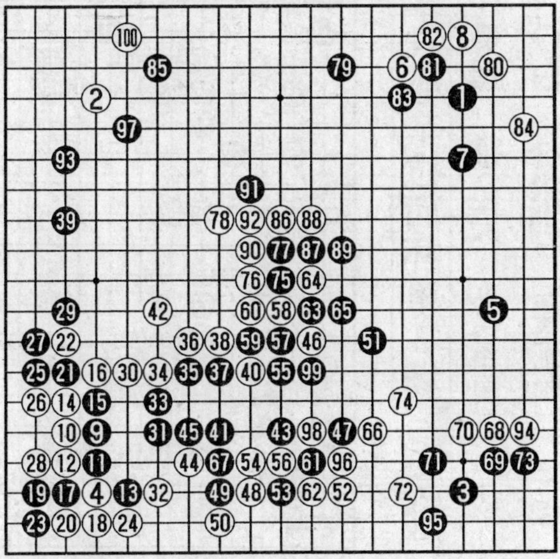

▲第一谱(1－100)　▼第二 谱(101－210)

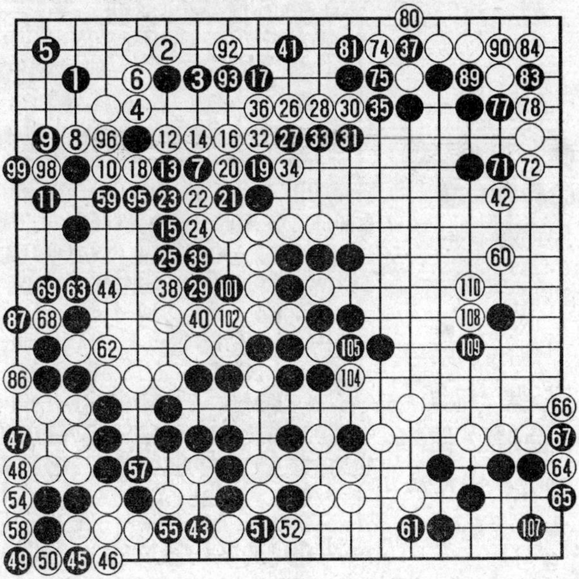

53＝45　56＝50

70 76 82 88 94 100

106＝64　73 79 85

91 97 103＝67

黑出6目半

共210手

白中盘胜

2002年10月23日

于北京

农心辛拉面杯第3场

● 黑 常昊 九段（中国）

○ 白 朴永训 三段（韩国）

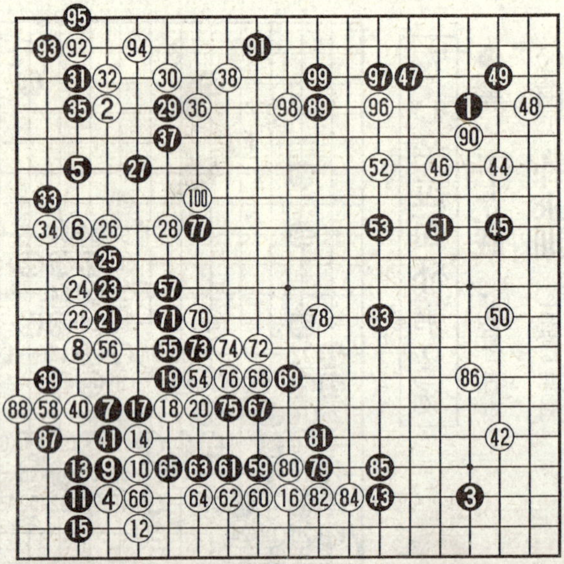

▲第一谱（1－100）　▼第二谱（101－277）

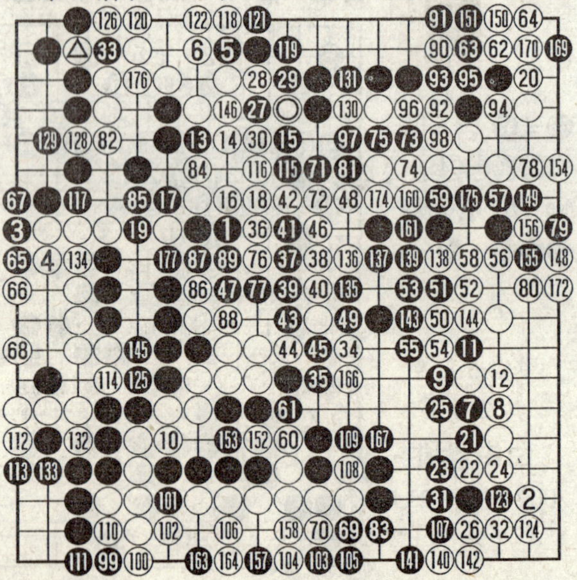

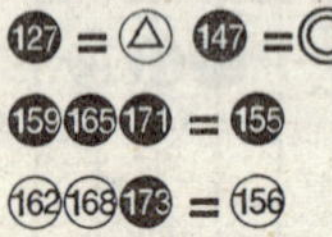

黑出6目半

共277手

白胜2目半

2002年10月24日

于北京

农心辛拉面杯第4场

●黑　张　栩　七段（日本）

○白　朴永训　三段（韩国）

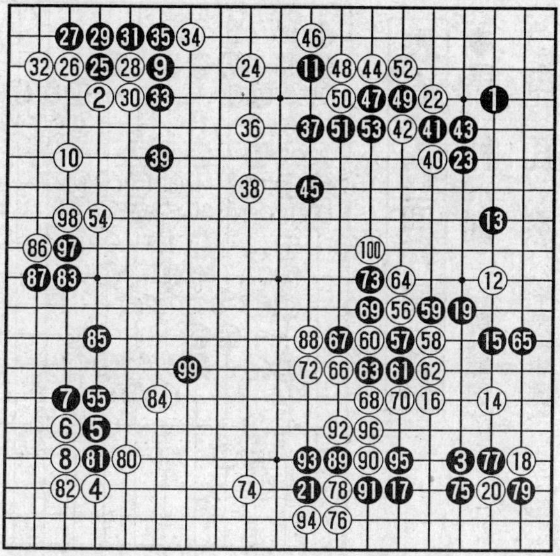

71=60

▲第一谱（1－100）　▼第二 谱（101－233）

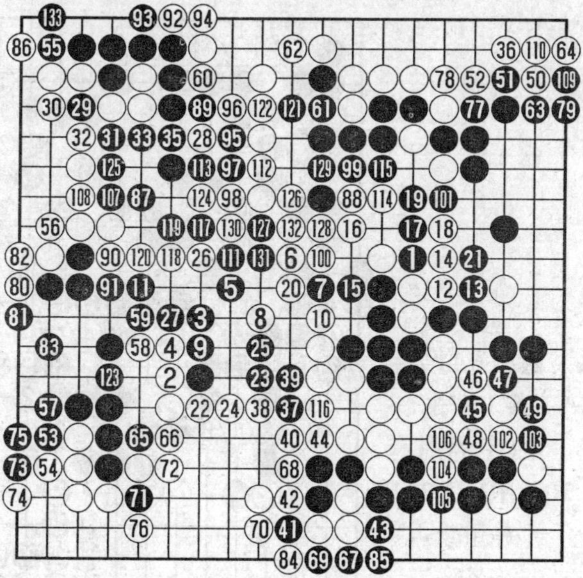

34=29

黑出6目半

共233手

白胜半目

2002年10月25日

于北京

农心辛拉面杯第5场

● 黑 朴永训 三段（韩国）

○ 白 孔杰 七段（中国）

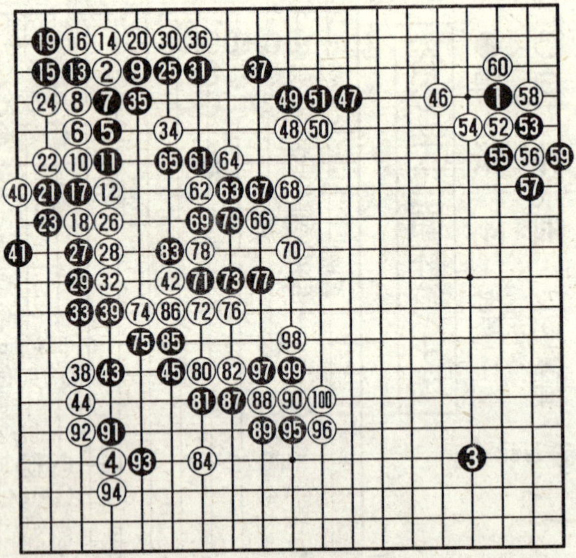

▲第一谱（1－100）　▼第二 谱（101－168）

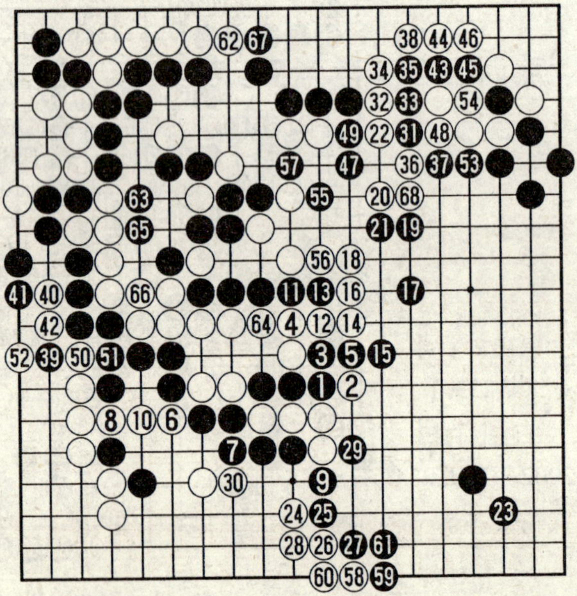

黑出6目半

共168手

白中盘胜

2002年11月23日

于韩国釜山

农心辛拉面杯第6场

●黑　小林光一　九段(日本)

○白　孔　杰　七段(中国)

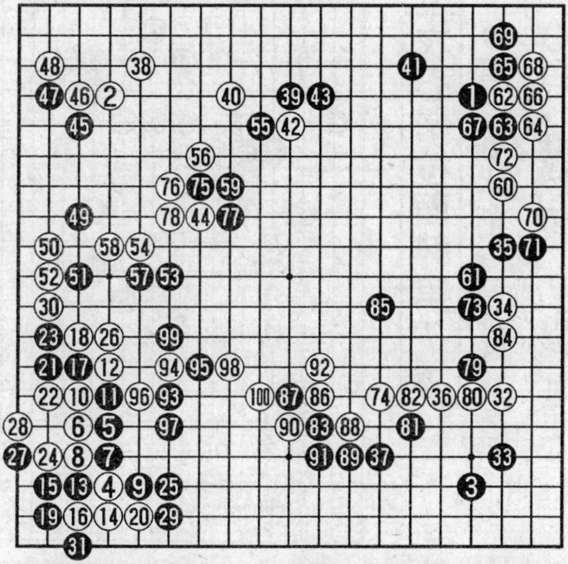

▲第一谱(1－100)　▼第二 谱(101－251)

100 109 = 88

103 = 89

108 114 120 = 92

111 117 = 105

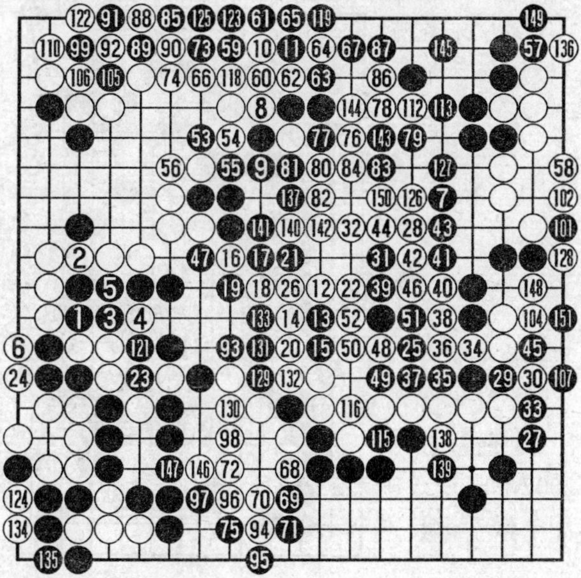

黑出6目半

共251手

黑胜4目半

2002年11月24日

于韩国釜山

农心辛拉面杯第7场

●黑　小林光一　九段（日本）

○白　尹炫哲　七段（韩国）

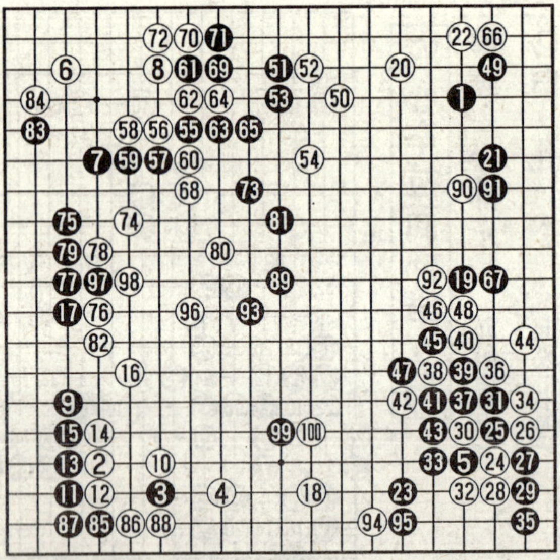

▲第一谱（1－100）

▼第二 谱（101－213）

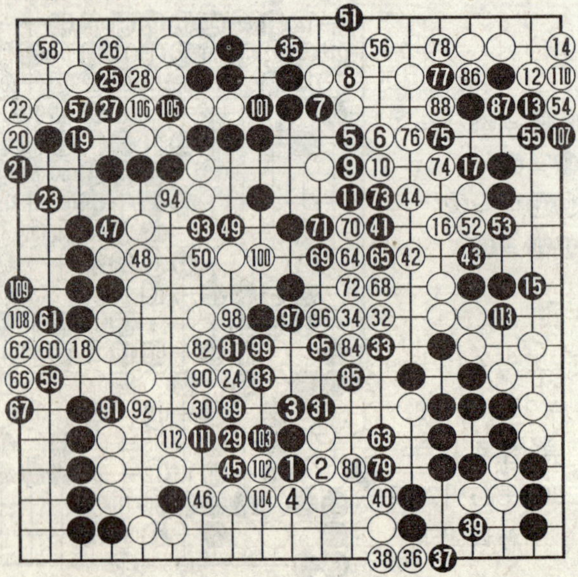

黑出6目半

共213手

黑中盘胜

2002年11月25日

于韩国釜山

农心辛拉面杯第8场

●黑 小林光一 九段（日本）

○白 胡耀宇 七段（中国）

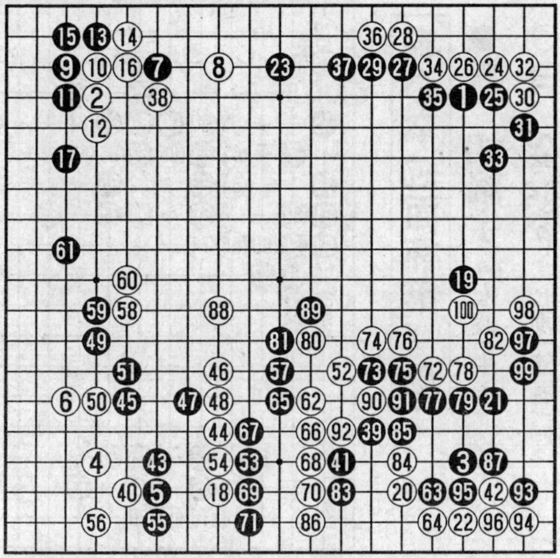

▲第一谱（1－100）　▼第二谱（101－260）

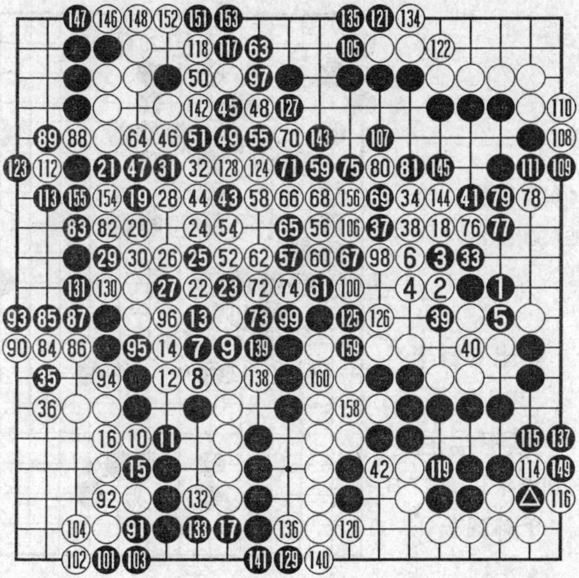

53＝22　150＝△

157＝80

黑出6目半

共260手

白胜3目半

2002年11月26日

于韩国釜山

农心辛拉面杯第9场

●黑 胡耀宇 七段(中国)

○白 金承俊 七段(韩国)

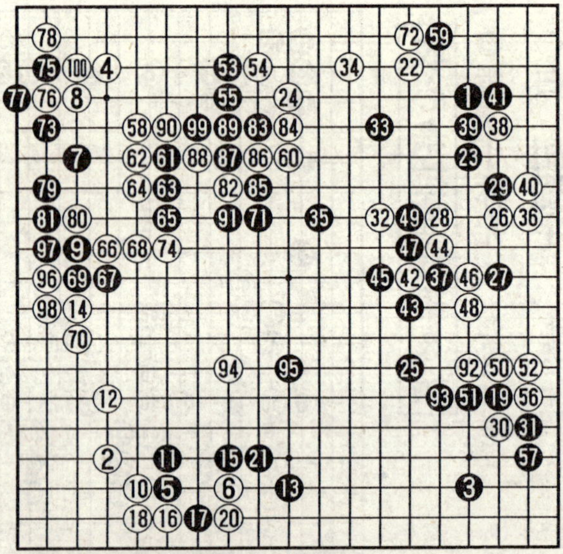

▲第一谱(1－100)

▼第二谱(101－131)

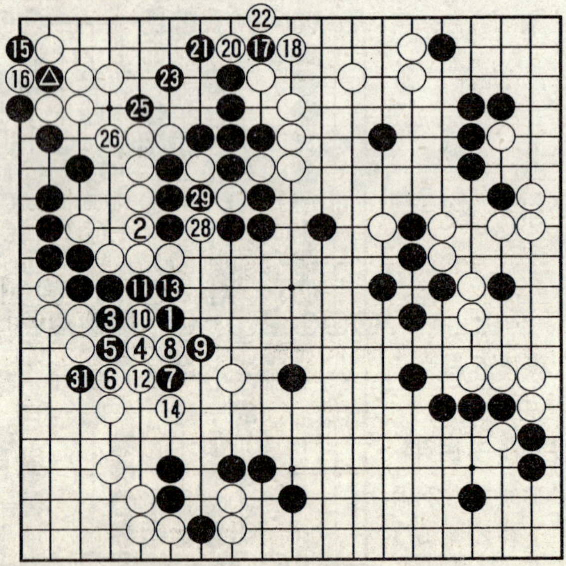

❶❷⑦＝△

㉔㉚＝⑯

黑出6目半

共131手

黑中盘胜

2002年11月27日

于韩国釜山

农心辛拉面杯第10场

●黑 加藤正夫 九段（日本）

○白 胡耀宇 七段（中国）

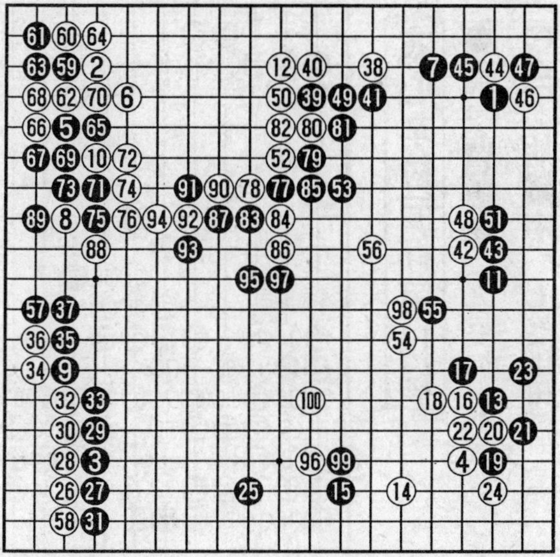

▲第一谱(1－100) ▼第二 谱(101－276)

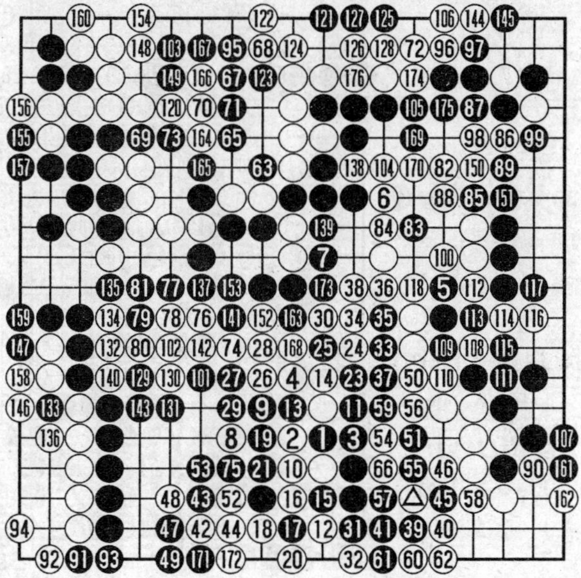

22 = 17 64 = △

119 = 108

黑出 6 目半

共 276 手

白胜 2 目半

2002年11月28日

于韩国釜山

农心辛拉面杯第11场

●黑　曹薰铉　九段（韩国）

○白　胡耀宇　七段（中国）

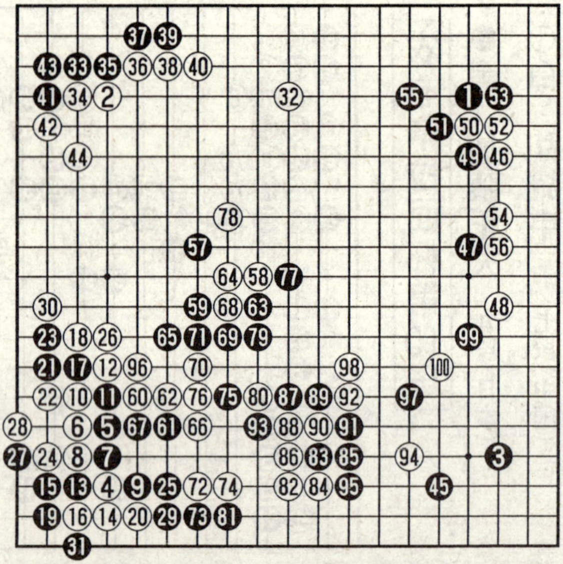

▲第一谱（1－100）　▼第二谱（101－282）

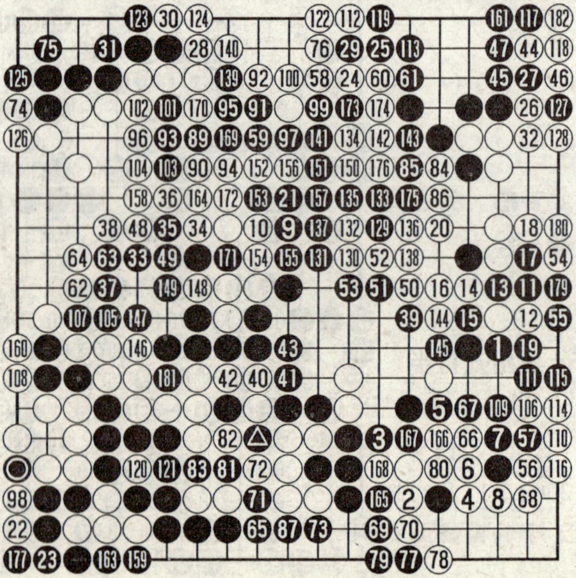

88＝△　162＝127

178＝◎

黑出6目半

共282手

白胜1目半

2003年1月20日

于上海

农心辛拉面杯第12场

●黑　胡耀宇　七段(中国)

○白　依田纪基　九段(日本)

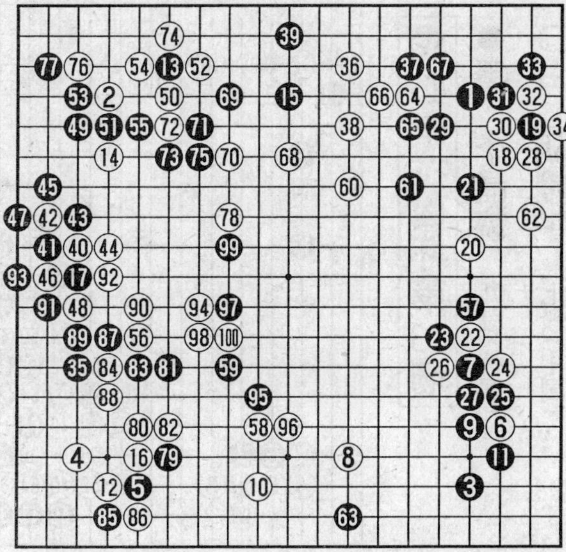

▲第一谱(1－100)　▼第二 谱(101－253)

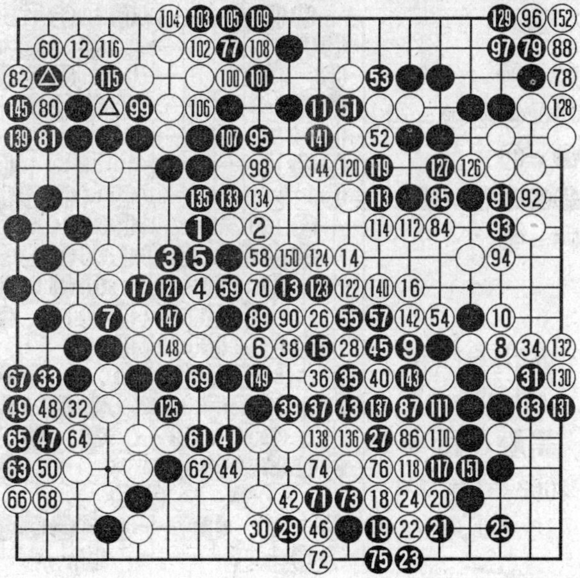

56 = 15　146 = △

153 = △

黑出6目半

共252手

黑胜半目

2003年1月21日

于上海

农心辛拉面杯第13场

●黑　李昌镐　九段（韩国）

○白　胡耀宇　七段（中国）

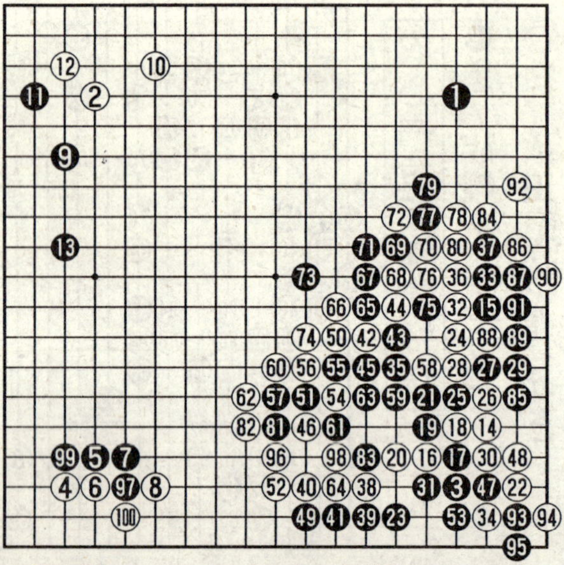

▲第一谱（1－100）

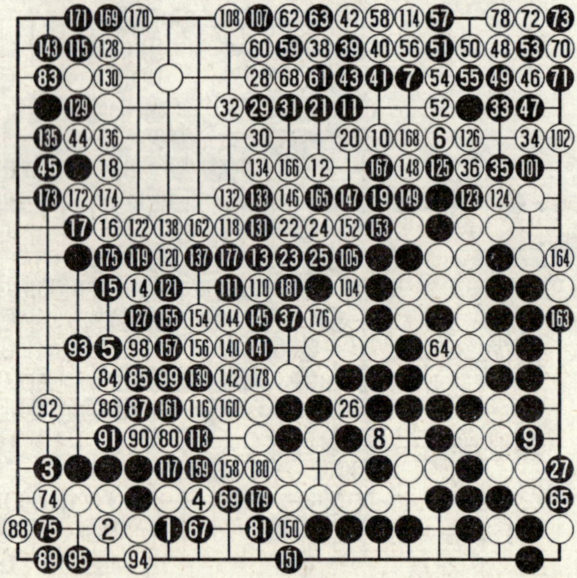

▼第二谱（101－281）

66＝38

76 82 100 106 112＝70

77＝46

79 97 103 109＝73

96＝63

黑出6目半

共281手

黑胜5目半

2003年1月22日

于上海

农心辛拉面杯第14场

●黑　罗洗河　九段（中国）

○白　李昌镐　九段（韩国）

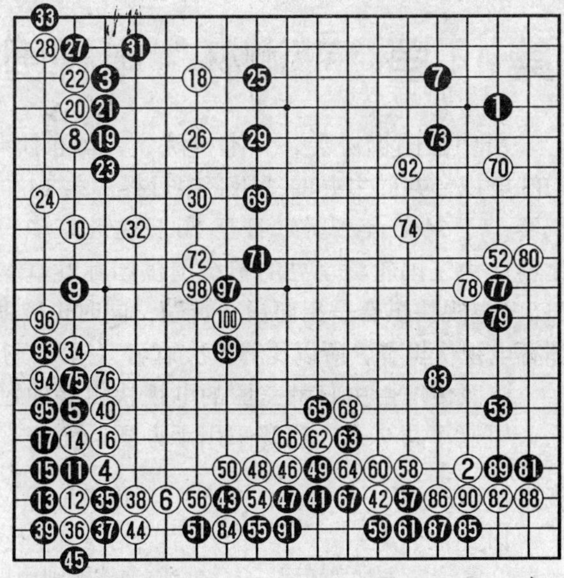

▲第一谱（1－100）　▼第二谱（101－242）

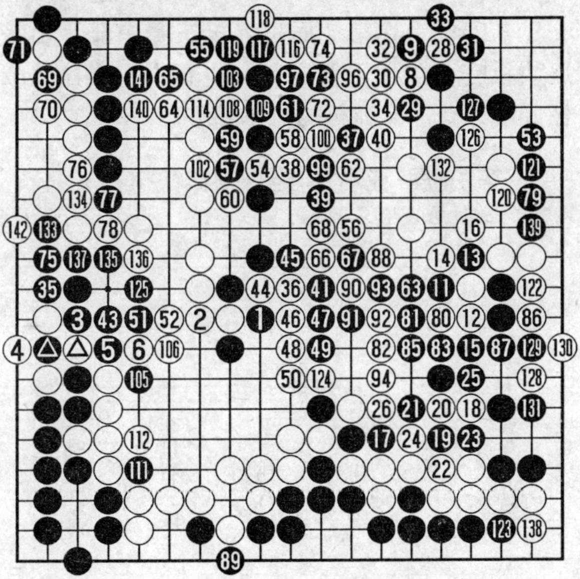

7 27 = ▲　10 42 = △　84 = 13

95 101 107 113 = 67

98 104 110 115 = 90

黑出6目半

共242手

白中盘胜

2003年1月23日

于上海

第 14 届“亚洲杯”电视围棋快棋赛

由中国围棋协会、日本棋院、韩国棋院与 CCTV、NHK、KBS 电视台共同主办的“招商银行杯”第 14 届亚洲电视围棋快棋赛，于 2002 年 5 月 5 日至 10 日在北京华润饭店举行。本项比赛是由三国轮流承办的传统围棋国际赛事。由于今年的中国 CCTV 电视快棋赛是招商银行赞助，同时也赞助在中国举办的亚洲杯电视快棋赛，所以比赛首次冠名“招商银行杯”。

按照传统由中日韩三国的电视快棋赛的冠亚军参加，加上上一届冠军共 7 人。比赛采用承办国的竞赛规则。由于中国新规则贴子改为 $3\frac{3}{4}$ 子，日本方面对此表示异议。结果承办者从大局出发，三方协商后贴子一项维持老规则黑贴 $2\frac{3}{4}$ 子。

韩国棋手在第 7 届世界棋王赛中显示出垄断地位之后，本届快棋赛也包揽了前三名。决赛中，李昌镐战胜二连冠的曹薰铉九段，登上亚洲杯的冠军宝座。

第 14 届“亚洲杯”电视围棋快棋赛成绩表

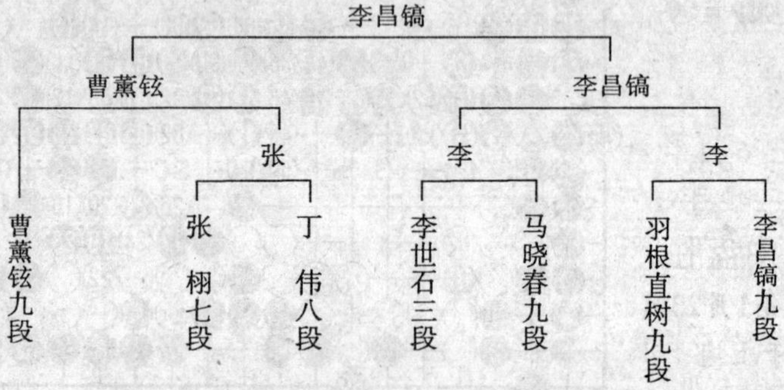

亚洲杯决赛

●黑　曹薰铉　九段（韩国）

○白　李昌镐　九段（韩国）

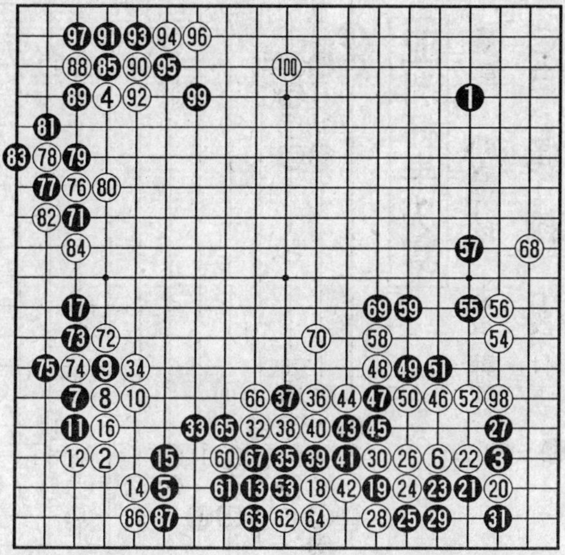

▲第一谱（1－100）　▼第二 谱（101－282）

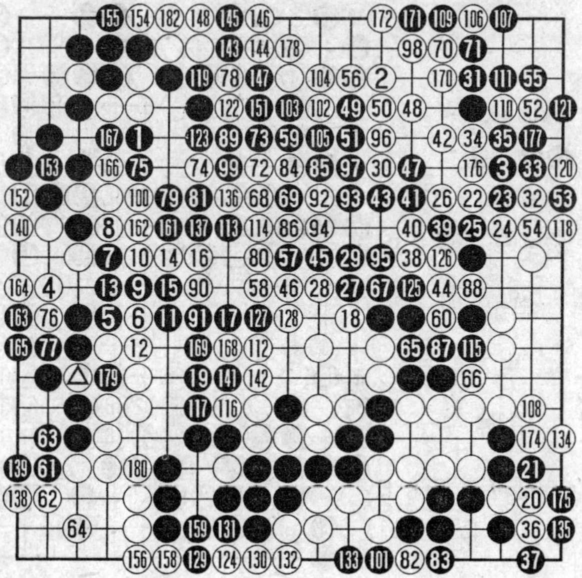

149 157 = 143

150 = 145　160 = 78

173 = 106　181 = △

黑出$2\frac{3}{4}$子

共282手

白胜$1\frac{1}{4}$子

2002年5月10日

于北京

亚洲杯半决赛

●黑 曹薰铉 九段（韩国）

○白 张 栩 七段（日本）

❺❾=52

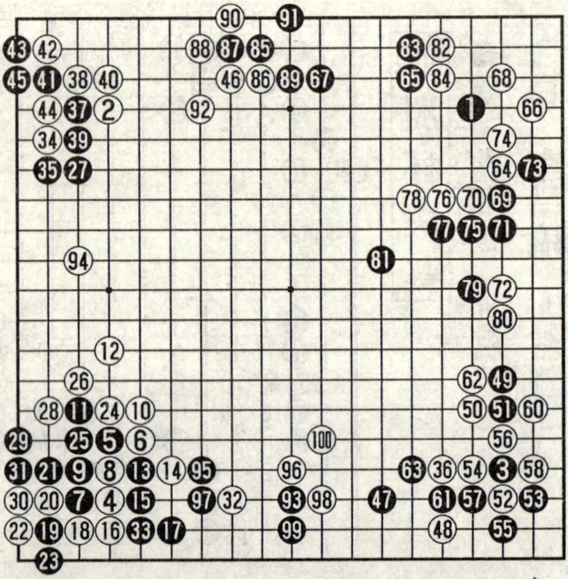

▲第一谱（1－100）

▼第二谱（101－265）

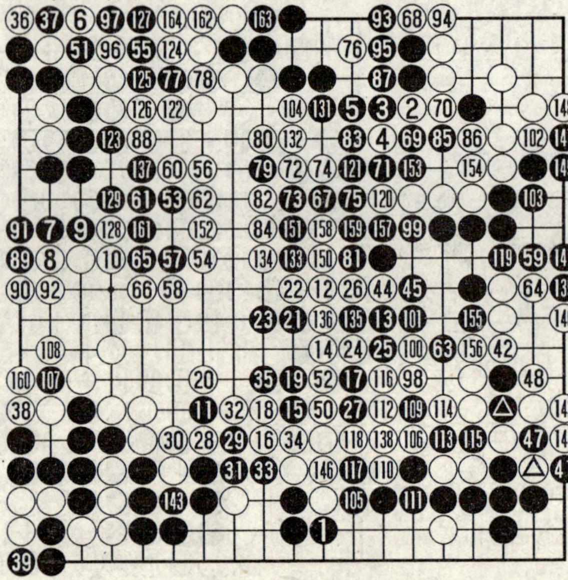

40 46＝36

❹❸❹❾＝❸❼

130＝▲

⓮⓹＝△ ⓰⓹＝⑥

黑出$2\frac{3}{4}$子

共265手

黑胜$\frac{3}{4}$子

2002年5月8日

于北京

亚洲杯半决赛

●黑 李世石 八段(韩国)

○白 李昌镐 七段(韩国)

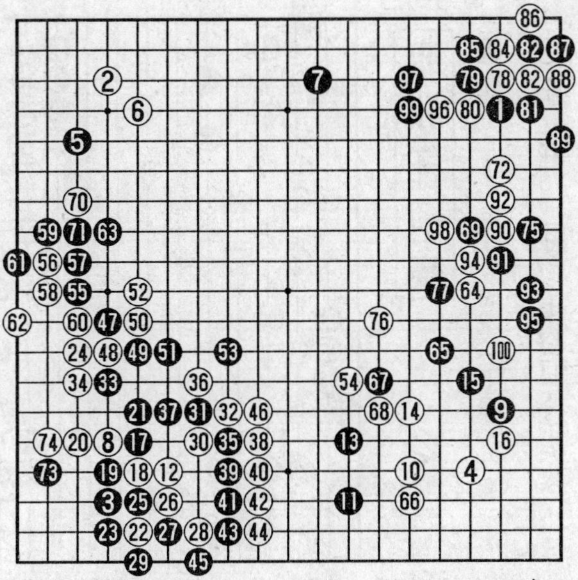

▲第一谱(1－100)　▼第二 谱(101－196)

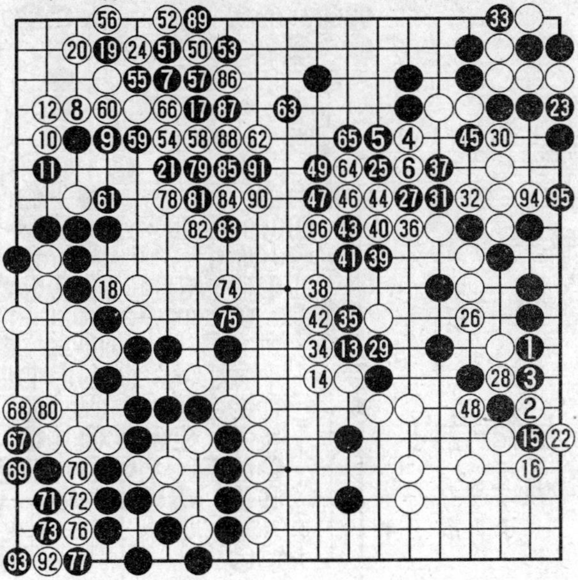

黑出2$\frac{3}{4}$子

共196手

白中盘胜

2002年5月9日

于北京

亚洲杯预赛

●黑 丁伟 八段(中国)

○白 张栩 七段(日本)

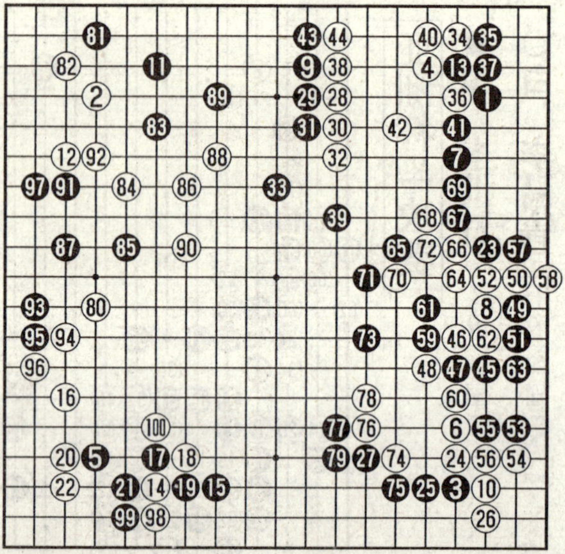

▲第一谱(1－100)　▼第二谱(101－282)

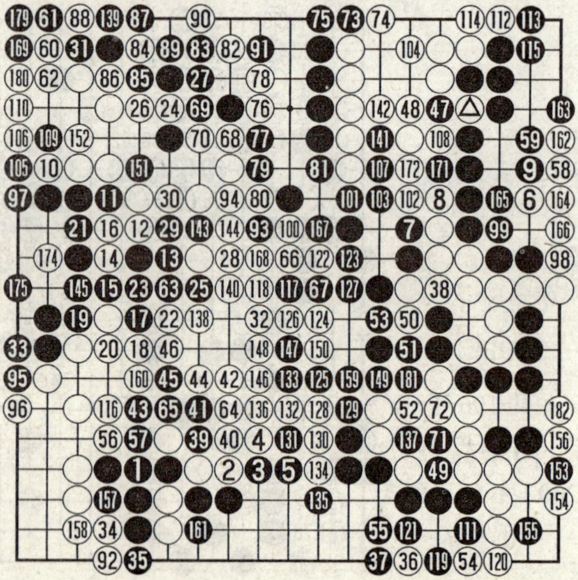

170 176 ＝△

173 178 ＝47

177 ＝88

黑出$2\frac{3}{4}$子

共282手

白胜$2\frac{1}{4}$子

2002年5月7日

于北京

亚洲杯预赛

●黑 李昌镐 九段（韩国）

○白 羽根直树 九段（日本）

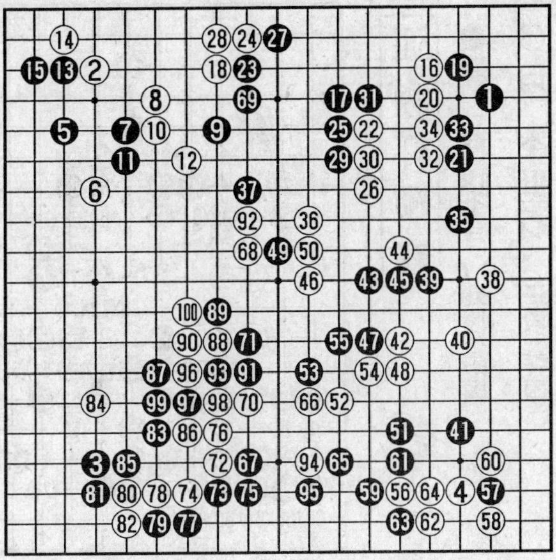

▲第一谱（1－100）　　▼第二 谱（101－163）

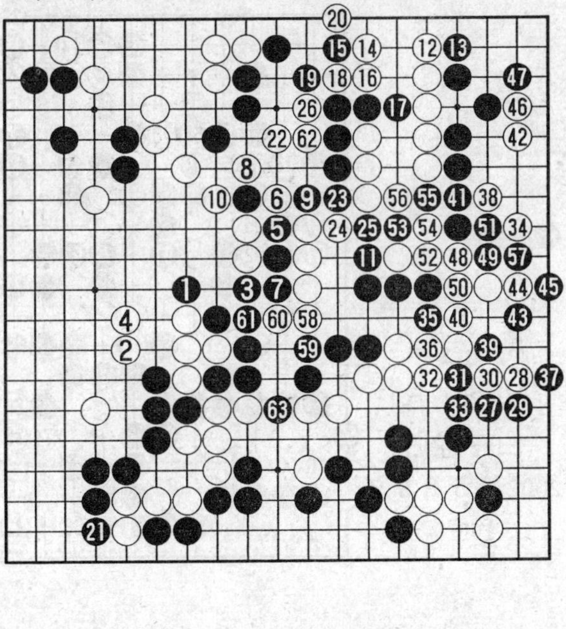

黑出2$\frac{3}{4}$子

共163手

黑中盘胜

2002年5月7日

于北京

亚洲杯预赛

●黑　马晓春　九段（中国）

○白　李世石　三段（韩国）

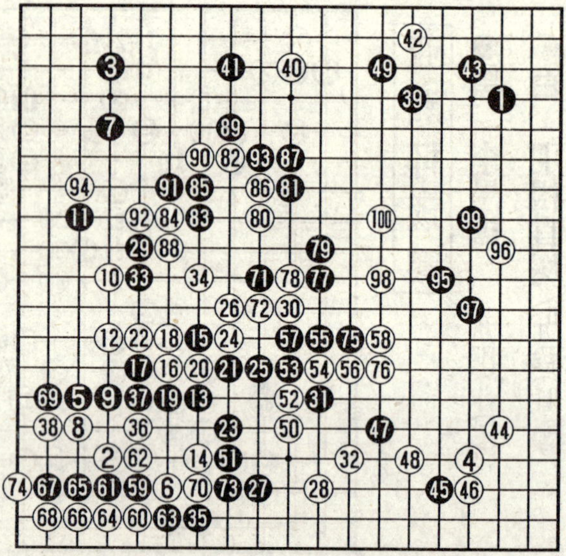

▲第一谱（1－100）　▼第二谱（101－204）

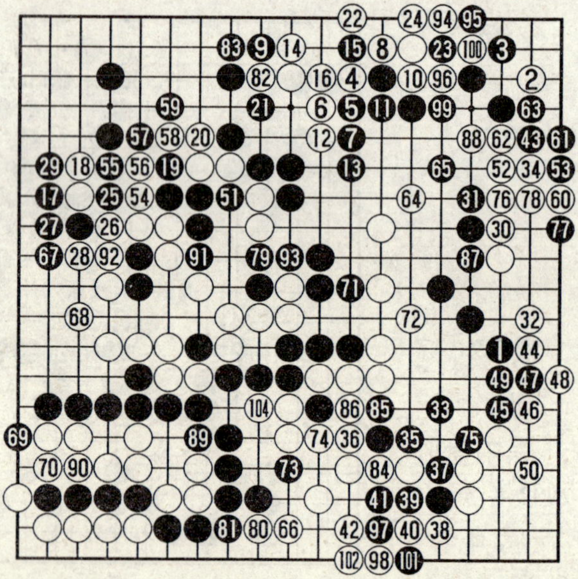

103＝23

黑出$2\frac{3}{4}$子

共204手

白中盘胜

2002年5月8日

于北京

第15届中日围棋天元战

由中国围棋协会和日本棋院共同主办、上海文新报业集团和日本富士通公司协办的第15届中日围棋天元战，于2002年5月28日至6月3日在日本福冈举行。

我国新天元黄奕中五段首次参加中日双边对抗赛，在心理和经验上都显得不足。羽根直树九段也是首次获得日本天元，但由于国际大赛经验丰富，在比赛中发挥正常，最终以2比0战胜黄奕中。这是12年后中方在本项对抗赛中以0比2负于日本。

历届中日围棋天元战成绩表

第1届(东京)	日本赵治勋九段	2比0胜	中国刘小光九段(1988年)
第2届(上海)	日本赵治勋九段	2比0胜	中国刘小光九段(1989年)
第3届(东京)	日本林海峰九段	2比1胜	中国刘小光九段(1990年)
第4届(杭州)	日本林海峰九段	2比1胜	中国聂卫平九段(1991年)
第5届(东京)	中国聂卫平九段	2比0胜	日本林海峰九段(1992年)
第6届(南京)	中国刘小光九段	2比0胜	日本林海峰九段(1993年)
第7届(箱根)	中国马晓春九段	2比0胜	日本林海峰九段(1994年)
第8届(上海)	中国马晓春九段	2比0胜	日本柳时熏七段(1995年)
第9届(日光)	中国马晓春九段	2比0胜	日本柳时熏七段(1996年)
第10届(上海)	中国常　昊八段	2比0胜	日本柳时熏七段(1997年)
第11届(箱根)	中国常　昊八段	2比0胜	日本工藤纪夫九段(1998年)
第12届(上海)	中国常　昊八段	2比1胜	日本小林光一九段(1999年)
第13届(札幌)	日本小林光一九段	2比1胜	中国常　昊九段(2000年)
第14届(上海)	中国常　昊九段	2比0胜	日本柳时熏七段(2001年)
第15届(福冈)	日本羽根直树九段	2比0胜	中国黄奕中五段(2002年)

中日天元战第1局

●黑　羽根直树　天元（日本）

○白　黄奕中　天元（中国）

⑺⑻＝⑹⑷

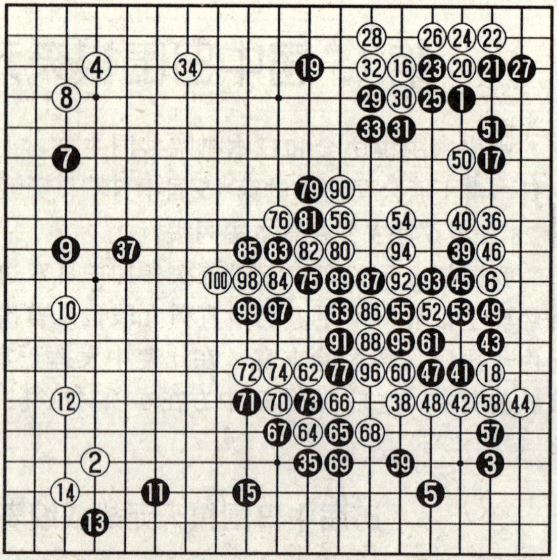

▲第一谱（1－100）　▼第二 谱（101－169）

㉑＝△

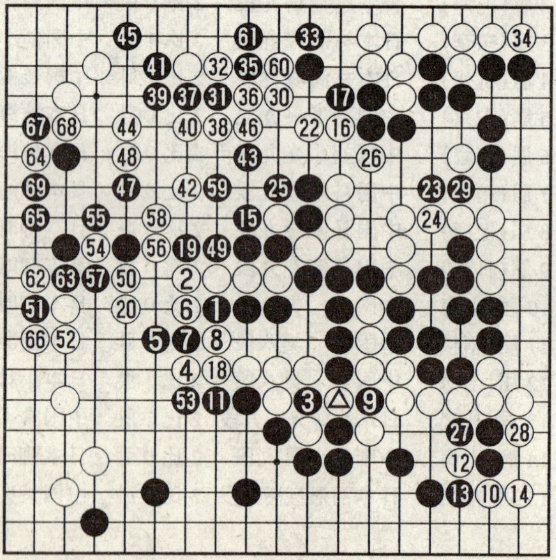

黑出5目半

共169手

黑中盘胜

2002年5月29日

于日本福冈

中日天元战第2局

●黑　黄奕中　天元(中国)

○白　羽根直树　天元(日本)

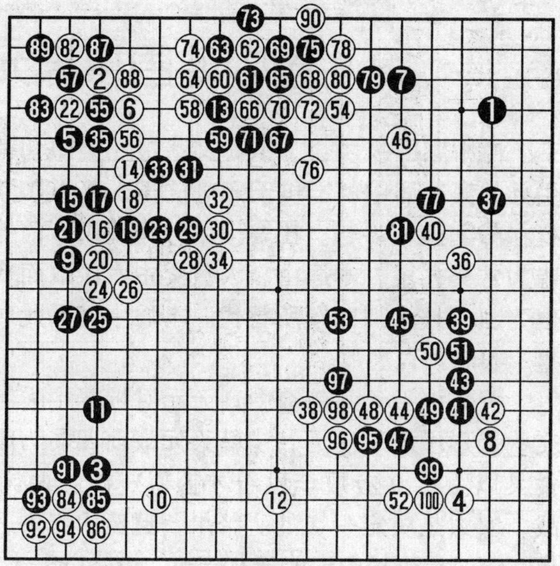

▲第一谱(1－100)　▼第二 谱(101－232)

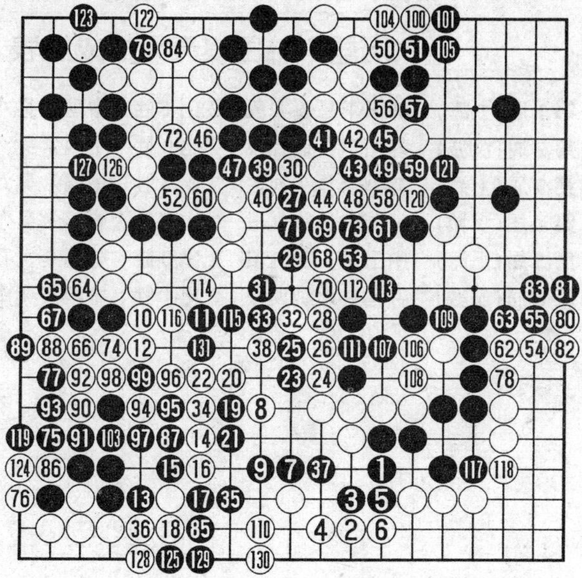

⑽ = 94

⒀ = 99

黑出5目半

共232手

白中盘胜

2002年5月31日

于日本福冈

第6届中韩围棋天元战

由中国围棋协会、上海文新报业集团和韩国棋院共同发起主办的第6届中韩围棋天元对抗赛，于2002年8月19日至25日在韩国汉城举行。比赛采用韩国规则。前五届比赛中国天元皆为常昊九段，本届由新人黄奕中六段取而代之。而韩国天元也为新人朴永训四段所替代。本届中韩天元对抗赛的三番棋较量，实难预言胜败。

黄奕中天元此前在中日天元对抗赛中失利，今与韩国天元交手无形增添了压力，中韩天元战前四届为李昌镐连胜，去年常昊以2比0击败李世石才扳回一次。两国年轻的新天元对战，实力是决定一切的。结果，黄奕中先失一局后扳回一局，但在第3局决战中未能守住阵地，最终以1比2失利。

历届中韩围棋天元战成绩表

第1届(上海)	韩国李昌镐九段	2比1胜	中国常昊八段(1997年)
第2届(汉城)	韩国李昌镐九段	2比0胜	中国常昊八段(1998年)
第3届(上海)	韩国李昌镐九段	2比0胜	中国常昊九段(1999年)
第4届(汉城)	韩国李昌镐九段	2比0胜	中国常昊九段(2000年)
第5届(上海)	中国常　昊九段	2比0胜	韩国李世石三段(2001年)
第6届(汉城)	韩国朴永训四段	2比1胜	中国黄奕中六段(2002年)

中韩天元战第1局

●黑　黄奕中　天元（中国）

○白　朴永训　天元（韩国）

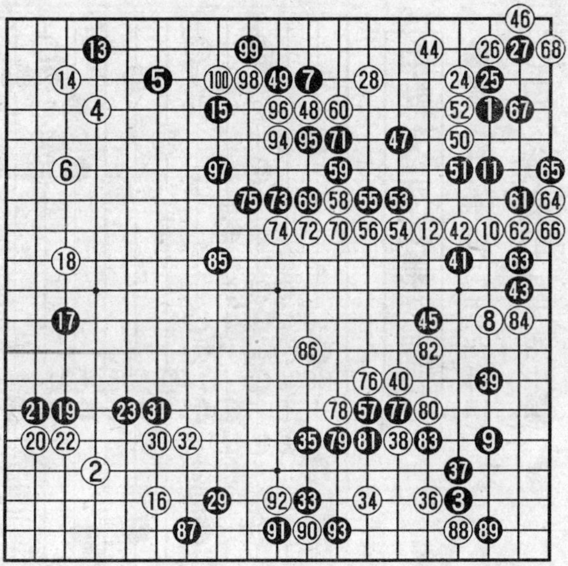

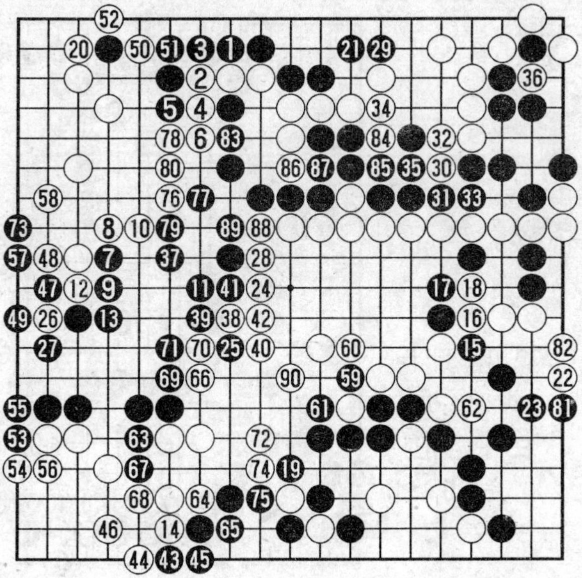

▲第一谱（1－100）　▼第二 谱（101－190）

黑出6目半
共190手
白中盘胜
2002年8月21日
于汉城

中韩天元战第2局

●黑　朴永训　天元（韩国）

○白　黄奕中　天元（中国）

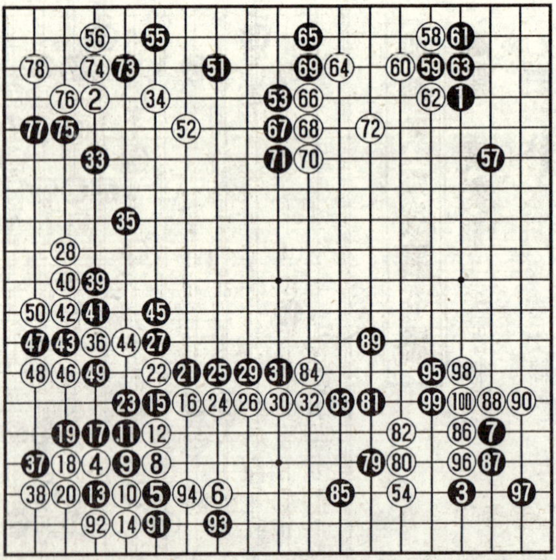

▲第一谱（1－100）　▼第二 谱（101－210）

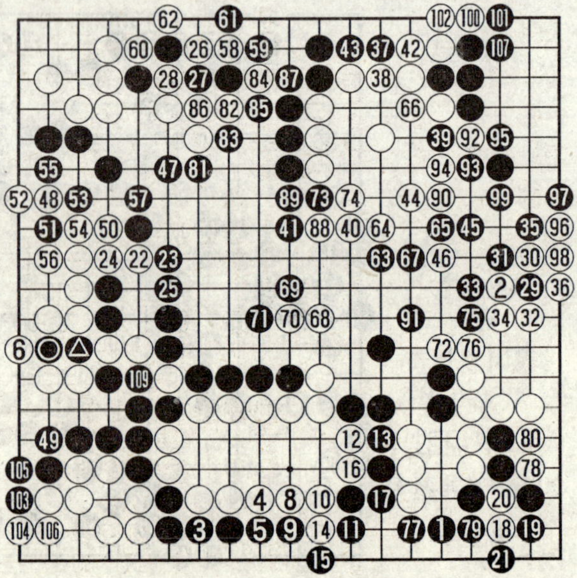

⑦=△　⑩⑧=⑳　⑪⓪=◎

黑出6目半

共210手

白中盘胜

2002年8月23日

于汉城

中韩天元战第3局

●黑 黄奕中 天元(中国)

○白 朴永训 天元(韩国)

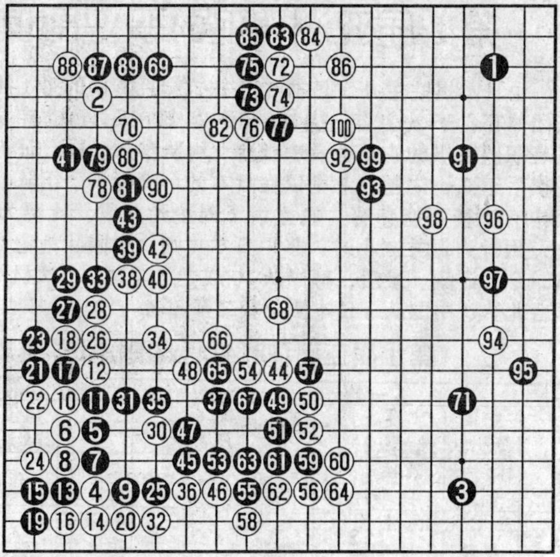

▲第一谱(1－100)

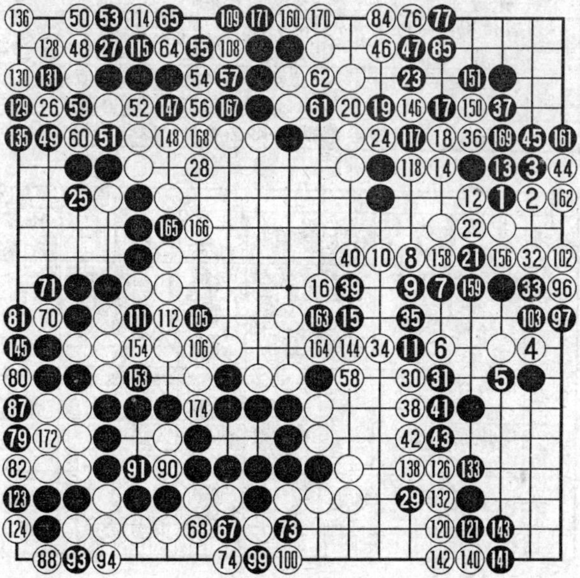

▼第二 谱(101－274)

63 69 75 83 89 95
101 107 113 119 125 =
59　66 72 78 86
92 98 104 110 116 122
127 = 60
134 139 = 26　137 =
131　149 155 = 117
152 157 = 146
173 = 80

黑出6目半
共274手
白胜6目半
2002年8月24日
于汉城

第1届亚洲(四强)职业围棋团体赛

由日本棋院主办、日本CSK株式会社赞助的第1届亚洲(四强)职业围棋团体赛，于2002年3月21日到24日在日本冲绳市举行。比赛邀请亚洲具有职业围棋的中日韩及中国台北组队参加。中、日、韩皆由棋院所属职业棋手组队，中国台北则以在日本的台湾籍棋手组队。王立城九段因日本国内有比赛不能参赛，则邀请了周俊勋九段。比赛为定台对抗单败淘汰制，用时为每方3小时，采用日本规则。中国队首轮2比3负于中国台北队，令人汗颜。最后，韩国队10战全胜夺冠，再次显示出团体的实力。中国台北队、中国队、日本队分获二至四名。

第1届亚洲(四强)职业围棋团体赛成绩表

第一轮						第一轮					
台次	中国台北队	比赛结果	台次	中国队	比赛结果	台次	日本队	比赛结果	台次	韩国队	比赛结果
1台	林海峰九段	黑胜2目半	1台	马晓春九段		1台	大竹英雄九段		1台	曹薰铉九段	白中盘胜
2台	王铭琬九段	白胜3目半	2台	常昊九段		2台	依田纪基九段		2台	李昌镐九段	黑胜1目半
3台	杨嘉源九段		3台	俞斌九段	白中盘胜	3台	本田邦久九段		3台	朴永训四段	白胜1目半
4台	周俊勋九段	白胜2目半	4台	邵炜刚九段		4台	淡路修三九段		4台	刘昌赫九段	黑胜8目半
5台	林至涵二段		5台	王磊八段	白中盘胜	5台	羽根直树八段		5台	李世石三段	白胜4目半
团体成绩		中国台北队3比2胜				团体成绩		韩国队5比0胜			

第二轮						第二轮					
台次	中国台北队	比赛结果	台次	韩国队	比赛结果	台次	日本队	比赛结果	台次	中国队	比赛结果
1台	林海峰九段		1台	曹薰铉九段	白胜7目半	1台	大竹英雄九段		1台	常昊九段	白中盘胜
2台	王铭琬九段		2台	朴永训四段	黑中盘胜	2台	羽根直树八段		2台	俞斌九段	黑胜3目半
3台	杨嘉源九段		3台	李世石三段	白中盘胜	3台	依田纪基九段	黑中盘胜	3台	马晓春九段	
4台	周俊勋九段		4台	刘昌赫九段	黑中盘胜	4台	本田邦久九段		4台	王磊八段	黑中盘胜
5台	林至涵		5台	李昌镐九段	白胜5目半	5台	淡路修三九段		5台	邵炜刚九段	白中盘胜
团体成绩		韩国队5比0胜				团体成绩		中国队4比1胜			

亚洲四强团体赛

●黑 林海峰 九段（中国台北）

○白 马晓春 九段（中国）

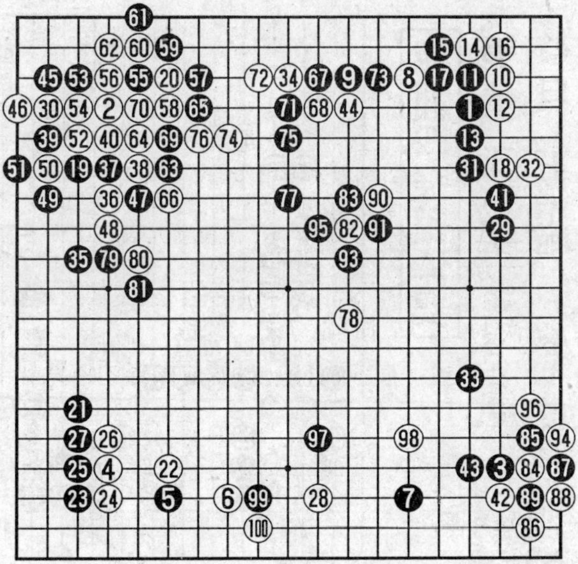

▲第一谱（1－100）

92＝84

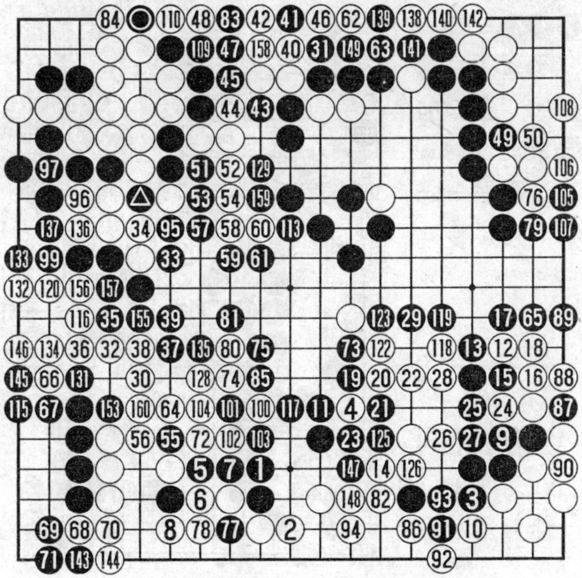

▼第二 谱（101－260）

98＝△ 111 114 ＝◎ 112＝110

121 127 154＝101

124 150＝100 130 ＝48 151＝41

152＝46

黑出5目半

共260手

黑胜2目半

2002年3月22日

于日本冲绳

亚洲四强团体赛

●黑　常　昊　九段（中国）

○白　王铭琬　九段（中国台北）

42 48 54 = 30

45 51 = 37

7 37 43 = △

34 40 = 4　67 = 26　157 = 86

165 = △　186 = 61　193 198 = 31

195 = 154　196 = 190

黑出 5 目半

共 298 手

白胜 3 目半

2002年3月22日

于日本冲绳

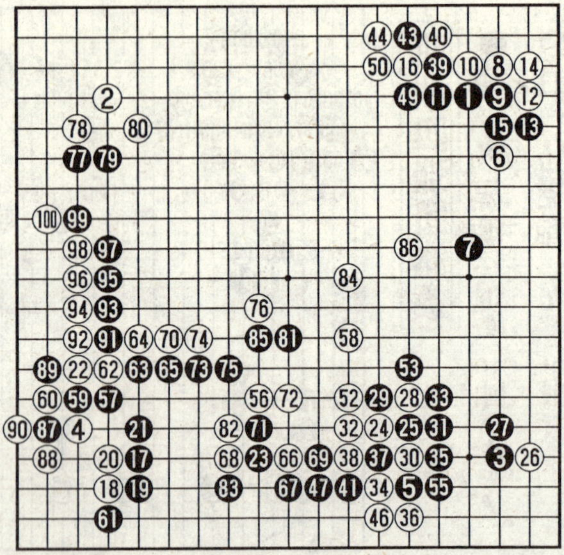

▲第一谱（1－100）　▼第二谱（101－298）

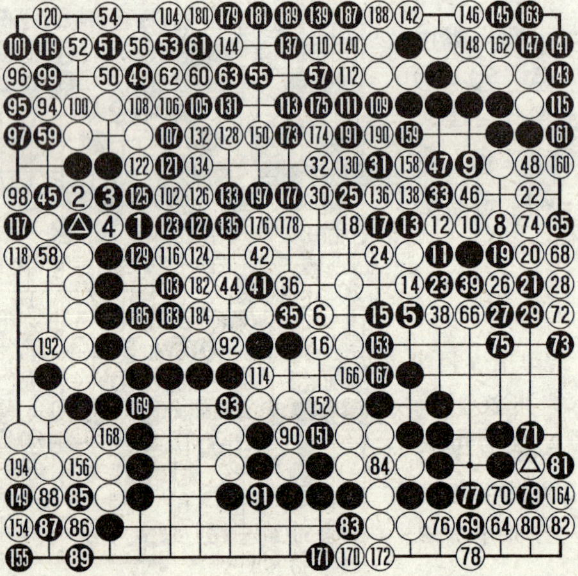

亚洲四强团体赛

●黑　杨嘉源　九段（中国台北）

○白　俞　斌　九段（中国）

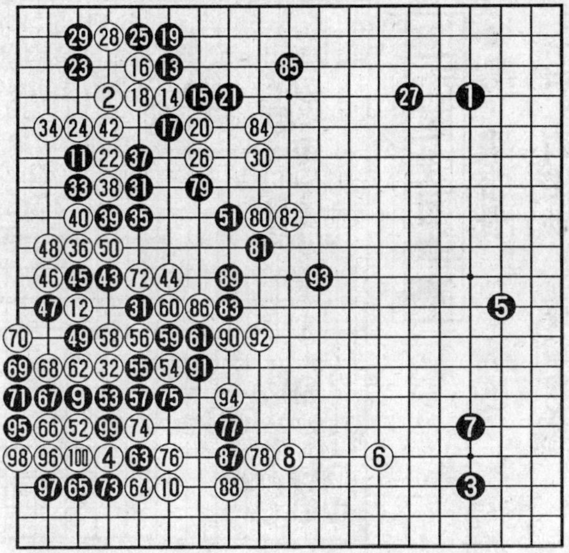

▲第一谱（1－100）　▼第二 谱（101－222）

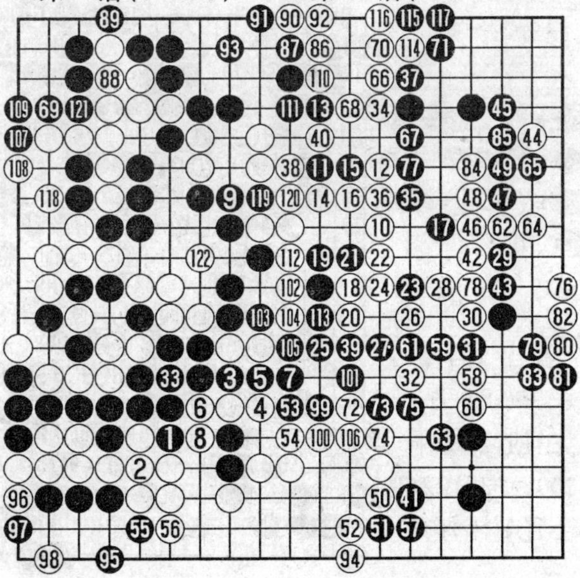

黑出5目半

共222手

白中盘胜

2002年3月22日

于日本冲绳

亚洲四强团体赛

●黑　邵炜刚　九段（中国）

○白　周俊勋　九段（中国台北）

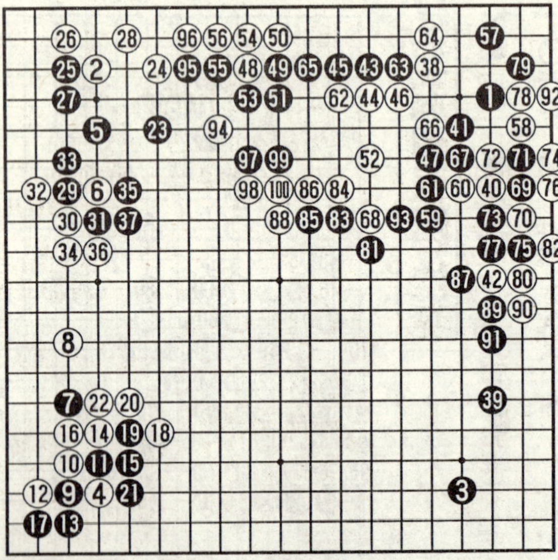

▲第一谱（1－100）

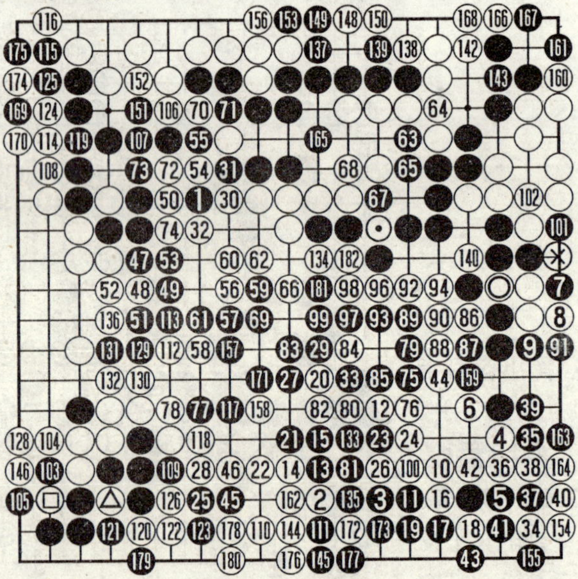

▼第二谱（101－285）

95＝7　127＝△
141＝◎　147＝□
183＝⊙　184＝169
185＝⊗

黑出5目半
共285手
白胜2目半
2002年3月22日
于日本冲绳

亚洲四强团体赛

●黑 林至涵 二段(中国台北)

○白 王 磊 八段(中国)

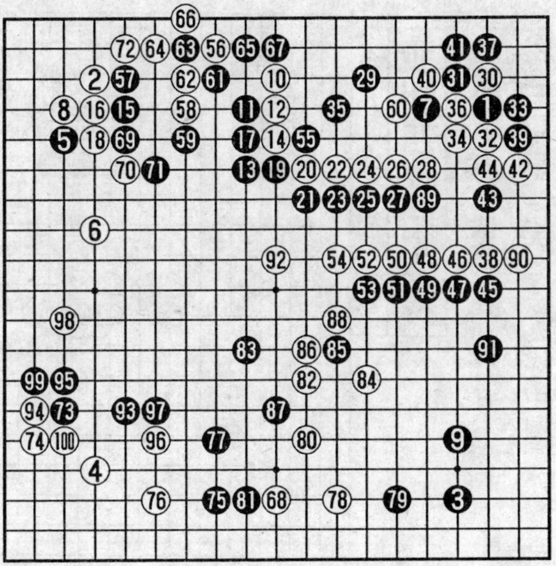

▲第一谱(1－100) ▼第二 谱(101－196)

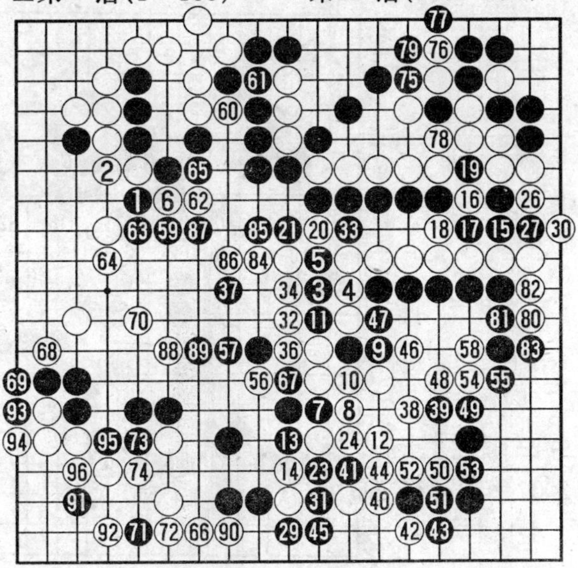

㉒㉘＝⑯

㉕＝⑲

㉟＝⑳

黑出5目半

共196手

白中盘胜

2002年3月22日

于日本冲绳

亚洲四强团体赛

●黑 大竹英雄 九段(日本)

○白 常昊 九段(中国)

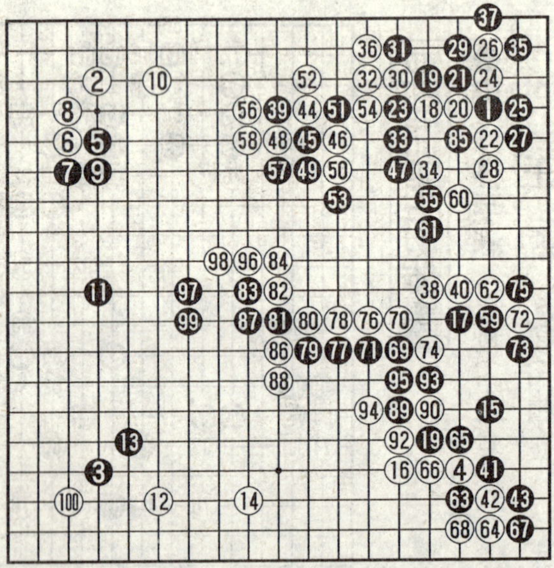

▲第一谱(1－100)

▼第二 谱(101－164)

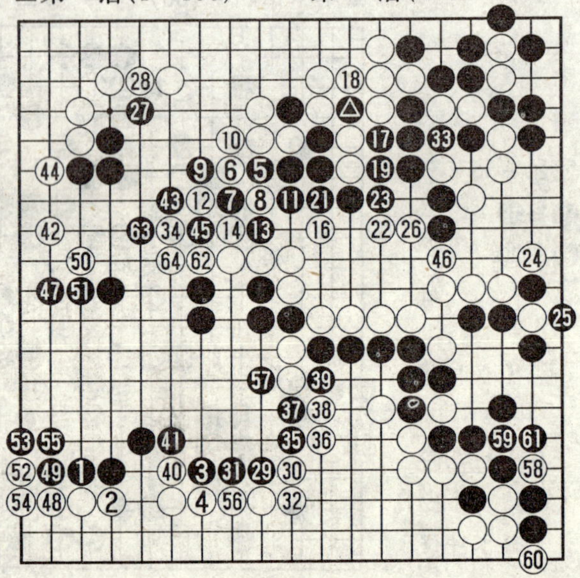

⑮＝⑧

⑳＝△

黑出5目半

共164手

白中盘胜

2002年3月23日

于日本冲绳

亚洲四强团体赛

● 黑 俞 斌 九段（中国）

○ 白 羽根直树 八段（日本）

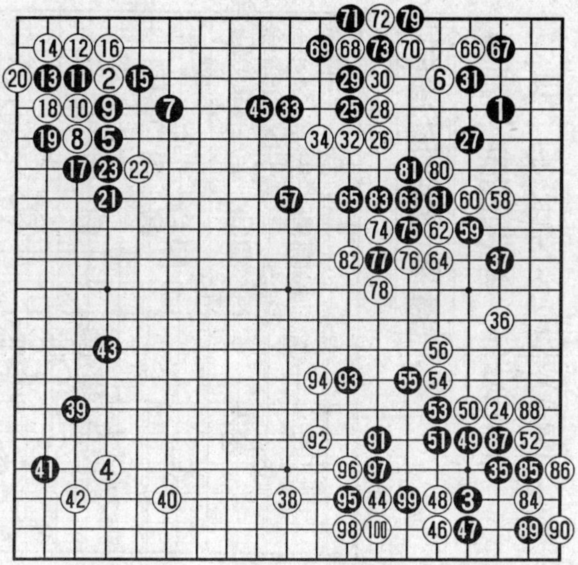

▲第一谱（1－100）

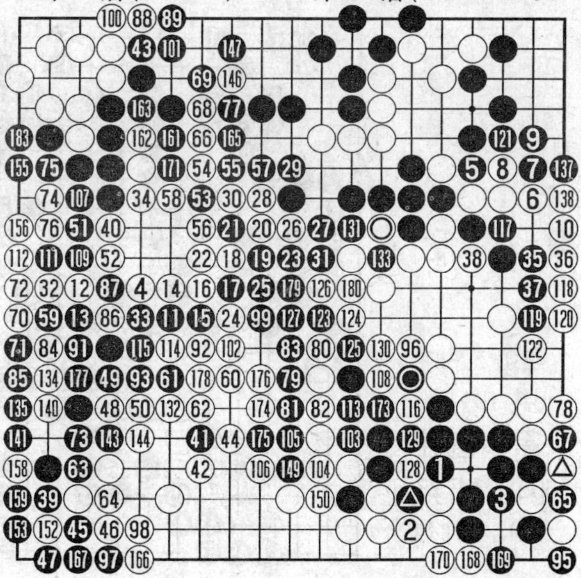

▼第二 谱（101－285）

90 = 86　94 = △

110 = 87　136 142 148

154 160 = ◎　139 145

151 157 164 = 133

172 = 53　181 = △

182 = 67　184 = ◎

185 = 128

黑出 5 目半

共 285 手

黑胜 3 目半

2002年3月23日

于日本冲绳

亚洲四强团体赛

●黑　依田纪基　九段（日本）

○白　马晓春　九段（中国）

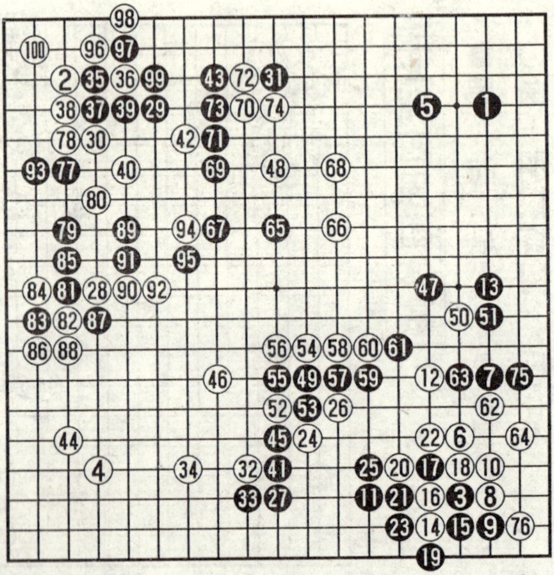

▲第一谱（1－100）

▼第二谱（101－191）

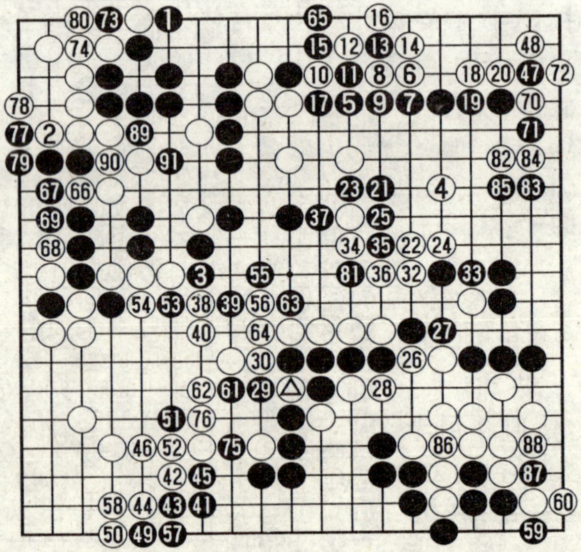

31 = △

黑出5目半

共191手

黑中盘胜

2002年3月23日

于日本冲绳

亚洲四强团体赛

● 黑　王　磊　八段（中国）

○ 白　本田邦久　九段（日本）

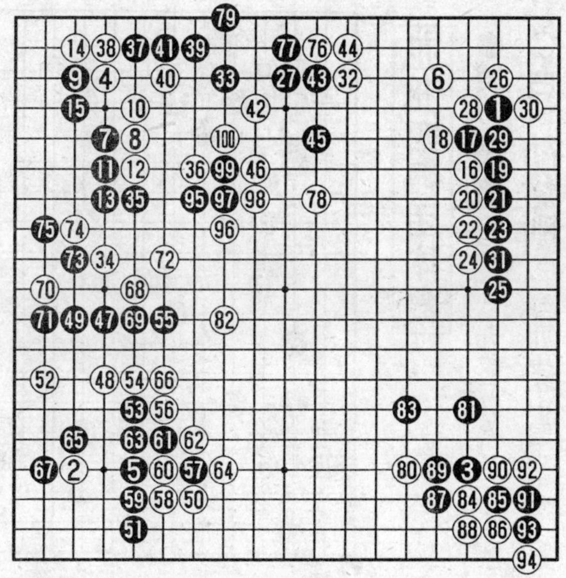

▲第一谱（1－100）　▼第二谱（101－189）

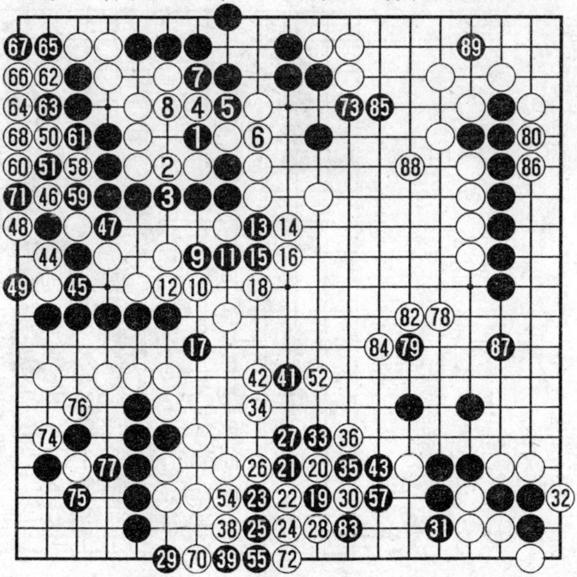

37 53 81 = 19

40 56 = 20

69 = 51

黑出5目半

共189手

黑中盘胜

2002年3月23日

于日本冲绳

亚洲四强团体赛

●黑　淡路修三　九段（日本）

○白　邵炜刚　九段（中国）

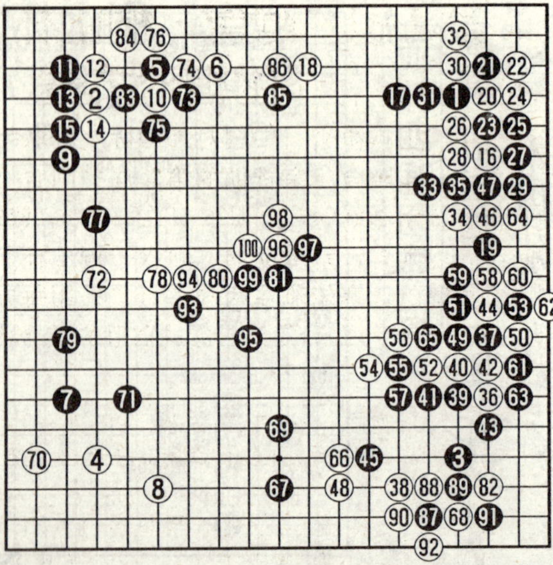

▲第一谱(1－100)　▼第二谱(101－162)

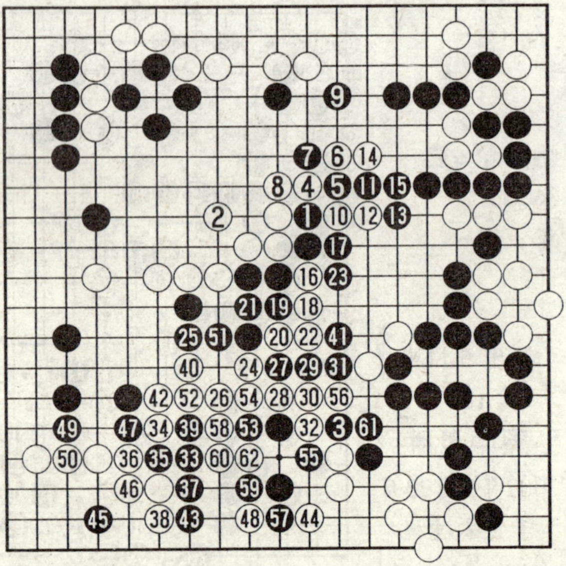

黑出5目半

共162手

白中盘胜

2002年3月23日

于日本冲绳

第4届“阿含·桐山杯”中日围棋对抗赛

由中国围棋协会、中国对外国际友好联络会与日本棋院共同主办，日本阿含·宗赞助的第4届“阿含·桐山杯”中日围棋对抗赛，于2002年12月5日在日本东京举行。这是中日两国间统一由阿含·宗赞助的“阿含·桐山杯”比赛冠军的一项双边对抗赛。比赛轮流在两国举行，采用每方1小时自由支配时间，之后每手30秒的快棋方式。胜方奖金为300万日元，负方150万日元。

在这一比赛中，日本棋手运气较佳，前三届比赛获得全胜。本届比赛，俞斌九段后半盘虽然有一些机会，但却没有把握住，中方再一次失利。

○白 俞斌 九段（中国）

●黑 赵治勋 九段（日本）

黑出5目半

共251手

黑胜5目半

2002年12月5日

于东京

▼总谱(1－251)

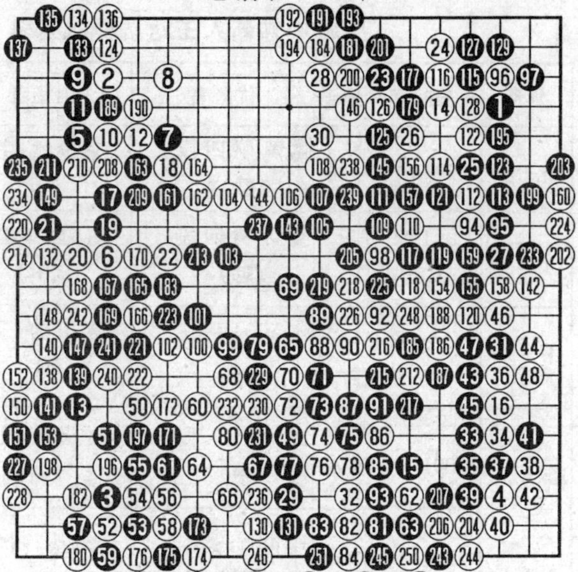

178=52　247=98　249=212

第5届中韩围棋新人王对抗赛

为了加强中韩两国年轻棋手之间的交流，中国围棋协会与韩国棋院已将中韩新人王对抗赛纳入传统赛事。由于有了中韩之间的对抗交流，两国的新人王比赛倍加受到棋手的重视。

中国新人王比赛年年出新人，韩国新人王得主也年年新面孔，这无形间增加了新人王对抗赛的悬念。

第5届中韩新人王对抗赛，由韩国BC卡公司提供赞助。比赛于2002年6月30日至7月4日在汉城举行。本届对抗赛，韩国是天才少年李世石三段出场，中国则是彭荃四段出场，由此引起世界棋坛的关注。

结果李世石三段以2比1战胜彭荃四段获得优胜。

历届中韩新人王对抗赛成绩表

届数	比赛时间·地点	优胜者	出场者	结果
第1届	1998年·汉城	睦镇硕四段（韩）	邹俊杰三段（中）	2比1
第2届	1999年 上海嘉定	金万树四段（韩）	胡耀宇五段（中）	2比0
第3届	2000年 汉城·济州岛	刘世振五段（中）	李相勋三段（韩）	2比0
第4届	2001年·重庆	古力五段（中）	赵汉乘四段（韩）	2比1
第5届	2002年·汉城	李世石三段（韩）	彭荃四段（中）	2比1

中韩新人王对抗赛第1局

● 黑　彭　荃　四段（中国）

○ 白　李世石　三段（韩国）

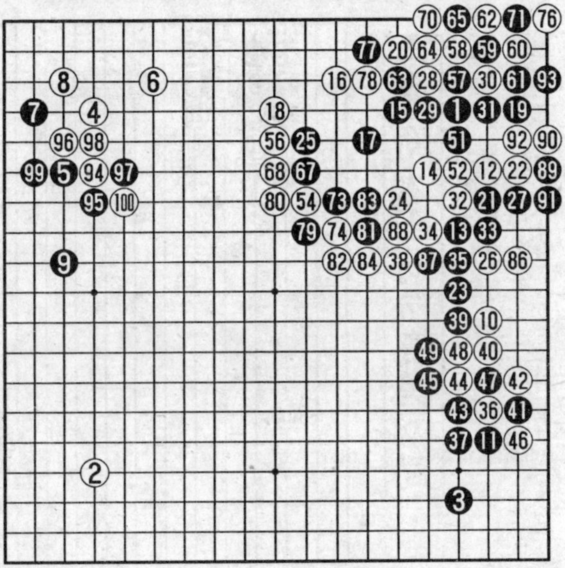

▲第一谱（1－100）

50 55＝36　53＝47　66 72 85＝30　69 75＝59

93＝16　96＝94

100＝△　103＝97

150＝23

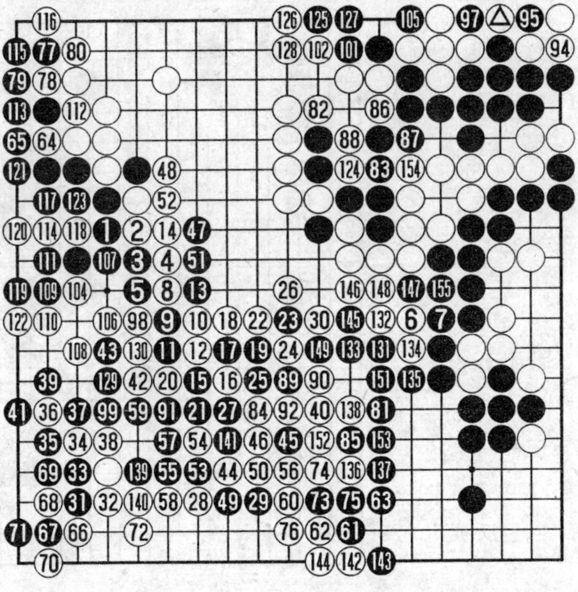

▼第二谱（101－255）

黑出6目半

共255手

白胜4目半

2002年6月30日

于汉城

中韩新人王对抗赛第2局

●黑 李世石 三段（韩国）

○白 彭 荃 四段（中国）

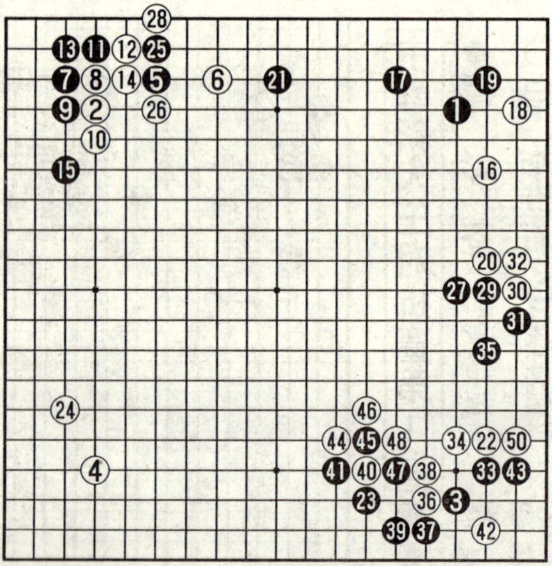

㊾=㊵

▲第一谱（1－50）

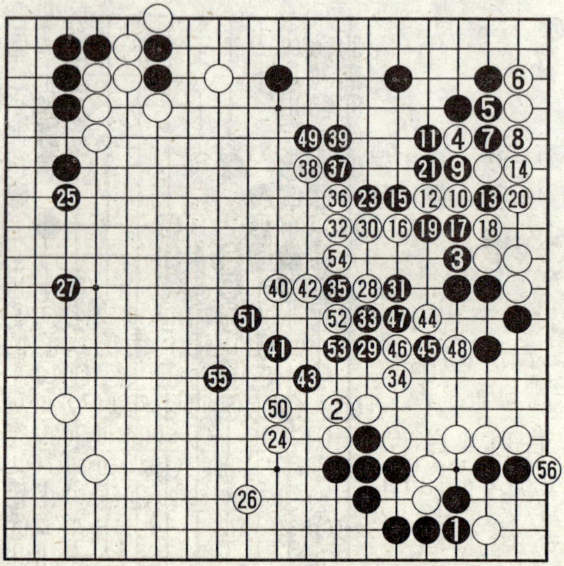

㉒=⓭

▼第二 谱（51－106）

黑出6目半

共106手

白中盘胜

2002年7月1日

于汉城

中韩新人王对抗赛第3局

●黑　李世石　三段（韩国）
○白　彭　荃　四段（中国）

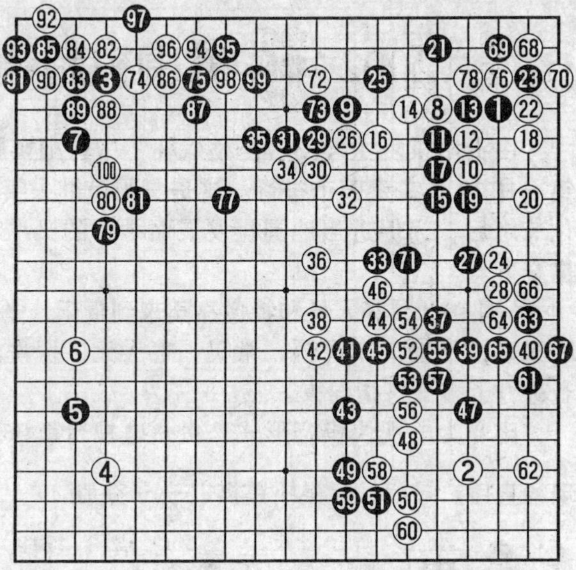

▲第一谱（1－100）

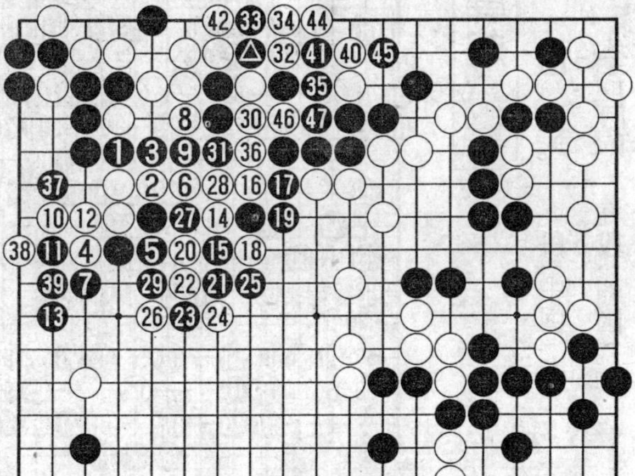

▼第二 谱（101－147）

43＝△

黑出6目半
共147手
黑中盘胜
2002年7月3日
于汉城

2002年中韩围棋超霸赛

由贵阳棋院主办的“苗姑娘杯”中韩围棋超霸赛，于2002年6月10日在贵阳市举行。这是贵阳市继去年举办世界围棋文化节之后，为促进当地围棋发展而举办的又一项高水平国际围棋赛事。

6月9日参赛人员和特邀嘉宾来到贵阳，举行了别开生面的围棋联谊活动。李昌镐、常昊、曹大元、罗洗河等与当地爱好者进行了多面打指导棋。

比赛为电视快棋赛形式，贵州电视台就该比赛进行了同步现场直播。最后，常昊执黑棋以$\frac{3}{4}$子获胜。

中韩超霸赛

● 黑 常昊 九段（中国）

○ 白 李昌镐 九段（韩国）

黑出3$\frac{3}{4}$子

共212手

黑胜$\frac{3}{4}$子

2002年6月10日

于贵阳

▼总 谱(1－212)

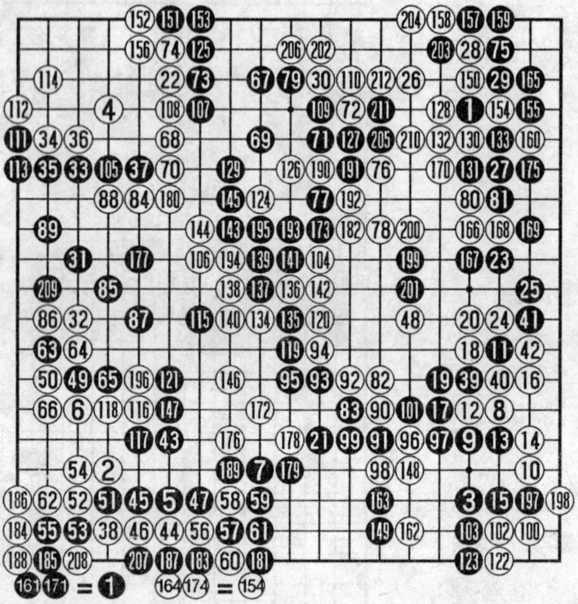

2002 年中日围棋元老对抗赛

由中国围棋协会主办、中国银行广东分行和日本富士通公司广州办事处承办的中日围棋元老对抗赛，2002 年 7 月 21 日在广州东湖棋院进行。

今年的中日围棋元老对抗赛的形式有所改变，由团体对抗改为个人对抗。日本 77 岁的元老巨星藤泽秀行九段抱病前来参加，与中国元老陈祖德九段进行一局对抗赛。考虑到藤泽老人的身体和习惯，比赛规定每方 90 分钟包干制，黑方出$2\frac{3}{4}$子。执黑棋的藤泽布局和序盘作战充分体现出超一流风范，但毕竟年逾古稀，关键时刻下出了大昏着以致大龙突遭死亡而败北。

中日元老对抗赛

●黑 藤泽秀行 九段（日本）

○白 陈祖德 九段（中国）

黑出$2\frac{3}{4}$子

共 178 手

白中盘胜

2002年7月21日

于广州

▼总 谱（1－178）

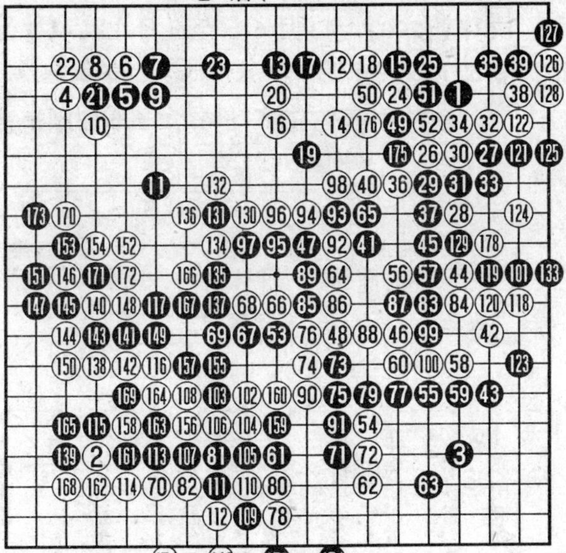

174＝146　177＝171

第1届“正官庄杯”世界女子职业围棋锦标赛

由韩国棋院主办、中国围棋协会与日本棋院共同协办的第1届“正官庄杯”世界女子职业围棋锦标赛，于2002年11月7日在汉城拉开帷幕并进行了首轮比赛。比赛共邀请了中国、日本和东道主韩国16名职业女棋手参加。比赛采用韩国围棋规则，每方3小时保留5分钟读秒，黑棋出6目半，比赛前两轮为单败淘汰制，半决赛和决赛为三番棋。

在第二轮的比赛中，中国张璇八段和华学明七段分别战胜韩国尹映善二段和朴志恩三段，杀进半决赛。在半决赛中，张璇以2比1击败权孝珍三段进入决赛，华学明则以0比2不敌芮乃伟而被淘汰。

决赛于2003年3月6日至9日在汉城举行。结果芮乃伟九段以2比1战胜张璇八段获得冠军。张璇八段获得亚军。

第1届“正官庄杯”世界女子职业围棋锦标赛成绩表

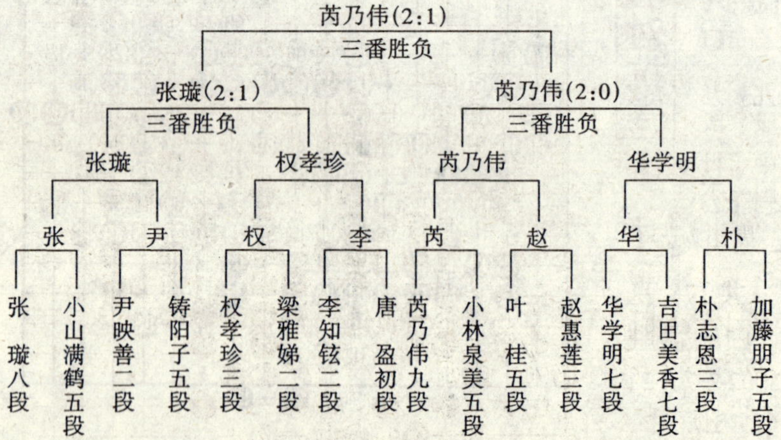

正官庄杯决赛第1局

● 黑　芮乃伟　九段（韩国）

○ 白　张　璇　八段（中国）

47 80 = 37　50 = 36　79 = 52　91 97 = 81　94 = 88

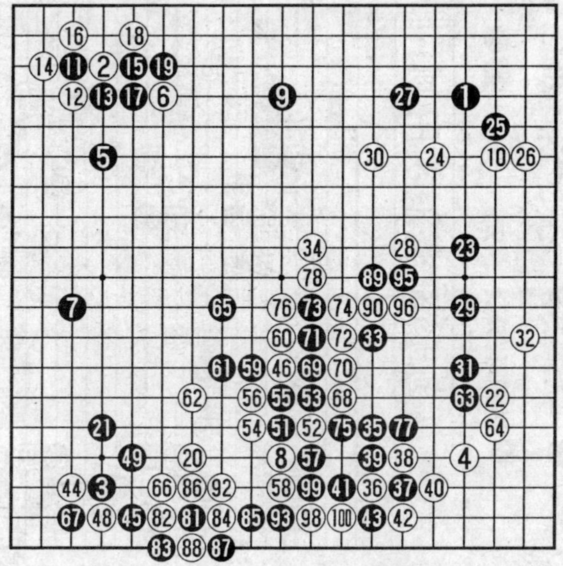

▲第一谱（1－100）

13 41 47 = △　38 44 51 = 10　73 = △　105 111 117 123 129 135 141 150 = 85　108 114 120 126 132 138 144 = 100

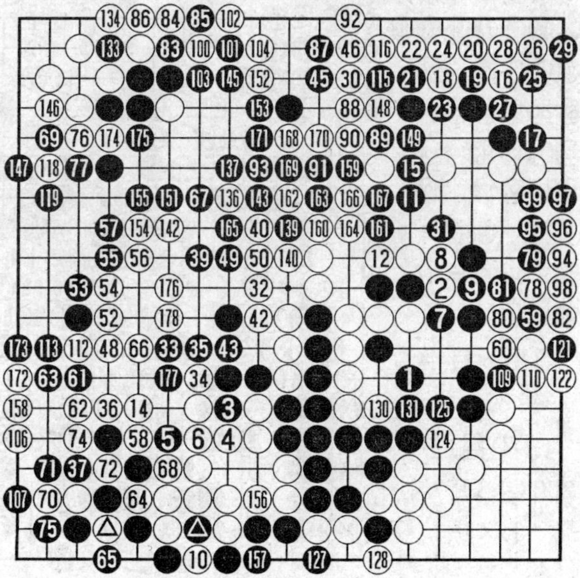

▼第二谱（101－278）

黑出6目半

共278手

白中盘胜

2003年3月6日

于汉城

正官庄杯决赛第2局

● 黑 张 璇 八段（中国）

○ 白 芮乃伟 九段（韩国）

53 = 23

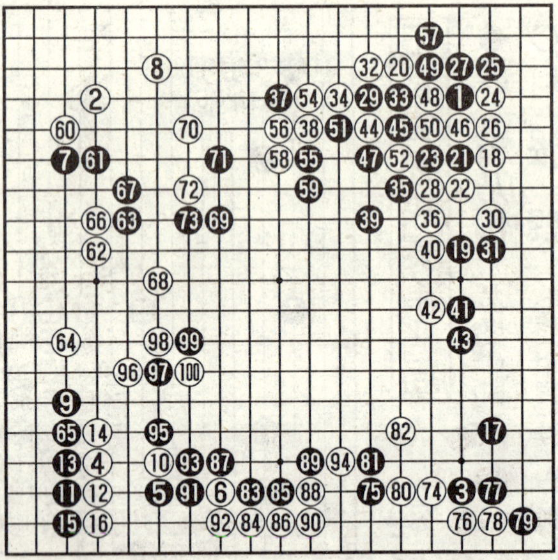

▲第一谱（1－100）

▼第二谱（101－324）

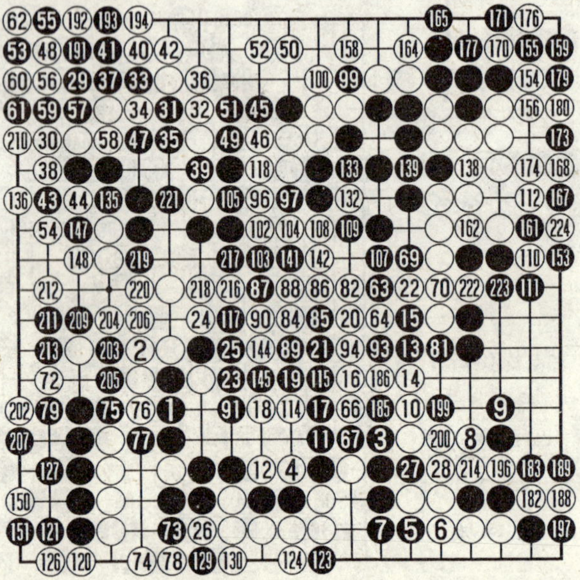

65 71 83 95 101 113 119 125 131 137 143 149 157 163 169 175 181 187 = 53

68 80 92 98 106 116 122 128 134 140 146 152 160 166 172 178 184 190 = 62

195 201 = 55

198 208 = 192

215 = 182

黑出6目半

共324手

白中盘胜

2003年3月7日

于汉城

正官庄杯决赛第3局

● 黑　芮乃伟　九段(韩国)

○ 白　张　璇　八段(中国)

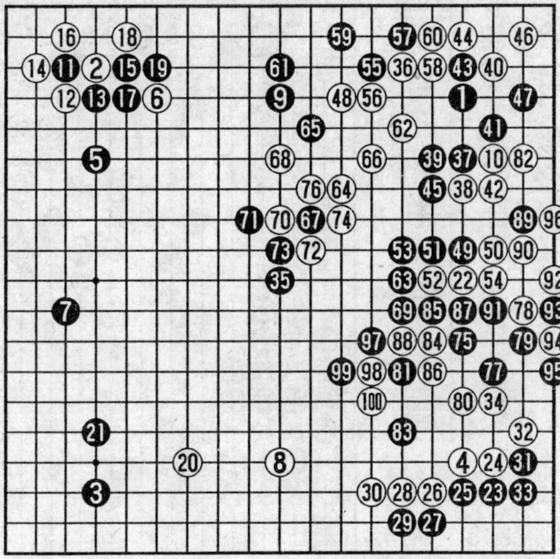

▲第一谱(1－100)　▼第二 谱(101－289)

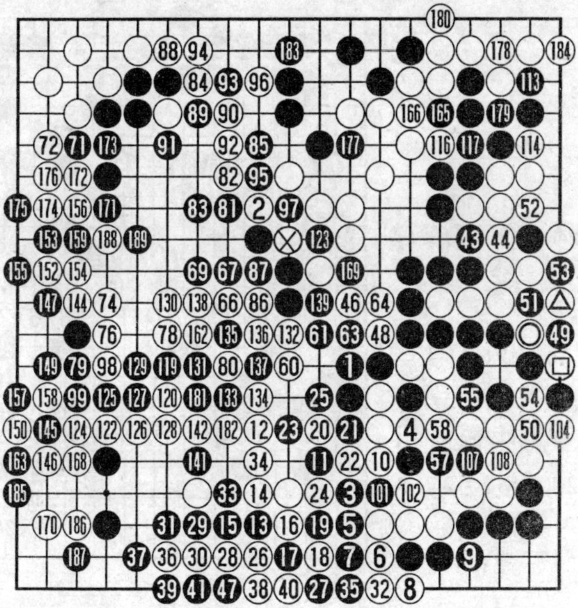

42 = 18　45 = 17

56 62 68 77 = △

59 65 75 = 53

70 = ◎　73 = 51

100 106 112 118 = 2

103 109 115 121 = 97

105 = □　110 = 40

111 = 38

140 148 160 = 80

143 151 = 137

161 = 145　164 = ⊗

167 = 123

黑出6目半

289手后略

黑胜9目半

2003年3月9日

于汉城

正官庄杯半决赛第1局

● 黑　芮乃伟　九段（韩国）

○ 白　华学明　七段（中国）

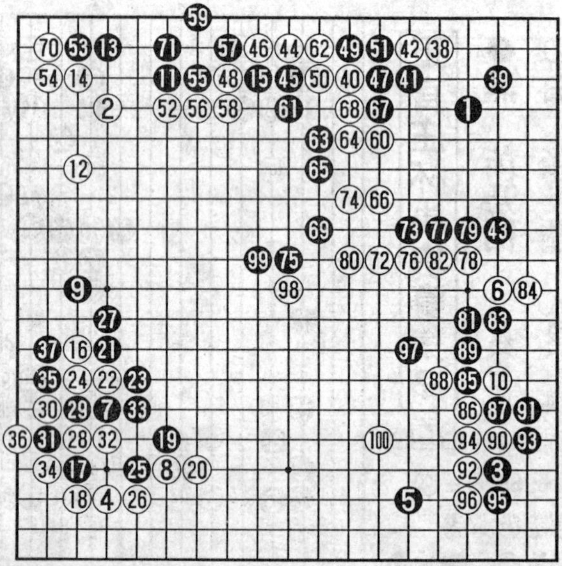

▲第一谱（1－100）　▼第二 谱（101－177）

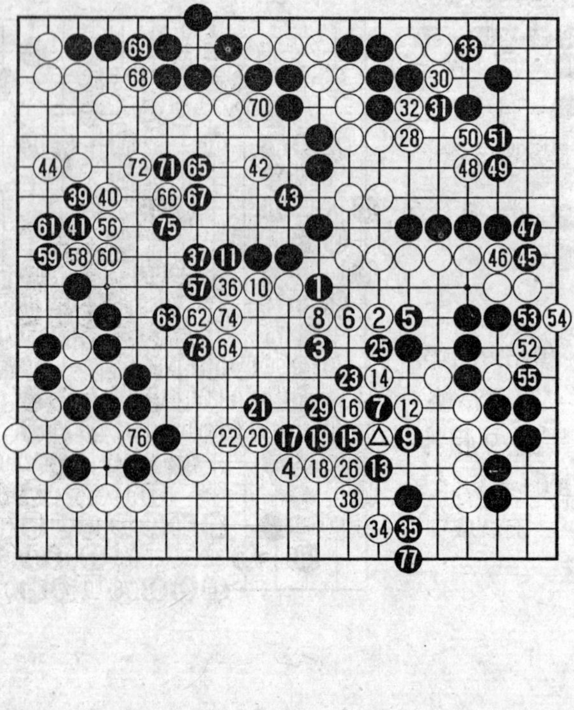

㉔＝△　㉗＝❼

黑出6目半

共177手

黑中盘胜

2003年2月17日

于北京

正官庄杯半决赛第2局

● 黑　华学明　七段（中国）

○ 白　芮乃伟　九段（韩国）

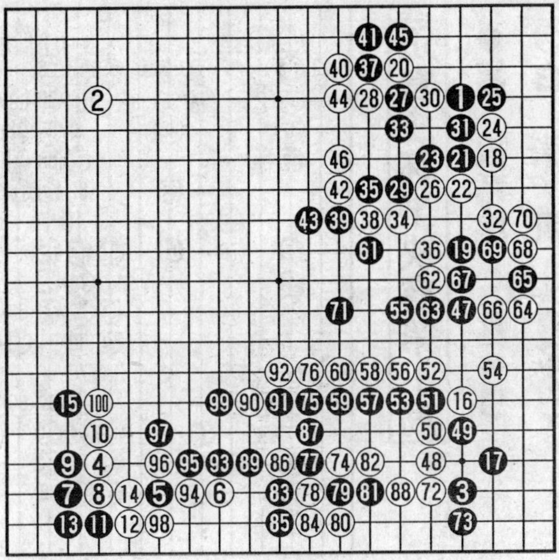

▲第一谱（1－100）　▼第二 谱（101－252）

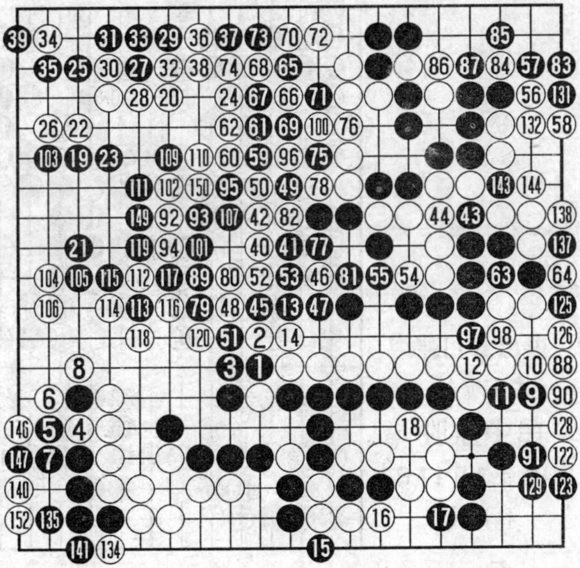

99＝49　108＝96

121 127 133 139 145 151＝113　124 130 136 142 148＝112

黑出6目半

共252手

白中盘胜

2003年2月18日

于北京

正官庄杯半决赛第1局

●黑　权孝珍　三段（韩国）

○白　张　璇　八段（中国）

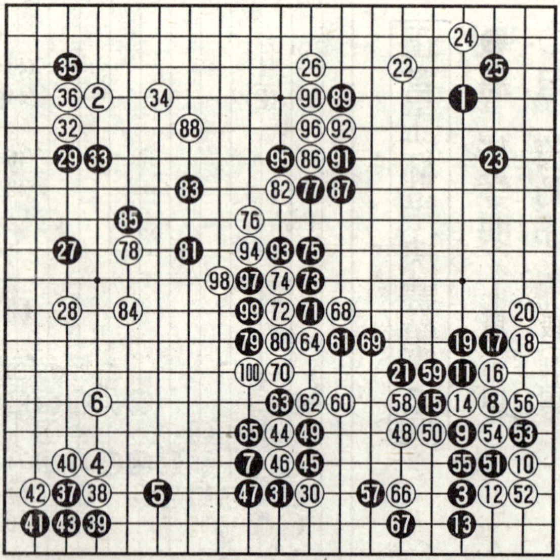

▲第一谱（1－100）　▼第二谱（101－190）

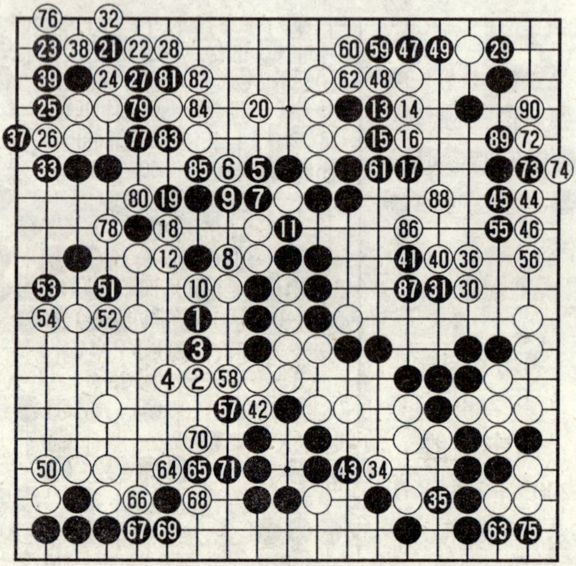

黑出6目半
共190手
白中盘胜
2003年2月17日
于北京

正官庄杯半决赛第2局

●黑　张　璇　八段（中国）

○白　权孝珍　三段（韩国）

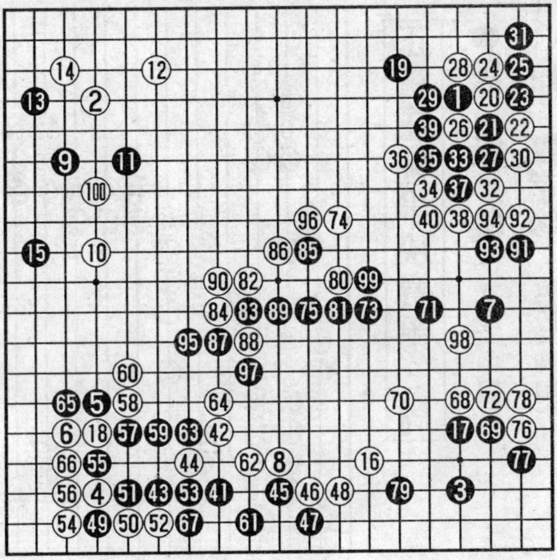

▲第一谱（1－100）

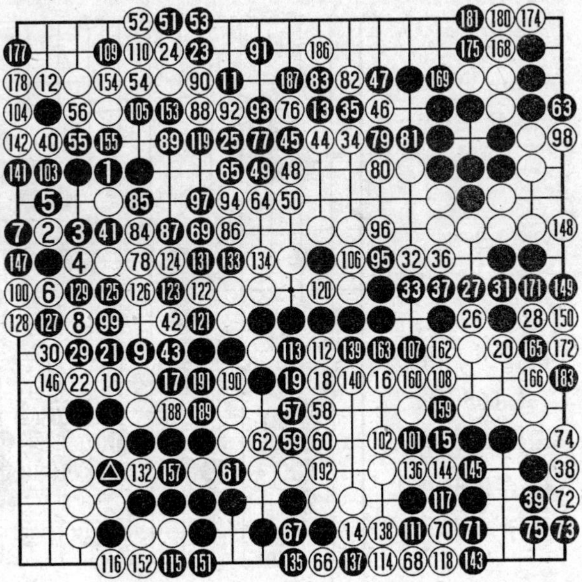

▼第二 谱（101－294）

130 = 127　156 = △

158 164 170 176 182 193 = 66　161 167 173 179

185 = 137　184 = 165

194 = 123

黑出6目半

共294手

白胜半目

2003年2月18日

于北京

正官庄杯半决赛第3局

●黑　张　璇　八段（中国）

○白　权孝珍　三段（韩国）

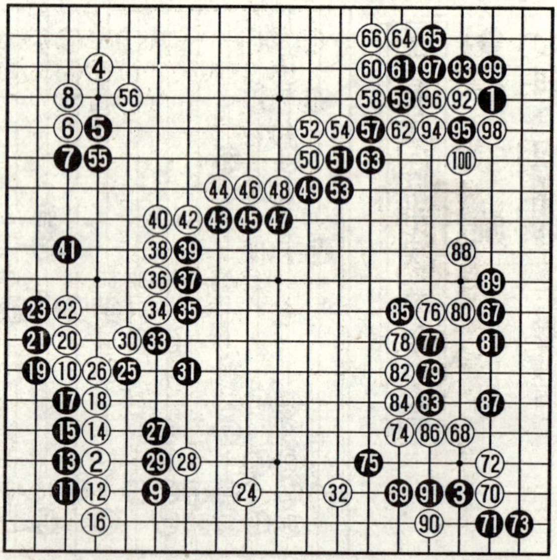

▲第一谱（1－100）

▼第二 谱（101－165）

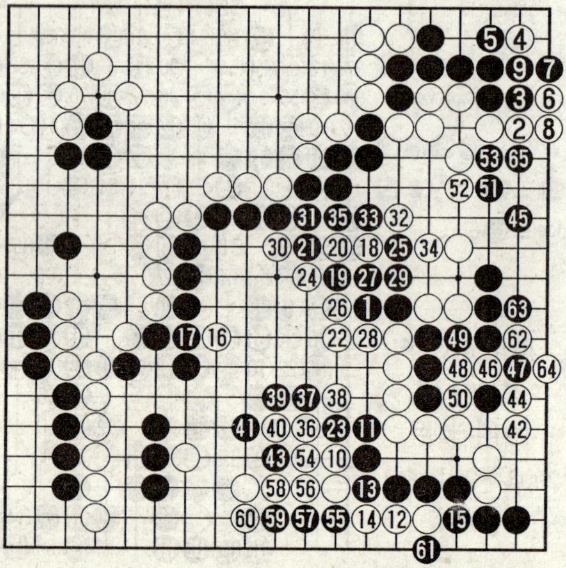

黑出6目半

共165手

黑中盘胜

2003年2月20日

于北京

正官庄杯预赛

●黑 叶 桂 五段（中国）

○白 赵惠莲 三段（韩国）

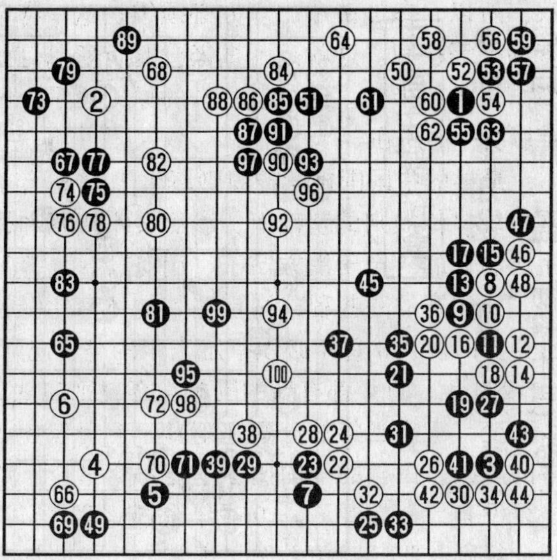

▲第一谱（1－100）

▼第二 谱（101－208）

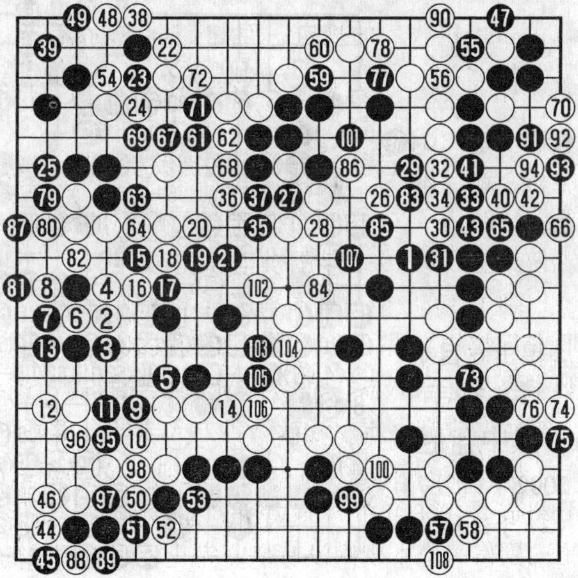

黑出6目半

共208手

白中盘胜

2002年11月7日

于汉城

正官庄杯预赛

● 黑　李知铉　二段（韩国）

○ 白　唐　盈　初段（中国）

❷❸ = ⑭

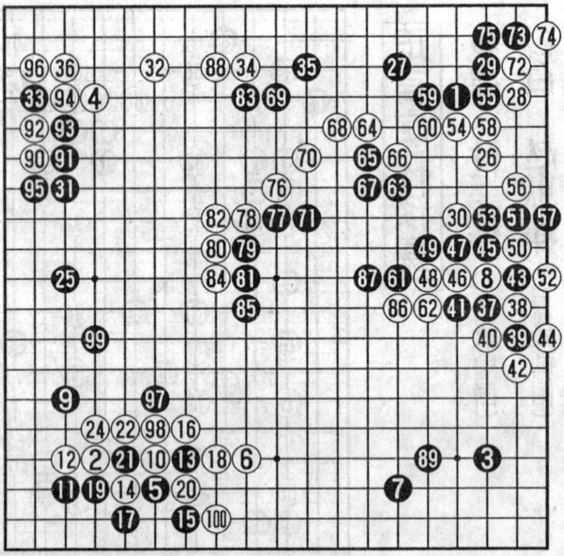

▲第一谱（1－100）　▼第二 谱（101－271）

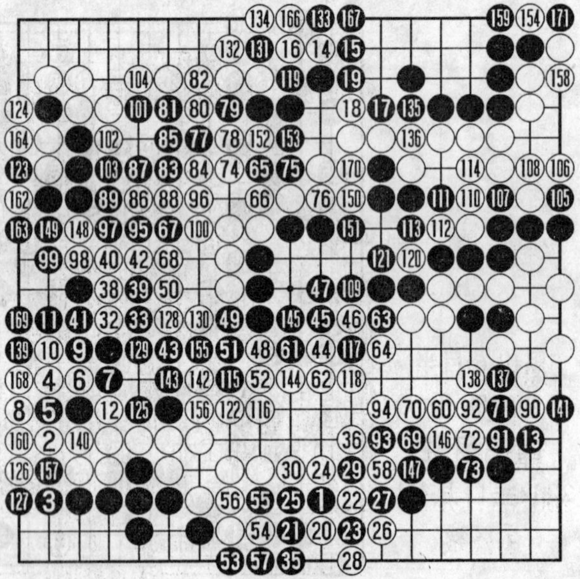

❸❶❸❼ = ❷❸　㉞❺❾ = ㉒　❶❻❶ = ㊻

❶❻❺ = ⑯②

黑出 6 目半

共 271 手

黑中盘胜

2002年11月7日

于汉城

正官庄杯预赛

●黑　权孝珍　三段（韩国）

○白　梁雅娣　二段（中国）

58＝51

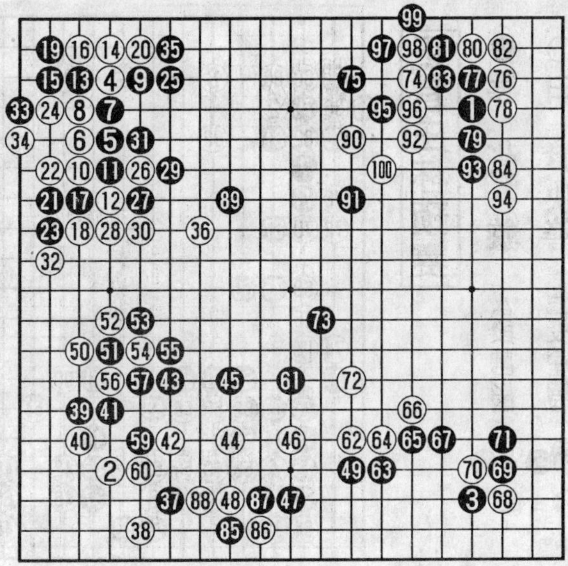

▲第一谱（1－100）　▼第二谱（101－259）

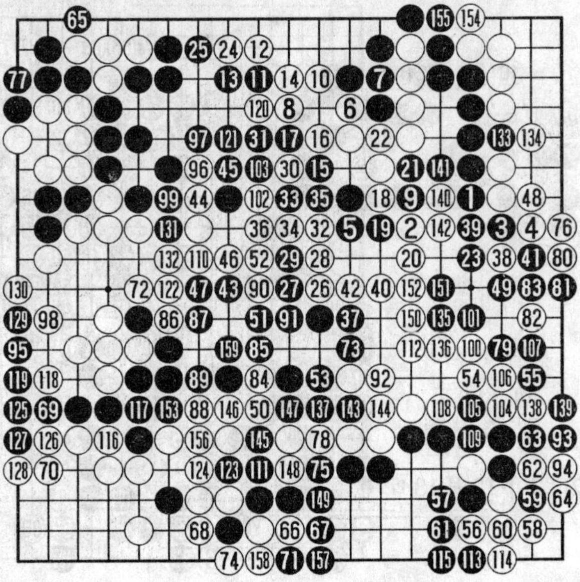

黑出6目半

共259手

黑中盘胜

2002年11月7日

于汉城

正官庄杯预赛

●黑 张璇 八段（中国）

○白 尹映善 二段（韩国）

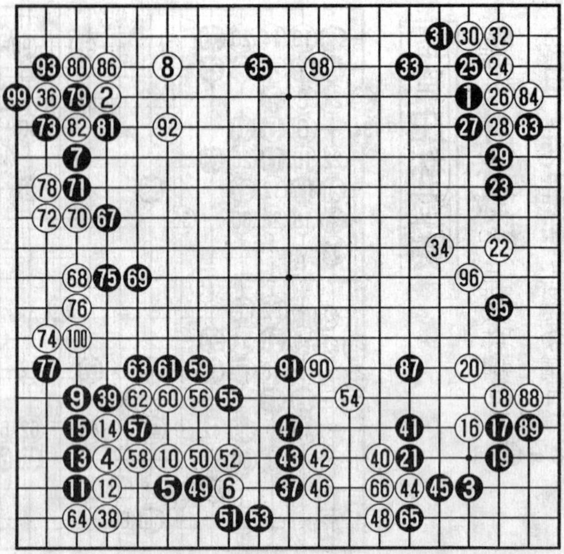

85 97 = 79

94 = 82

▲第一谱（1－100）　▼第二谱（101－247）

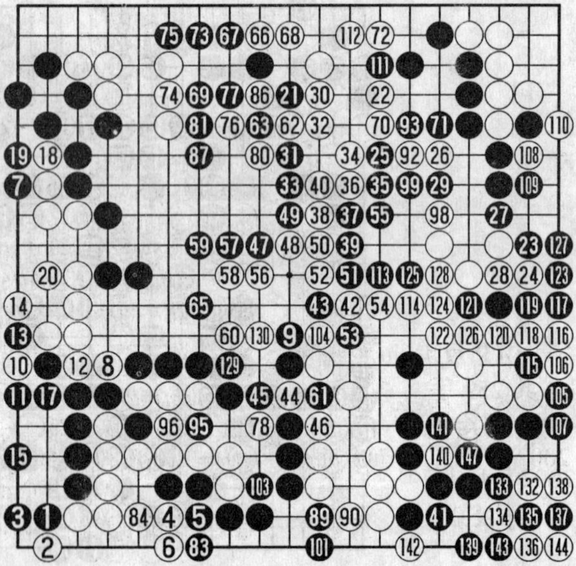

16 = 10　64 82 88

94 100 = 44　79 85

91 97 102 = 61

131 = 63　145 = 135

146 = 137

黑出 6 目半

共 247 手

黑中盘胜

2002年12月18日

于东京

正官庄杯预赛

●黑 林志恩 三段(韩国)

○白 华学明 七段(中国)

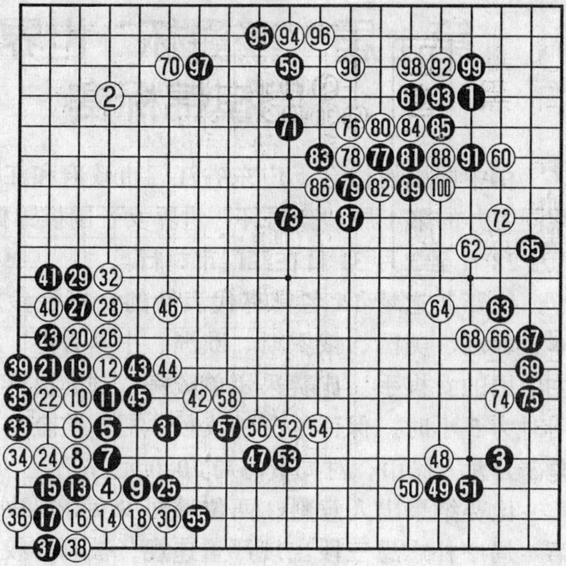

▲第一谱(1－100)

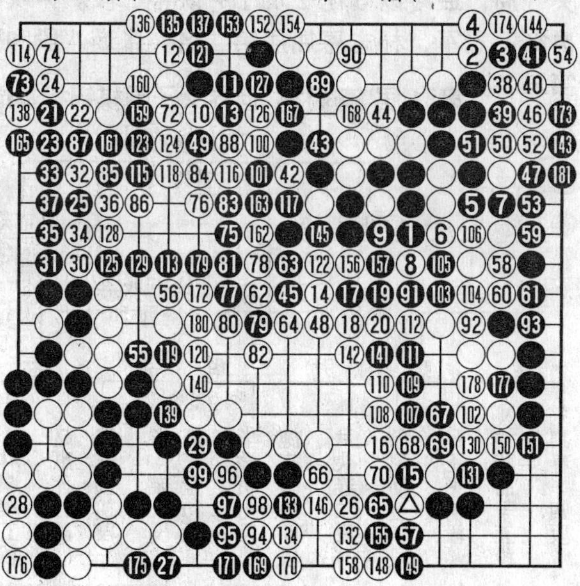

▼第二 谱(101－281)

71＝△ 147＝96

164＝79 166＝73

黑出6目半

共281手

白胜6目半

2002年12月18日

于东京

第1届“豪爵杯”世界女子围棋锦标赛

由中国围棋协会、广东省江门市政府和江门市大长江集团共同主办的第1届“豪爵杯”世界女子围棋锦标赛，于2002年1月28日至3月31日在江门市举行。

比赛共邀请16名具有代表性的女棋手参加，其中包括日本、韩国、美国、俄罗斯、欧洲、中国香港、中国台北和东道主中国的女棋手。比赛采用单败淘汰制，决赛为三番棋。每方用时为3小时，保留5分钟读秒。冠军奖金9万元人民币，亚军3万元人民币，对局费每局2000元。

比赛结果出人意料，两位韩国少女夺得决赛权。在决赛的第1局中朴志恩三段出现严重违规，被判弃权一次，接着又再失一局，最终以0比2负于尹映善二段。尹映善获得首届“豪爵杯”冠军，朴志恩屈居第二名。张璇八段和张正平初段并列第三名。

第 1 届”豪爵杯”世界女子围棋锦标赛成绩表

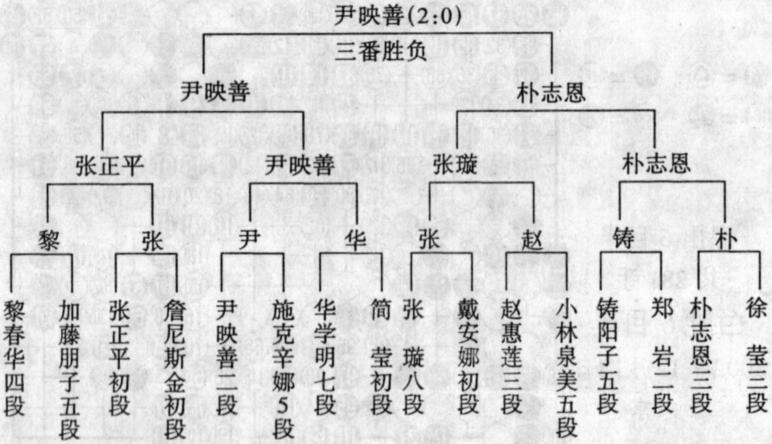

豪爵杯决赛第1局

●黑　朴志恩　三段（韩国）

○白　尹映善　二段（韩国）

第2谱中黑159手系未找劫材提劫，按中国规则判黑棋此手无效，弃权一手。日、韩规则对此则判负。

❶91＝88　●103 ●109 ●115 ●131 ●137 ●143 ●149 ●155 ●163 ●169 ●175 ●181＝59

○106 ○112 ○118 ○134 ○140 ○146 ○152 ○158 ○166 ○172 ○178 ○184＝100

○196＝192　●217＝128

黑出 $2\frac{3}{4}$ 子

共318手

白胜 $\frac{1}{4}$ 子

2002年3月28日

于江门市

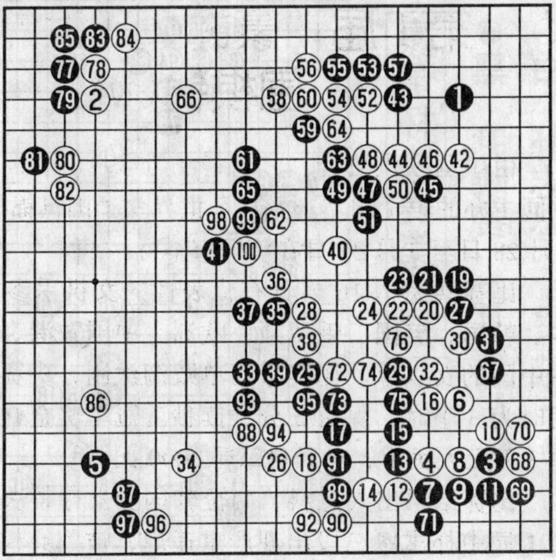

▲第一谱(1－100)

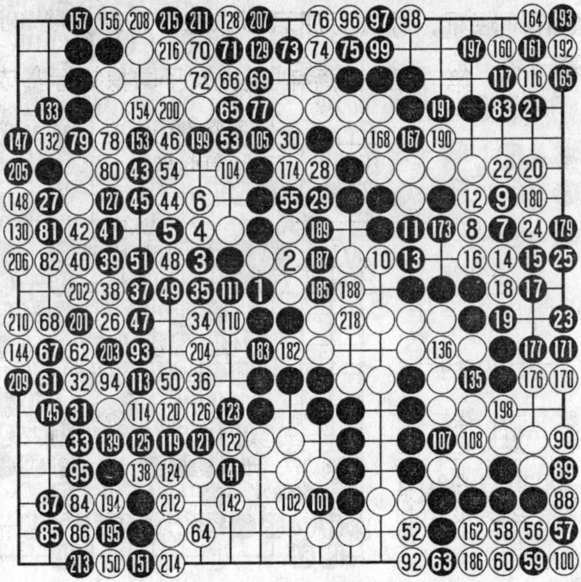

▼第二谱(101－318)

豪爵杯决赛第2局

● 黑　尹映善　二段（韩国）

○ 白　朴志恩　三段（韩国）

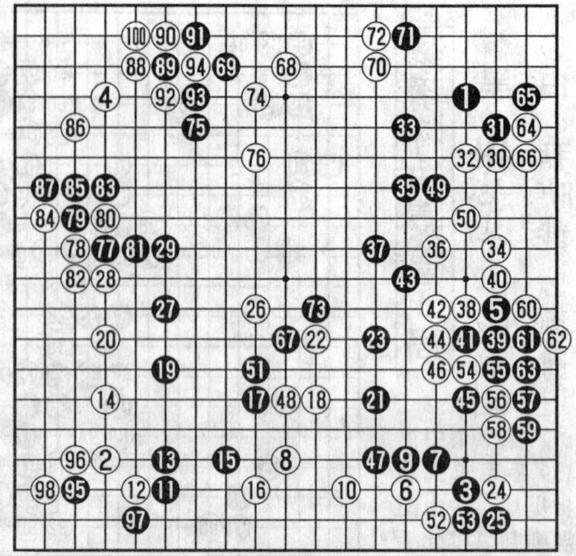

99 = 89

▲第一谱（1－100）

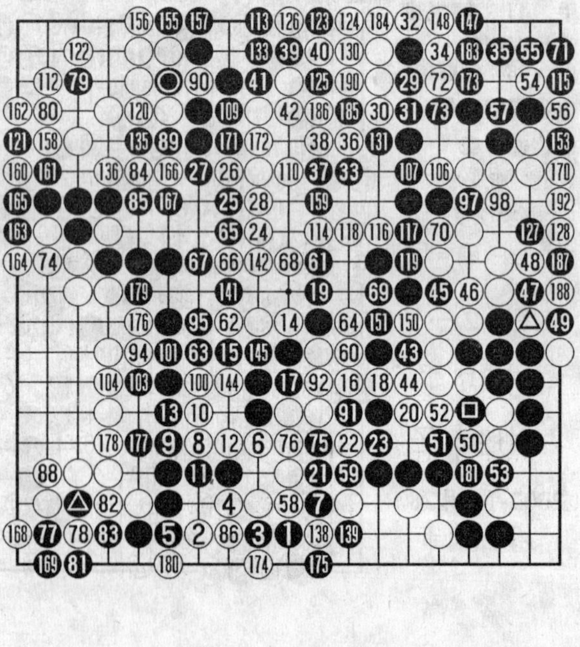

▼第二 谱（101－295）

87 137 143 149 154 = △

93 99 105 111 = ◎

96 102 108 = 90　129

189 = 123　132 = 126

134 140 146 152 = 78

182 = □　191 = 187

193 = △　194 = 121

195 = 188

黑出 $2\frac{3}{4}$ 子

共295手

黑胜 $\frac{3}{4}$ 子

2002年3月30日

于江门市

豪爵杯半决赛

●黑 朴志恩 二段(韩国)

○白 张璇 八段(中国)

48＝38　57＝45

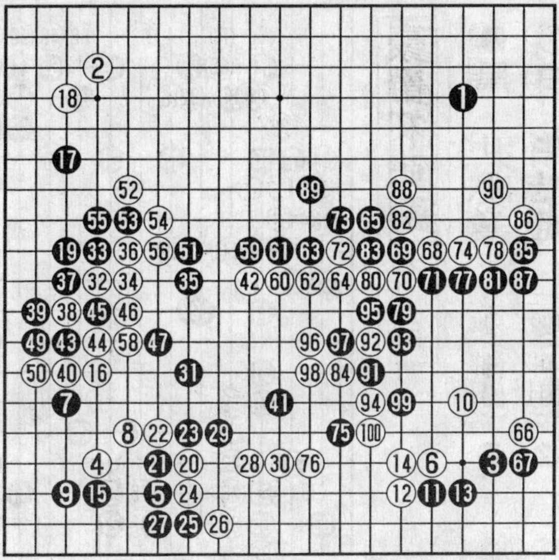

▲第一谱(1－100)　▼第二 谱(101－316)

129 145 189 195 205 211 216 ＝69　132 148 192 198 208 214 ＝68　156＝△　164 215＝88　165＝139　187＝144　188＝◎

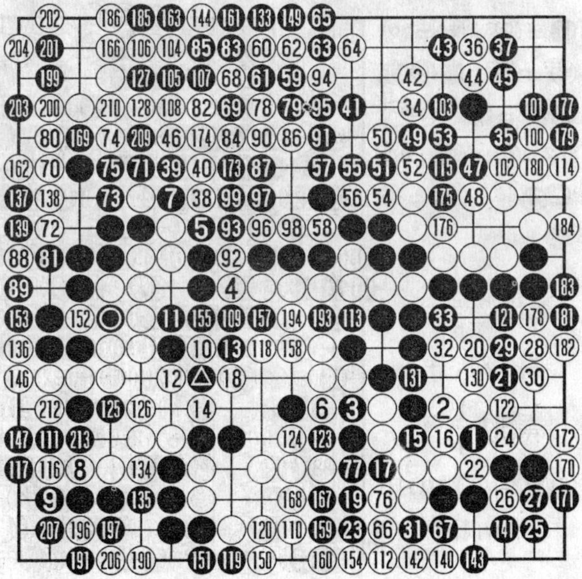

黑出 $2\frac{3}{4}$ 子

共316手

黑中盘胜

2002年2月1日

于江门市

豪爵杯预赛

● 黑 尹映善 二段（韩国）

○ 白 华学明 七段（中国）

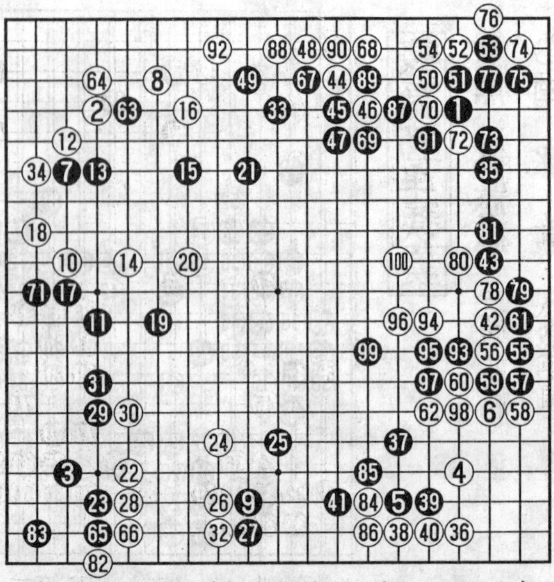

▲第一谱（1－100）　▼第二谱（101－287）

137＝2　150＝106

160＝147　161 167 173

179 185＝△　164 170

176 182 187＝102　172

＝◎

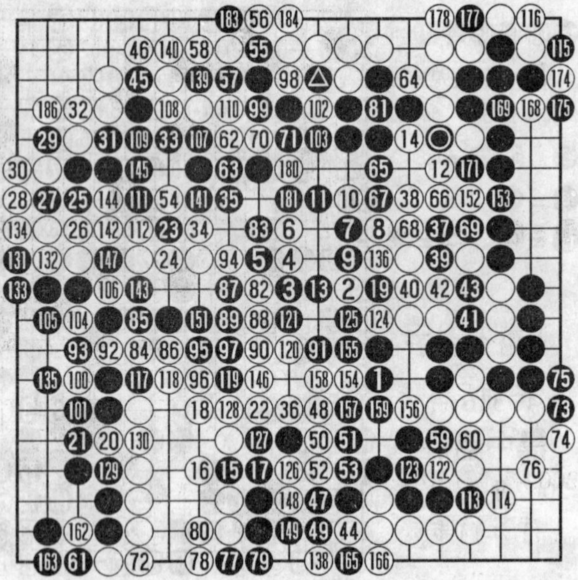

黑出 $2\frac{3}{4}$ 子

共287手

黑胜 $1\frac{1}{4}$ 子

2002年1月30日

于江门市

豪爵杯预赛

● 黑　赵惠莲　三段(韩国)

○ 白　张　旋　八段(中国)

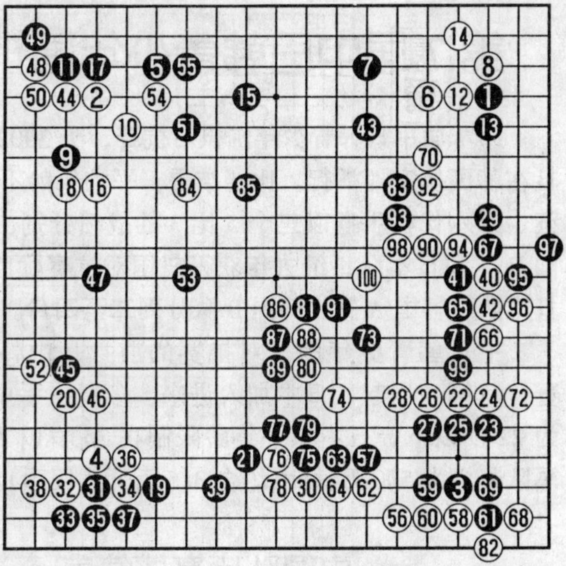

▲第一谱(1－100)　▼第二谱(101－134)

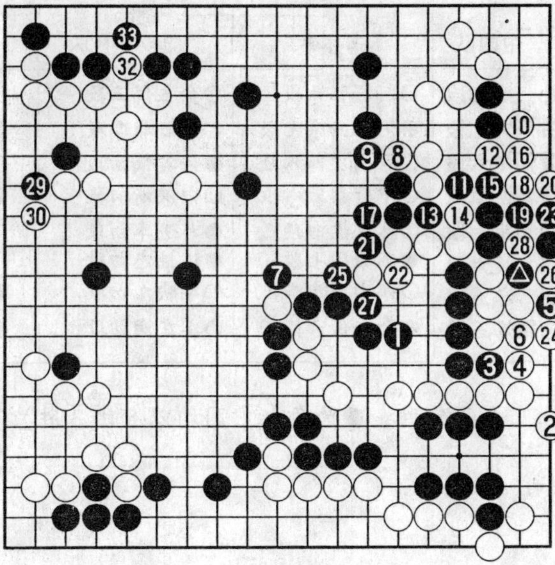

31 = △　34 = 28

黑出 $2\frac{3}{4}$ 子

共 134 手

白中盘胜

2002年1月30日

于江门市

第7届中日韩青少年围棋对抗赛

第7届中日韩青少年围棋对抗赛，于2002年10月3日至5日在韩国扶安郡举行。比赛结果，平均年龄不到19岁的中国第五、第六代棋手们以三个5比3的战绩分别击败韩国A队、韩国B队和日本队，继去年获得三国对抗赛优胜后，再度捧杯。日本队、韩国A队、韩国B队分列二至四名。

中日韩青少年围棋对抗赛的前身是中韩青少年围棋对抗赛，从第4届起，日本加入进来。参赛棋手中韩双方年龄限定为22岁以下，日本棋手年龄限制在25岁以下。本届比赛，冠军队奖金为500万韩元(约合3.5万元人民币)。

中国队比赛成绩表

中国队	日本队	韩国B队	韩国A队
孔　杰七段	○河野临六段	○金主镐三段	○赵汉乘五段
古　力七段	●沟上知亲七段	○李载雄二段	○朴永训三段
黄奕中六段	○秋山次郎八段	●许英镐初段	○安永吉四段
彭　荃五段	○中野泰宏八段	○白洪淅初段	●崔哲瀚四段
胡耀宇七段	○林汉杰四段	●朴进率初段	○元晟溱四段
邱　峻六段	●苏耀国七段	●洪性志初段	○朴正祥三段
汪　洋五段	○鹤山淳志四段	○李映九初段	●宋泰坤四段
陈耀烨三段	●金秀俊六段	○姜东润初段	●尹峻相初段

(○为胜，●为负，中国均以5比3胜)

中日韩青少年对抗赛

○黑　朴永训　三段(韩国A队)

●白　古　力　七段(中国)

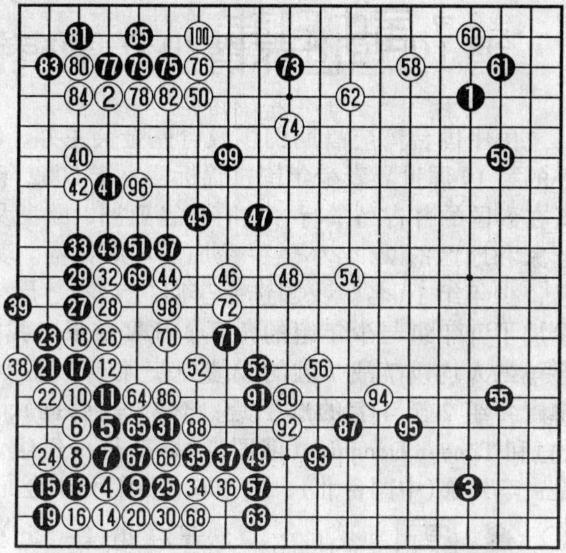

89 = 66

▲第一谱(1－100)　▼第二谱(101－246)

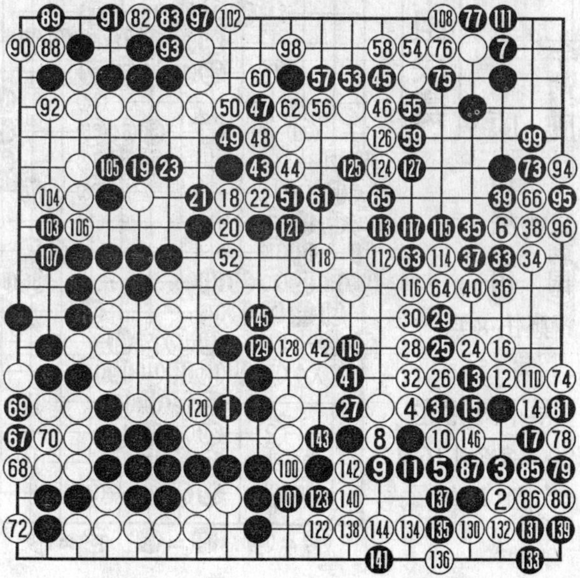

71 = 69　84 = 78

109 = 81

黑出6目半

共246手

白中盘胜

2002年10月5日

于韩国扶安郡

第19届世界青少年围棋锦标赛

由中国台湾应昌期围棋教育基金会主办、泰国围棋协会承办的第19届世界青少年围棋锦标赛，于2002年8月12日至17日在泰国的普吉岛举行。共有来自亚洲、欧洲及北美洲的12个国家和地区的22名小棋手参加了本届比赛。其中，青年组12名，少年组10名。我国选手李康(15岁)、周睿羊(11岁)分别参加了青年组与少年组的角逐。比赛结果：我国选手李康、周睿羊二人均以7战7胜的成绩分获青年组和少年组的冠军。获得青年组2至4名的选手是：李贤虎(韩国)、饶瑞雍(中国台北)和Timour Donguine(俄罗斯)。获得少年组2至4名的选手是：李竑霆(中国台北)、宋相旼(韩国)和李金龙(泰国)。

青年组决赛

●黑 李康 四段(中国)

○白 李贤虎 (韩国)

黑出8点

共155手

黑不计点胜

2002年8月16日

于泰国

▼总 谱(1－155)

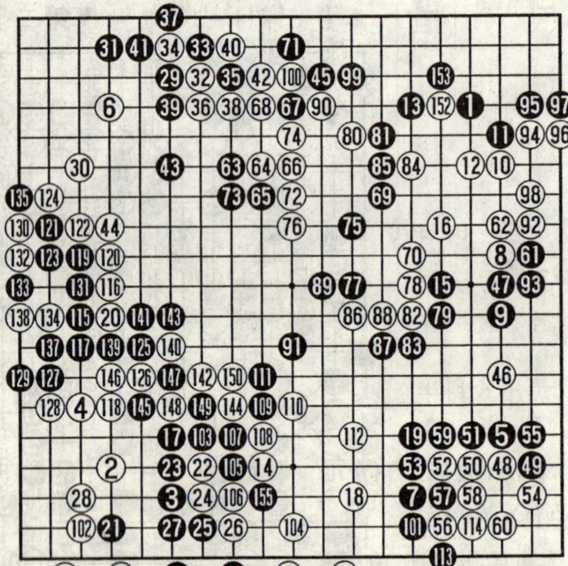

136＝130　151＝147　154＝148

第 24 届世界业余围棋锦标赛

第 24 届世界业余围棋锦标赛，于 2002 年 6 月 2 日至 6 日在日本岐阜县高山市举行。参加本届比赛的国家和地区发展到 61 个。在赛前召开的国际围棋联盟大会上，通过了从本届比赛起获得冠军者授予业余 8 段称号的决议。

按惯例，代表我国参加世界业余锦标赛选手是当年全国晚报杯赛的个人冠军，由于李岱春 7 段要代表江苏参加第 2 届全国体育大会，所以由第二名付利 6 段取而代之。结果付利不负众望，在比赛中以 8 战全胜荣获本届冠军，并成为第一位获得业余 8 段称号的棋手。

▼总 谱(1－206)

世界业余围棋赛

● 黑 洪基嗣 7 段(韩国)

○ 白 付利 6 段(中国)

黑出 5 目半

共 206 手

白中盘胜

2002年6月4日

于日本高山市

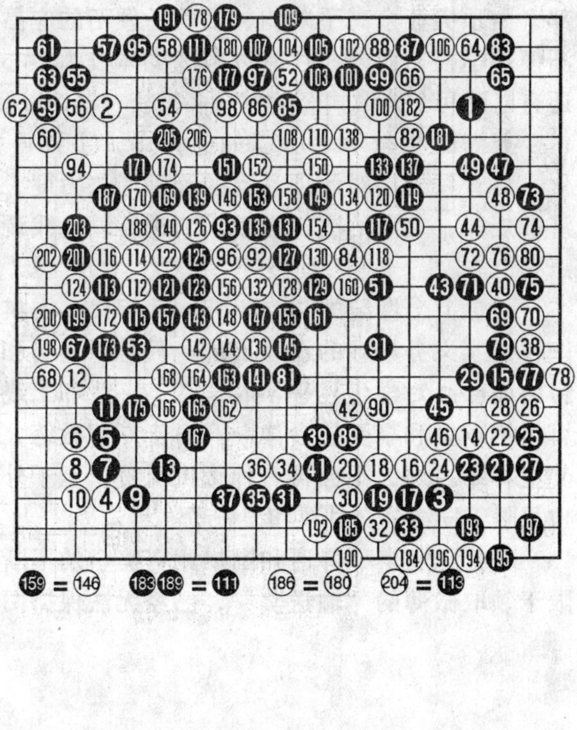

上海围棋教学的市场化

吕国梁

目前上海的围棋教学活动，无论以普及或提高的角度来看，开展得相当红火，如由著名资深教练谢裕国、邱百瑞主持的市体育俱乐部，由方捷七段职业棋手执教的方捷围棋俱乐部，由顶尖业余高手刘钧、刘轶一领衔的应昌期围棋学校和同洲模范学校。此外，还有以各区少体校为中心的各类训练班，还有以民间个体形式经营的众多棋校、棋馆以及家庭教育。

上海围棋教学之所以如此火爆，主要得益于围棋的市场化。尽管领导层对此项活动的管理尚欠力度，但是按照市场经济的规律，上海的围棋教学不断进行着自我调节，依然搞得有声有色。

回想上个世纪的70年代至80年代，围棋教学主要只是以一种国家义务培训的形式出现，只是以选苗和培养专业棋手为目的而已。对学生几乎不收学费，一线和二线训练班的学生还可报销车费和享受伙食津贴。对于专职教练，除了本身的工资奖金津贴之外，不会再有什么讲课费。至于外聘的业余教练，也只限于发给公交月票和误餐费。

随着职业棋手待遇和围棋比赛奖金的不断提高，教练员只限于领取微薄的“输送奖”，已经无法保持两者之间的平衡。

在启动市场经济的杠杆加以调节之后，围棋教学的市场化也应运而生。

导致上海围棋教学红火的另一个因素是，相对于全国而言，上海地区的经济收入和生活水准处于较高的状态。即便是普通的“三口之家”对于“独生子女”业余教育费用的支出也有足够的余裕。此外，由于围棋自身的社会地位和影响力不断攀升，家长们逐步摆脱“望子成龙”的狭隘心理，更多地将孩子学围棋看作是一种智力教育和情商教育。

几年来，上海地区的围棋训练的学费参差不齐，总体来说是水涨船高，随行情而入市。

学生人数相当于一个班级甚至更多的大课训练，每次收费大致为每人 15 至 20 元，其主要内容包括教练的 40 分大盘讲课、学生实战对局、教练对学生的轮流“两面打”“三面打”指导对局。

学生人数仅五六人的“内弟子”家教形式的训练课，每次收费大约在每人 40 至 50 元，据说最高级别的强化训练，每次已高在 80 元。其主要内容是详尽的复盘讲解和指导对局。

还有人数更少的只对两三名学生的辅导，每人每次学费为 100 元。无论何种形式，每次训练课的时间都按 3 小时左右计算。

按照这样的收费标准，如果每周仅参加两次大课训练，学生当然承受得起。但其中不乏已学棋至相当高度，家长又愿意投资让孩子走上职业化道路的，几乎每天参加家教训练，每月学费竟高达 1000 多元甚至 2000 元以上。

当然在个别围棋传统学校，如阳曲路小学，每周两次的初级班，每月收费只有 50 元，教练的讲课费也只有每次 60 元。

当前上海围棋教学的师资队伍，虽有个别鱼龙混杂的现象，但在市场规律的支配下，大体还是较为整齐，颇具实力。

说得俗一些，就是货真价实，物有所值。

知名度较高的教练，因执教于高级别训练或学生人数可观，无论如何计算，每课的讲课收入都可确保200至300元。至于层次较低的地区或教师，或以降低学费而保证生源，或以学生少而保证质量，每课的讲课费收入也可维待在120元左右。此外，还有一些就读大学的职业棋手和业余高手，以勤工俭学的形式对学生指导对局，每次可获讲课费150元，按每周两次计算，也是一项不菲的收入。

由于入门围棋的学生源源不断，达到一定程度后人数虽有所减少，但各奔门路仍可确保初级、中级训练的生源。如此说来，上海围棋教学市场的前景依然被人们看好。

围棋在广东澄海

黄 庠

广东澄海，县级市，人口60多万。地处韩江出海口三角区冲积平原，三川汇流，物产丰富，地灵人杰，是我国第一个“亩产千斤县”。澄海文化积淀深厚，孕育了近代著名文人杜国庠、古代名状元林大钦、著名文人翁万达以及当代著名散文家秦牧等。澄海又是著名的侨乡。澄籍华侨最出色者，曾任泰国总理。

清末民初，澄籍学子旅日求学者甚众，学成归乡，将围棋技艺一并引入，故澄海围棋之风一度甚炽。

解放前，澄海最高学府——澄海县立中学的历任校长如黄家器、王鼎新等皆嗜围棋，在众师长影响下，“澄中”学生多好弈。临近解放，一批“澄中”学生在地下党号召下，大义凛然地参加“凤凰山游击队”，将围棋带进革命队伍。

“百万雄师过大江”后，国民党胡琏第18兵团闻风丧胆，自福建狼狈逃窜，企图于汕头下海撤往台湾。“凤凰山游击队”接到陈赓司令员命令，对胡琏兵团打一场狙击战，以振奋人心，迎接全国解放。在作战方案扩大讨论会议上，“澄中”学子根据“勿近厚势，攻彼顾我”的围棋理论，抓住胡琏风声鹤唳、草木皆兵的逃亡心理，提出“先让敌主力部队顺利通过，集中兵力歼灭敌后续部队”的作战方案，游击队领导英明采纳。果然，战斗打响，胡琏以为我解放军主力尾随而至，无暇后顾，仓皇登船下海。此次战斗，缴获大量美式武器装备，“凤凰山游击队”从硬件上彻底向正规军转化，为以后解放澄海全境，肃清土匪山霸作出决定性贡献。此次“凤凰山大捷”，《澄海县志》上有详细记载。

改革开放以来，澄海人励精图治，率先进入“小康市”。“聂旋风”适时刮到，棋风复炽。爱好者中事业有成者慷慨解囊，每年都举行“新春围棋公开赛”。现还有热心人士，出钱买房，购置电脑，开办“棋友之家”。广东老国手陈志刚，就曾莅临指导。

多年“混战”，澄海涌现青年业余棋手陈甦、黄庠等。据不完全统计，澄海现有爱好者人数过万。少年儿童棋手水平更胜成人一筹。现澄海业余围棋协会正在筹办中，希望以后能够有机会与全国各地棋友进行交流。

拈棋微笑

——读《围棋与中国文化》

莫默

我不会下围棋，但是作为一个读书人，琴棋书画、诗词歌赋等风雅之物对于自己，似乎有种天然的诱惑。虽然不懂棋局，领略不到实战的酣畅与奥妙，但并不妨碍我心仪这位在水一方的伊人。只消想像一下，寂寂的院落，氤氲着茶香，古朴的棋盘，莹润的棋子，与知己对弈，默然无语，只有落子的清音，只有折扇轻摇……若能有如此的人生片段，也不枉此生了。

直至看到这本《围棋与中国文化》，发现有着不可救药的围棋情结的，并不止我一个，书的作者甚至可说是有过之而无不及。作者何云波先生本行为大学教授，是治苏俄文学和比较文学的专家，平素教书育人，著书立说，日子本该过得怡然自得。怎奈自少年遭遇了围棋这个要命的冤家，从此情思纠缠，再无绝期。时光如水，逝者如斯，对于围棋的痴迷，历经岁月的沉淀，反倒如陈年佳酿，越发芬芳馥郁了。正经的学问也兢兢业业地做了，到如今也算功成名就，可以稍稍歇歇脚，与围棋这位初恋情人叙叙旧了。作者在前言后记中细述自己的围棋情缘，总把围棋比作狐仙、恋人、红粉佳人，那份钟情痴迷溢于言表。这部书的诞生自然缘自他对围棋深厚的兴趣，但此书却并非闲闲写来，只为了却一段情结。

诚然，何先生是个铁杆棋迷，但他首先是位别有怀抱的学者。他在后记中袒露心声，专攻西方文学，也从陀思妥耶夫斯基那充满了人生的苦难、灵魂的分裂与煎熬的小说世界中，感受过一种真实、残酷、深刻、永恒。但他坦言："其实我骨子里，还是一个典型的中国传统文人，执著于此生此世，一卷书，一杯酒，一盏茶，一局棋，'林间扫石安棋局，岩下分泉递酒杯'，真是一种挡不住的诱惑。"正是这种传统文人气质，使得他开始从西方文学回归中国传统文化。其实，学者和他的研究对象往往是个彼此选择的过程。学者在挑选自己感兴趣的课题，课题也在等待合适的人来开拓。研究围棋文化，既要懂棋，又需要中国传统文化的学养做根基，如果曾经研究过西方文化，是再好不过，视野会更开阔，角度也会更新颖。作者如今刚好具备这方方面面的素养，而中国古代四艺中，惟独棋文化的研究乏善可陈，正可供研究者大显身手。这部《围棋与中国文化》或可看作作者学术转型的标志。

围棋是形而下的"器"与形而上的"道"的结合。它以棋盘、棋子等器物作为依托，这两者方正圆润，黑白子有如阴阳，正好似天地的模拟，围棋又成了自然之道的化身。这种可俗可雅的双重身份，使得社会各阶层好棋者众。中国文化绵延数千年，围棋也跟随着颠簸浮沉了数千年，小小的棋子串起了历代的帝王将相、文人墨客和黎民百姓，黑白世界也就成了中国文化的象征。

这部《围棋与中国文化》一开始即提出一个有趣的问题：围棋是什么?这问题看似简单，而世上最简单的东西往往就是最复杂的。对围棋之"是"的追问，事实上就是对围棋的本质的探索。为此，作者列举了一系列围棋之“是”：围棋是竞技，围棋之“战”，从个人角度说，是人证明自我的一种方式，也是人的攻击性冲动的一种变相的满足；另一方面，当竞技与国家、民族的荣誉联系在一起，它又有了崇高的意义；围棋又被称为“手谈”，手谈即对话，竞技的本质在于冲突与征服，话语的本质则是沟通与交流；围棋从根本上说，它是一种游戏，非功利、自由、快乐，这正是游戏的魅力所在；围棋还是一门艺术，游戏精神与艺术精神相通，围棋之战也就具有了审美的意义；围棋大而言之，就是一种文化，这其中包含着宇宙之象、人生之道。

天圆地方，一阴一阳之谓棋。说不尽的围棋，说不尽的人生。作者在对围棋之“是”的追问中，又把围棋放在东西方文化的大背景中，谈围棋的“静”与“和”的建构，围棋的“虚实相生”，围棋所体现的东方思维，谈西方人眼中的围棋，分别作为中西文化象征的足球与围棋……正是在这种宏阔的视野中，在东西方文化的对话中，围棋的民族文化内涵得以彰显，围棋的意义也就变得无限丰富。

在对围棋之“是”作了多方面、多角度的观照后，作者又把围棋放在中国文化的纵横坐标系中，一方面，从纵向上去追溯中国围棋起源、发展、兴衰际遇。作者认为，围棋大致包含着技、道、戏、艺四个方面。技指竞技、技艺；道既是棋道，也是人们从围棋中引发的宇宙、人生之道；戏是游戏；艺是艺术，围棋乃一种游戏的艺术。作者在梳理中国围棋的源与流时，便紧紧扣住这四个字，追踪围棋的意义建构过程。围棋最初不过是一种竞技性游戏，汉代班固《弈旨》将它与“天地之象”、“帝王之道”联系在一起。文以载道，棋亦载道，本为“技艺”的围棋，拥有了“道”的身份，也就获得了终极意义，有了存在的依据。而围棋在魏晋又被纳入到“艺”的范畴，特别是到唐代，琴、棋、书、画并称，棋正式成为“四艺”之一。在围棋的艺术化的过程中，中国围棋也就有了文人棋与棋士棋、竞技之棋与艺术之棋的分野。艺术赋予了围棋许多风雅、玄妙的东西，但当中国围棋日益成为一种“雅玩”时，它作为竞技的一面又被大大弱化了。中国古代围棋最终的衰落，既关涉历史本身的兴衰，也有文化观念上的原因。《围棋与中国文化》不断地从文化的深层去挖掘中国围棋变迁的各种因素，也就超越了一般的围棋史，而具有了思想史、文化史的意义。

当然，作者最为用力之处，还是在从横向的方方面面揭示围棋与中国文化的关系。文化一般被分为物质、制度、精神三个层面。作者对围棋的文化解读，恰恰就是从最不起眼的物质的层面——棋盘、棋子——的形制的变迁开始的。棋盘从11路到19路的演变，棋盘、棋子的制作、形质，在围棋的物态文化中，自有观念性、精神性的东西。而弈棋之地，无论是在茶楼酒肆，还是在寺院道观，或者就在松风流水之间，“人闲与世远，鸟语知境静……独收万虑心，于此一枰竞”，不同的人对弈地的选择，也就折射出了各自的人生态度、精神追求、审美趣味。

当然，文化更多地还是体现于精神方面，《围棋与中国文化》对中国围棋文化的探讨，也偏重于从精神心理方面，揭示围棋与人生、与各种哲学和宗教思想、与民族心理和思维方式的关系。从思想哲学的角度说，《易经》为群经之首，易有太极、两仪、四象、八卦，围棋有方圆、黑白、阴阳、动静……甚至有人认为，“易”与“弈”本就同源。《易经》之“象”，“在天成象，在地成形，变化见矣”；而围棋之“象”，“局必方正，象地则也。道必正直，神明德也。棋有白黑，阴阳分也。骈罗列布，效天文也”。伏羲作八卦，“远求近取”，围棋与阴阳、八卦、天文相通，兆知天地万物之变化，方寸棋枰也就具有了非同一般的意义。

中国的儒、道、兵各家，与围棋的关系，常常剪不断，理还乱。儒家重事功，重礼制、仁德之道，而围棋不过是容易使人丧志之“玩物”，并且棋上无父子，它与儒家所尊崇的上下尊卑等级秩序相悖。同时，棋上也无道德可言，双方斗得不可开交，使尽种种阴谋诡计，赢棋才是硬道理，这也不符合儒家的仁德之道。围棋受到贬抑，也就是必然的了。而另一方面，这“木野狐”的魅力实在太大，简直就是一种挡不住的诱惑。儒子们既想玩，又要玩得名正言顺，最好的办法便是采取“招安”的策略，抬高它的地位，突出它不同凡俗的意义，于是，围棋又与圣贤之道，与人的“成德成仁”联系在了一起。如果说儒家与围棋的关系，颇多矫情，欲拒还迎，若即若离，道家与围棋，倒有一见钟情、一拍即合的意味。因为重隐逸、重人的精神解脱的道家，在本质上与作为“戏”与“艺”的围棋更有相通之处。另一方面，道家之道，也深深影响了竞技围棋的战略战术。儒家之棋更多的是以棋论世，意不在棋，道家之棋则直指棋的本义，所谓棋道，棋与道合，技进乎道，这里的“道”恐怕更多的是道家之“道”。自然平谈，无为而无不为，正构成了棋艺的一种境界。

在对围棋与中国文化的方方面面作了剖析之后，书的最后，是对文化边际人吴清源的围棋人生的阐释。作为个案分析，构成了本书极为精彩的一章。何先生在书中写道：“吴清源是 20 世纪的围棋大师。他是一个棋手，一个胜负师，他更是围棋文化的巨匠，一个以棋发言的思想家、悟道者。”为此，书中紧紧扣住吴清源的双重身份：作为中国人，他自幼熟读传统经典；作为客居日本的棋士，他又从日本围棋中，吸收了许多养分。而他的人生，在胜负与信仰中两路兼行，在武士道与宗教之道中寻求一种融合，使他的棋也就多了一分精神的内蕴。游弋于两种文化、两种人生之间，最终成就了他在棋盘上的伟业、在人生中的大修为。而吴清源一生孜孜以求的和谐之道，延续着中国文化的血脉，体现的正是中国式的艺术与人生的境界。

《围棋与中国文化》对围棋的名称、形制、作用的发生、发展与演变的细致梳理，对围棋与《易经》、儒、道、佛、禅的关系的深入剖析，对中外围棋文化交流的轨迹的追踪，对各色人等黑白人生的透视，此中又均与对整个历史文化背景的把握密切呼应。通过不断还原与围棋共存的历史场景和文化背景，若干历史的真实和文化的真谛也一一显现在读者面前。关于文化研究，我们看到了太多体系、概念、理论这一类的宏大叙事，大而无当。而这部书从围棋这个角度切入，透过小小的棋子折射出色彩斑斓的文化，让人有一种脚踩大地的踏实。

除了资料的丰富翔实和阐释的深入剀切，本书的语言亦令人有惊艳之感。作者认为围棋与中国文化的最高境界是和谐，他的文字也深得这一精髓，如行云流水，行于当行止于当止，自然流淌，气韵生动。洋洋洒洒四十万余字，不觉一丝沉重冗长，一旦捧书在手，就欲罢不能。更妙的是，书中所叙内容也雅俗并包，不论是风雅的文人、一般的棋迷、武侠爱好者，还是激进的女权主义者，都可在书中找到心爱的对象。

何先生最终将兴趣与学问合而为一，一边在纹枰中坐隐忘忧，一边在书斋里著书手谈，拈棋微笑。这等人生境界，对于我们这些尚未修得正果的后生辈来说，除了神往，就还是神往了。

（《围棋与中国文化》已由人民出版社出版）

从围棋理念谈市场经营方略

张宏兴

2001年初，我们出版社参加北京图书订货会，为了提高棋牌图书的宣传效应，我曾拟了这样一副广告式对联："棋盘虽小乾坤大，牌路无常道行深。"确实的，小小棋盘，从古至今，呼风唤雨，奔雷走电，斩关夺隘，斗智斗勇，上演了多少你死我活的激烈拼杀，而这些激烈拼杀又给予我们多少智慧的启迪。尤其是围棋，它与象棋相比，内蕴更深厚，变化更复杂，相应地弈者的思维也就更活跃、更广阔、更深刻。美国的杜威·科内尔在《战略思维与东方的围棋》一书中，就认为"国际象棋可看做一种战术游戏，而围棋是更高级的战略游戏"。杨振宁博士同样也认为，围棋"是人类最高级的智力游戏"。

围棋这种高级的智力游戏，对人生、对社会的启发是多方面的和深厚的。在中国，就有不少人论述过围棋与军事、围棋与哲学、围棋与天文、围棋与中医、围棋与数学、围棋与股市、围棋与足球等等。而我要探讨的，则是围棋与市场，从围棋理念谈市场经营方略。

我认为，围棋理念与市场理念，有许多相似和相通之处。简而言之，就是在效益原则基础上的"渐大"原则。曾看过这样一个儿童式幽默：围棋与象棋的区别是，象棋的子越下越少，而围棋的子越下越多。虽是幽默，但有它直观的道理。围棋对弈的双方运用各种手段进行渗透、打入、包围与反包围，就是力图把自己的地盘做大，追求的是效益。市场经营也同样如此，围绕效益互相侵消，展开竞争，力求做大。围棋要做大和市场要做大，在实现这个目的性理念过程中的许多技术性理念，二者也是相似和相通的，也可以说古老的围棋理念对当今的市场经营理念有许多可资借鉴之处。具体来说，可以借用中国古代的军事理念来概括：天时、地利、人和，另外再加上变化观或曰运动观。

为叙述方便，先谈地利。这里所说地利，是指对地盘的占有，即有效控制面积而言。众所周知，围棋不是如象棋那样以追杀“王”或“将”、“帅”为目标和取胜的，而最终是以计算所占地盘的大小来决定胜负的。因此，下围棋首先要树立的就是地利观或地域观，尽可能多地扩大自己的领地。所谓“金角银边草肚皮”，正是这一理念的体现。因为包围同样大小的地盘，围角、围边和围中腹，所用子数就有很大区别，效率明显不同。也正是在这一理念指导下，决定了下棋落子的次序是先占角，再争边，然后挺进中腹。无论“中国流”、“韩国流”、“宇宙流”等等以及今后还可能新出现的各种围棋流派，决不可能双方一开始就在中腹着子。围棋这一体现效益原则的地利观应用在市场经营上，道理亦然，手段亦然。要把生意做大，把市场做大，尽可能多地占有市场份额，无论从事什么经营项目，首先是要选好地盘，争夺黄金口岸。就像不可能有哪位棋手不顾棋子效率，开始便直落中腹一样，也不可能有哪位经营者到一座荒无人烟的小岛上去开办自己的门市部。即使这座小岛风光绮丽，环境优雅，以后会成为旅游热点而形成多种消费，但就目前来说它只是潜在的市场，要去那里发展和经营也只是将来的事。此种道理，也正如围棋对弈的“急所”与“缓处”。

其次谈天时。这里所说的天时，是指下棋的时间观，或更准确地表述就是“时机”问题。中国围棋协会秘书长华以刚讲：“围棋是一种时机艺术。”对弈双方谁能抓住时机，把握先机，就能掌握主动，着着争先，最终有效扩大地盘，从而取得胜利。现在的围棋规则虽然不尽一致，但黑棋要贴子则是共同的，有贴五目半的，有贴六目半的。先一手下棋就要贴这么多，但棋手还是愿下黑棋，为什么？就是先手下棋能够掌握主动，而占有主动的棋子所产生的效益就比后手应招的棋子的效益要高得多。应氏规则规定黑棋要贴八点，刚开始有不少棋手心虚，所以在应氏杯比赛中愿下白棋，但根据已举办的四届应氏杯赛的统计结果，共下棋 110 局，黑胜 58 局，负 52 局，胜率仍为 52.73%，比白棋的胜率高出 5 个半百分点。这就很能说明问题。围棋俗语所言“宁失数子，不失一先”，的确是经验之谈，也是围棋理念中的精华所在。这一理念对市场经营的直接指导意义就在于，要在市场竞争中站稳脚跟，立于不败之地，必须善于抓时机，争主动，讲效率。效率原则是市场经济的基本原则之一，市场竞争的一个重要内容就是效率竞争。要提高效率，就要在市场竞争中抢占先机，掌握主动。如果处处“缓手”，被动应招，看别人干啥才干啥，甚至被别人牵着鼻子走，也就无效率可言，自然也就谈不上创造好的效益。

再谈人和。人和，原意指人心归向和上下团结，也即亲和力、向心力，这是取胜的基本法宝之一。人和观，在围棋中可以理解为“气”和“势”之说。棋子是靠气生存的，气是棋子活力的体现。如果一个或一片棋子被对方死死围住，无气可出，自然成了死棋。如果能做出两个“眼”，尚有“气”存在，就表示还有生命力，棋也就活了。有“气”的一块棋子好比一块根据地，而要扩大战果，就要造“势”，寻找潜在的发展力，从而进一步扩展自己的有效地盘。所谓注重取势与注重取地(实空)，只是棋手们棋艺风格的不同，只是策略手段的不同，其目的是一致的，而且两者也是不可分割的。取势是为了更多地取地，而要更多地取地也一定离不开“势”。“棋长一尺无眼自活”，“棋连一体不易输”，这些围棋俗语，这正说明了“势”的作用。有气有势，且气势磅礴，岂无赢棋之理。围棋这种“气”与“势”的理念，在市场经营中同样不可缺少。市场经营中的“气”，就是指人气，如果缺乏人气，店铺无人光顾，商品无人问津，自然难畅销路，市场当然也就死水一潭，没有活力与生机。所谓“黄金口岸”，也就是人气旺盛的地方。而要把市场做活，除了选好有人气的口岸之外，还应通过“造势”来聚敛人气，扩大品牌效应。前期的广告宣传和完善的售后服务，我认为都是造势的手段。用一个不很确切的类比，售后服务就好似围棋的“收官”。如果两位棋手实力相当，在布局和中盘阶段一直难分高下，那就要通过官子功夫来定胜负。同样，如果两个经营者商品质量、价格都相同，那就要看谁的售后服务工作做得好，谁就能吸引更多的购买者，从而把生意做活、做大。

最后谈谈变化观。围棋的变化异常复杂、异常丰富，是难以穷尽的。据报载，有人计算 19 路围棋的变化是 769 位自然数，可以说是个超天文数字。千古无同局，我想今后万世也难有同局。围棋变化虽然复杂，然而根据效率原则也有一定之规，千百年来形成了许许多多的定式。定式是前人对弈经验的结晶，对初学者来讲掌握了定式可以少走许多弯路。但如果拘泥于定式而缺少变化，则会窒息围棋的艺术性，甚至断送围棋的生命，这也是许多棋界人士的共识。“死记定式输两目”，“学会定式，退步两子”，此类围棋俗语，可以说正是对固守定式者发出的警诫。2001 年，围棋大师吴清源先生倡导“21 世纪围棋”，也就是无定式围棋，核心是个“变”字。当今第一围棋高手李昌镐绰号“石佛”，一方面是说他下棋时的面部表情始终如一，另一方面则是说他棋风沉稳。但就是这位被称为“石佛”的李昌镐，最近也曾明确道出：“围棋最重要的是变化。”求新求变的围棋理念，为围棋的发展注入了新的活力。从围棋实战中也可以看出，率先变招的，总能给对手造成出其不意的打击和心理压力，也往往能掌握主动。面对小小棋盘361个点位尚且突出一个“变”字，而面对社会市场这个大舞台进行经营活动，不讲变化更是不可能取胜的。不仅不同的消费区域和不同的消费对象都有不同的消费需要，而且在不同的时期，人们的消费需求、消费心理也在不停地发生变化。所以精明的经营者，都善于在变中求生存，求发展。尤其是面对激烈复杂的市场竞争，更需要以变制胜。“人无我有，人有我优，人优我特，人特我变”，这个人们耳熟能详的经营之道，就集中体现了经营者的变化观。这种变化观，也就是我们常说的开拓意识和创新意识，这也应成为每个经营者的基本素质。

注：本文曾获“全国出版社市场营销征文”优秀论文奖，作者为成都时代出版社(原蜀蓉棋艺出版社)副社长。

《围棋竞赛规则》修订解读

朱宝训

编者按：新的《围棋竞赛规则》从2002年4月开始正式实行。这是自1988年以来第一次对《围棋竞赛规则》进行修订。为了使围棋爱好者学习、理解新规则，特约参与规则修订的中国围棋协会裁判委员会副主任朱宝训同志就修订的部分进行解读。

如果说游戏是一个活灵活现的躯体，规则就是流动在游戏中的血液。体育比赛离开竞赛规则，绝对无法进行比赛。规则是游戏立足、进展、区分胜负进程中必须要执行的法律性文件。体育比赛从理论上说是参赛双方围绕竞赛规则与对手比较高低的过程。其中裁判员是监督参赛双方遵守规则的执法法官，而项目竞赛规则水平的高低直接关系到游戏自身的发展。

围棋和围棋规则

游戏竞技规则一定是伴随着游戏同时诞生的双胞胎。可围棋却不尽然，由于围棋在中国历史的发展过程中更接近文化，自然就显示出其独特性。围棋的历史至少有三千年，可世界上最早成文的围棋规则是 1949 年 10 月 2 日日本棋院颁布的《日本围棋规约》。

围棋是一项两人争胜负的游戏，没有规则的约束，争议和纠纷是非常自然的。两千多年围棋都没有成文的规则，而围棋依然会流传、会发展，最大的因素是围棋游戏自身的合理性。从文化意义上讲，围棋作为演绎人生文化哲理过程的一种游戏，历史上是由师傅口传身授的，完全超越了自身竞技价值的存在。所以，围棋规则在围棋发展的历史长河中并非起到什么决定性的作用。而口传规则是非常简单的，只要教围棋怎么下，如何判定输赢就可以了。碰到疑难问师傅，师傅说行即可。这是文化围棋的表现。

20 世纪 30 年代，日本围棋率先步入了职业化时代。原本是文化的围棋、政治的围棋急速地转化为竞技的围棋了，仅靠师傅口传的、诚信的原则已无法解决比赛中出现的问题。世界上第一本围棋规则，就是在发生纠纷之后产生的。所以说，竞技围棋需要合理而严密的竞赛规则。

中国围棋规则的演变

由于围棋生于中国，原始的围棋规则也是中国人制订的。原始规则一定是最朴素的。从围棋的棋具、围棋的下法、胜负的确定，一定是自然地符合下棋人的社会存在，符合社会的人文哲理，所以，才能够一代一代地口传下来。

规则首先设定围棋是在一定空间(指棋盘)之内的竞技游

戏。所以，参加游戏的双方必须维护这一特定空间内各自所拥有的平等权利。这就是围棋区分胜负所制订的归本法，每方要维系棋盘的半数。这个最基本的原则成了中国规则和日本规则难以统一的所在。

最早的中国围棋竞赛规则诞生于1956年。这本规则是在中国传统口传规则的基础上，参照日本规则和体育竞赛的基本程序所制订的。至于黑方贴子、用时、封局等等都是参照日本规则，而比赛的一些程式则借鉴其他体育比赛模式。根据体育项目竞赛的模式，每年必须审定当年的竞赛规则。所以自1956年至1960年，每年都有新的围棋竞赛规则问世。尽管内容没有什么改变，审定当年的竞赛规则属于竞赛任务。由于三年自然灾害的原因，围棋的全国比赛不能每年举行，竞赛规则的修订也显得没有什么必要了。1964年全国比赛实行没有出版的内部规则。规则在收后问题上作了规定。为了向日本计目规则靠近，黑棋收后需多贴半子。1966年全国比赛，仍然实行内部规则，取消了黑棋收后的规定，回归到自然收后不作论处的原状态。黑棋贴子规定一直是$2\frac{1}{2}$子。1986年内部试行过一个围棋规则，贴子正式定为$2\frac{3}{4}$子，并首次允许行棋方可以采用自杀手段。1988年，在1986年内部试行规则的基础上，国家体委审定了使用至今的1988年围棋竞赛规则。

到了1988年，日本采用日本规则举办了“富士通杯”世界职业围棋锦标赛，台湾应昌期围棋教育基金会采用应氏围棋规则举办了“应氏杯”世界职业围棋锦标赛。围棋竞赛的升级使围棋竞赛规则逐步引起社会各方人士的真正关注。

围棋竞赛规则大体由基本规则、对局规则和竞赛规则三部分组成。1988年的规则之所以能够使用十几年，主要是世界范围内围棋的基本规则没有变，完全不影响围棋的竞赛。

新规则的变化

新规则(2002)在第一章总则第 2 条围棋下法中，将原规则的 4 款修订后增至 5 款；特别是限定悔棋的原第 3 款中，棋子下定后，不得向其他点移动。新规则将“不得”修改为“不再”。这一字之差从人为之意变为自然之意。总则第 6 条关于禁止全局同形的规定，原规则由于解释不清楚的原故，只列有标题而无正文。新规则在这里使用了武汉市政协陈祖源先生的研究成果，用“着子后不得使对方面临曾出现过的局面”，完全体现了限制同形出现的意境。

新规则在竞赛规定中修改较多。把职业比赛、业余比赛这十多年来曾经出现并须加以规范的问题，较好地融进了新规则的各项条款中。在第二章从第 10 条开始至第 16 条的这 7 条中，几乎每一条都作了较大的改动。特别是在第 12 条计时一款中，除原规则中的读秒延时外，增加了包干用时制、定时计步制等在比赛中已经使用过和其他棋种采用的一些合理用时制度。在用时紧张时，新规则允许着手弃权；在读秒延时制的比赛中，读秒超时允许着手弃权。包干制的比赛中，允许着手弃权并随之终止比赛，双方可争之点全部归属于对方，双方无法确定的地界，由裁判长负责勘定。

在棋手的职业道德和赛场纪律的第 15 条中，列了多达 8 款的内容。第 1 款要求参赛棋手一律不得有下假棋、搞君子协定等作弊行为。这是为了净化围棋竞赛环境，贯彻公平、公正、公开的基本原则。随着手机、呼机的普及，新规则明确要求棋手进入赛场必须关闭手机、呼机。第 8 款是限制棋手吸烟。原规则从来没有这个要求，传统认为下棋吸烟是理所当然。新规则规定，在要求禁烟的赛场里棋手不得在赛场内吸烟。在第 16 条棋手的权利和义务中，除保留了作为棋手必须履行的道德义务之外，增加了对于妨碍正常比赛的违规行为有提出意见、申诉的权利，并明确了具体的申诉时间。在第 7 款，增加了棋手有准时参加赛会规定的开、闭幕式和其他礼仪性、公益性、宣传性活动的义务。

新规则修改的重点在第三章裁判法则。该章的各条内容几乎全部焕然一新。裁判法则这一条，正是棋手参加比赛必须熟悉和正确掌握的。比如在第 17 条行棋的内容中，所列的 6 款中有 5 款如有违犯将会遭到裁判员的判罚。围棋比赛中，原本除特别严重的违规现象如连走两步才会被判负，一般违规只设有警告处罚，一局棋里两次警告才判该局负。所以，在比赛中指正对方违规而加以警告的几乎没有，而且在一局棋里两次警告更是没有发生过。新规则在这里作了最大胆的修订。第 24 条第 1 款规定，被判 1 次警告时，该局计算胜负时在原规定基础上，被警告方罚出一子。这就是说，被对手指正违规一次经裁判员认可后将被判罚一子。直接将警告与指正方收益挂钩，能促使比赛双方相互监督遵守规则，达到净化赛场风气之目的。新规则比起我国以前所有的规则，显然加大了对竞赛的管理力度，同时增加了围棋裁判员新的执法范围。对于棋手来说，学习新规则、掌握新规则、利用新规则，是新规则问世之后最急迫的一项任务。而对于围棋裁判员，更要逐条认真学习研讨，掌握在比赛中的执法角度，做到正确使用规则，敢于执法。

棋手如何对待罚则

任何一个体育项目，运动员不熟悉竞赛规则，是不能上场比赛的。唯独棋类项目有其特点，只要学会如何下子就敢于上赛场了。其实学会如何下子本身就含有规则成分，并不是不需要学习规则。

新规则处罚警告的范围比较广泛，重点是第 23 条赛场纪律。现今棋手最容易被警告的是第 23 条中的第 7 款，手机和呼机问题。这一款订的罚则最重，也是最不经意最容易违犯的地方。其次是吸烟的棋手，在禁烟的赛场内吸烟也将被判罚警告。在第三章行棋的第17条，还明确了悔棋的定义和处罚。总之，新规则对情节严重的违规有四处要求判负，对判罚警告的地方多达11处，所以棋手必须要熟悉规则才能确保自己不违规，才能正确地指正对方的违规行为而维护比赛的纯洁性。其实任何体育项目的竞赛，绝不单纯是自身技术的比赛，学习规则利用规则也是不可忽视的一项任务。

注：《围棋竞赛规则》(2002)已由成都时代出版社(原蜀蓉棋艺出版社)出版。

以人为本　追求卓越

——重庆建设摩托队主教练杨一访谈录

蒋涛

在经济实力决定一切的今天，重庆建设摩托队能够实现围甲三连霸不可谓不是一个奇迹，而且从第4届围甲联赛的走势来看，重庆队也离实现围甲四连霸越来越近(目前已达四连冠)。重庆队每年的赞助费用最多也只能算所有12支围甲队伍中的中游，但重庆队给人的感觉确实一年比一年红火。重庆队“雄起”的原因何在?重庆队有何独特的经营理念，带着种种的问题，记者采访了重庆队教练，有“重庆建设摩托队教父”称号的杨一。

独特经营之道

记者：在你的眼中，经营围甲中的“经营”做何理解?

杨一：所谓的经营，它不同于专业的经营领域内的“经营”。围棋的经营应该是全方位的，而不应该只是狭隘地理解。

记：重庆建设摩托队的经营与其他队伍有什么不同之处？

杨：这个说来话长了。首先重庆是一个新兴的工业城市，直辖以来只有5年，可以拿得出手的体育项目不是很多，这样重庆围棋的发展就是由特殊的市情决定的。虽然只有建设摩托一家给重庆队冠名，但实际上好多家企业都想着冠名重庆队，这说明了围棋已经成为重庆市的一张名片。

记：你怎样评价重庆建设摩托队的体制？

杨：重庆围棋的体制改革很早就开始了。吴玉林在《围棋天地》1997年5月号上就撰文说过：“重庆棋院在体制上早就走出了一条改革之路，为培养造就优秀的年轻棋手提供了充分的保障。”“大力争取政府支持，大力争取社会各界支持，大力宣传围棋，全面推进围棋社会化”应该是重庆建设队体制改革的方向。实践是检验真理的唯一标准，重庆队如今的好成绩就说明了重庆队的体制是适合其发展的。

记：有人认为重庆围棋队的体制不够灵活，你是否也这样认为？

杨：我可以做一个类比，日本的围棋运行机制要比中国灵活，但他们的每一项棋战都没有踢开日本棋院。他们的很多大赛可称为新闻棋战，由较大的新闻媒体与日本棋院合作。你说《读卖新闻》能从办比赛中直接赚钱吗？文化体育项目不是纯粹的买卖关系，社会责任感的增强、社会效应的提升才是从事围棋的主要回报。睦镇硕作为中国围甲第一个外援，是重庆队引进的，你还能说重庆队的体制不够灵活吗？

记：可否把社会影响力看作围甲经营的一种回报？

杨：这是实实在在的事实。睦镇硕虽只是一个韩国外援，但他现在在重庆市民中就享有很高的知名度。李章洙可以是重庆的“城市英雄”，睦镇硕也基本享有了“城市英雄”同样的名声。

强大的凝聚力

记：重庆队的模式很早就具备雏形，能介绍一下这方面的情况吗?

杨：重庆围棋的起步较早，这为后来的围甲队伍发展做了不少后备力量的工作。重庆围棋队是1992年建队的，当时在市委、市政府亲自指导和关怀下，重庆成为了全国除省之外的第一个有专业围棋队伍的单列市，古力这样的苗子就是在那时候被发掘出来的。1996年，重庆队又引进了刘菁、罗洗河参加全国团体赛，可以说围甲还没有个影子，重庆的引援工作就早做在了前头。

记：重庆队一直都不是围甲中综合实力最高的，但成绩却让其他队眼馋，这其中有什么秘诀?

杨：秘诀就在于营造一个团结向上的队内氛围。重庆队有个8字治队方针“以人为本，追求卓越”。这里我可以举两个例子：第1届围甲最后一场只有拼下江苏队，我们才能获得冠军。比赛前一天，古力、刘菁和朱松力三人都在医院打吊瓶，但到比赛上场时，他们仍带病拼下了对手。第3届围甲后半程对平煤队一场关键之战，刘菁咳嗽咳出了血，但他仍然坚持下完了比赛。直到现在，一些曾经是在重庆队待过的棋手在私下里向我表示，他们非常怀念重庆队的氛围。

记：在你的眼中，四届重庆队的阵容哪一届最强?

杨：应该是第2届围甲的阵容最为鼎盛，从战绩上的一骑绝尘就可以看得出来，最困难的是本届围甲，但这支队伍也是最团结的队伍，队内有着和谐的气氛，待遇上也为棋手着想，相信我们能克服重重困难。

客观认识围甲

记：对现在国内多家围甲队伍的情况，重庆队做何看法？

杨：没有哪家是在搞真正意义上的俱乐部，都是找企业冠名，而缺乏实际的经营。围棋首先不能像足球比赛一样卖门票，现在的浙江队靠卖围甲的主场赚钱，但这是由他们当地的经济条件决定的。浙江经济发达、乡镇企业发达，他们能够卖得出去。但中国东部的经营模式在中国大部分地区做不到。只有适合当地政治、经济、文化的模式才是好模式。

记：围甲与其他围棋赛事相比有何特点？

杨：这是一个以团队为单位的拉锯战，上场的四个人都必须保持相当的战斗力和战斗激情，才能在比赛中展现出强大的一面。每一轮围甲都是一个可能犯错的陷阱，只有少犯错误的人才能获得最后的冠军。

记：做了四年重庆队的教练，你在临场指挥时有哪些经验？

杨：我的指挥是保持一贯地冷静，客观地分析围甲的风云变幻。我的指挥风格与我为人的作风有些类似，不会盲目地乐观，和盲目地悲观。今年我们第一次失去了半程冠军，但我们的信心依然不减，只要全体队员有知耻而后勇的斗志就已经足够了。

政府支持必不可少

记：重庆队的好成绩有一个重要的因素——政府给予了大力支持，能否介绍一下这方面的情况？

杨：如果我们有什么困难，都可以找重庆市政府、市体育局帮助解决。每一次的围甲开幕式、庆功会，市里必定有市领导到场，没有哪一个围甲队伍能受到如此多市政府的重视。每次重庆队取得了成绩，市委市府都发来贺信，重庆围棋队的战绩还连续 4 年被写入政府工作报告，取得三连冠后，市府给重庆建设摩托队记集体一等功。国家人事部和国家体育总局还给我们联合授予了“全国体育先进集体”的称号，这是全中国所有非奥项目中第一支获此殊荣的队伍。

记：有人认为围棋发展要脱离政府，才能更好地走向市场，你怎么看这个问题?

杨：足球是中国所有体育项目中与市场结合得最好的，政府在土地、政策上给予了足球俱乐部很多支持。现在中国没有一家足球俱乐部在真正的赚钱，如果不是政府非要他们搞，他们早就退出了。既然政府支持能起到好的作用，为什么要脱离呢?韩国的一些比赛曾经在总理府下过，政府支持也是韩国围棋能够迅速发展的原因之一。由此可见，只有在全方位发展的基础上有了政府支持，地方围棋俱乐部才有发展的一方沃土。

记：你的这一体制思路是怎样形成的?

杨：1984 年，我参加了在武汉体育学院举办的全国体育管理进修班，当时那个班被戏称为“中国体育管理黄浦军校第一期”。在那次进修中，我和各省市选拔出的干部全面探讨了世界体育管理的各种体制。一种是集权制，一种是分散制，但最成功的应该是“结合制”。

内外环境有所不同

记：目前重庆建设摩托队的发展空间是否宽松?

杨：我在以前的采访中就已经谈过，有些队认为“重庆队在围甲连续得冠军，不利于全国围棋的发展。”持有这种观点的人完全不符合自由平等的时代精神，完全是小农经济式的平均主义。大连队在甲 A 中已经获得了 6 届冠军，眼看又要得第 7 届了，但为什么没有人站出来说大连足球不利于中国足球的发展?难道经济落后的地区就不会在个别项目上取得令人刮目相看的成绩?

记：建设集团能站出来赞助围棋，其围棋氛围应该相当浓厚了?

杨：建设集团的干部中有一半会下围棋，他们举行一个内部职工比赛，就有26个队报名参加，而且每个队有5个人，这是很多企业无法相比的。在重庆队与建设集团的赞助合同里，重庆队的棋手每年要到建设集团去下两次指导棋，所有的重庆队棋手也都享有“建设集团荣誉职工”的证书。建设集团把赞助重庆队看作是一种宣扬企业文化的手段。

围棋国际比赛参赛办法

编者按：最近，中国棋院院长陈祖德收到江西省鹰潭市人事局熊征才同志的一封信，信中写到：“我认为中国棋手成绩差的根本原因还是体制管理上存在问题，没有形成像韩国棋手那种不努力、不顽强拼搏就无立足之地的氛围和环境。举一个简单的例子：国际比赛参赛资格的确定就很有必要进行完善与修改。以往我们有一个不成文的规定，即参赛资格凭成绩、大腕、关系来确定，当然主要还是以成绩(国际国内)为主。当前，全国棋迷都有一个强烈要求：制定《国际比赛参赛办法》，向媒体公布，不能搞暗箱操作，不管是大腕棋手还是一般棋手都严格按《办法》执行。当前，各级行政机关都在实施政务公开，围棋界为什么不能呢?”

陈祖德院长十分重视这封来信，专门作了批示。棋协秘书长华以刚认为：“此信有代表性，恰好反映沟通之重要。

其实，中国围棋协会早在1998年7月9日就制订了《围棋国际比赛参赛办法》，并从1999年1月1日起执行至今。现对该《办法》予以公布，欢迎读者朋友发表意见。

为了维护棋手参加国际比赛的合法权益，使参赛名单的确定过程公平、公正、公开、减少乃至最终消除其中的人为因素，激励棋手尽力争取国内、国际大赛的好成绩，拟将国内比赛的成绩与国际大赛的参赛权挂钩，具体办法如下：

一、本办法中的国际比赛，目前是指：1. 富士通杯，2. 东洋证券杯，3. 三星杯，4. LG 杯，5. 宝海杯，6. 亚洲杯，7. 中日 NEC 杯对抗赛(包括成年、青年的男、女)。

二、本办法中的国内比赛，目前是指：1. 全国男子个人赛，2. 全国女子个人赛，3. 名人赛，4. 天元赛，5. 乐百氏杯，6. NEC 杯(成年、青年)，7. CCTV 杯(爱多杯)，8. 棋圣赛。

三、获以下成绩者，可取得国际比赛免选资格。

1. 获富士通杯、东洋证券杯、三星杯、LG 杯中任一项赛事冠军，可取得下一届以上四项赛事参赛资格(同一年度中尚未报名的另三项赛事即为下一届)。

2. 获得富士通杯、东洋证券杯、三星杯、LG 杯中任何一项赛事的亚军者，可取得下一届以上四项赛事的两项参赛资格。

3. 获得富士通杯第三名、东洋证券杯第三名(并列)、LG 杯第三名(并列)可取得下届该赛事参赛资格。

4. 获得宝海杯冠亚军者，可分别取得下两届、一届宝海杯的参赛资格。

5. 获得亚洲杯冠军和获得 CCTV 杯冠亚军者，可取得下一届亚洲杯的参赛资格。如遇亚洲杯冠军与 CCTV 杯的冠军或亚军为同一人时，则由第三名递补。

6. 获得 NEC 杯冠军(包括成年、青年)可取得下一届中日 NEC(成年、青年)对抗赛的参赛资格。

7. 全国女子个人赛，符合年龄、段位者中成绩最好的一位，可取得参加中日 NEC 女子对抗赛的资格。

8. 等级分全年平均排位第一名，可获得下一年度两项国际比赛的参赛资格。第二、第三名为一项。

四、获得以下成绩者，可奖励其参加国际比赛。

1. 获得富士通杯、东洋证券杯、三星杯、LG杯冠军者，将奖励该赛事下一届之后的连续三届参赛资格。

2. 获得富士通杯、东洋证券杯、三星杯、LG杯亚军者，将奖励该赛事下一届之后的连续二届参赛资格。

3. 获得富士通杯、东洋证券杯、三星杯、LG杯第三名者(前四名)，奖励该赛事下届后的一届参赛资格。

4. 获得三星杯第三名者，将奖励参加下一届三星杯的参赛资格。

5. 如遇连续获得奖励资格时：(1)奖励已兑现完毕时，再获得成绩重新计算。(2)奖励尚未兑现或已部分兑现时，又取得新成绩：A、新成绩低于老成绩，则不计算新成绩的奖励部分；B、新成绩高于老成绩，按新成绩计算奖励。原奖励中的尚未兑现部分，不累计计算。

6. 亚洲杯冠军的获得者，将奖励两次国际比赛的参赛资格(参加剩余名额较多的两项)。

7. 在中日天元、中韩天元、中日NEC(成年)对抗赛中获胜者，将各奖励一次国际比赛的参赛资格(参加剩余名额较多的赛事)。

五、免选和奖励之外的剩余参赛名额的确定。

1. 宝海杯的剩余参赛名额，以全国女子个人赛的名次依次递补。

2. 国际四大赛的剩余名额，由国内五大赛(名人、天元、乐百氏、全国男子、棋圣)中成绩优秀者依次递补，补满为止。国际比赛以报名的先后为序，国内比赛慢棋在前，快棋在后，再以抽签排顺序。

(1)设国际大赛为A、B、C、D，国内大赛为甲、乙、丙、丁、戊。

参赛程序为：

A　B　C　D

①甲1　乙1　丙1　丁1(数字表示名次)

②戊1　甲2　乙2　丙2

③名额已满　丁2　戊2

其余依此类推。

(2)如遇递补者已获免选或奖励资格时，由下一赛事的同名次者递补，而不由本赛事的后一名递补。

3. 如因名额所限，同名次者不能全部参赛时，按以下原则确定报名的先后顺序：

(1)取得同名次的次数多者在前。

(2)次数相同，慢棋在前，快棋在后。

(3)再无法区分时，以上一年度平均等级分的顺位确定先后。

六、国际大赛预选赛参赛资格的确定：

1. 国内大赛中同名次者(如名人赛第三、天元赛第三等)中，如有人获得了国际大赛的参赛资格，则未获参赛资格的同名次者，将优先获得参加预选赛的资格。

2. 预选赛剩余名额，在未获得该项赛事本赛参赛资格的棋手中，按上一年平均等级分顺位，依次递补。

3. 为使更多的棋手有参加国际大赛的机会，根据目前情况，原则上每位棋手每年只能参加一次预选赛(因为国内大赛名次而优先获得预选赛资格的除外)。

本条款于1999年1月1日开始生效，主办单位特邀的棋手，不受本条款的约束。今后每年将在两个国际竞赛年度之间，根据国际、国内赛事的增减，还根据我国棋手在国际大赛中的成绩优劣的变化，在大原则不变的前提下，由协会指定的班子，对具体条款作出必要的变动和修改。

中国围棋协会。
1998年7月9日

人名录

中国围棋协会领导成员

名誉顾问：钱伟长　张劲夫
顾　　问：王　军　王国平　张成义等
主　　席：陈祖德
副 主 席：王汝南　陈丹淮　林建超　李元伟　田兆荣
　　　　　华以刚　罗建文　聂卫平　崔亚东　朱小丹
　　　　　尹明善　辛维光　黄进先　蒋　进　龚锦华
特邀副主席：王　铭　季桂明　周时华　桐山靖雄
　　　　　　蔡绪锋　陶建幸　包　涵
秘 书 长：华以刚
司　　库：武　力
副秘书长：武　力　王　谊　刘小光
技术委员会主任：罗建文
技术委员会副主任：邱　鑫　黄德勋
裁判委员会主任：华以刚
裁判委员会副主任：朱宝训　吴玉林
新闻委员会主任：刘小光
新闻委员会副主任：曹　勇　李晴扬　陈　昭
女子委员会主任：陈祖德
女子委员会副主任：黄进先　陈慧芳
专项基金委员会主任：武　力
专项基金委员会副主任：张卫庆　马　林
青少年工作委员会主任：王汝南
青少年工作委员会副主任：吴玉林　董银奎

中国国家段位棋手简历

九段：

陈祖德 上海人，1944年2月19日生。国家体育总局棋类运动管理中心主任、中国棋院院长(2003年6月辞去职务，被任命为中国棋院顾问)。中国围棋协会主席兼女子委员会主任、《中国围棋年鉴》编委会主任、中国国际象棋协会主席、我国建国以来杰出教练员。曾获“茅盾文学奖”及日本“大仓喜七郎奖”。1999年被评为“新中国棋坛十大杰出人物”。获1964年、1966年、1974年全国个人赛冠军。获2002年中日元老围棋对抗赛优胜。在中日围棋比赛中，是我国第一位战胜日本九段的棋手。进入第4届名人战循环圈、第14届新体育杯循环圈、第2届“大国手”赛4强。获1997年“海天杯”元老赛冠军，进入1997年“CCTV杯”赛前4名。获1999年电信通讯杯快棋赛冠军。1982年被授予九段。“中国流”布局的创始人。

聂卫平 河北深县人，1952年8月17日生。中国围棋协会副主席，1999年被聘为中国棋院技术顾问，我国建国以来杰出教练员。10岁学棋。获6次全国个人赛冠军，8次“新体育杯”冠军，第2届“棋王”，第5届、第6届“天元”，首届“国手战”冠军，6次全国“十强赛”冠军，首届“应氏杯”赛亚军，1990年“富士通杯”亚军。第5届中日围棋天元战优胜。进入第4届、第5届东洋证券杯4强、第6届亚军。获《新民围棋》特别棋战——聂马七番棋优胜(4比3胜马晓春九段)。获第9届天元战挑战权，1995年宝胜电缆杯冠军。获1987年、1989年、1993年、1997年“CCTV杯”赛冠军，1998年海天杯元老赛冠军。1982年被授予九段，1988年被中国围棋协会授予围棋“棋圣”称号。1999年被评为“新中国棋坛十大杰出人物”。

马晓春 浙江嵊县人，1964年8月26日生。9岁学棋，10岁进体校，12岁进集训队。获第6届东洋证券杯赛冠军，第8届富士通杯赛冠军。获第5届、第7届中日围棋名人战优胜，第7届、第8届、第9届中日天元战优胜，第2届霸王战“霸王”，第2届“友情杯”赛冠军，5次全国个人赛冠军，2次“新体育杯”赛冠军，2次“国手战”冠军，第1、8、9、10届“天元”，13次中国名人战“名人”，2次全国“十强赛”冠军，获1991年、1992年、1994年、1995年、2002年“CCTV杯”冠军，第3届、第5届、第6届“棋王”，第1届、第2届“大国手赛”冠军。获第7届东洋证券杯亚军，第9届、第12届富士通杯亚军，第10届第3名。获第2届中国男女双人赛冠军，进入第2届、第6届世界公开赛4强。获第3届世界公开赛亚军，第3届世界棋王赛亚军，获第10届亚洲杯赛亚军，第3届乐百氏杯赛挑战权，第1届阿含·桐山杯围棋赛冠军，获第2届春兰杯世界围棋赛亚军。进入第4届、第5届世界棋王赛8强，第4届应氏杯8强。获2001年中国贵阳国际围棋文化节三国冠军争霸赛冠军，2001年“微软杯”邀请赛冠军。1982年定为七段，1983年升为九段。1999年被评为“新中国棋坛十大杰出人物”。

曹大元 上海人，1962年1月26日生。11岁学棋，13岁进体校，17岁进集训队。进入2002年第7届世界围棋公开赛8强。获1994年全国个人赛冠军，1995年第3名、1999年第6名。获1次“新体育杯”赛冠军，3次第2名。获1次“国手战”亚军，首届天元赛第2名，1990年“新体育杯”挑战权，1991年“亚洲杯”亚军，获第6届名人战挑战权，第5届棋王赛挑战权，第7届天元战本赛决赛权。获首届“霸王战”冠军，第1届NEC杯冠军，第1届五牛杯王位赛亚军，进入第

8届名人战循环圈，第8届富士通杯8强，第8届“十强战”亚军。获1996年、1998年“CCTV”冠军，第6届“宝胜电缆杯”冠军，1996年“邮政储蓄杯”冠军，第2届棋圣赛九段组冠军。1982年定为六段，1986年升为九段。

刘小光 山东郓城人，1960年3月20日生。13岁学棋，14岁进集训队。中国棋院围棋部副主任，中国围棋协会副秘书长，新闻委员会主任。获第1届友情杯冠军，第8届、第9届名人战挑战权。获2次全国个人赛冠军，1986年“国手战”冠军，首届中国名人战“名人”，4次“天元”，第10届、第13届“天元挑战权，获第5届富士通杯赛第3名，第3届棋王赛第2名，首届中国王位赛冠军。获第6届中日天元战优胜，“安舒宝杯”快棋赛冠军，第7届“十强赛”第3名。获首届中国男女双人赛冠军，1997年“交通杯”国手邀请赛冠军。获第11届名人战挑战权，第8届宝胜电缆杯赛冠军。进入第3届世界公开赛8强、第12届名人战循环圈、第13届富士通杯赛8强。获2000年“南方证券杯”中国元老赛冠军，2001年“华山杯”优胜(2比1胜马晓春)。1982年定为六段，1985年升为八段，1988年被中国围棋协会授予九段。

俞　斌 浙江人，1967年4月16日生。7岁学棋，11岁进体校，12岁进集训队。获第4届“LG杯”世界棋王赛冠军，第4届阿含·桐山杯冠军，第1届华润杯超霸赛冠军，第7届、第8届棋王赛冠军。获5次全国围棋个人赛亚军，第9届“新体育杯”冠军，首届“名人战”第2名，第3届挑战者，第11届进入循环圈，第15届进入本赛决赛。进入第1届世界王座战4强，首届“棋王赛”决赛，第2届“五牛杯”全国精英赛冠军，进入第14届新体育杯循环圈，首届“大国手赛”4强。获首届“霸王战”亚军。进入第8届、第11届、第14届富士通杯8强，第1届友情杯循环圈，获1996年“大国杯”名人邀请赛冠军。获第9届“亚洲杯”赛冠军。获1998年双轮杯赛冠军，第3届男女双人赛冠军，进入第3届世界棋王赛4强，第3届春兰杯世界围棋赛8强，第9届东洋证券杯4强，第4届应氏杯4强，第5届乐百氏杯赛亚军，2000年全国甲A联赛团体冠军队员。1982年定为三段，1991年升为九段。

陈临新 浙江人，1963人年3月生。10岁学棋，11岁进体校，13岁进集训队，获1983年全国个人赛第6名，1986年、1988年第3名，1992年第5名。获2次“国手战”冠军，第5届亚军，获1993年“宝胜电缆杯”冠军，第7届“十强赛”第4名，进入1993年“CCTV杯”前4名。获第13届新体育杯赛冠军，进入第5届名人战循环圈。1982年定为四段，1993年升为九段。

张文东 北京人，1969年5月5日生。6岁学棋，8岁进体校，13岁进集训队。获1993年全国个人赛冠军，1990年、1992年、1995年、2002年第5名、第2名、第4名、第6名，1990年、1991年、1992年全国十强赛第4名、第2名，1989年“健力宝”杯赛冠军，进入第9届、第13届“新体育杯”循环圈。获第5届名人战挑战权，第6届本赛第3名，第3届中国棋王赛第3名。获第6届棋王赛挑战权。获第1届“五牛杯”王位赛冠军。进入第8届名人战循环圈，第5届乐百氏杯8强。1982年定为初段，1993年升为九段。

邵震中 江苏人，1958年10月生。1974年进集训队。获3次全国个人赛亚军，1986年“新体育杯”本赛第2名，1983年“国手战”冠军，进入第4届中国棋王赛前4名。获第5届宝胜电缆杯赛亚军。1982年定为六段，1995年升为九段。现任江苏棋院院长。

廖桂永 广东人，1962年12月29日生。11岁学棋，12岁进体校，17岁进集训队。获1984年全国个人赛第6名，

1986年、1989年第4名。进入第5届棋王赛前4名，第8届天元战4强，第2届友情杯循环圈。1982年定为四段，1995年升为九段。

汪见虹 河南人，1963年9月12日生。11岁学棋，13岁进体校，14岁进集训队。获1989年全国个人赛冠军，1986年、1988年、1994年、1995年第5名、第6名、第5名、第6名。获第5届全国十强赛第6名，进入第13届新体育杯循环圈，第6届天元赛前8名，首届“大国手赛”前4名，获第8届天元战本赛亚军。进入第1届友情杯循环圈，第8届棋王赛4强。1982年定为四段，1996年升为九段。

吴肇毅 广东人，1965年4月22日生，11岁学棋，13岁进体校，15岁进集训队。获1987年“新秀菊花杯”冠军，1989年“牟铜杯”邀请赛冠军，第4届棋王赛本赛亚军。进入第4届、第6届名人战循环圈，第2届“大国手”赛本赛决赛，获1994年、1995年全国个人赛第5名。获第3届“永大杯”冠军，1995年全国国手邀请赛冠军、第7届宝胜电缆杯冠军。进入第15届天元战8强。1982年定为三段，1996年升为九段。

郑　弘 四川成都人，1968年2月19日生。8岁学棋，11岁进体校，16岁进集训队。获1990年、1998年全国个人赛第3名，1988年首届“棋王赛”第5名，进入第6届中国围棋天元赛前8名，第7届本赛前4名，1993年“CCTV杯”赛前4名，进入第7届、第8届、第9届名人战循环圈。获第1届NEC杯赛亚军。1984年定为初段，1996年升为九段。

丰　云(女) 辽宁人，1966年10月2日生。9岁学棋，12岁进体校，13岁进集训队。获1983年全国个人赛女子冠军，1990年、1991年亚军，1993年第3名。获第1届、第2届、第3届“宝海杯”世界女子职业赛亚军、冠军、亚军，第3届“中环杯”赛亚军。获1998年“库尔勒杯”冠军，第3届男女双人赛冠军。1982年定为四段，1997年升为九段。

宋雪林 四川成都人，1962年3月8日生。12岁学棋，13岁进体校，17岁进省集训队后进国家队。获1985年、1987年全国个人赛第6、第5名，1980年、1981年、1986年“新体育杯”第2、第6、第4名，1987年、1988年、1989年第4、第5、第6名。获1982年、1984年、1986年“国手战”第4、第6、第2名。1982年定为四段，1998年升为九段。现任四川五牛围棋俱乐部总教练。

邵炜刚 上海人，1973年2月21日生。8岁学棋，11岁进集训队。获1992年全国个人赛冠军，1997年、2000年亚军，第6届、第7届十强战第4名、第9名，进入第14届新体育杯赛循环圈。获1989年“海峡杯”全国邀请赛冠军。进入第6届“富士通杯”前8名，第5届棋王赛本赛第2名，获1994年“霜花杯”全国青少年赛亚军。获第2届“新人王”赛冠军，进入1995年CCTV杯半决赛，第1届友情杯循环圈。获第2届、第5届NEC杯赛冠军，第3届友情杯赛冠军，进入第3届世界棋王赛4强，进入第5届乐百氏杯赛4强。获第13届名人战挑战权。1986年定为初段，1998年升为九段。现任国家围棋队队长。

梁伟棠 广东人，1963年10月2日生。10岁学棋，12岁进体校，16岁进集训队。获1986年、1987年、1989年全国个人赛第6、第2、第6名，第2届“五牛杯”全国精英赛第3名。进入1990年名人战循环圈。获第3届棋王赛第5名，第4届挑战权。进入第14届新体育杯循环圈。获首届“新人王”赛冠军，1995年全国国手邀请赛亚军。进入第2届友情杯循环圈。1982年定为四段，1999年升为九段。

常　昊 上海人，1976年11月7日生。6岁学棋，8岁进上海棋队，10岁被选入国家少年集训队。获第1届王中王围棋赛冠军，2002年第1届世界王座战亚军，2002年中韩超霸赛优胜，2002年“仙女湖杯”冠军。获第1、第3届全国棋童杯赛冠军，第1、第2届全国神童杯赛冠军，第5届世界青少年赛冠军，第12届世界业余赛冠军，第2届“大国手”赛挑战权，第10届世界青少年赛“超级青年组”冠军，1995年全国个人赛冠军，第3届“新人王”冠军，第11届、第12届、第13届、第14届、第15届天元战“天元”，第3届、第7届“NEC杯”冠军，第10届、第11届、第12届、第14届中日天元战优胜，第5届中韩天元战优胜。进入第2届世界围棋公开赛8强，第6届获亚军，进入第10届“富士通杯”8强。获第1届至第5届乐百氏杯赛冠军，达成五连霸，首届棋圣赛“棋圣”，第11届、第13届富士通杯亚军，第12届、第14届名人战挑战权，1999年“CCTV杯”冠军。进入第2届春兰杯世界围棋赛8强，第4届世界棋王赛8强。获第4届应氏杯赛亚军，第4届、第6届日立杯混双赛冠军。1986年定为初段，1999年升为九段。1999年被评为“新中国棋坛十大杰出人物”。

周鹤洋　河南洛阳人，1976年6月18日生。8岁学棋，11岁进国家少年集训队。获第15届名人战“名人”，2002年全国体育大会围棋赛亚军，第2届华山杯赛冠军，第2届棋圣赛“棋圣”，第2届阿含·桐山杯冠军，获1992年“霜花杯”全国青少年赛冠军，1996年、1999年全国个人赛冠军，2001年亚军，1992年、1993第3名，第15届天元战本赛亚军，第5届日立杯混双赛冠军，2001年围棋新锐洛阳争霸赛冠军。进入第2届大国手赛4强，首届霸王战8强。获第10届富士通杯赛第4名，第12届中日新秀对抗赛优胜，第4届NEC杯冠军，第14届中日NEC杯对抗赛优胜。进入第2届、第3届春兰杯世界围棋赛8强，第5届乐百氏杯本赛决赛，第5届世界棋王赛4强，第 6 届、第 7 届 8 强，第 13 届富士通杯 8 强，第 5 届世界公开赛 8 强。2000 年、2001 年全国甲 A 联赛团体冠军队员。1988 年定为初段，2001 年升为九段。

罗洗河 湖南衡阳人，1977 年 11 月 23 日生。6 岁学棋，10 岁进国家少年集训队。获第 4 届春兰杯世界围棋赛第 3 名，2000 年全国个人赛冠军，1997 年第 5 名，2001 年第 3 名，第 6 届 NEC 杯赛冠军，第 7 届名人战挑战权，1994 年“新秀杯”赛冠军。进入 1994 年“CCTV 杯”4 强，2000 年亚军。获第 5 届霜花杯全国青少年赛冠军。进入第 10 届天元战 4 强，第 6 届世界棋王赛 8 强，第 7 届世界公开赛 8 强。获第 10 届名人战挑战权，首届棋圣赛六段组冠军。1999 年全国甲 A 联赛团体冠军队员。1989 年定为初段，2002 年升为九段。

八段：

王汝南 安徽人，1946 年 9 月生。14 岁学棋并进体校、安徽省集训队。2003 年 6 月被任命为国家体育总局棋类运动管理中心主任、中国棋院院长。中国围棋协会副主席兼青少年工作委员会主任、《中国围棋年鉴》编委会副主任。中国象棋协会主席。获 1964 年全国个人赛第 5 名，1966 年、1973 年第 4 名，获 1975 年、1979 年全运会个人赛亚军，第 3 名，第 1 届“新体育杯”赛第 4 名，进入第 5 届名人战前 8 名。1982 年被授予八段。

华以刚 上海人，1949 年 4 月 3 日生。11 岁学棋，14 岁进体校，16 岁进国家队。中国围棋协会副主席、秘书长兼裁判委员会主任、中国棋院围棋部主任、中国围棋队领队、《中国围棋年鉴》编委会副主任。获 1979 年全运会个人赛亚军，1978 年、1980 年、1981 年、1982 年、1984 年全国个人赛第 3、第 6、第 5、第 3、第 4 名，第 4 届“新体育杯”赛第 5 名，第 3

届、第7届“国手战”第6名、第4名，获首届中国“元老杯”围棋赛冠军，1996年“超越杯”元老围棋赛冠军。进入第13届新体育杯循环圈。1982年被授予八段。

王　群　江苏人，1957年5月3日生。1973年进集训队。获1978年、1990年全国个人赛第6名，1980年、1981年“新体育杯”第6、第5名，1986年、1987年“国手战”第4、第6名、第1、2、3、5届全国“十强赛”第4、第6、第8名，进入第5届名人战循环圈。获第3届中国棋圣赛八段组冠军。1982年定为五段，1986年升为八段。

方天丰　山西人，1962年7月28日生。11岁学棋，12岁进体校，14岁进集训队。获1985年全国个人赛冠军，1986年“翔远杯”快棋赛冠军。进入第6届棋王赛4强。1982年定为四段，1989年升为八段。

杨　晖（女）　上海人，1963年5月12日生。10岁学棋，12岁进体校，15岁进集训队。获7次全国个人赛女子冠军，1997年第4名、1999年第3名，2000年第1届全国体育大会围棋比赛女子冠军，2002年第2届第5名，1983年“新体育杯”第3名，1987年“国手战”第5名，首届中国“王位战”亚军，2001年浪潮杯女子名人战亚军。1982年定为五段，1991年升为八段。

王冠军　河南人，1963年4月生。11岁学棋，13岁进体校，14岁进集训队。获第2届全国围棋名手赛冠军。进入第4届棋王赛前4名。1982年定为四段，1993年升为八段。

王　元　四川成都人，1960年4月27日生。14岁学棋，16岁进体校，19岁进集训队。《中国围棋年鉴》编委。获第2届江铃杯名人赛冠军。第2届“五牛杯”全国赛第2名，第6届天元赛本赛第2名，第3届棋王赛第3名。1982年定为四段，1995年升为八段。现任《围棋天地》副主编。

张　璇(女)　福建人，1968 年 6 月 22 日生。8 岁学棋，10 岁进体校，12 岁进集训队。获 2002 年第 1 届正官庄杯世界女子围棋赛亚军，1990 年全国个人赛女子冠军，1996 年第 4 名，1997 年、1998 年第 2 名，1986 年“国手战”第 7 名，1986 年“海峡杯”女子冠军，1989 年“五牛杯”赛冠军。1987 年、1988 年进入“新体育杯”循环圈。获第 5 届宝海杯世界女子赛冠军，2000 年全国体育大会围棋赛女子第 3 名，进入第 2 届兴仓杯世界女子赛 4 强，东航杯世界女子赛 8 强。获第 4 届、第 6 届日立杯混双赛冠军，2001 年浪潮杯女子名人战冠军。1982 年定为四段，1997 年升为八段。

杨士海　浙江人，1971 年 1 月 14 日生。获 1988 年“新秀杯”冠军，1985 年全国少年赛第 3 名，1994 年“霜花杯”全国青少年赛冠军，1996 年全国个人赛第 4 名，第 2 届乐百氏杯挑战权，首届棋圣赛八段组冠军。1986 年定为初段，1997 年升为八段。现效力于香港队。

刘　菁　贵州人，1975 年 4 月 23 日生。8 岁学棋，12 岁进国家少年集训队。获第 3 届阿含·桐山杯冠军，1989 年全国少年赛冠军，1992 年全国个人赛第 8 名，第 3 届“霜花杯”全国青少年赛第 2 名，进入 2002 年第 1 届王中王赛 4 强，1991 年新体育杯赛循环圈，第 6 届棋王赛本赛亚军。获 1999 年“CCTV 杯”亚军，2001 年进入 4 强。进入第 9 届名人战循环圈、第 10 届本赛决赛，第 14 届 4 强，第 8 届棋王赛 4 强。1999 年、2000 年、2001 年全国甲 A 联赛团体冠军队员。1986 年定为初段，1998 年升为八段。

王　磊　黑龙江人，1977 年 12 月 26 日生。9 岁学棋，同年底进省棋院，1989 年底进国家少年围棋队。获第 8 届 NEC 杯冠军，第 7 届世界公开赛亚军，2002 年体育大会围棋赛第 3 名，2002 年全国甲 A 联赛胜率第一。进入第 16 届天元战本赛决赛，第 1 届世界王座战 4 强。获 1991 年世界青少年赛青年组冠军，1993 年棋王赛第 4 名，1993 年、1996 年、1997 年、1999 年全国个人赛第 5 名、第 3 名、第 4 名、第 3 名，1994 年、1995 年新人王赛亚军，1996 年“CCTV 杯”赛亚军，2001 年进入 4 强。进入第 9 届、11 届、12 届名人战循环圈，进入第 5 届乐百氏杯赛 4 强。获 1997 年新老对抗赛优胜，进入第 8 届东洋证券杯赛 8 强，第 4 届世界围棋公开赛 8 强，第 4 届世界棋王赛 8 强，第 3 届春兰杯世界围棋赛第 4 名，第 12 届天元战挑战权，第 15 届进入 4 强，第 2 届棋圣赛八段组冠军。1989 年定为初段，1999 年升为八段。

丁　伟　云南人，1979 年 5 月 16 日生。6 岁学棋，7 岁进省队，11 岁进国家少年围棋队。获 2000 年“CCTV 杯”冠军，1995 年“中环杯”冠军，1997 年全国个人赛冠军、1999 年亚军、2001 年第 4 名，第 2 届棋圣赛七段组冠军，第 15 届天元战挑战权。1992 年定为初段，2001 年升为八段。

七段：

罗建文　福建人，1943 年 5 月 18 日生。中国围棋协会副主席兼技术委员会主任，中国棋院围棋部副主任（2003 年 6 月退休），《中国围棋年鉴》编委。13 岁学棋，14 岁进集训队。获 1964 年、1966 年、1974 年全国个人赛第 6、第 3、第 5 名和 1975 年全运会个人赛第 5 名，1992 年百乐杯元老赛冠军。1982 年被授予七段。

黄德勋　四川成都人，1950 年 2 月 17 日生。中国围棋协会技术委员会副主任。13 岁学棋并进体校，16 岁进国家集训队。获 1974 年、1977 年、1983 年全国个人赛第 6、第 4、第 5 名，第 1 届、第 2 届“国手战”第 2、第 5 名。1982 年被授予七段。现任成都棋院副院长。

谭炎午　湖北人，1951 年 7 月 31 日生。12 岁学棋，27 岁进集训队。获 1977 年、1991 年全国个人赛第 6 名、第 4 名，1984 年“新体育杯”第 4 名，1981 年、1982 年“国手战”第 4 名、第 6 名。1982 年定为五段，1996 年升为七段。现任北京棋院副院长。

王剑坤　天津人，1963 年 5 月生。10 岁学棋并进体校，13 岁进集训队。获 1985 年全国个人赛第 5 名，1989 年“吕沟乌金杯”全国青年赛冠军。进入第 6 届名人战循环圈。1982 年定为四段，1986 年升为七段。

陈明川　四川人，1965 年 5 月 21 日生。9 岁学棋，12 岁进体校，13 岁进云南省集训队，15 岁国家队。获 1986 年“新体育杯”赛第 8 名。1982 年定为四段，1986 年升为七段。1990 年毕业于云南大学经济系，后留学日本。现在云南大学人文学院任职。

金渭斌　上海人，1962 年 11 月 27 日生。12 岁学棋，16 岁进江苏集训队。获 1989 年“湖塘杯”赛第 3 名，1989 年“牟铜杯”邀请赛第 4 名。1982 年定为四段，1987 年升为七段。

阮云生　湖北武汉人，1955 年 6 月 16 日生。9 岁学棋，24 岁进集训队。获 1991 年、1993 年全国个人赛第 3 名、第 4 名。进入 1990 年、1994 年名人战循环圈，首届霸王战 8 强，第 2 届友情杯循环圈。1982 年定为四段，1988 年升为七段。现任湖北围棋队主教练。

王洪军　河南人，1965 年 6 月 3 日生。11 岁学棋，12 岁进体校，14 岁进集训队。获 1987 年全国个人赛第 6 名，进入 1990 年名人战循环圈。1982 年定为四段，1988 年升为七段。现任广西围棋队教练。

阎　安　湖北武汉人，1962 年 6 月生。11 岁学棋，16 岁进集训队。获 1985 年“新秀杯”第 3 名。1982 年定为四段，1989

年升为七段。现任湖北围棋会馆馆长。

车泽武 安徽人，1963 年 6 月 18 日生。12 岁学棋并进体校，15 岁进省集训队后进国家队。进入第 4 届名人战循环圈，在第 5 届富士通杯赛中战胜韩国李昌镐和日本小林光一，进入四分之一决赛，被选入第 6 届中国围棋“十强”。进入第 1 届友情杯循环圈。1982 年定为四段，1989 年升为七段。

倪林强 浙江人，1965 年 10 月 19 日生。16 岁进上海集训队。获第 7 届新体育杯赛第 5 名，第 2 届“新秀杯”冠军，1988 年“振动杯”冠军。1982 年定为四段，1990 年升为七段。

王海钧 河南人，1965 年 1 月 9 日生。10 岁学棋，12 岁进体校，14 岁进集训队。获首届“迎春杯”围棋赛冠军。1982 年定为四段。1990 年升为七段。现任《围棋报》副社长。

马　石 辽宁人，1966 年 7 月 25 日生。7 岁学棋，13 岁进体校，14 岁进河南省集训队。获 1992 年全国个人赛第 4 名，第 2 届全国青少年赛亚军，进入第 5 届名人战前 8 名。1982 年定为四段，1991 年升为七段。

王亦民 浙江人，1969 年 3 月生。7 岁学棋，12 岁进集训队。获 1987 年“龙城杯”冠军。进入首届“霸王战”8 强。1984 年定为初段，1992 年升为七段。

李亚春 河南郑州人，1961 年 12 月 1 日生。13 岁学棋，15 岁进体校，16 岁进集训队。1982 年定为四段，1993 年升为七段。现任天津围棋队教练。

华学明(女) 浙江人，1962 年 11 月 17 日生。11 岁学棋，16 岁进上海集训队。获 2002 年第 2 届“蜻蜓文具杯”女子赛冠军，2002 年全国体育大会女子赛亚军，1993 年、1995 年全国个人赛女子冠军，1989 年、1992 年、1996 年、2001 年亚军，1997 年第 3 名，1999 年第 2 名，2000 年第 6 名，2002 年第 5 名。获 1985 年“新秀杯”冠军、1987 年第 5 名。进入 1987 年“新体育杯”赛循环圈。获1996年首届中国男女双人赛冠军。进入第1届兴仓杯世界女子围棋赛4强，2002第1届正官庄杯世界女子赛4强。1982年定为四段，1993年升为七段。现任中国少年围棋队教练。

方　捷　浙江宁海人，1970年7月14日生。7岁学棋，10岁进体校，15岁进上海集训队。获1989年“吕沟乌金杯”全国青年赛冠军，进入第7届名人战循环圈，第2届友情杯循环圈。获首届棋圣赛七段组冠军。1986年定为初段，1996年升为七段。

段　嵘　云南昆明人，1972年9月29日生。8岁学棋，10岁进体校，14岁进集训队。获1986年全国少年赛冠军，1987年“新秀杯”赛第4名，1988年“北染杯”全国少年精英赛第2名。进入第8届名人战循环圈，2002年第7届世界公开赛本赛。1985年定为初段，2000年升为七段。

王煜辉　1976年6月14日生。10岁学棋。获2002年成都龙泉杯8强赛冠军，进入2002年第7届世界公开赛4强。获第2届、第3届“新人王”赛亚军，“牡丹卡杯”全国名手赛冠军，1998年“永大杯”冠军，进入第11届、第12届名人战循环圈。获第3届中国棋圣赛七段组冠军。1990年定为初段，2000年升为七段。

董　彦　陕西西安人，1977年8月8日生。6岁学棋，11岁进集训队，13岁进国家少年集训队。获1989年“棋童杯”冠军，1990年全国少年赛亚军，1997年、1998年全国个人赛第3名、第4名，第2届、第4届“新秀杯”冠军。进入第2届棋圣赛最高棋士决定战并获六段组冠军。获第14届天元战挑战权，第15届进入8强，第16届进入4强。获2001年中日新秀对抗赛优胜。1990年定为初段，2000年升为七段。

胡耀宇　上海人，1982年1月18日生。6岁学棋，12岁进国家少年队。获2001年CCTV杯冠军，第13届世界青少年围棋赛青年组冠军，1998年、2002年全国个人赛第5名，第6届新人王战冠军，第4届乐百氏杯赛挑战权，第5届进入8强。获2002年全国体育大会第4名，进入2002年第7届世界公开赛4强，在第4届农心杯擂台赛中五连胜。1993定为初段，2002年升为七段。

林朝华 广东人，1977年1月24日生。10岁学棋，12岁进集训队。1992年定为初段，2002年升为七段。

孔　杰 北京人，1982年11月25日生。1994年进北京围棋队，同年进国家集训队，获2000年全国体育大会围棋赛冠军，2001年全国个人赛冠军，1998年第5名，第2届棋圣赛五段组冠军，第2届理光杯邀请赛亚军，第3届冠军。获第2届春兰杯世界围棋赛第3名，第3届进入8强。进入第7届棋王赛本赛决赛，第8届获挑战权，2000年"CCTV杯"4强，第15届富士通杯8强，第15届天元战8强，1994年定为初段，2002年升为七段。

古　力 重庆人，1983年2月3日生，6岁学棋，12岁进国家少年队。获第8届新人王赛冠军，2002年全国体育大会围棋赛冠军，2000年第5名。获第1届雷诺杯霸王赛亚军，2002年全国个人赛第4名，1999年"圣雪绒杯"围棋赛亚军，第8届棋王赛本赛亚军，第2届理光杯国手邀请赛冠军，第4届中韩新人王对抗赛优胜，重庆建设空调杯冠军。进入第1届阿含·桐山杯赛4强，1998年、1999年、2000年"CCTV杯"8强，第14届名人战4强，第7届NEC杯4强。获1994年世界青少年围棋赛少年组冠军。1993年至1998年两次获全国少年冠军，三次获亚军。1995年荣获"全国十佳少年"称号。1999年、2000年、2001年、2002年甲A联赛团体冠军队员。(2003年3月获第17届天元战"天元"，第2届"西南王"赛冠冠军）。1995年定为初段，2000年升为五段，2002年根据突出成绩，从五段直接升为七段。

六段：

黄进先 广西人，1943年8月20日生。10岁学棋，20岁进集训队。中国围棋协会副主席兼女子委员会副主任、《中国围棋年鉴》编委。获第3届全运会个人赛第8名。1982年定为五段，1983年升为六段。现任河南省棋队总教练。

黄良玉 福建人，1944年10月生。15岁学棋，17岁进集训队。获1965年全国个人赛第5名。1982年定为六段。现任山西省围棋队教练。

程晓流 福建人，1949年1月26日生。13岁学棋并进体校，27岁进集训队。获1977年、1981年全国个人赛第5名、第3名，第4届“新体育杯”挑战权，首届名人战第4名。1982年定为六段。现任《围棋天地》高级编辑。

陈志刚 广东人，1950年12月24日生。12岁学棋，15岁进体校，23进集训队。《中国围棋年鉴》编委。获1977年全国个人赛第3名，1973年郑州十省市邀请赛亚军。1982年定为六段。现任广东省棋队领队、围棋队主教练。

李　钢 山东人，1954年1月生。8岁学棋，11岁进体校，20岁进江苏省集训队。《中国围棋年鉴》编委。1982年定为四段，1986年升为六段。现任江苏省围棋队教练。

陆　军 湖南长沙人，1956年3月21日生。9岁学棋，23岁进云南集训队。获1992年“建行杯”全国邀请赛冠军。1982年定为四段，1986年升为六段。现任云南省围棋队教练。

曾炳权 广东人，1962年1月5日生。11岁学棋，12岁进体校，16岁进集训队。1982年定为四段，1986年升为六段。

吴玉林 北京人，1946年8月9日生。15岁学棋并进体校，18 岁进集训队。中国围棋协会裁判委员会副主任、青少年工作委员会副主任。获第 1 届“海峡杯”冠军。1982 年定为四段，1988 年升为六段。现任中国少年围棋队主教练。

陈安齐　四川成都人，1948 年 9 月生。12 岁学棋，14 岁进体校，16 岁进集训队。1982 年定为五段，1988 升为六段。现任四川五牛围棋俱乐部教练。

雷贞倜　四川成都人，1953 年 9 月 5 日生。11 岁学棋，12 岁进体校，20 岁进集训队。1982 年定为四段，1989 年升为六段。现任四川五牛围棋俱乐部教练。

黄希文　黑龙江人，1963 年 4 月 20 日生。10 岁学棋，14 岁进集训队。1982 年定为四段，1990 年升为六段。现任北京天鑫棋牌活动馆馆长。

李豫川　河南洛阳人，1970 年 6 月 5 日生。6 岁学棋，9 岁进体校，14 岁进省围棋队，19 岁进国家围棋队。获 1991 年海峡杯赛第 2 名，进入第 4 届名人战循环圈。1986 年定为初段，1998 年升为六段。

余　平　四川成都人，1974 年 8 月 22 日生。8 岁学棋，13 岁进国家少年集训队。获 1986 年“神童杯”亚军，1987 年世界青少年赛冠军，1994 年全国个人赛第 7 名。进入 1995 年“CCTV 杯”半决赛。1987 年定为初段，1998 年升为六段。

吴新宇　湖南人，1973 年生。获 1988 年全国少年赛冠军，1993 年“新秀杯”第 3 名，第 4 届“霜花杯”第 6 名。进入 2001 年、2002 年“CCTV 杯”8 强。1986 年定为初段，2000 年升为六段。

刘世振　上海人，1977 年 7 月 28 日生。1988 年进上海队，1991 年进国家集训队。获第 7 届新人王赛冠军，第 3 届中韩新人王对抗赛优胜，第 7 届 NEC 杯亚军，第 8 届进入 4 强。1992 年定为初段，2000 年升为六段。现任国家围棋队副队长。

邱　峻　上海人，1982年8月24日生。获1998年全国个人赛冠军，2002年第9届新人王赛亚军。进入第12届名人战循环圈，第14届获本赛亚军，第12届富士通杯世界围棋赛8强，第14届天元战本赛决赛，2002年第15届名人战本赛4强。获第3届中国棋圣赛六段组冠军及全段争霸战冠军。1994年定为初段，2000年升为六段。

刘　星　天津人，1984年12月10日生。6岁学棋，13岁进国家少年队。获2002年第3届“理光杯”亚军，第15届世界青少年围棋赛青年组冠军，1999年全国个人赛第5名。1995年定为初段，2001年升为六段。

黄奕中　湖南长沙人，1981年8月24日生。6岁学棋，13岁进国家少年队。获第16届天元战“天元”，第4届阿含·桐山杯亚军，第3届进入4强，第8届新人王赛亚军，2000年、2001年全国个人赛第4名、第5名，第2届、第3届棋圣赛四段组、五段组冠军。获1999年甲A联赛胜率第一。进入第1届王中王围棋赛4强，第15届天元战8强。1994年定为初段，2002年升为六段。

朱松力　浙江宁波人，1977年6月14日生。8岁学棋，13岁进浙江省队，1998年进入国家少年队。进入第14届名人战8强，第8届棋王赛8强。1999年、2000年全国甲A联赛团体冠军队员。1990年定为初段，2002年升为六段。

王东亮　山西太原人，1971年11月19日生。13岁学棋，17岁进入平煤围棋队。1989年定为初段，2002年升为六段。

五段：

容坚行　广东人，1951年7月24日生。11岁学棋，13岁进体校，21岁进集训队。1982年定为四段，同年底升为五段。

王业辉　安徽人，1951年12月生。12岁学棋并进集训队。1982 年定为四段，同年底升为五段。

罗建元 福建人，5 岁学棋。1982 年定为四段，同年底升为五段。

陈兆峰 黑龙江人，1957 年 6 月 8 日生。13 岁学棋，20 岁进集训队。《中国围棋年鉴》编委。1983 年定为三段，1985 年升为五段。现任黑龙江省围棋队主教练、黑龙江省围棋协会副秘书长、中国围棋协会培训中心黑龙江省分中心主任、哈尔滨方圆围棋俱乐部总经理。

赵余宏 河南洛阳人，1963 年 2 月 12 日生。10 岁学棋，12 岁进体校，14 岁进集训队。《中国围棋年鉴》编委。1982 年定为四段，1985 年升为五段。现任河北省围棋队主教练。

刘　力 湖北武汉人，1954 年 3 月 25 日生。10 岁学棋，24 岁进武汉集训队。获 1982 年“避暑山庄杯”全国赛第 3 名。1982 年定为四段，1986 年升为五段。现任《围棋报》主编。

王　谊 北京人，1960 年 10 月 18 日生。16 岁学棋，20 岁进河北省集训队。1982 年定为四段，1987 年升为五段。现任中国棋院外事部副主任、中国围棋协会副秘书长。

朱菊菲(女) 浙江人，1961 年 10 月生。12 岁学棋并进体校，14 岁进集训队。获 1979 年、1980 年全国个人赛女子第 5 名、第 6 名。1982 年定为四段，1987 年升为五段。

唐锦潮 辽宁人，1949 年 7 月 7 日生。16 岁学棋，25 岁进集训队。1982 年定为四段，1988 年升为五段。

陈慧芳(女) 上海人，1954 年 4 月生。11 岁学棋并进体校，19 岁进集训队。中国围棋协会女子委员会副主任。获 1978 年全国个人赛女子第 2 名、1995 年第 4 名。1982 年定为四段，1988 年升为五段。现任山西省棋队领队兼围棋队主教练。

李　海 山西人，1961 年 5 月 31 日生。13 岁学棋并进体校，19 岁进集训队。1982 年定为四段，1988 年升为五段。

施　敏　江苏人，1969 年 9 月生。5 岁学棋，14 岁进集训队。获第 2 届“霜花杯”全国青少年赛第 3 名。1984 年定为初段，1992 年升为五段。

丁　波　江苏人，1971 年 1 月 24 日生。7 岁学棋，13 岁进集训队。获 1985 年全国少年比赛第 6 名，1988 年“海峡杯”全国邀请赛第 4 名，1992 年“建行杯”全国邀请赛第 5 名。1984 年定为初段，1992 年升为五段。现任江苏省围棋队教练。

赵　栋　上海人，1971 年 5 月 5 日生。8 岁学棋，11 岁进体校，18 岁进集训队。获 1989 年“吕沟乌金杯”全国青年赛亚军。1988 年定为初段，1994 年升为五段。

邱继红　云南昆明人，1969 年 11 月 1 日生。9 岁学棋。获 1984 年全国少年赛第 3 名，1992 年首届新秀杯赛第 3 名。进入第 9 届名人战循环圈。1986 年定为初段，1995 年升为五段。

叶　桂(女)　湖北人，1974 年 8 月 5 日生。10 岁学棋，14 岁进省围棋队。获 1991 年女子“名人战”冠军，1991 年、1992 年、2001 年、2002 年全国个人赛女子第 3 名，1989 年、1993 年、1994 年、1995 年、1996 年均进入前 6 名，1996 年“牡丹卡杯”赛第 6 名。获第 1 届新秀杯赛冠军，第 13 届 NEC 杯中日新秀对抗赛优胜。进入 2001 年浪潮杯女子名人战 4 强，第 5 届乐百氏杯 8 强。1989 年定为初段，1995 年升为五段。

许书祥　广东人，1973 年 5 月 14 日生。8 岁学棋，13 岁进省集训队。获 1988 年全国少年赛第 3 名，1995 年全国个人赛第 8 名，首届王位赛 8 强。获 1999 年第 3 届新秀杯赛冠军。获第 15 届中日对抗赛新秀对抗赛优胜。1988 年定为初段，1996 年升为五段。

张　欣　湖北武汉人，1972 年 12 月 17 日生。12 岁学棋，13 岁进集训队，14 岁进国家少年队。获第 1 届“霜花杯”全国青少年赛第 6 名。1986 年定为初段，1997 年升为五段。

陈　瑞　河南人，11 岁学棋，13 岁进省队集训。获首届棋圣赛五段组冠军。现在天津自办“陈瑞围棋道场”任主教练、总经理。1997 年升为五段。

朱燕铭　黑龙江人，1971 年 3 月 18 日生。9 岁学棋，15 岁进集训队。获 1989 年“北染杯”少年精英赛冠军。1986 年定为初段，1998 年升为五段。

李　亮　四川成都人，1971 年 7 月 4 日生。10 岁学棋，同年进体校，13 岁进国家少年队，1988 年进四川省队。获 1993 年全国个人赛第 8 名。1987 年定为初段，1998 年升为五段。

李君凯　湖北人，1978 年 1 月 22 日生。1989 年进河北省围棋队，1994 年进国家少年围棋队，1991 年定为初段，1999 年升为五段。

邹俊杰　广西桂林人，1980 年 2 月 4 日生。7 岁学棋，13 岁进国家少年队。获第 5 届“新人王”赛冠军，2002 年全国个人赛第 3 名。进入第 11 届、第 12 届名人战循环圈，2002 年第 15 届本赛 4 强。1992 年定为初段，2000 年升为五段。

汪　洋　安徽人，1980 年 4 月 5 日生。8 岁学棋，15 岁进北京市围棋队。曾获棋圣战三段组冠军。进入第 14 届名人战 8 强，2001 年 CCTV 杯 8 强。1993 年定为初段，2001 年升为五段。

王　垚　云南昆明人，1983 年 1 月 26 日生。6 岁学棋，10 岁进云南围棋队，12 岁进国家少年队。获 1999 年全国个人赛第 3 名，第 7 届棋王赛本赛第 3 名，进入第 6 届世界围棋公开赛本赛，第 16 届天元战 8 强。1994 年定为初段，2001 年升为五段。

林　锋　江苏人，1978 年 5 月 26 日生。9 岁学棋，15 岁进江苏围棋队，16 岁进国家少年队。曾获棋圣战三段组、四段组冠军各一次。1994 年定为初段，2001 年升为五段。

徐　莹　北京人，1972 年 12 月 31 日生。8 岁半学棋，12岁进北京围棋队。获1997年、1999年全国个人赛女子冠军，2001年贵阳世界女子职业围棋赛冠军，2001年中日NEC女子对抗赛优胜，2000年东航杯世界女子职业赛亚军，1990年女子名人赛冠军。4次全国女子团体冠军队员，第6届、第7届全运会女子团体亚军队员。1984年定为初段，1987年升为三段，2002年根据突出成绩，直接升为五段。

牛雨田 天津人，1984年12月27日生。6岁学棋，11岁进省队，12岁进国家少年队。获1996年、1997年全国少年精英赛B组冠军。1996年定为初段，2002年升为五段。

杨 一 四川成都人，1984年7月29日生。6岁学棋，14岁进国家少年集训队。获2000年全国个人赛第5名，2002年全国体育大会围棋赛第6名，2002年首届"红塔杯"冠军，荣膺"西南王"。进入第7届世界围棋公开赛本赛，1996年定为初段，2002年升为五段。

谢 赫 山东青岛人，1984年5月14日生。7岁学棋，12岁进国家少年集训队。获2002年全国个人赛冠军，2000年第3名，2002年首届"雷诺杯"霸王赛冠军。1995年定为初段，2002年升为五段。

彭 荃 贵州人，1985年11月9日生。6岁学棋，11岁进国家少年集训队。获2002年第9届新人王赛冠军，2002年全国个人赛亚军，第16届世界青少年赛青年组冠军。进入第2届春兰杯世界围棋赛8强，2001年、2002年天元战本赛4强。1996年定为初段，2002年升为五段。

褚 飞 湖北武汉人，1977年生。9岁学棋，12岁进省集训队。2000年、2003年围甲队员。1993年定为初段，2002年升为五段。

朱 毅 湖南人，1977年1月11日生。9岁学棋，14岁进省围棋队后即进国家少年集训队。获1990年全国少年赛B组第3名。1991年定为初段，2002年升为五段。

四段：

朱宝训	谢裕国	杜维新	袁曦	于梅玲	蒋峰
姚小敏	洪艳	穆晓红	王伯刚	庞延	杭天鹏
吴祺	金生煜	龚世运	施洲	韩晔	黎春华
李永刚	刘帆	彭晓峰	王檄	周波	李劼
张东岳	张森	刘熙	李华嵩	张学斌	张英挺
李康	张伟金	郭北雅	张蛟	曹恒梃	

三段：

黄妙玲	张成华	姜志强	胡晓苓	祝励立	刘涛
梁志敏	葛凡帆	李凡	章文华	刘青琳	陈为
韩刚	闵娜	杜宇峰	李云生	荆上	王隽
孙远	冯伟	王蕊	岳亮	潘峰	赵兴华
田舟	朴文尧	赵守洵	尹廓	史金帛	李昂
赵哲伦	郑策	薛磊	岳嵩	王雷	陈耀烨
李魁	唐兢	周振宇	吴锴	丁明	李喆

二段：

杨戊	刘雅洁	朱文馨	回敬辰	任宏宇	余晓丹
沈静	梁雅娣	杨爽	李莹	沈颖	苏琪伟
许鑫	马媛媛	帅迎春	付斌芳	朱阿逸	袁卫红
王治国	王昊	许顿	沈学文	陈佳	王斌
苏苏	王凡	郑岩	胡磊	李轶	刘禹欣
樊麾	卢笛	黄佳	马笑冰	朱剑舜	孟繁雄
孟昭玉	付冲	刘曦	仇丹云	张斐斐	张维
胡文松	刘元博	汪慧	赵子冀	杨潜	孙湛博
王昊洋	崔灿	张立	吴振宇	周逵	吴麒
景石	丁烈	孙梦厦	孟泰龄	潘文君	陈潇南

陶　忻

初段：

李晨硕　牛　歌　林雪芬　王　程　黎　剑　孙　丹
韩　恂　唐　莉　张　旻　崔　宁　边志文　孙明杰
杨　硕　于　飞　于　璇　曹宏宇　殷　鉴　梁博超
田　野　梁春晨　毛佳君　曹　呈　王　骥　郭天瑞
晏　宁　尹　航　王宏伟　张　瑞　钟文靖　甘思阳
鲁　佳　古灵益　孟　磊　周睿羊　毛睿龙　柁佳西
贾　倩　王幼侠　张亚博　郭明鑫　许斐然　涂　清
贾小宇　杨　梓　杨　冬　庄　园　黄　晨　李嘉麒
金　靖　唐　奕　范蔚菁

注：1. 以上段位棋手截至2003年6月底；
2. 排列顺序按升段时间先后，相同则年龄大者排前；
3. 未注册棋手以及旅居国外三年以上棋手未列入正式名单。

客座棋士

吴淞笙　福建莆田籍人，1945年生于上海。6岁受师于围棋前辈林勉先生，1959年进入上海体育宫从事专业围棋工作。获1962年全国比赛第3名，1964年全国个人赛亚军，2000年“南方证券杯”中国围棋元老赛亚军。1982年被中国围棋协会授予九段。1986年迁居澳大利亚，1989年被邀请做韩国棋院客座棋士。1998年受国内相关部门邀请，回国从事围棋教学并准许参加部分职业比赛。

2002年五段以下棋手获得成绩名单

郑　岩二段　获第2届全国体育大会围棋赛女子冠军。

于梅岭四段　获2002年第2届女子名人战冠军，2002年全国个人赛女子第 4 名。

李　康四段　获第 19 届世界青少年围棋赛青年组冠军。

周睿羊初段　获第 19 届世界青少年围棋赛少年组冠军。

古灵益初段　获“哈德门饭店杯”全国业余大奖赛冠军。

李　劼四段　进入第 15 届名人战 8 强。

赵守洵三段　进入第 4 届阿含·桐山杯赛本赛。

陈耀烨三段　进入第 4 届阿含·桐山杯赛本赛，获 2002 年全国少儿赛男子少年组冠军。

王　檄四段　进入第 7 届世界围棋公开赛本赛。

马笑冰二段　获首届“红金龙杯”新秀赛冠军。

曹　呈初段　获 2002 年“双龙棋具杯”女子赛冠军。

史金帛三段　获第 12 届全国大学生围棋赛男子冠军。

孟昭玉二段　获第 12 届全国大学生围棋赛女子冠军，第 2 届女子名人战亚军，第 2 届“蜻蜓文具杯”女子职业赛亚军。

赵哲伦三段　获首届“红金龙杯”新秀赛亚军。

朴文尧三段　获首届“红金龙杯”新秀赛第 3 名。

唐　莉初段　获第 2 届全国体育大会围棋赛女子第 3 名。

崔　宁初段　获第 2 届全国体育大会围棋赛女子第 6 名。

梁雅娣二段　获 2002 年全国个人赛女子亚军。

范蔚菁初段　获 2002 年全国个人赛女子第 6 名，2002 年全国少儿赛女子少年组冠军。

2002 年业余棋手获得成绩名单

刘　钧 7 段　获第 2 届全国体育大会围棋赛大众组冠军，第 15 届黄河杯全国城市业余赛冠军。进入第 9 届新人王赛 4 强。

唐　盈 5 段　获 2002 年全国个人赛女子冠军。

李岱春 7 段　获第 15 届全国晚报杯业余赛冠军。

付　利 8 段　获第 24 届世界业余围棋赛冠军（由日本棋院授予 8 段）。

陈志行的“弈侣”获 2002 年天宇杯国际电脑围棋赛冠军。

王倪乔/钱利平　获第 13 届国际业余围棋男女双人赛冠军。

金　磊　获 2002 年全国少儿赛男子儿童组冠军。

谢少博　获 2002 年全国少儿赛女子儿童组冠军。

刘　睿　获第 5 届全国律师围棋赛冠军。

2002 年中国台北棋手获得成绩名单

周俊勋九段　进入第 15 届富士通杯世界围棋赛 8 强。

张正平初段　进入第 1 届豪爵杯世界女子围棋赛 4 强。

2002 年日本围棋冠军头衔获得者

棋圣战冠军：**王立诚九段** 名人战冠军：**依田纪基九段** 本因坊战冠军：**加藤正夫九段** 十段战冠军：**王立诚九段** 天元战冠军：**羽根直树九段** 王座战冠军：王铭琬九段 碁圣战冠军：**小林光一九段** 新人王战冠军：**张栩七段** NHK 杯冠军：**张栩七段** 快棋选手权冠军：**赵治勋九段** NEC 杯冠军：**依田纪基九段** 鹤圣战冠军：**依田纪基九段** NEC 俊英战冠军：**高尾伸路八段** 龙星战冠军：**小林光一九段** 新锐战冠军：**沟上知亲七段** 阿含·桐山杯冠军：**赵治勋九段** 王冠战冠军：**羽根直树九段** 关西棋院第一位决定战冠军：**今村俊也九段** 职业混双赛冠军：**小林光一九段/吉田美香七段** 女流本因坊战冠军：**小林泉美五段** 女流名人战冠军：**青木喜久代七段** 女流棋圣战冠军：**知念薰三段** 女流鹤圣战冠军：**加藤朋子五段** 女流最强战冠军：**冈田结美子五段**

2002 年韩国围棋冠军头衔获得者

名人战冠军：**李昌镐九段** 王位战冠军：**李昌镐九段** KBS 杯棋王战冠军：**李昌镐九段** 国民 PASS 卡杯霸王战冠军：**李昌镐九段** LG 精油杯职业棋战冠军：**李世石三段** SK 杯新锐十杰战冠军：**李世石三段** BC 卡杯新人王战冠军：**李世石三**

段 KT 杯职业棋战冠军：**曹薰铉九段** 九段连胜最强战冠军：**刘昌赫九段** 新锐连胜最强战冠军：**宋泰坤三段** 女流国手战冠军：**芮乃伟九段** 女流名人战冠军：**芮乃伟九段**

加藤正夫出任日本棋院副理事长

日本老牌超一流棋手加藤正夫，2002 年 6 月 25 日被日本棋院理事长利光松男直接任命为副理事长。按照常规，日本棋院常务理事以上职务要通过选举产生，但由于日本棋院连续 8 年财政赤字和棋手战绩不佳，在棋士大会上，很多棋士建议改变选举方式。因此，加藤正夫以其亲和力和棋迷的喜爱而被直接任命。

王立诚居世界围棋奖金第一

在世界围棋高手 2002 年收入排行榜上，日本棋圣王立诚九段的比赛奖金达 8030 万日元(约合人民币 550 万元)，排在第一位，这是他连续三年排名第一。韩国李昌镐九段仅以 3.698 亿韩元(约合人民币 270 万元)排名第 8。

2002 年日本《棋道》奖得主

1. 最优秀棋士奖：加藤正夫九段
2. 优秀棋士奖：王立诚九段、张栩七段
3. 最多胜局奖：张栩七段
4. 胜率第一位奖：张栩七段
5. 连胜奖：小林觉九段
6. 最多对局奖：张栩七段

7. 女子奖：小林泉美五段
8. 新人奖：河野临六段
9. 国际奖：汉斯六段(遇刺身亡被追授为六段)

2002 年韩国围棋文化奖得主

1. 最优秀棋手奖：李世石三段
2. 优秀棋手奖：曹薰铉九段
3. 敢斗奖：宋祚永七段
4. 新锐棋手奖：宋泰坤三段
5. 女流棋手奖：芮乃伟九段
7. 业余棋手奖：河成奉

韩国棋院改革段位制

韩国棋院在 2002 年 12 月 27 日召开的韩国棋士大会上，通过了“废除升段赛”、“废除段位津贴”的改革方案。这项改革方案的主要内容是废除目前按照升段赛才能给予升段分的制度，改为按照国内外十个棋战包括预选赛的成绩给予升段分的升段制。

在波黑下围棋

阎放鸣

波黑位于巴尔干半鸟，是波斯尼亚及黑塞哥维那共和国的简称。一年多前我曾在那里工作了一段时间。这期间我意外地发现，在这个只有 450 万人口的南欧小国，竟有人数不少的围棋爱好者。

我生活工作在该国第二大城市——巴尼亚卢卡市。到这里不久，我去拜访当地与中国友好协会的主席布里奇先生。在送我们出门的路上，双方谈到个人爱好，使我感到意外的是，对方最大的业余爱好竟是下围棋，并且告诉我，他就是通过下围棋才逐渐加深了对中国的了解。当得知我也爱下围棋时，他非常兴奋，并马上提出当晚要来回访。

晚饭后，布里奇先生带着棋如约来我的住处。彼此寒暄几句后就转入正题。布里奇先生偏爱短兵相接，开局不久火药味便充斥盘面。也许是手生，也许是过于拘谨，结果这盘棋我输了。

从棋后的聊天中得知，当地在上个世纪60年代开始有人下围棋，以后逐渐流行，到90年代初期，仅30多万人口的巴尼亚卢卡市，围棋爱好者就达近千人，以至电视台还设立了专门栏目介绍围棋和转播赛事。每年当地棋手都要组织一二次比较正规的比赛，并组队参加南联盟各共和国之间的联赛及各城市之间不定期的友谊比赛。时至今日，尽管大部分南联盟成员相继独立，但这些联赛一直持续不断。

通过布里奇的介绍，我又陆续认识了一些当地的围棋爱好者，其中年龄最小的是一位9岁的小姑娘。他们都十分欢迎我这个来自围棋故乡的中国人，经常邀请我参加他们的围棋聚会。聚会有时在某人家中，有时则在当地的一家中餐馆。每次都要同时摆上好几副棋，大家一边下棋，一边喝酒聊天。这期间我曾与南联盟和波黑的冠军先后对弈，结果自不必说了。就水平而言，波黑冠军是当地的业余5段，但我感觉要比国内同档次棋手水平低一些。当地棋手对中、日、韩三国围棋高手的情况也十分了解，而且不少围棋术语也是从这些国家引进的。最有代表性的是，塞尔维亚语中的“围棋”一词采用的就是汉语发音。

在万里之外的异国他乡长期工作生活，能与一批棋友经常切磋棋艺，真是莫大的幸事，这给我单调的生活增加了无穷的乐趣。每当回忆起那段难忘的经历，我总是庆幸自己会下围棋。

日本第26期棋圣战决赛第1局

●黑　柳时熏　挑战者

○白　王立诚　棋　圣

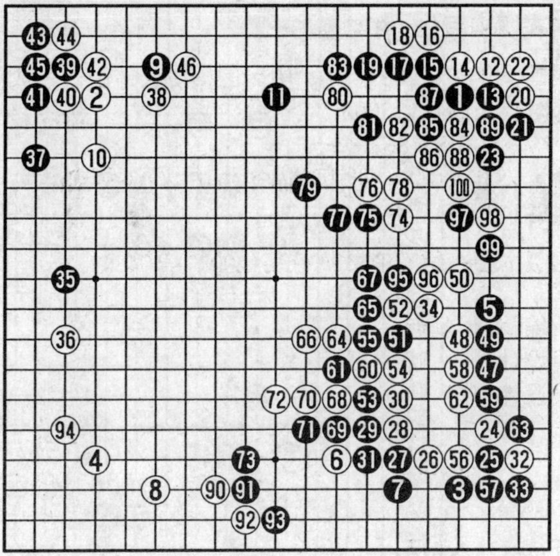

▲第一谱(1－100)

▼第二谱(101－190)

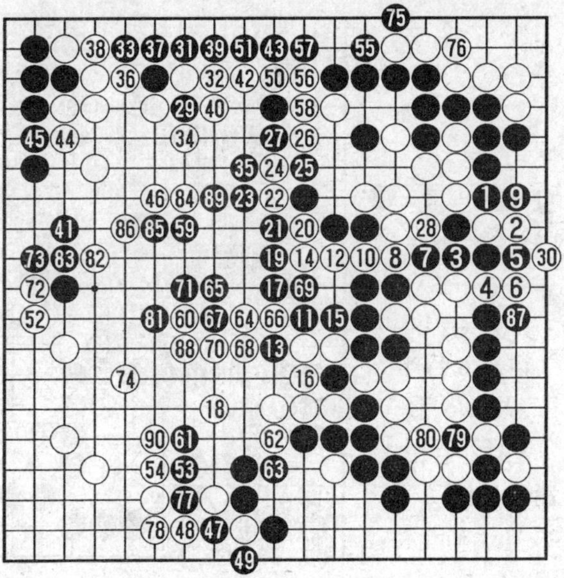

黑出5目半

共190手

白中盘胜

2002年1月10日、11日于伦敦

日本第26期棋圣战决赛第2局

●黑　王立诚　棋圣

○白　柳时熏　挑战者

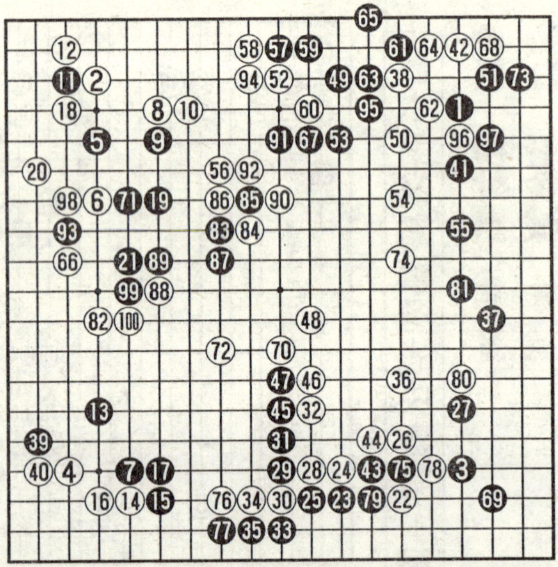

▲第一谱(1－100)

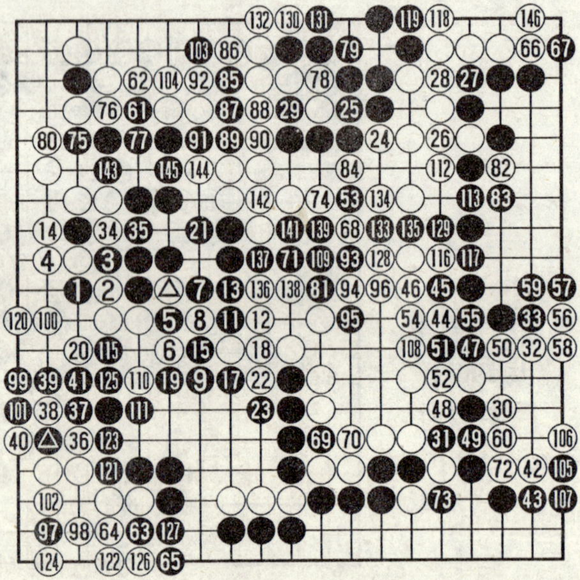

▼第二谱(101－246)

⑩＝△　⑯＝❺

⑪④＝▲　⑭⓪＝❺❸

黑出5目半
共246手
白胜半目
2002年1月24日、
25日于仙台

日本第26期棋圣战决赛第3局

● 黑 柳时熏 挑战者

○ 白 王立诚 棋圣

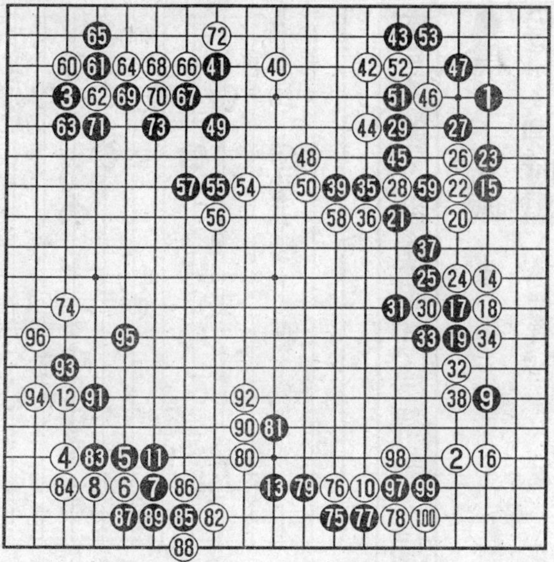

▲第一谱(1－100)

▼第二谱(101－265)

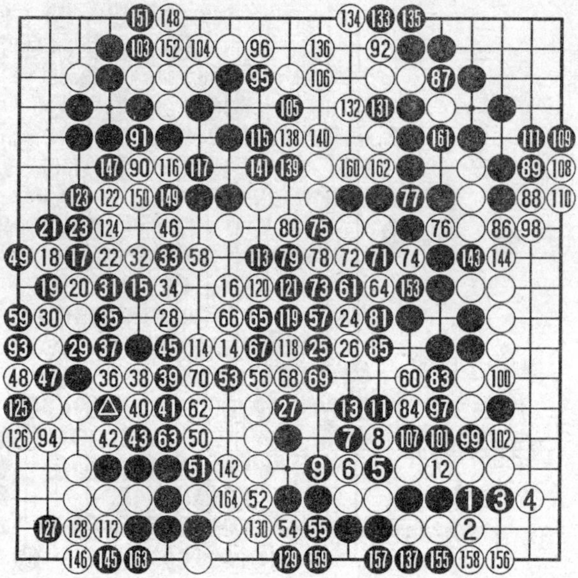

⑩＝❺ ㊹＝▲
㊽＝❼❺ ⑮④＝❼①
❶⑥⑤＝㊽

黑出5目半

共265手

黑胜2目半

2002年1月30日、31日于北九州

日本第26期棋圣战决赛第4局

● 黑 王立诚 棋圣

○ 白 柳时熏 挑战者

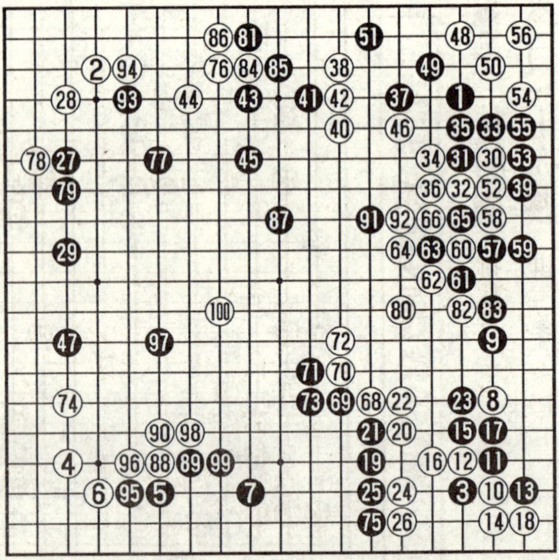

▲第一谱(1－100)

67＝60

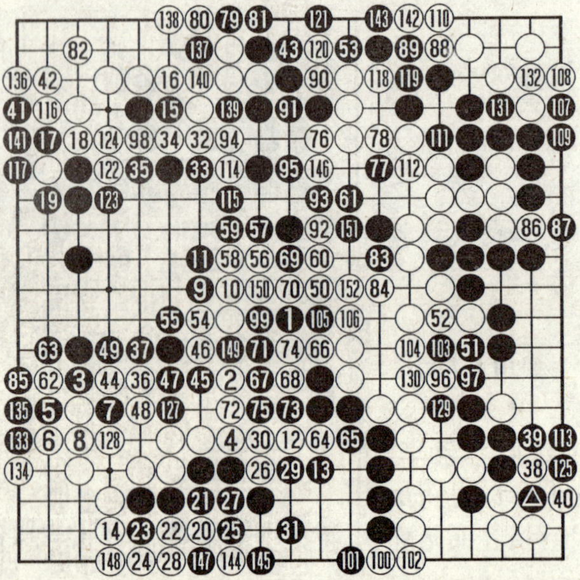

▼第二谱(101－253)

126＝△　153＝144

黑出5目半

共253手

黑胜4目半

2002年2月13日、14日于爱知

日本第26期棋圣战决赛第5局

● 黑 柳时熏 挑战者

○ 白 王立诚 棋圣

本局曾引起“规则风波”。第2谱白198打吃时，黑199仍收单官，被白200提去六子，判为有效，黑即败。

54 66 72 80 88 ＝ △

63 69 77 83 90 ＝ 51

100 106 ＝ ◎　103 108 ＝ 55

134 140 193 ＝ 116　137 143 ＝ 131

158 ＝ 105　170 ＝ ▲

180 ＝ 165　195 ＝ 50

黑出5目半

共300手

白中盘胜

2002年2月20日、21日于爱知

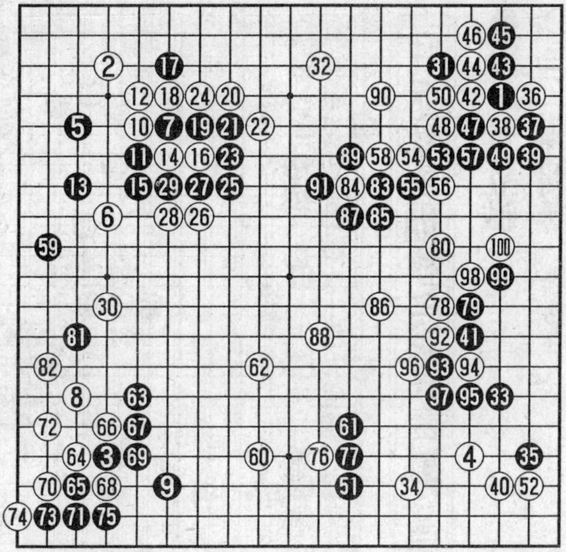

▲第一谱(1－100)　▼第二谱(101－300)

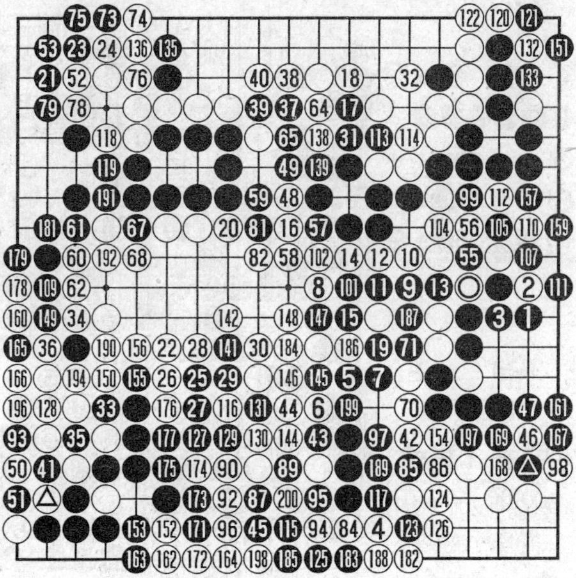

日本第26期棋圣战决赛第6局

● 黑　王立诚　棋圣

○ 白　柳时熏　挑战者

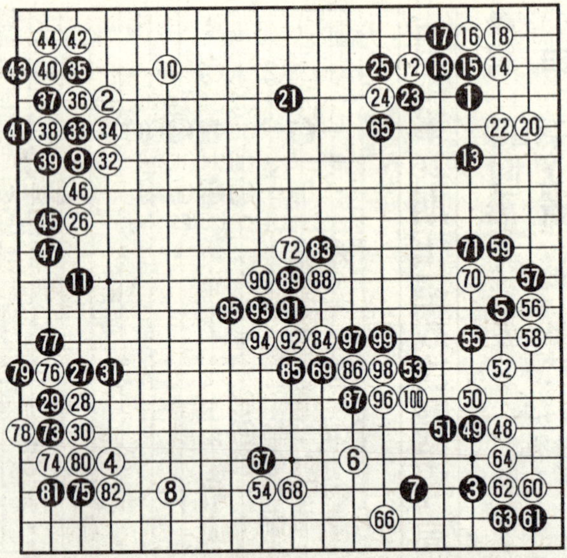

▲第一谱(1－100)

▼第二谱(101－277)

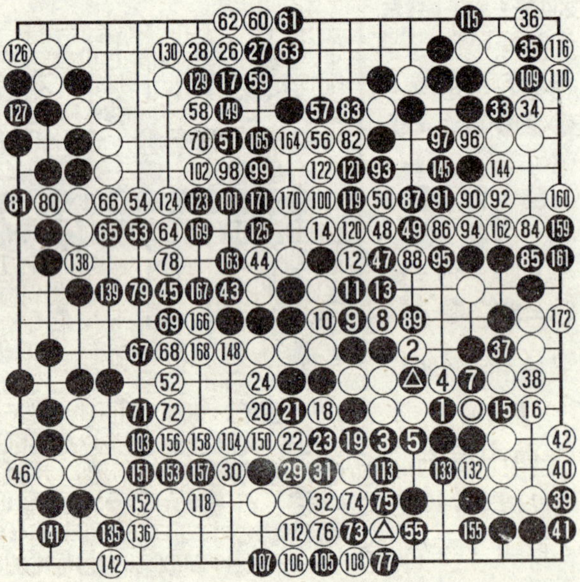

⑥ = ▲(△)　㉕ = ⑱

111 117 131 137 143 173 =

105　114 128 134 140 146

175 = 108　147 = △

154 = ◎　174 = ⑮

黑出5目半

共277手

黑胜2目半

2002年3月6日、

7日于静冈

日本第57期本因坊战决赛第1局

● 黑　加藤正夫　挑战者

○ 白　王铭琬　本因坊

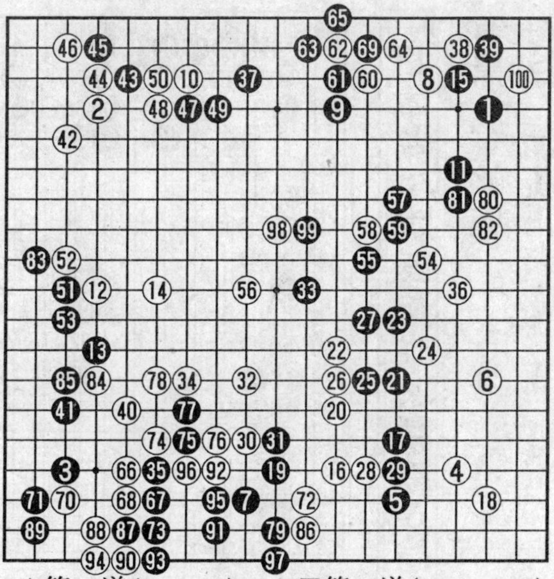

▲第一谱(1－100)　▼第二谱(101－248)

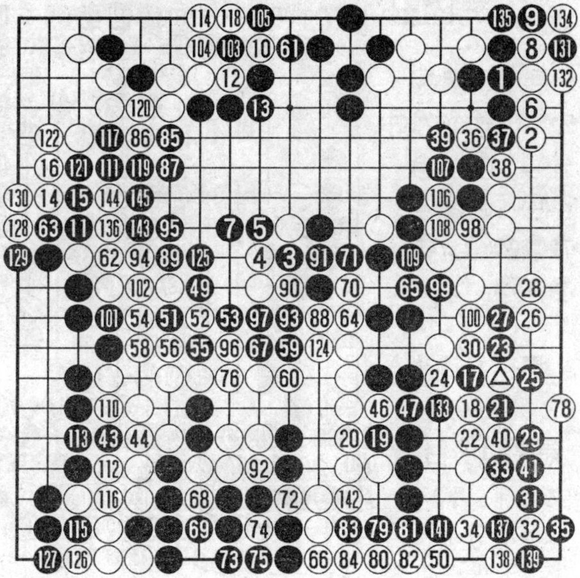

42 48 = △

45 47 = 17

57 = 52　123 = 10

140 = 137　146 = 131

黑出 5 目半

共 248 手

白胜 1 目半

2002年5月13日、14 日于滋贺

日本第57期本因坊战决赛第2局

● 黑　王铭琬　本因坊

○ 白　加藤正夫　挑战者

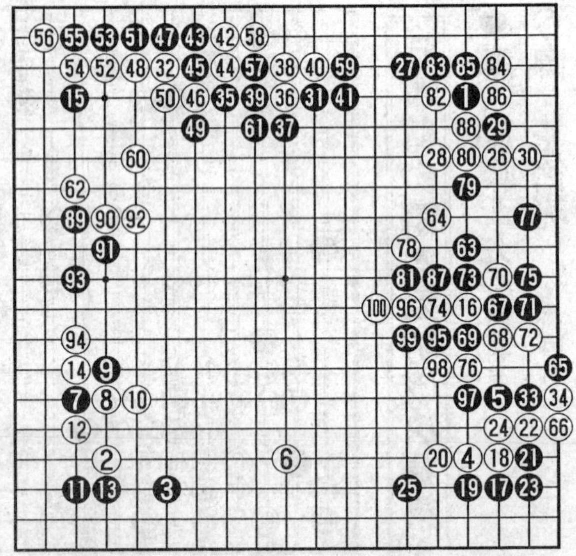

▲第一谱(1－100)

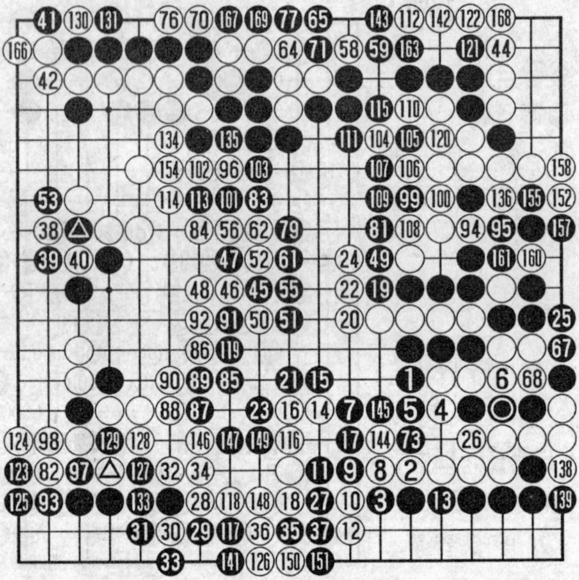

▼第二谱(101－269)

43 57 63 69 75 80 ＝ ▲　54 60 66 72 78 ＝ 40　74 ＝ ◎

132 140 156 162 ＝ △

137 153 159 164 ＝ 129

165 ＝ 104

黑出 5 目半

共 269 手

黑胜 13 目半

2002年5月24日、25 日于日本

日本第57期本因坊战决赛第3局

● 黑 加藤正夫 挑战者

○ 白 王铭琬 本因坊

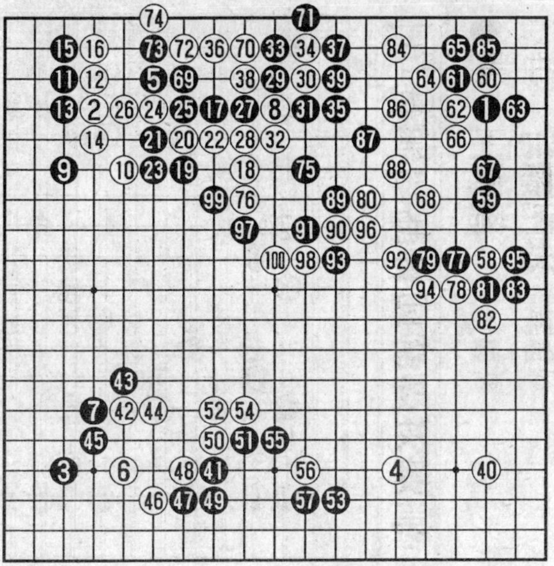

▲第一谱(1－100)　▼第二谱(101－195)

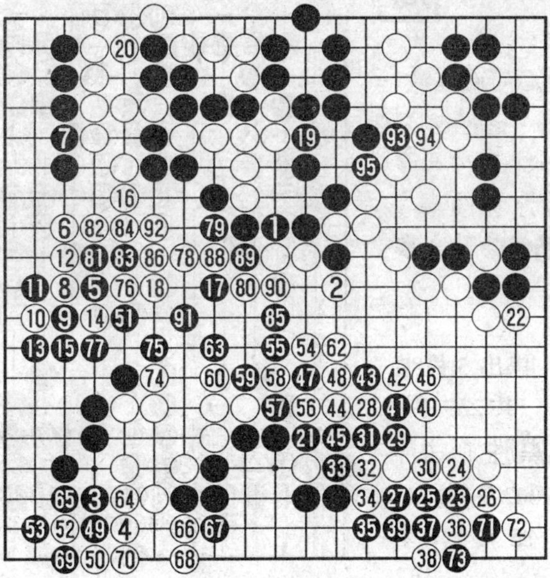

61 = 47　87 = 14

黑出5目半

共195手

黑中盘胜

2002年6月6日、

7日于宫崎

日本第57期本因坊战决赛第4局

●黑　王铭琬　本因坊

○白　加藤正夫　挑战者

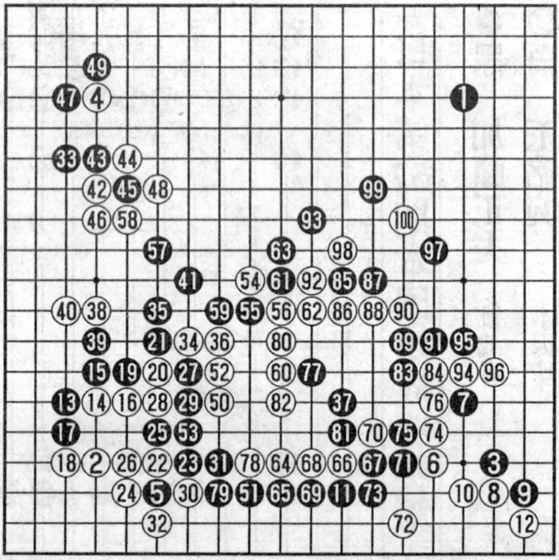

▲第一谱(1－100)　▼第二谱(101－237)

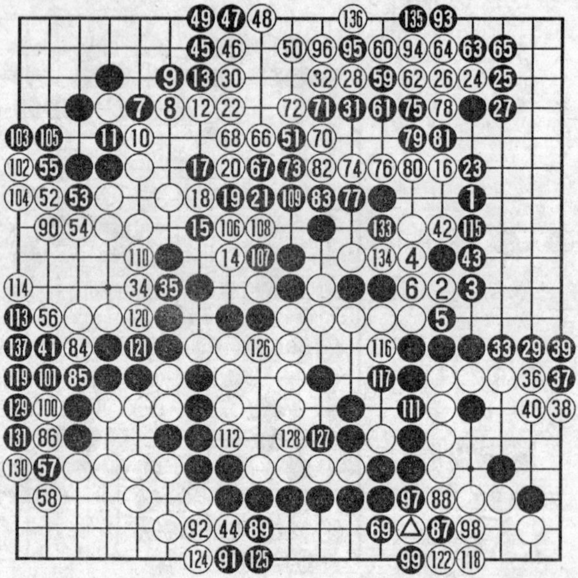

123 = △　132 = 57

黑出5目半

共237手

白胜1目半

2002年6月12日、

13日于三重

日本第57期本因坊战决赛第5局

●黑　加藤正夫　挑战者

○白　王铭琬　本因坊

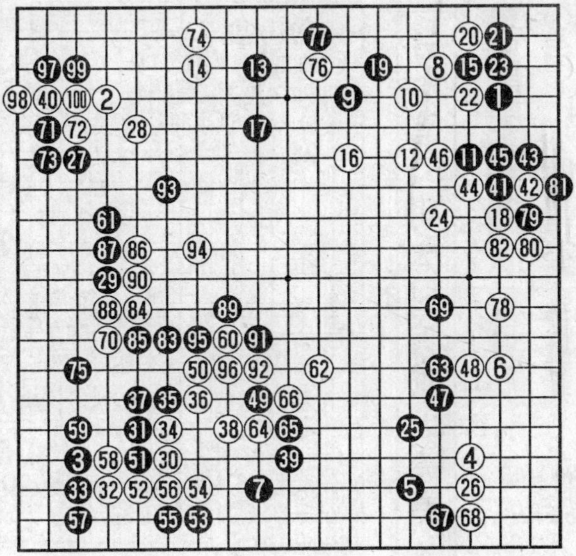

▲第一谱(1－100)　▼第二谱(101－167)

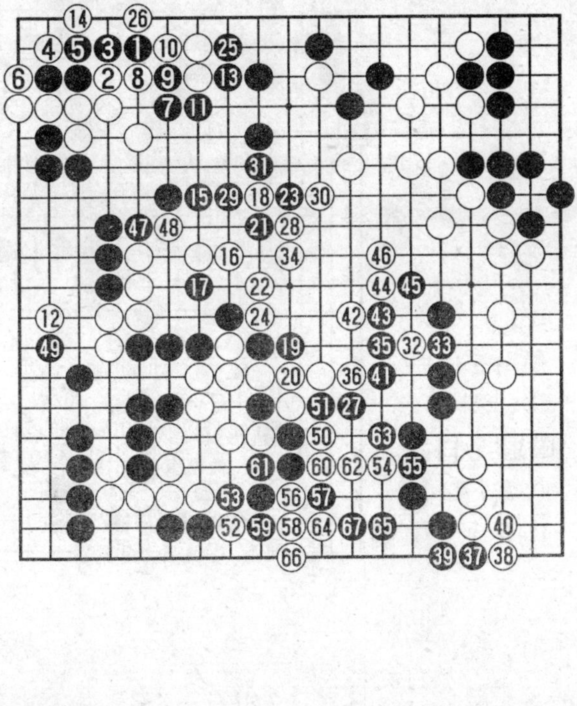

黑出5目半

共167手

黑中盘胜

2002年6月26日、

27日于北海道

日本第57期本因坊战决赛第6局

● 黑　王铭琬　本因坊

○ 白　加藤正夫　挑战者

96＝85

100＝96

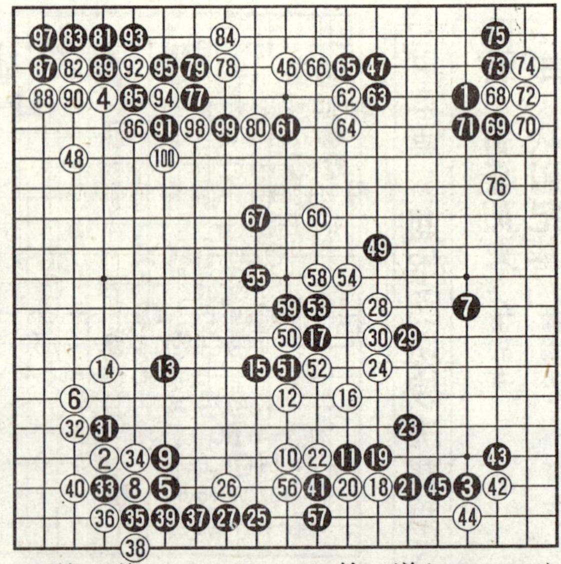

▲第一谱(1－100)

▼第二谱(101－244)

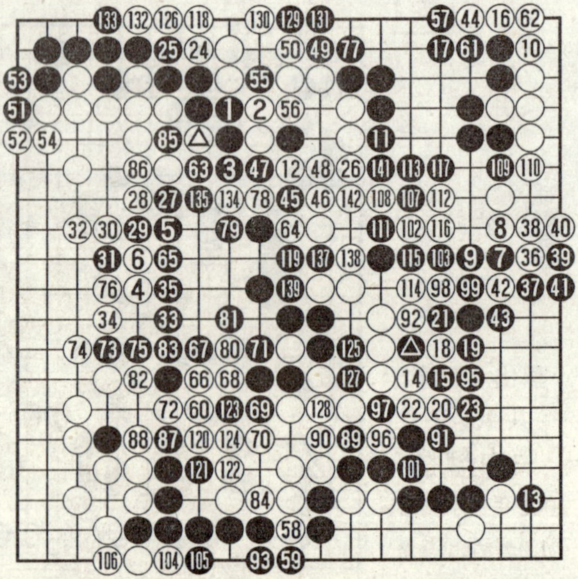

136＝45　140＝97

143＝△　144＝▲

黑出5目半

共244手

白胜1目半

2002年7月10日、

11日于千叶

日本第27期名人战决赛第1局

●黑 赵治勋 挑战者

○白 依田纪基 名人

43＝36

92＝40

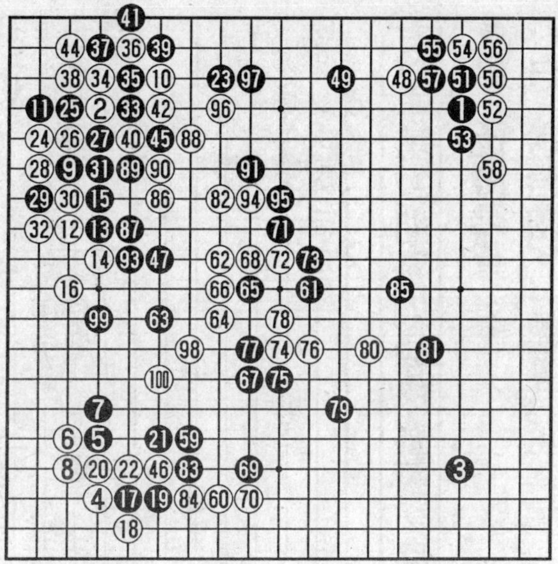

▲第一谱(1－100)

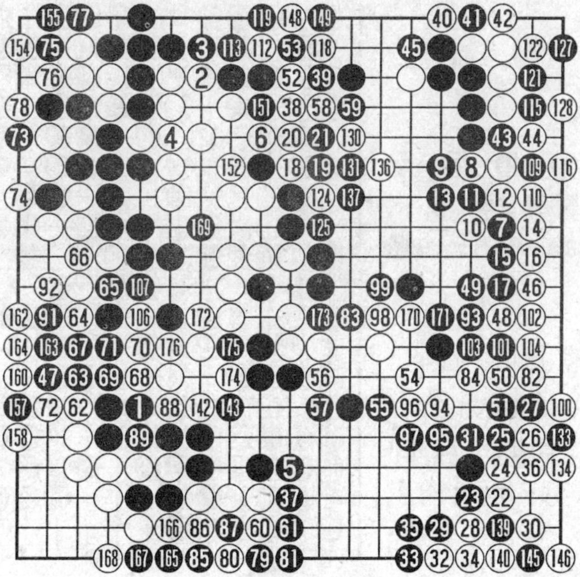

▼第二谱(101－276)

90 108 114 120 126 132 138 144 150 156 161＝80

105 111 117 123 129 135 141 147 153 159＝87

黑出5目半

共276手

白中盘胜

2002年9月11日、12日于北京

日本第27期名人战决赛第2局

●黑 依田纪基 名人

○白 赵治勋 挑战者

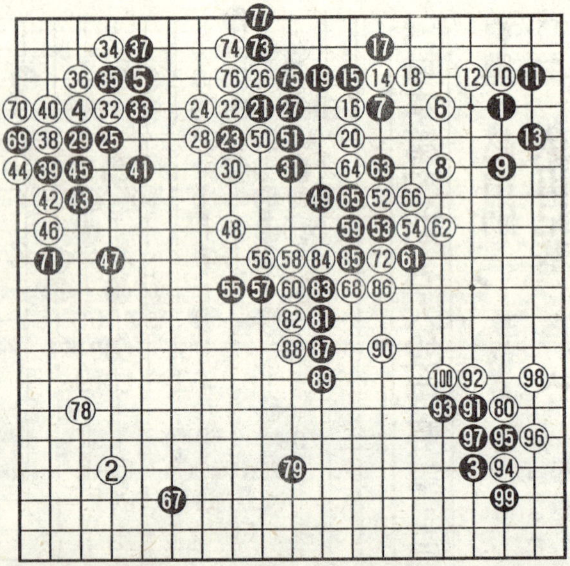

▲第一谱(1－100)

▼第二谱(101－295)

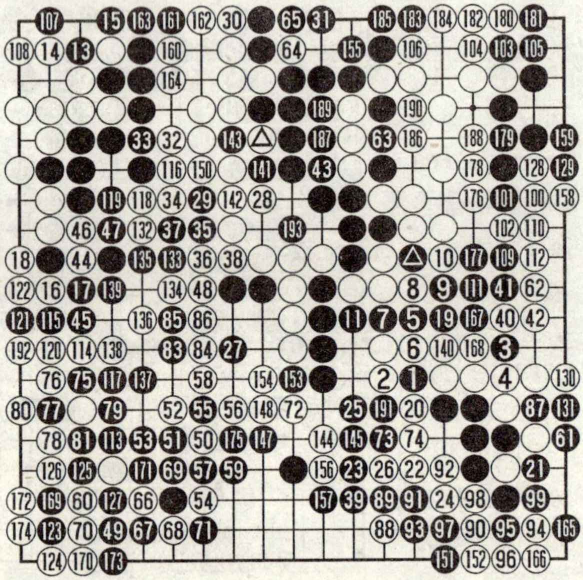

⑫＝▲ 82＝77

146 ●195＝△

●149＝143 194＝55

黑出5目半

共295手

黑胜2目半

2002年9月25日、26日于日本

日本第27期名人战决赛第3局

● 黑　赵治勋　挑战者

○ 白　依田纪基　名人

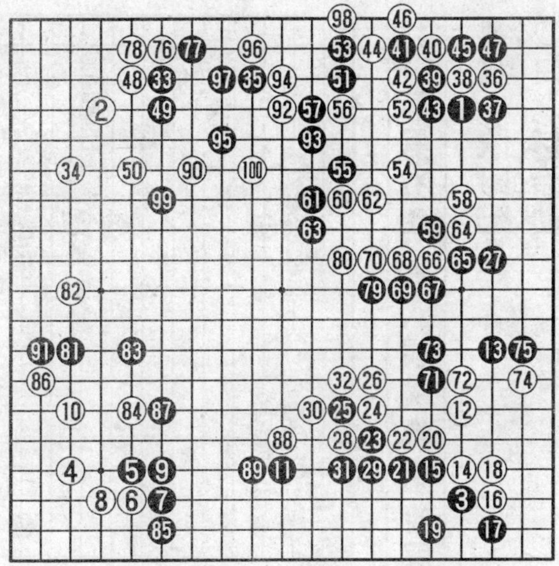

▲第一谱(1－100)　▼第二谱(101－250)

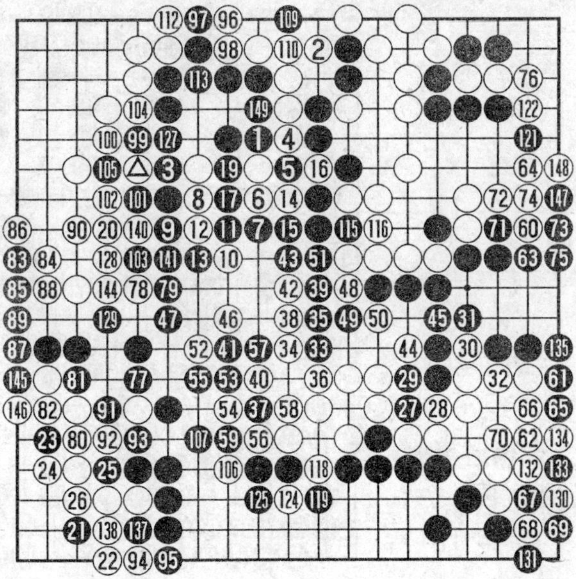

⑱＝❺　⑩⑭⑳（108 114 120）

126＝△　111 117 123

150＝105　136 142＝

130　139＝133　143

＝68单劫黑胜

黑出5目半

共250手

黑胜2目半

2002年10月2日、

3日于日本

日本第27期名人战决赛第4局

●黑　依田纪基　名　人
○白　赵治勋　挑战者

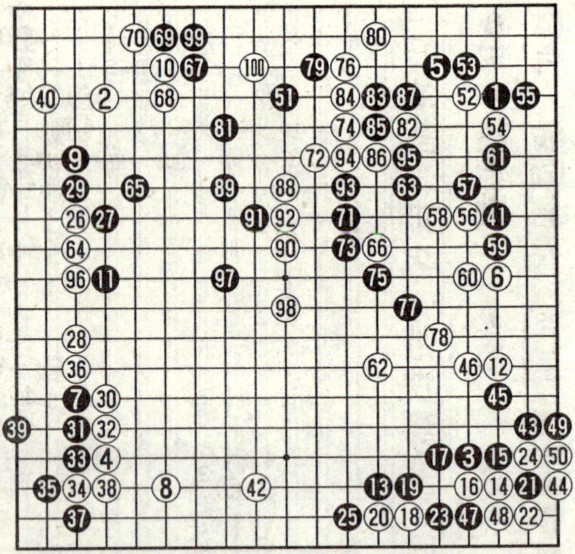

▲第一谱(1－100)　▼第二谱(101－263)

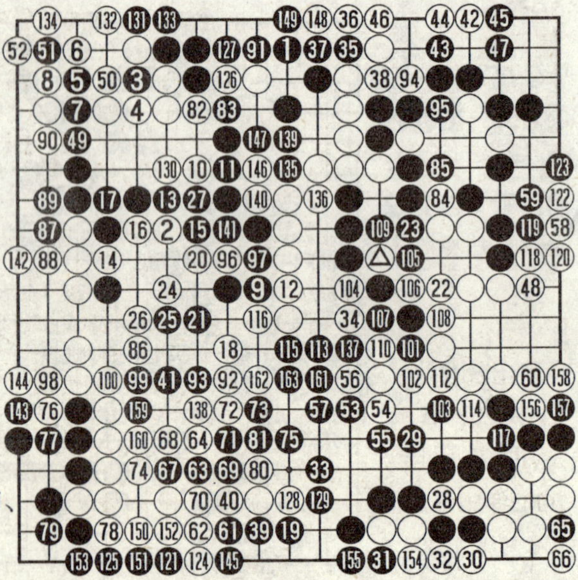

111 = △

黑出5目半
共263手
黑胜半目
2002年10月16日、
17日于日本

日本第27期名人战决赛第5局

● 黑　赵治勋　挑战者

○ 白　依田纪基　名人

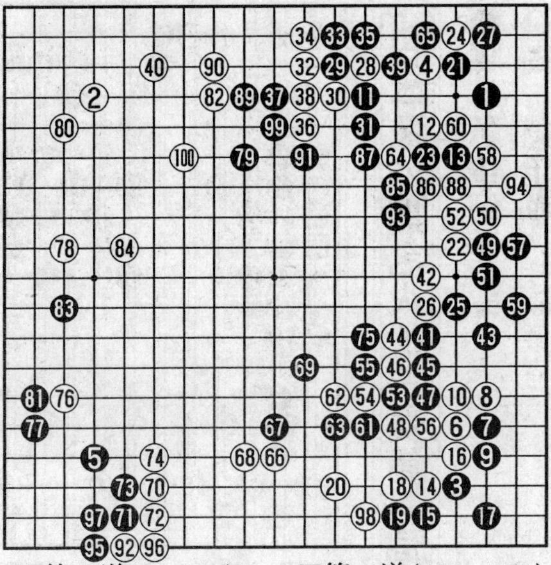

▲第一谱(1－100)　　▼第二谱(101－164)

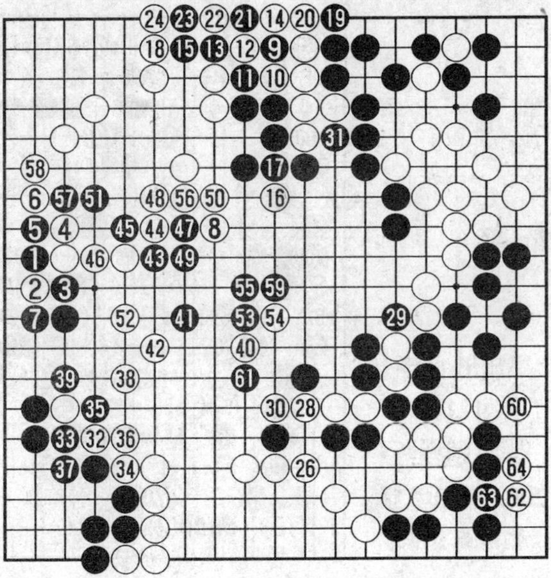

㉕=㉑　㉗=⑨

黑出5目半

共164手

白中盘胜

2002年10月23日、24日于日本

韩国第33期名人战决赛第1局

●黑　李昌镐　九段

○白　安祚永　七段

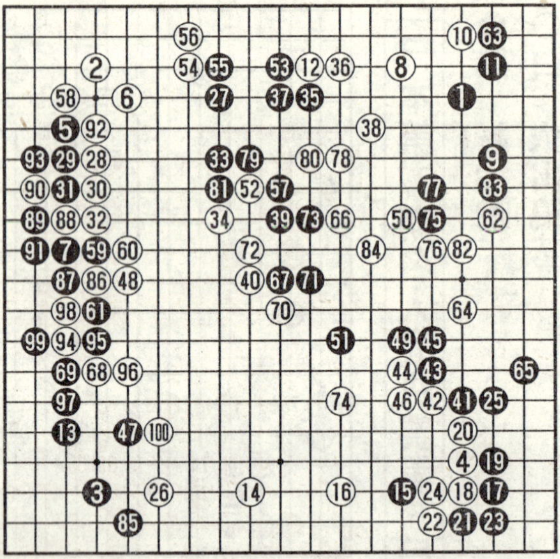

▲第一谱(1－100)　　▼第二谱(101－181)

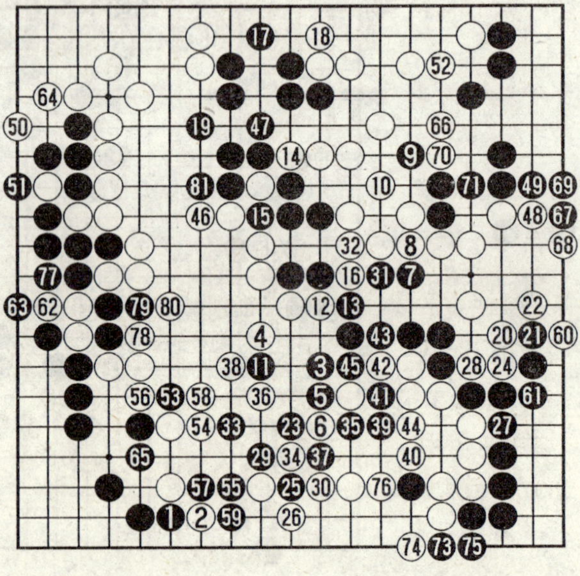

⑫=㉕

黑出6目半

共181手

黑中盘胜

2002年9月9日

于韩国棋院

韩国第33期名人战决赛第2局

●黑 安祚永 七段

○白 李昌镐 九段

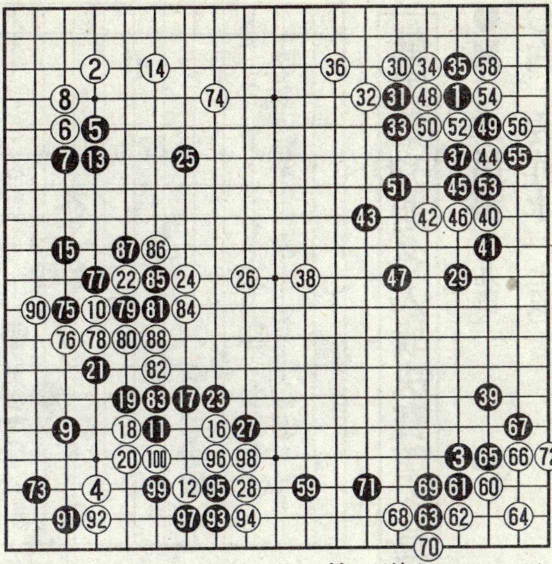

㊼＝㊹

❽❾＝㉒

▲第一谱(1－100)　　▼第二谱(101－144)

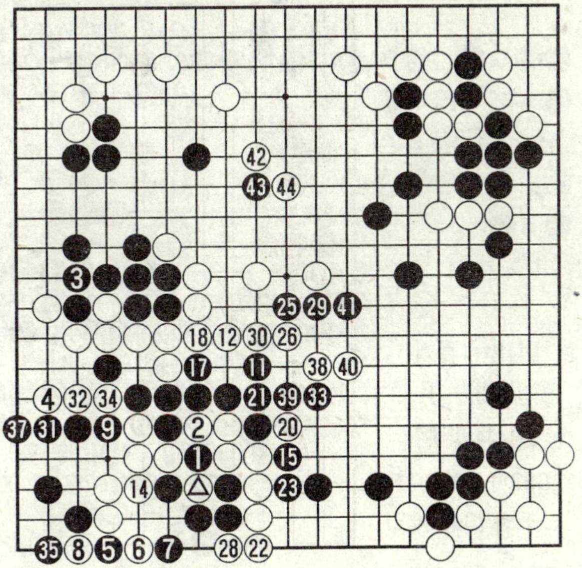

⑩⑯㉔㊱＝△

⓭⓳㉗＝❶

黑出6目半

共144手

白中盘胜

2002年9月17日

于韩国棋院

韩国第33期名人战决赛第3局

● 黑 李昌镐 九段

○ 白 安祚永 七段

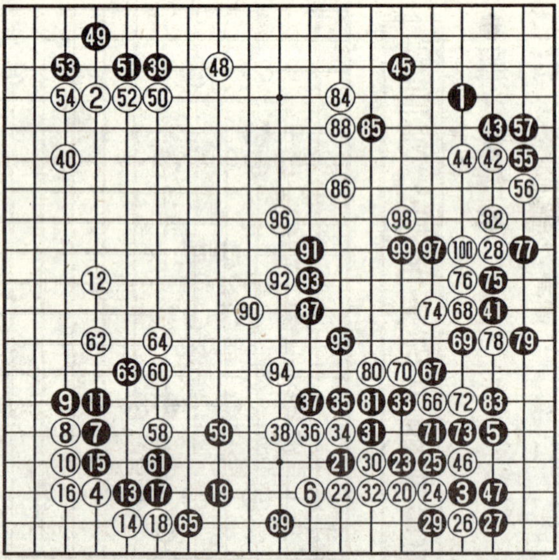

▲第一谱(1－100)

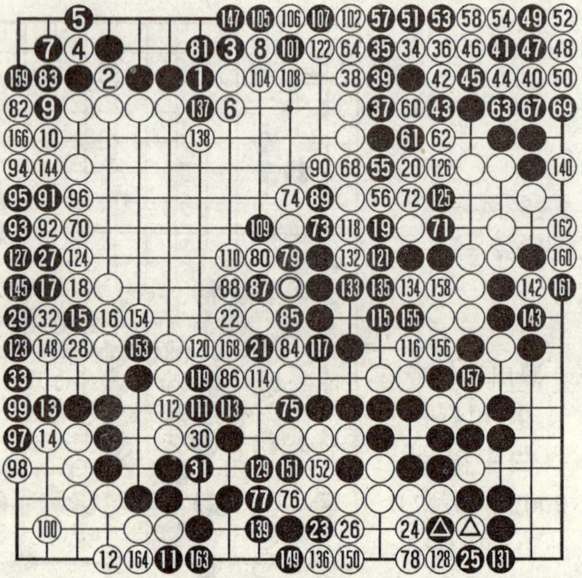

▼第二谱(101－269)

59 141 ＝ 47　65 ＝ 49　66 ＝ 41　103 ＝ 60　130 169 ＝ △　146 ＝ 106　165 ＝ ◎　167 ＝ ▲

黑出6目半

共269手

白胜半目

2002年9月24日

于韩国棋院

韩国第33期名人战决赛第4局

●黑 安祚永 七段

○白 李昌镐 九段

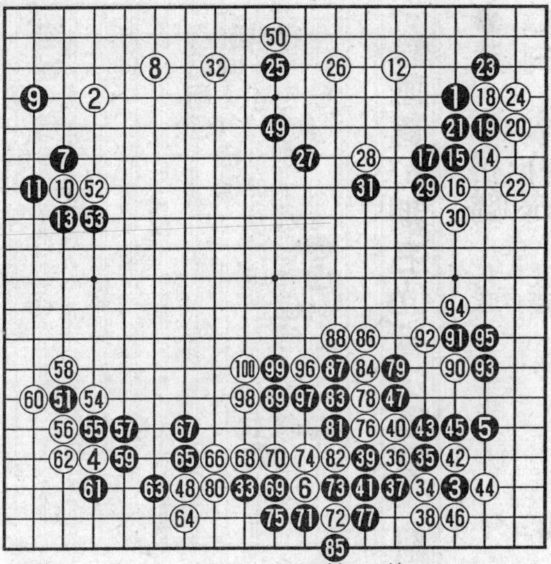

▲第一谱(1－100)　　▼第二谱(101－128)

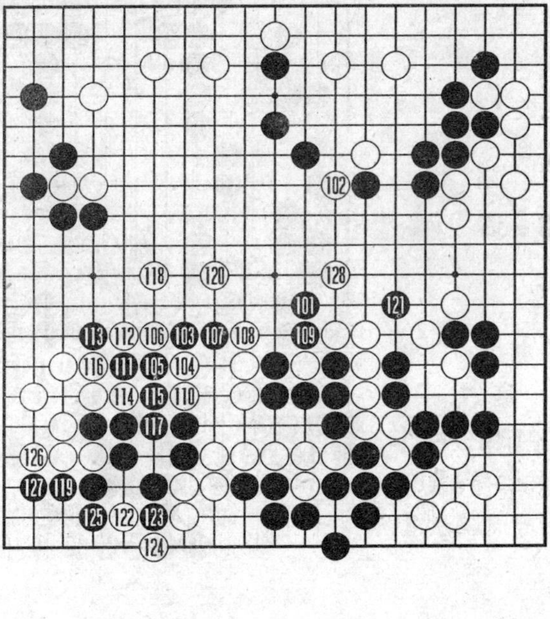

黑出6目半

共128手

白中盘胜

2002年10月2日

于韩国棋院

韩国第36期王位战决赛第4局

● 黑 李昌镐 九段

○ 白 李世石 三段

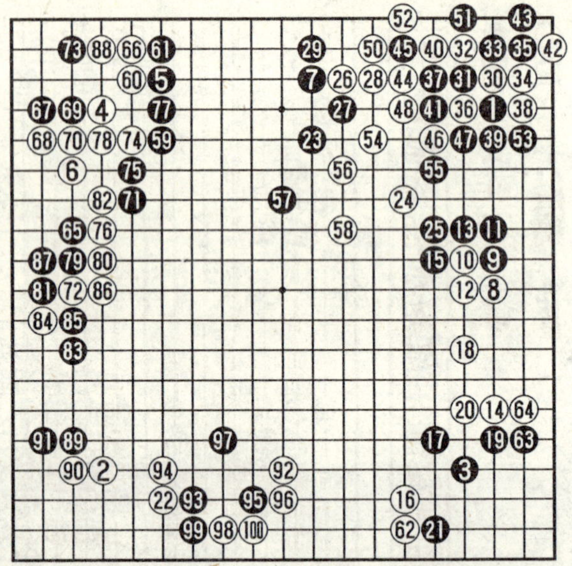

▲第一谱(1－100)

49＝36

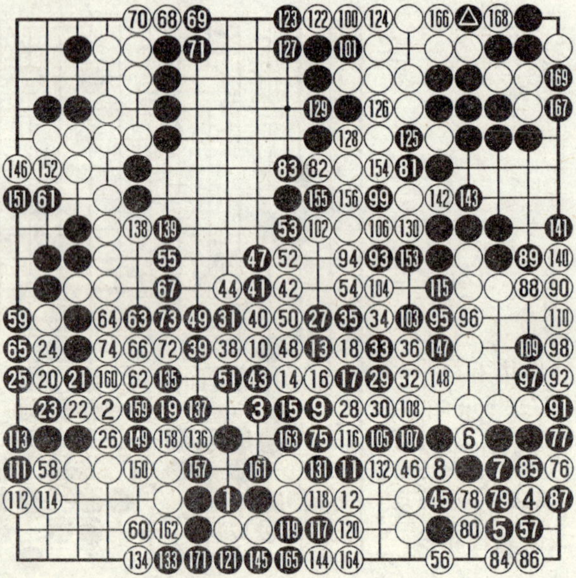

▼第二谱(101－271)

37＝18　170＝△

黑出6目半

共271手

白胜2目半

2002年8月6日

于韩国棋院

韩国第36期王位战决赛第5局

●黑 李世石 三段

○白 李昌镐 九段

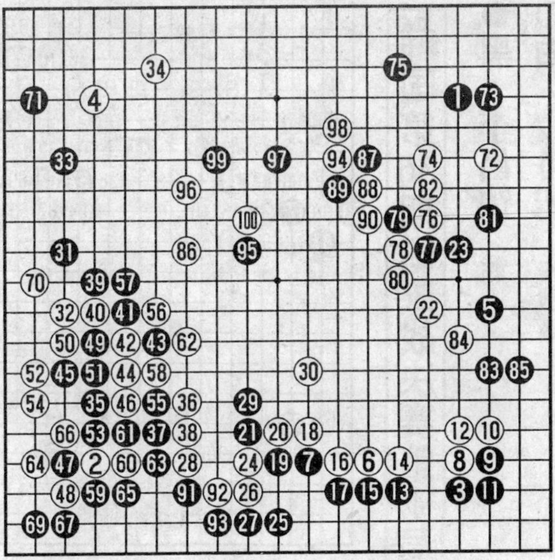

68=②

▲第一谱(1－100)

▼第二谱(101－250)

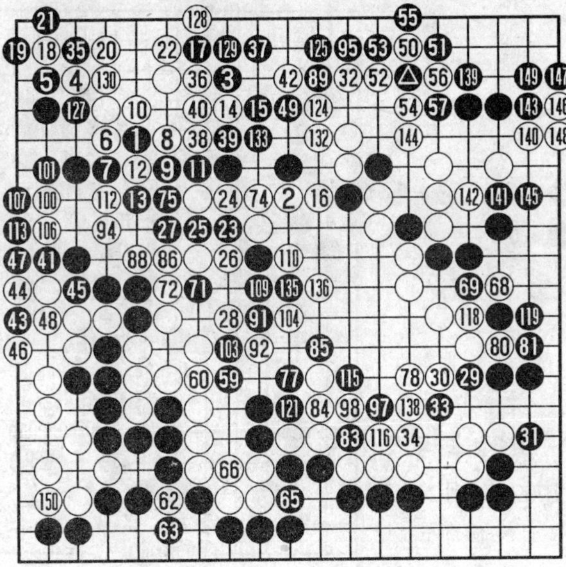

58 64 70 76 82 90 96 102 108 114 120 126 134 = 50　61 67 73 79 87 93 99 105 111 117 123 131 137 = △　122 = 83

黑出6目半

共250手

白胜3目半

2002年8月13日

于韩国棋院

韩国第36期霸王战决赛第1局

● 黑 李昌镐 霸王

○ 白 安祚永 挑战者

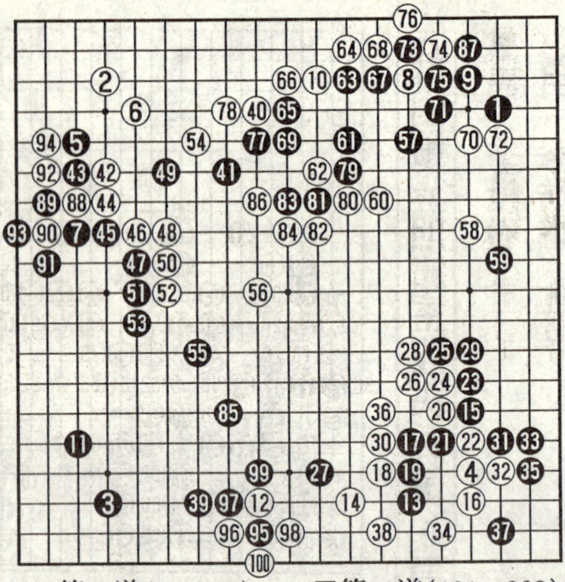

▲第一谱(1－100)

▼第二谱(101－209)

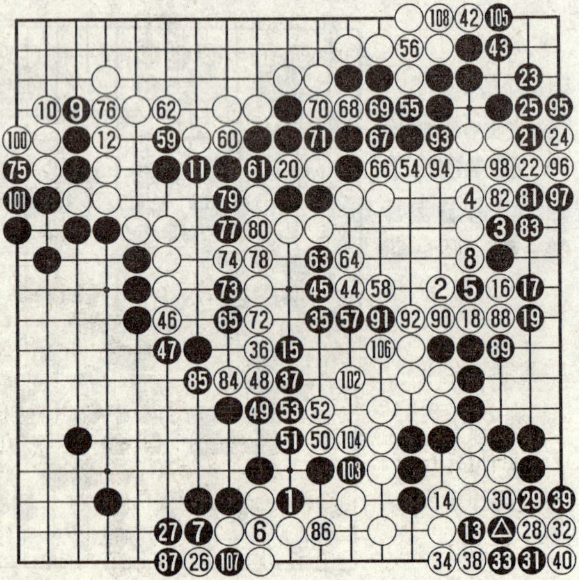

41＝△ 99＝33

109＝26

黑出6目半

共209手

黑胜半目

2002年4月22日

于韩国棋院

韩国第36期霸王战决赛第3局

●黑　李昌镐　霸　王

○白　安祚永　挑战者

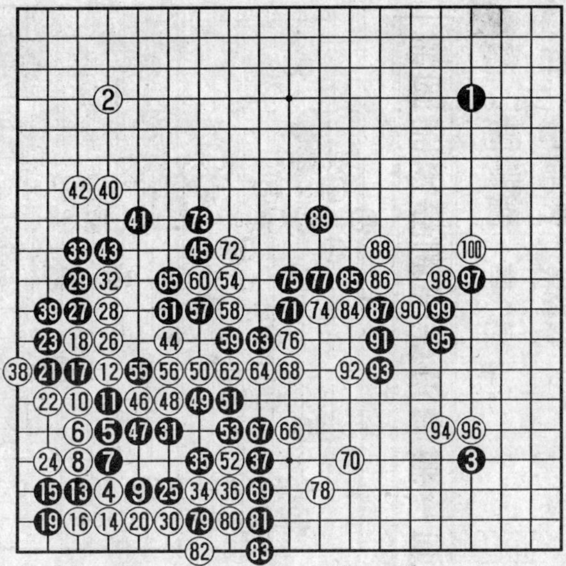

▲第一谱(1－100)

▼第二谱(101－217)

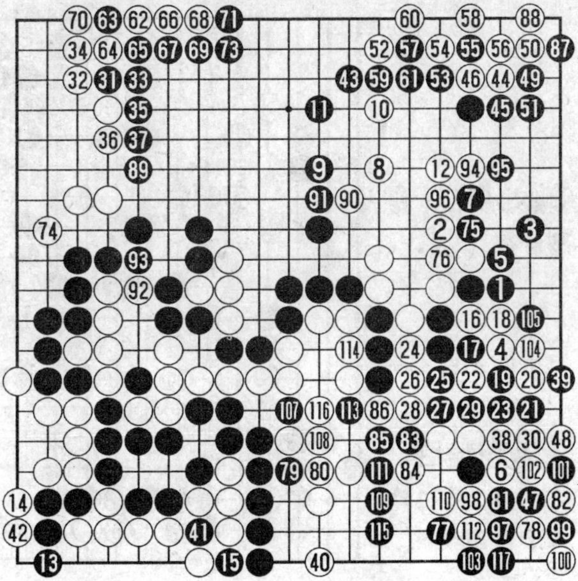

72＝63　106＝99

黑出6目半

共217手

黑中盘胜

2002年5月24日

于韩国棋院

韩国第45期国手战决赛第1局

● 黑 曹薰铉 国手

○ 白 李昌镐 挑战者

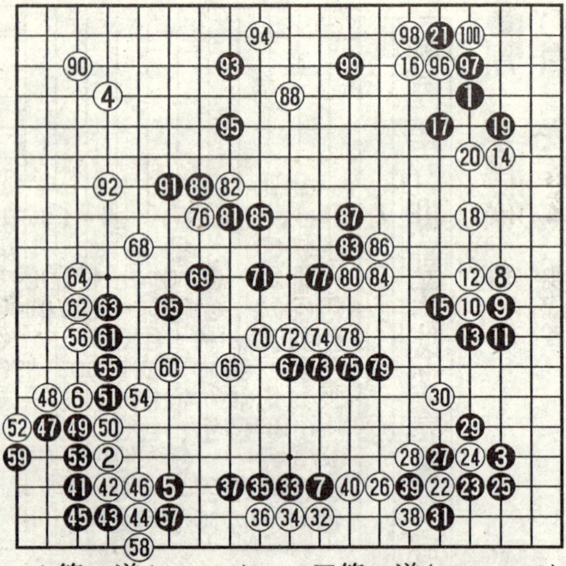

▲第一谱(1－100)　▼第二谱(101－149)

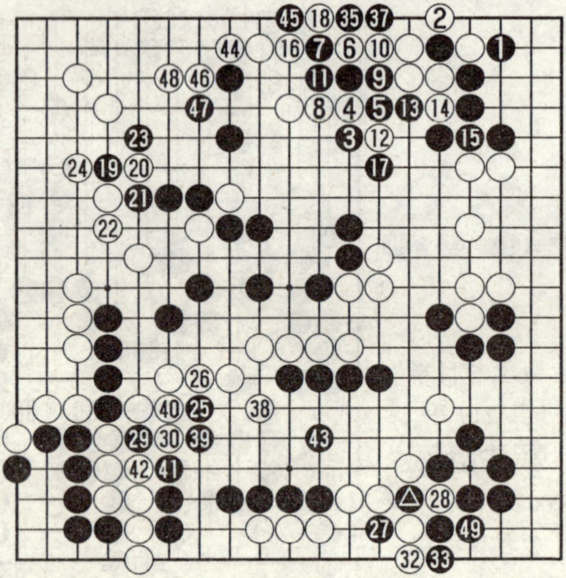

31 36 = △

34 = 28

黑出6目半

共149手

黑中盘胜

2002年3月11日

于韩国棋院

韩国第45期国手战决赛第4局

● 黑 李昌镐 挑战者

○ 白 曹薰铉 国手

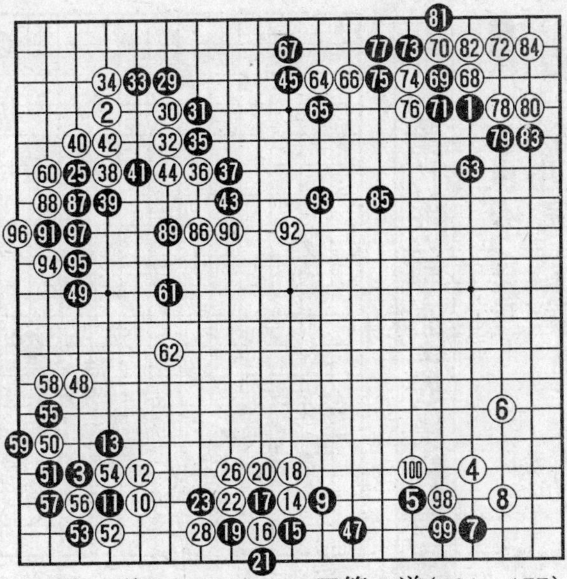

㉔㊻=⑯

㉗=⑰

▲第一谱(1－100)

▼第二谱(101－177)

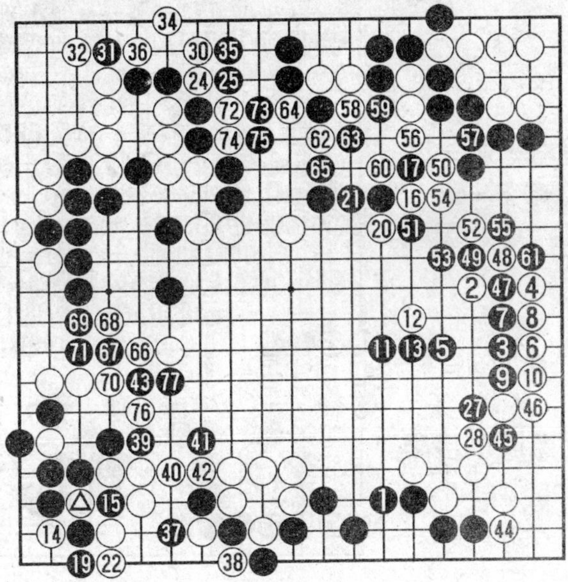

⑱㉖㉝=△

㉓㉙=⑮

黑出6目半

共177手

黑中盘胜

2002年4月29日

于韩国棋院

韩国第12期新人王战决赛第3局

●黑 李世石 三段

○白 金明完 六段

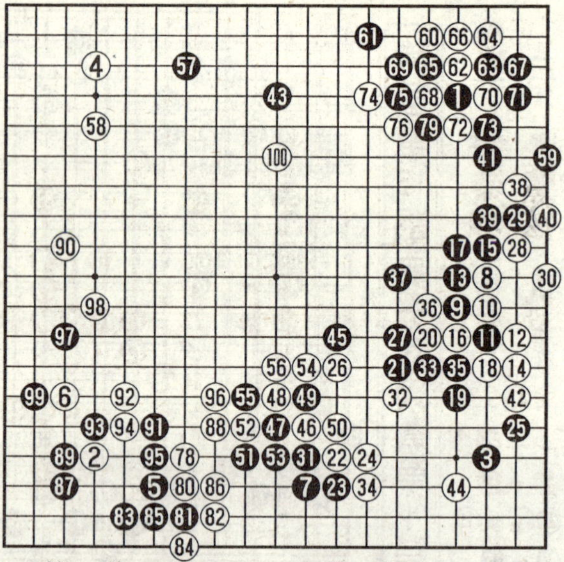

77 = 1

▲第一谱(1－100)　▼第二谱(101－277)

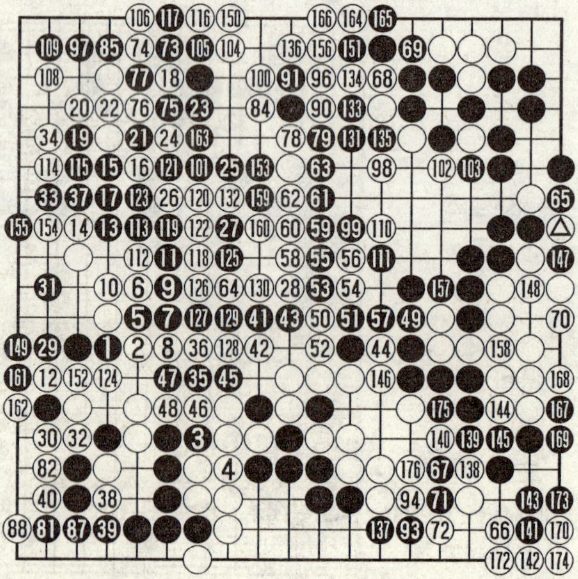

80 86 92 107 = 18

83 89 95 = 77

171 = 21　177 = △

黑出6目半

共277手

黑胜1目半

2002年5月4日

于韩国棋院

韩国第7期天元战决赛第1局

● 黑　宋泰坤　三段

○ 白　曹薰铉　九段

㉖㊹㊷ =

⑳　㉙㊼

61 = 5

39 = 36

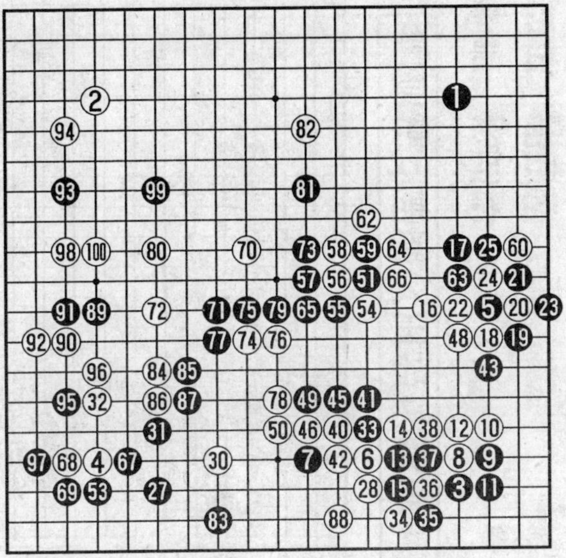

▲第一谱(1－100)

▼第二谱(101－166)

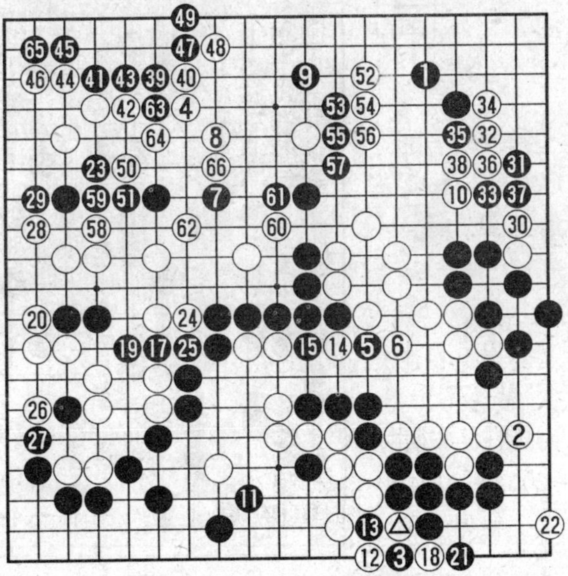

⑯ = △

黑出6目半

共166手

白中盘胜

2002年10月28日

于韩国棋院

韩国第7期LG精油杯决赛第3局

●黑　李世石　三段

○白　崔明勋　八段

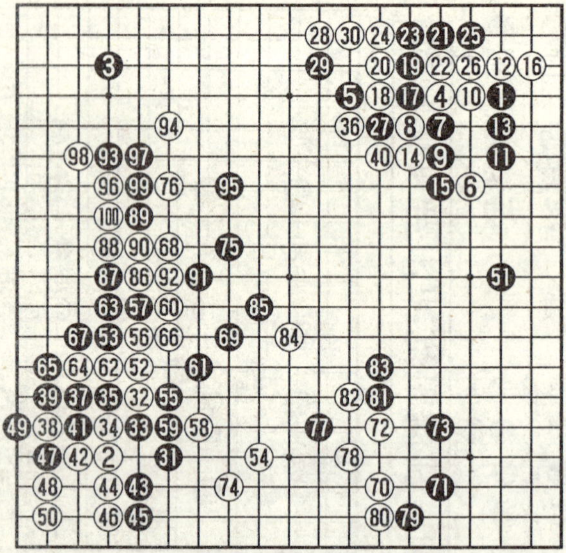

▲第一谱(1－100)　　▼第二谱(101－199)

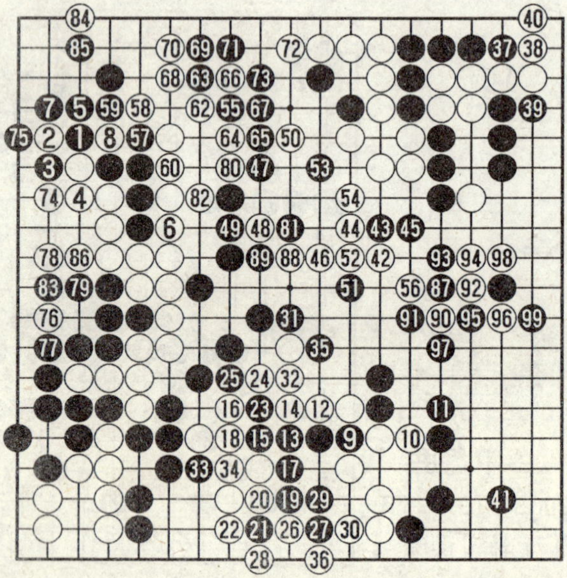

61＝8

黑出6目半

共199手

黑中盘胜

2002年11月4日

于韩国棋院

图书在版编目(CIP)数据

中国围棋年鉴：2003年版/中国围棋协会主编. —成都：成都时代出版社，2003
ISBN 7-80548-867-3
Ⅰ.中... Ⅱ.中... Ⅲ.围棋—中国—2003—年鉴
Ⅳ.G891.3-54

中国版本图书馆CIP数据核字(2003)第043073号

责任编辑：杜维新
封面设计：陈　晴
版式设计：陈　晴
责任校对：三　叶

中国围棋年鉴(2003年版)
中国围棋协会　主编

成都时代出版社出版发行
(原蜀蓉棋艺出版社)
(成都市庆云南街19号　邮编:610017)
新华书店经销　成都新华印刷厂印刷
850mm×1168mm 1/32开 15.375印张 370千字 6插页
2003年8月第1版　2003年8月第1次印刷
印数:1—3000册
ISBN 7-80548-867-3/G·783　定价:35.00元

电话:(028)86619530(综合类) 86613762(棋牌类) 86615250(发行部)
四川省版权局举报电话(028)86636481